高 等 学 校
"十三五"规划教材

浙江省重点教材建设项目

播电视概论 第二版

王哲平 赵 瑜 主编
吴晓平 副主编

化学工业出版社
·北京·

内 容 提 要

《广播电视概论》(第二版)秉持与时俱进、不断革新的精神,密切追踪广播电视发展的最新实践和媒介融合的最新理念,充分吸纳广播电视实务的最新案例,全面系统地介绍广播电视的基础知识和主要业务,着力阐述广播电视观念的演进、广播电视的传播规律、广播电视节目的类型特征、广播电视技术形态的演进、广播电视的经营管理以及广播电视与新媒体的融合发展等核心内容。

本书力求理论通俗易懂但不肤浅,教学案例丰富但有特色,追踪前沿技术但尊重传统,为全国普通高等院校的新闻学、传播学、广播电视学、广告学、编辑出版学、网络与新媒体和数字出版等专业提供符合新时代要求的基础性、实用性教材。

图书在版编目(CIP)数据

　广播电视概论/王哲平,赵瑜主编.—2版.—北京:化学工业出版社,2020.9 (2024.5重印)
　高等学校"十三五"规划教材
　ISBN 978-7-122-37294-9

　Ⅰ.①广… Ⅱ.①王…②赵… Ⅲ.①广播电视-概论-高等学校-教材 Ⅳ.①G220

　中国版本图书馆 CIP 数据核字(2020)第 113883 号

责任编辑:唐旭华　王淑燕　　　　　　装帧设计:张　辉
责任校对:宋　夏

出版发行:化学工业出版社(北京市东城区青年湖南街13号　邮政编码100011)
印　　装:三河市延风印装有限公司
787mm×1092mm　1/16　印张17　字数436千字　2024年5月北京第2版第5次印刷

购书咨询:010-64518888　　　　　　　售后服务:010-64518899
网　　址:http://www.cip.com.cn
凡购买本书,如有缺损质量问题,本社销售中心负责调换。

定　价:49.00元　　　　　　　　　　　　　　　　　　　　版权所有　违者必究

本书编写人员名单

主　　编：王哲平　赵　瑜

副 主 编：吴晓平

编写人员（按姓氏笔画排序）：

　　　　　马建国　王　赤　王哲平　严怡宁

　　　　　李　兵　李　斌　吴晓平　汪亦红

　　　　　周　琼　赵　瑜　胡跃明　洪皓轶

　　　　　姚利权　顾芳芳　韩　燕　谢觅之

第二版前言

白驹过隙，一转眼《广播电视概论》已出版十个年头。

十年来，广播电视技术突飞猛进，媒体深度融合如火如荼，其节目形态、管理规制、运行模式、行业生态等都发生了深刻的变革，新闻传播教育也有了结构性的调整。为适应广播电视学专业人才培养面临的新挑战和新要求，应出版社之约，我们对该教材进行修订。

修订版的《广播电视概论》在教学理念、知识体系、写作体例上保持了与前版的衔接，并着重在以下几个方面做了进一步的增修完善。

一是依循媒介融合和学科交叉的发展趋势，围绕"四全媒体"和"新文科"建设的新要求，深化课程教学改革，力求教学理念更加先进。

二是根据媒介环境的变化和相关教学内容的关联性，压缩和调整章节，把原来的15章精简为现在的12章，力求框架结构更趋严谨。

三是跟进反映了如数据挖掘、云计算、区块链、机器写作、无人机采集、5G 4K/8K、H5 制作、AI 主播、Vlog 报道等前沿技术的实际运用，力求保持与技术迭代的同步。

四是精选补充了中国新闻奖最新获奖作品、网民自制广播剧、DAB 数字多媒体广播、《广播电视台融合媒体互动技术平台白皮书》等许多新案例和新材料，力求选例更加精当。

五是适时更新了诸如《2019 中国网络视听发展研究报告》、CNNIC 第 45 次《中国互联网络发展状况统计报告》等媒体发展的动态信息，力求数据更加新近。

在修订出版过程中，王哲平撰写第一章，赵瑜撰写第二章，李斌撰写第三章，谢觅之撰写第四章，姚利权撰写第五章，胡跃明、周琼撰写第六章，严怡宁撰写第七章，汪亦红撰写第八章，洪皓轶、顾芳芳撰写第九章，韩燕、吴晓平撰写第十章，王赤、李兵撰写第十一章，马建国撰写第十二章。王哲平、赵瑜负责书稿的出版统筹、大纲修改和统稿定稿，吴晓平协助主编对写作大纲进行充实调整，并在组织联络及统稿方面付出很多。

囿于编者的学识和水平，本书的疏漏在所难免，恳请方家和读者不吝指正。

编者
2020 年 5 月

第一版前言

"广播电视概论"是新闻学、传播学、广播电视新闻学、广告学等专业一门重要的基础理论课程。其内容主要由广播电视的功能、广播电视节目、广播电视技术、广播电视管理构成。这门课程具有鲜明的理论阐释性和实践指向性特征。它既要综合运用新闻学、传播学、社会学、政治学、经济学、管理学、心理学、美学、哲学、伦理学等诸多学科的理论,透视广播电视理论与社会经济生活及传媒实践活动之间的内在联系,阐释广播电视传播的基本规律,培养学生的逻辑思辨和理论抽绎能力,又要面向日新月异的传媒业界,关注和追踪广播电视技术介质、节目形态、实务操作的与时俱进,了解和把握广播电视演变发展的整体风貌,培养学生利用各种媒体表达自己的媒介素养。

进入21世纪以来,世界范围内传媒技术的更新、传媒功能的扩展、传媒业态的变化、传媒规制的调整,为广播电视理论研究提供了大量的新经验、新视角、新课题。一时间,有关广播电视研究的论文、专著、教材,颇有点"山阴道上,应接不暇"。这些自主多样的研究探讨,在丰富我国广播电视学学术成果的同时,也不断地凸显广播电视学理论创新的紧迫性与重要性。

从我国广播电视业发展趋势来看,未来广电人才市场需求结构呈现的主要特点:一是以注重传统的专业技术队伍向掌握广电科技发展新技术的高层次人才转变;二是以注重专业技术型队伍向创新型、专业交叉型、学科综合型人才队伍转变;三是以注重传统宣传队伍向既懂宣传业务又懂传媒经营、管理的复合知识型人才队伍转变;四是以注重本土化队伍培养向懂传播、会管理、精通外语的外向型、国际化人才队伍的转变。

基于上述时代背景和现实需要,本教材力求达到国际视野与本土经验、学术传统与前沿成果、基础理论与实务训练有机结合的效果,着力培养学生的理性思辨能力和专业实践能力,即通过对广播电视知识与理论的系统传授,提高他们的理论素养,夯实他们的专业基础;通过对广电业界经典案例的深入解析,强化他们的感性认知,丰富他们的实战经验。

呈现在大家面前的这部教材,是长年从事广播电视新闻学专业教学的教师们集体合作的成果。具体分工是:王哲平撰写第一章,赵瑜撰写第二章,李斌撰写第三章,谢觅之撰写第四章,王赤撰写第五章,胡跃明撰写第六章,严怡宁撰写第七章,汪亦红撰写第八章,顾芳芳撰写第九章,洪皓轶撰写第十章,韩燕撰写第十一章,姚利权撰写第十二章,吴国良、万华明撰写第十三章,周琼撰写第十四章,马建国撰写第十五章。全书的统稿、定稿工作由王哲平、赵瑜负责完成。

本书的编写过程中,作者吸收和借鉴了许多专家、同仁的研究成果,在此表示衷心的感谢!

由于体例统一的缘故,注释仅以参考文献的形式予以粗略的标列,敬请宽谅!

感谢复旦大学新闻学院张骏德教授、华东师范大学传播学院院长严三九教授的约请与辛劳。感谢浙江省教育厅将此部教材列为 2010 年度浙江省重点教材建设项目。

由于自身学识与经验的囿限，也由于完稿时间的仓促，此书的疏漏谬误在所难免，我们真诚地期待方家和读者批评指正，以便来日修订完善。

编者
2010 年 11 月

上篇　广播电视基础知识

第一章　广播电视的发展与现状 …………………………………………… 2
第一节　广播电视技术的发明与发展 ……………………………… 2
一、广播的诞生 …………………………………………………… 2
二、电视的诞生 …………………………………………………… 4
三、当代广播电视技术的新进展 ………………………………… 5
第二节　世界广播电视事业发展概述 ……………………………… 7
一、世界广播电视事业发展的历程 ……………………………… 7
二、世界广播电视管理体制的类型 ……………………………… 10
第三节　广播电视事业在中国的发展 ……………………………… 13
一、广播电视事业释义 …………………………………………… 13
二、我国内地广播电视事业发展的历史阶段 …………………… 13
三、港澳台地区的广播电视事业发展 …………………………… 17
思考题 …………………………………………………………………… 20

第二章　广播电视的传播规律 …………………………………………… 21
第一节　广播电视的传播符号 ……………………………………… 21
一、传播符号及其类型 …………………………………………… 21
二、广播的传播符号 ……………………………………………… 23
三、电视的传播符号 ……………………………………………… 28
第二节　广播电视的传播特性 ……………………………………… 33
一、广播电视的传播优势 ………………………………………… 33
二、广播电视的传播劣势 ………………………………………… 35
思考题 …………………………………………………………………… 36

第三章　广播电视新闻采访 ……………………………………………… 37
第一节　广播电视新闻采访基础知识 ……………………………… 37
一、广播电视新闻采访的概念 …………………………………… 37
二、广播电视新闻采访的共性与个性 …………………………… 37
三、广播电视新闻采访的基本方式 ……………………………… 40
四、广播电视新闻采访权 ………………………………………… 41
第二节　广播电视新闻采访的主要类型 …………………………… 42
一、现场采访 ……………………………………………………… 42
二、人物专访 ……………………………………………………… 44
三、调查性采访 …………………………………………………… 45

第三节　广播电视新闻采访的职业要求 …………………………………… 47
　　　　一、政治素养 ……………………………………………………………… 47
　　　　二、职业道德 ……………………………………………………………… 47
　　　　三、业务能力 ……………………………………………………………… 48
　　　　四、心理素质 ……………………………………………………………… 50
　　　　五、身体素质 ……………………………………………………………… 50
　　第四节　广播电视新闻采访的要素 ………………………………………… 50
　　　　一、采访前要素 …………………………………………………………… 50
　　　　二、采访中要素 …………………………………………………………… 53
　　思考题 …………………………………………………………………………… 55

第四章　广播电视节目主持人 …………………………………………… 56
　　第一节　广播电视节目主持人的类型与职业要求 ………………………… 56
　　　　一、广播电视节目主持人的概念 ………………………………………… 56
　　　　二、广播电视节目主持人的类型 ………………………………………… 58
　　　　三、广播电视节目主持人的职业角色 …………………………………… 60
　　第二节　广播节目主持人 …………………………………………………… 62
　　　　一、广播节目主持人的发展 ……………………………………………… 62
　　　　二、与受众互动的广播节目主持人 ……………………………………… 63
　　第三节　电视节目主持人 …………………………………………………… 66
　　　　一、我国电视节目主持人的发展历史 …………………………………… 66
　　　　二、中西电视节目主持人比较 …………………………………………… 69
　　　　三、电视节目主持人的综合素质构成 …………………………………… 71
　　第四节　广播电视节目主持人发展趋势 …………………………………… 75
　　　　一、从受众诉求看广播电视节目主持人的发展趋势 …………………… 75
　　　　二、基于新时代特征的广播电视节目主持人远景展望 ………………… 76
　　思考题 …………………………………………………………………………… 79

第五章　受众与视听率分析 ……………………………………………… 80
　　第一节　广播电视节目的受众 ……………………………………………… 80
　　　　一、广播电视节目的受众特点 …………………………………………… 80
　　　　二、广播电视节目的受众研究 …………………………………………… 81
　　第二节　广播电视节目的视听率 …………………………………………… 82
　　　　一、视听率概念及其测量调查 …………………………………………… 82
　　　　二、视听率在广播电视节目中的运用 …………………………………… 88
　　　　三、对广播电视视听率的再思考 ………………………………………… 90
　　第三节　视听率主要调查公司及指标算法 ………………………………… 93
　　　　一、中国广视索福瑞媒介研究（CSM）简介 …………………………… 93

  二、AC 尼尔森简介 ·· 94
  三、收视率分析常用指标及算法 ································ 94
  四、收听率分析常用指标及算法 ································ 97
 思考题 ··· 100

第六章　广播电视技术形态的演进 ·································· 101
 第一节　技术发展对广播电视的影响 ······························ 102
  一、互联网技术的发展及其对广播电视的影响 ···················· 102
  二、移动通信技术的发展及其对广播电视的影响 ·················· 105
  三、多媒体技术的发展及其对广播电视的影响 ···················· 107
 第二节　有线电视 ·· 108
  一、有线电视概述 ·· 108
  二、有线电视的发展历程 ······································ 112
 第三节　卫星电视 ·· 113
  一、卫星电视技术的发展 ······································ 114
  二、卫星电视技术在我国的运用 ································ 121
 思考题 ··· 127

下篇　广播电视业务

第七章　广播电视新闻 ·· 129
 第一节　广播电视新闻文本的特点及其发展 ························ 129
  一、广播新闻文本的特点 ······································ 129
  二、电视新闻文本的基本特点 ·································· 131
  三、广播电视新闻节目编排 ···································· 133
 第二节　广播电视新闻深度报道 ···································· 134
  一、广播电视新闻深度报道的发展历程 ·························· 135
  二、广播电视新闻深度报道的兴起原因 ·························· 135
  三、广播电视新闻深度报道的特点 ······························ 137
  四、对于我国广播电视新闻深度报道的思考 ······················ 139
 第三节　广播电视民生新闻 ·· 139
  一、民生新闻的概念 ·· 139
  二、广播电视民生新闻的兴起 ·································· 140
  三、广播电视民生新闻兴起的原因 ······························ 140
  四、广播电视民生新闻的节目特色 ······························ 141
  五、广播电视民生新闻存在的问题与发展方向 ···················· 143
  六、广播电视民生新闻的定位与发展策略 ························ 144
 第四节　广播电视新闻发展趋势 ···································· 145

一、直播化 ·· 145
二、互动化 ·· 146
三、立体化 ·· 147
四、多样化 ·· 147
五、专业化 ·· 147
六、短视频化 ·· 148
七、融合化 ·· 149
思考题 ··· 151

第八章　广播电视谈话节目 ·· **152**
第一节　广播电视谈话节目概述 ··· 152
一、广播电视谈话节目的兴起与发展 ··································· 152
二、广播电视谈话节目的主要类型 ······································· 153
三、广播电视谈话节目的基本要求 ······································· 154
四、广播电视谈话节目的重要特征 ······································· 155
第二节　广播谈话节目 ·· 156
一、广播谈话节目的特点 ··· 156
二、广播谈话节目的话题 ··· 157
三、广播谈话节目的嘉宾 ··· 158
四、广播谈话节目的导播 ··· 159
五、广播谈话节目的主持 ··· 160
第三节　电视谈话节目 ·· 160
一、电视谈话节目的特点 ··· 160
二、电视谈话节目的选题 ··· 161
三、电视谈话节目的主持 ··· 163
四、电视谈话节目的未来展望 ··· 165
思考题 ··· 165

第九章　广播电视文艺节目 ·· **166**
第一节　广播电视文艺节目概述 ··· 166
一、广播电视文艺节目的基本特点 ······································· 166
二、广播电视文艺节目的类型划分 ······································· 168
三、广播电视文艺节目的发展状况 ······································· 170
第二节　广播文艺节目的制作特色 ··· 176
一、广播文艺节目的中国特色 ··· 176
二、广播文艺节目的编辑制作 ··· 177
三、在线广播文艺节目的制作新趋势 ··································· 178
第三节　广播剧与电视剧 ··· 181

  一、我国广播剧的发展概况 …………………………………………… 182
  二、广播剧的特性及其构成要素 ……………………………………… 183
  三、我国电视剧的发展历程 …………………………………………… 188
  四、电视剧的界定及其艺术特性 ……………………………………… 192
 第四节 电视娱乐节目 ……………………………………………………… 195
  一、电视娱乐节目的发展概况 ………………………………………… 195
  二、电视娱乐节目的特征 ……………………………………………… 198
 思考题 ………………………………………………………………………… 201

第十章 电视纪录片 …………………………………………………… 202
 第一节 电视纪录片的概念及其发展 …………………………………… 202
  一、电视纪录片的概念 ………………………………………………… 202
  二、电视纪录片的基本特征 …………………………………………… 203
  三、中国电视纪录片的发展 …………………………………………… 203
 第二节 电视纪录片的分类 ………………………………………………… 206
  一、按题材内容分 ……………………………………………………… 207
  二、按风格样式分 ……………………………………………………… 209
 第三节 电视纪录片创作 …………………………………………………… 210
  一、前期准备 …………………………………………………………… 211
  二、中期拍摄 …………………………………………………………… 212
  三、后期制作 …………………………………………………………… 213
 第四节 网络纪录片 ………………………………………………………… 215
  一、网络纪录片的概念及其基本特征 ………………………………… 215
  二、网络纪录片的策划与艺术化 ……………………………………… 219
 思考题 ………………………………………………………………………… 221

第十一章 广播电视事业管理 ……………………………………… 222
 第一节 我国广播电视的管理体制和法规体系 ………………………… 222
  一、我国广播电视的管理体制 ………………………………………… 222
  二、我国广播电视的法规体系 ………………………………………… 224
 第二节 《广播电视管理条例》的基本内容 …………………………… 225
  一、《广播电视管理条例》的产生背景 ……………………………… 226
  二、《广播电视管理条例》的框架及内容 …………………………… 226
  三、《广播电视管理条例》的特点及作用 …………………………… 229
 第三节 我国广播电视管理的法制化建设 ……………………………… 229
  一、我国广播电视的法制化进程与策略 ……………………………… 230
  二、广播电视管理的法制化趋势 ……………………………………… 235
  三、融媒体时代广播电视管理的策略 ………………………………… 236

思考题 ··· 244

第十二章　广播电视经营管理 ·· 245
第一节　广播电视经营管理概述 ·· 245
　　一、新闻事业的经营与管理 ··· 245
　　二、新闻事业的维生功能 ·· 245
　　三、新闻产品也是商品 ··· 246
第二节　广播电视管理 ·· 247
　　一、广播电视机构的领导体制和组织架构 ··· 247
　　二、广播电视的节目制作与播出管理 ·· 248
　　三、广播电视广告业务管理 ··· 250
　　四、广播电视人力资源管理 ··· 251
第三节　广播电视经营 ·· 252
　　一、广播电视的经营原则 ·· 252
　　二、广播电视的经营策略 ·· 253
　　三、广播电视的广告经营 ·· 254
　　思考题 ··· 256

参考文献 ··· 257

上篇

广播电视基础知识

第一章　广播电视的发展与现状

【本章要点】　广播电视是20世纪最具影响力和支配力的大众传媒。本章分别梳理了广播和电视两种传播媒介诞生的历程及其技术形态的新进展，概述了世界广播电视事业发展的实践历程及其体制类型，总结了我国广播电视事业发展的实践经验。

20世纪以来，科学技术的发展在带来前所未有的社会变革的同时，也带来了一个又一个的传媒发展新景观，从电报到电话，从无声电影到有声电影，从调幅收音机、短波收音机、传真广播到调频收音机、区域性电视广播，从黑白电视、彩色电视到卫星电视、网络电视，媒介技术的每一次进步，都浸透着人类渴望突破自身交流困境的努力，而每一种新的媒介技术的使用与普及，都在其特殊的社会文化背景之中形成了一种全新的传播构型[1]。

作为20世纪最具影响力和支配力的传播媒介，广播电视改变了我们的世界、我们的观念、我们的行为以及我们的日常习惯。"人类的文化和人类的价值观有史以来第一次为追求利润最大化的电子媒介所左右。"[2] 纵观人类传播发展史，广播电视所发挥的巨大作用、所产生的深刻影响，或许只有500多年前约翰内斯·谷登堡发明的印刷机可以与之媲美。

第一节　广播电视技术的发明与发展

依据《辞海》的表述，"通过无线电波或通过导线向广大地区播送音响、图像的节目，统称广播。按传输方式，可以分为无线广播和有线广播两大类。只播送声音的，称为'声音广播'，亦简称为'广播'；播送图像和声音的，称为'电视广播'。"

广播电视是近现代科学技术发展的产物，它们的问世，凝聚了19世纪末、20世纪初许多科技工作者的智慧与努力。

一、广播的诞生

1820年，丹麦物理学家汉斯·克里斯蒂·奥斯特博士在实验时发现，当金属导线中有电流通过时，放在它附近的磁针便会发生偏转。

1831年，英国科学家法拉第发现电磁感应现象，即变化的磁场在闭合导体里会产生感应电流。据此，他创立了电磁感应定律。

1837年，英国人惠斯通和库克设计制造了第一个实用的有线电报系统。同年，美国人塞缪尔·默尔斯经过多次的试验，发明了著名的"默尔斯电码"。他用编码来传递信息的奇想直接导致电报发明的突破。

1864年，爱尔兰人詹姆斯·克拉克·麦克斯韦对照光波理论建立了电磁波的整体理论。

1887年，德国人海因里希·赫兹发现并成功地证明了电磁波的存在，后人为了纪念这一历史性的发现，遂把无线电波命名为赫兹波，并把"赫兹"用作频率单位。

1890年，法国人爱德华·布朗利调制出世界上第一台金属屑检波器，它能把一个装满铁屑的管子连入由检流器和一节电池组成的电路中。

1895年，俄罗斯军人亚历山大·斯捷潘诺维奇·波波夫和意大利科学家卡格列莫·马可尼同时制成了世界上最早的无线电收发报机。是年5月7日，波波夫成功地试制和演示了无线电接收装置——雷电指示器。1945年，在庆祝波波夫的发明50周年的时候，苏联政府把5月7日定为"苏联无线电节"，以此纪念他对人类科学进步的划时代贡献。

尽管波波夫在1895年拍发了世界上第一份无线电报，但马可尼的功绩更为卓越，他第一个使无线电信号穿越英法海峡，第一个使无线电投入商业用途。1897年7月，马可尼在伦敦设立世界上第一家无线电报通信公司——英国马可尼公司，推动了无线电通信技术的实际应用。

如果说无线电传播电码符号的发明实现了人们远距离传播信息的愿望，那么利用无线电技术传播声音，则是20世纪初"无线电热潮"中人类新的梦想。

1906年，被誉为"无线电广播之父"的美国人李·德·福雷斯特发明了一种能在入口管处复制人声的扩音器——三极管，并把它应用于电话中。三极管的发明，标志着无线电技术和广播技术的重大突破，也使他"发现了一个看不见的空中帝国"。

同年12月圣诞前夕，美国匹兹堡大学教授雷金纳德·奥布利·费森登在其实验室进行了人类历史上第一次实验性语言广播，穿行于新英格兰海岸附近轮船上的无线电报务员清晰地收听到朗读《圣经》故事的声音、小提琴演奏曲以及诚挚的圣诞祝福。由此，1906年12月6日被定为无线电广播的诞生日。

1908年，李·德·福雷斯特在法国巴黎埃菲尔铁塔上成功地播放了一次无线电音乐。1909年他在美国加州圣何塞市以KQW为呼号进行实验广播。1916年，他又在纽约高桥建立一个呼号为2ZK的广播电台，定期播送音乐节目和《纽约美国人报》提供的新闻简讯，其中包括总统竞选信息。这被认为是世界上最早的新闻广播，同时也标志着世界上实验广播的发端。

1919年，美国威斯康星大学建立WHA广播电台，播放市场行情和天气预报，这是最早在大学中设立的实验电台[3]。

1920年11月2日，美国西屋电气公司（又称威斯汀豪斯电气公司）在宾州匹兹堡设置的8XK广播电台获颁美国商务部的营业执照，配给新的KDKA呼号，每天定时播音。这是美国第一家商业广播电台，也被公认为世界上第一个真正的无线广播电台。到1922年，美国广播电台的数量已接近500家，全球首屈一指。

虽然1919年英国、西班牙、荷兰等国相继开始无线广播实验，但美国依然是现代广播的先驱，它的实验广播仍是世界上最繁荣的。据统计，全美境内1922年有广播电台200座，1925年有578座，1938年增至650座。世界大战前夕，70%的美国人定时收听无线电广播，广播俨然已渗透到日常生活中[4]。

1921年，法国建立本国第一座广播电台，它通过巴黎埃菲尔铁塔进行定时广播。1922年，法国国家电台诞生。1924年，法国出现私营广播电台[5]。

1922年，英国开始批准设立广播电台，年底邮政部长内维尔·张伯伦责令英国6家无线电广播公司和电器制造公司联合组成商业性的英国广播公司（BBC），其资金有60%多属于6家大公司，其余部分分属200个小生产商。1927年英国政府将其收归国有。至1927年，全英已有27座广播电台，覆盖80%的人口居住区。

1922年，苏联建成莫斯科中央无线电台并开始播音。它是当时世界上功率较大的广播电台，不仅覆盖了国内大部分地区，同时也覆盖了西欧许多国家，因此被称为"共产国际广播电台"。

1924年，意大利创立第一家广播电台混合公司。1926年，米兰广播电台诞生；1928年，罗马广播电台诞生。

1925年，德国魏玛共和国组建了德国电波电台，负责全国的教育节目。至1939年，德国共有收音机850万台，这个数目使得德国跃居世界第二。

1925年，日本开办无线电广播。同年3月22日，第一家私营东京广播电台开始试验性广播。1926年，以该台为基础，合并大阪和名古屋两家电台，成立日本广播协会NHK[6]。

调频广播的出现是广播发展的一个重要标志。1933年，美国人埃德温·阿姆斯特朗发明调频广播，一举获得解决静电干扰的4项专利。1939年，他建立自己的调频电台进行实验广播，以此促进调频电台系统的推广。20世纪40年代后，调频成为一种重要的广播形式。

二、电视的诞生

1817年，瑞典科学家布尔兹列斯发现了化学元素硒。

1842年，英国科学家贝恩研究出了将图像转换成电信号的传真技术。

1873年，英国科学家约瑟夫·梅发现了硒元素的"光电作用"原理。

1877年，法国人萨雷克受贝恩的启发，提出利用其传真技术进行电视广播的设想。

上述科学家的重大发现，为电视的发明奠定了坚实的基础。

1884年，德国科学家保罗·尼普科发明机械式图像扫描圆盘。他在向柏林专利局申请此项发明专利的首页上写道："这里所述的仪器能使处于A地的物体，在任何一个B地被看到。"这是世界上首项有关电视的专利，正是尼普科使电视从发明阶段发展到实际应用阶段。

1897年，德国物理学家布劳恩率先发明了阴极射线示波器，又称"布劳恩管"。

1900年8月25日，法国人康斯坦丁·波斯基在巴黎国际电子大会上宣读论文，首次使用了television这一名词。英文的"电视"名称来自希腊语，是"远处"（tele）和"景象"（vision）的合成。

1907年，俄罗斯科学家罗金发明电子显像管。他尝试把布劳恩管应用在电视中，提出电子扫描原理。

1923年，被誉为"现代电视之父"的俄裔美国科学家兹沃雷金发明光电摄像管（又称电子电视摄像管），用电子束的自动扫描组合电视画面，取代了机械式的圆盘旋转扫描，为电视摄像机的设计做出了关键性的贡献。同年，美国发明家简肯斯将哈丁总统的照片从华盛顿传送到费城。

1924年，德国科学家卡罗鲁斯及其研究小组研制出"大电视"的仪器，其清晰度大大超过后来贝尔德的电视。但由于未做公开演示，因而他的功绩常常被人忽略。

1925年，英国科学家约翰·洛吉·贝尔德利用尼普科的方法制造出世界上第一台能传输图像的机械式电视机，完成了电视画面的完整组合与播送。由于贝尔德的贡献，英国人自豪地称他为"电视之父"。

在20世纪二三十年代，对电视的研究和试验贡献最大的国家是英国、美国和德国，世界电视事业也是滥觞于这几个国家[7]。而电视台的建立，则标志着电视事业成为一项公共事业。

1928年4月，美国全国广播公司的WZXBS电视台获颁第一个实验电视广播的执照，同时被批准进行电视实验广播的还有美国通用电气公司所属的WGY电台，美国从而成为世界上最早开始电视实验广播的国家。1937年，美国拥有17座实验电视台。1941年7月1日，美国第一家商业电视台——全国广播公司的WNBT电视台正式开播。

1929年，英国广播公司与贝尔德合作，在伦敦开设实验性电视台，进行定期电视广播。首次公开播出的电视节目是著名工程师的电视讲话。1936年11月2日，英国广播公司在伦敦郊外的亚历山大宫建成英国第一座正规的电视台，它也是世界上第一座公共电视台。其电视节目的播放，交替使用贝尔德和 EMI 的设备。这一天被视为世界电视事业的开端。

1931 年 4 月 29 日，苏联开始试播电视。1938 年，建立了莫斯科和列宁格勒两个电视中心。1939 年，莫斯科电视台正式定期播出节目。

1932 年，法国在巴黎建立第一座国营电视台，进行不定期播出。1945 年 11 月 8 日，法国广播电视公司（RTF）成立。

1935 年 3 月 22 日，德国在世界上首个进行定期电视节目的播出。1936 年夏，德国帝国广播电台首次使用电视报道了柏林奥运会。这是人类第一次大规模的电视活动。

至 1951 年，世界电视机数量已具相当规模。美国有电视机 1000 万台，全国收视人口达 24%。英国有 60 万台，法国有 4000 台，德国有 100 多台。电视开始真正成为一种群众性的公共事业。

1954 年，美国正式播出彩色电视节目，成为世界上第一个开办彩色电视的国家。日本是第二个播出彩色电视节目的国家。

目前，世界各国使用的彩色电视制式有三种：

① NTSC 制式。美国和日本彩色电视所使用的制式标准是 NTSC 制（又称正交平衡调幅制）。NTSC 是"国家电视制式委员会"（National Television System Committee）的英文缩写。

② SECAM 制式。1958 年，法国人亨利·戴弗朗斯在美国制式的基础上研制出了 SECAM（塞康）彩色电视制式。SECAM 是法文 Sequentiel Couleur A Memoire 缩写，意为"按顺序传送彩色与存储"，又称为行轮换调频制。1967 年法国和苏联采用 SECAM 制式播出彩色电视节目。这种制式能防止高山及高大建筑对图像彩色的影响，但是在黑白电视的兼容性能上稍逊。

③ PAL 制式。1963 年，联邦德国教授瓦尔特·布鲁赫在博采美国制式和法国制式特点的基础上，研制出 PAL（帕尔）彩色电视制式。PAL 是 Phase Alternative Line 的缩写，又称正交平衡调幅逐行倒相制。1967 年，联邦德国和英国用 PAL 制式开播彩色电视节目。这种制式传送的范围较广，受高山峻岭阻隔的影响较小，传真度也较好[8]。

三、当代广播电视技术的新进展

保罗·莱文森在《数字麦克卢汉》一书中提出"补救性媒介"理论和"人性化趋势"的演化理论。他认为，一切媒介都是"补救性媒介"，补救过去媒介之不足，使媒介更具人性化，因而个人有能动性，能够主动去进行选择和改进媒介。回首 20 世纪，日新月异的科学技术不断催生新的传播形态，这些新的传播形态以其日益强大的传播功能服务满足了人们多样化的精神文化需求。

1. 有线电视

有线电视（又称电缆电视，英文缩写为 CATV）是指以电缆、光纤等为主要优质传播媒介，向用户传输本地、远地及自办节目的区域性电视广播和分配系统。具有频道数量多、图像质量好、服务功能全的特点。

美国自 1948 年在宾夕法尼亚州马哈诺依镇的山上建立世界上第一个共用无线电视系统后，现已发展成为大型的城镇有线电视系统。从 20 世纪 60 年代中期至 70 年代中期，美国的有线电视渐成规模，并开始传送气象、新闻等信息。20 世纪 80 年代中期开始，有线电视从广播业务向非广播业务（如购物、订票、保安等）延伸，并向综合信息网方向发展。

我国从 20 世纪 60 年代后期开始推动有线电视建设，到 80 年代末，全国有线电视台超过1000座（其中行政区域有线电视台300多座，企业有线电视台700多座），有线电视用户超过1000万。有线电视已成为广播电视事业新的组成部分。

目前国际上有线电视的发展分为两大类：一是美国和加拿大的北美发展模式；二是欧洲及日本的发展模式。比较而言，后者发展速度较慢。

2. 卫星电视

卫星电视是新一代传媒技术的代表，它是新兴航天、数字压缩技术和传统电视技术的巧妙结合。顾名思义，卫星电视就是使用环绕地球的卫星来传播节目信号的广播服务。新的跨国传播技术使国际广播表现出电视全球化发展的新特征。

1945年10月，英国人A·克拉克在他的科幻小说《星际传播》中提出利用卫星进行通信的设想，并建议采用在一个特定的轨道上与地球同步旋转的三颗相互等间隔的同步静止卫星组成两极地区以外的全球通信网。经过各国科学家的艰苦探索，直到20世纪60年代，A·克拉克的幻想终成现实。1957年以后，欧洲、美洲和亚洲中的几个科技与经济发达国家先后开展了卫星电视广播业务。

1957年10月4日，苏联成功发射人类第一颗人造地球卫星"斯普特尼克1号"。

1962年6月19日，美国发射"电星1号"卫星，第一次成功转播了跨洲际的电视信号。1963年7月26日，美国"同步2号"卫星升空。1964年8月，美国发射"同步3号"卫星，这是首次圆满进入轨道的同步卫星。1980年6月，美国有线电视新闻网（CNN）开始通过卫星向邻国的有线电视系统播送新闻，成为国际电视诞生的标志。

1965年4月6日，国际通信卫星组织的第一颗国际商用同步卫星——"国际电讯卫星1号"（亦称"晨鸟"卫星）升入太空。

1983年12月，英国卫星电视公司开办空中电视台，向西欧各国播送节目。1991年，英国广播公司建立世界电视台，除每天对欧洲播出18小时外，还对亚洲地区进行全天24小时的广播，基本覆盖亚洲太平洋地区。

1970年4月，我国成功发射第一颗低轨道、非同步人造地球卫星"东方红1号"。到2005年底，我国已建成卫星地球站34座，卫星地面接收站118万座，利用9颗通信卫星39个转发器传输126套广播节目、93套电视节目，现已跻身世界卫星电视广播大国行列[9]。

通信卫星为广播电视事业的腾飞插上了翅膀。

3. 数据广播

数据广播是利用卫星广播和电视广播的覆盖网或其他独立数据广播通道，采用数字技术传送数据的信息技术和业务的总称。它是继声音广播（音频）和图像广播（视频）之后出现的第三种广播技术。

20世纪90年代中期，全新的数字音频广播开始出现，成为继调幅广播、调频广播之后的第三代广播。同时，数字电视也应运而生，成为继黑白电视、彩色电视之后的第三代电视。数字技术已给世界广播电视事业带来革命性的变化。

1995年9月27日，英国广播公司首先进行了数字音频广播，紧随其后的是瑞典、丹麦、法国、德国、荷兰等欧洲国家。

1998年、2000年，美国先后成功发射"非洲之星""亚洲之星"两颗同步通信卫星，并计划发射"美洲之星"，为全球直接播放数字音频广播。

我国1994年3月28日成立中国数据广播中心，年底，中心利用图文电视数据广播技术通过卫星覆盖全国。2002年，中国数据广播平台试运营，提供的信息服务包括金融证券、远程教育、影视娱乐、游戏、体育、新闻、电子报刊、热门网站。

国际上一些广播电视发达国家，从20世纪80年代末即开始对数字电视技术进行了大量研究。1994年，美国的直播电视公司开始提供商业卫星数字电视播出业务。1998年，英国默多克新闻集团建立全英第一个数字电视平台，开播了200多个卫星频道。美、英两国宣布于2001年至2003年开始地面数字电视广播。

根据《广播影视科技"十五"计划和2010年远景规划》，我国实现广播电视数字化的目标确定为三个阶段：第一阶段（到2005年前）是全面启动和推进；第二阶段（到2010年）是基本实现数字化；第三阶段（到2015年）是全面实现数字化。

4. 网络电视

互联网是人类从工业时代走向信息时代的象征。作为一种全新的传播方式，互联网具有强大的吸引力。

网络电视是互联网与电视技术的结合，又称IPTV（Interactive Personality TV）。它将电视机、个人电脑及手持设备作为显示终端，通过机顶盒或计算机接入宽带网络，实现数字电视、时移电视、互动电视等服务。

网络电视的出现给人们带来了一种全新的电视观看方法，它改变了以往被动的电视观看模式，实现了电视按需观看、随看随停。"视频快餐"呈现了令人不可思议的全集收看的增长。家里的手提电脑、宽带和无线网络创造了一个功能强大的新的视频门户，它能够让网络电视到达户内任何地方，还常常可与日常的电视收看实现对接。

按照互联网调研机构Comscore的统计，从2006年早期至2007年中期，流媒体数量从大约六千五百万翻番到一亿三千万。目前，几乎3/4的互联网用户可在任何一个给定的月份里流出视频内容。据尼尔森传媒研究的报告，18岁至49岁的人群中，个人使用电视（PUT）的比例已从同期的16.9%增长为18.8%，青少年中个人使用电视的增长亦很强劲。

在网络电视技术方面，日本和美国走在世界前列，先后研制出将因特网和电视结合在一起的网络电视机，通过局域网、数字用户线（DSL）或有线电视光缆等上网，且具有很高的清晰度，从而大大推动了网络电视的发展。目前，欧洲已经有了众多的网络电视用户，近1/4的英国和法国家庭申请网络电视服务，其中90%的用户经常使用这种服务。

我国的网络电视起步稍晚。1996年，中央电视台开始在国际互联网上申请域名并建立了自己的站点。至1998年底，我国已有34家电视台上网。真正把网络电视推向高潮的是中国电信、中国网通及中视网络的加盟。2004年5月31日，中国最大的网络视频运营商——中视网络开通了中央电视台的网络电视服务。

第二节　世界广播电视事业发展概述

一、世界广播电视事业发展的历程

1. 广播

广播的黄金时代从20世纪30年代一直持续到第二次世界大战之后，直到电视开始取代广播作为大众传播的主要媒介为止。在广播的黄金时代，广播是人们最好也是最流行的娱乐方式，每周节目成为全国民众讨论话题的一部分。

1938年万圣节之夜，大约有600万听众收听了美国导演兼演员奥森·韦尔斯的广播剧《星际战争》，进而引发"火星人入侵"的社会骚乱。"火星人入侵"利用特定时期大众的心理依赖性和广播的巨大影响力，播出虚构新闻，带来大恐慌。面对大众恐慌引发的后果，美国参议院举行了一系列的听证会，在听证会上一些议员指责这种广播节目不负责任，联邦通信委员会后来宣布了一项新的规则，要求电台在播出模仿新闻播报的节目时，必须在开始之前和进行中加以说明。

第二次世界大战期间，面对日益严峻的经济危机，美国人民迫切希望有一个强有力的政府，采取强有力的措施，迅速改善经济状况。民主党候选人罗斯福以"新政"为竞选口号，赢得了广泛支持，1933年就任美国总统，而帮助他推行"新政"的正是广播电台和"炉边谈话"。罗斯福善用广播这一媒介，在经济萧条的混乱情况下成功扭转了国家的衰退危机和国民的脆弱心理，也将广播的正面影响力发挥到了极致。

20世纪50年代电视的兴起，使广播网向电台发送节目的作用有所下降。戏剧、喜剧和游艺节目都转向了电视。在电视大受欢迎的情况下，有三种东西最终保证了广播的生存：FM的兴起、半导体收音机的发展以及格式化广播。

1958年，广播利用FM的高音质播音与电视展开竞争。到20世纪70年代，FM的听众数量已经超过了AM，许多AM电台开始转向全谈话或全新闻节目来应对FM的攻势。因为谈话类节目对音质的要求没有音乐节目那么高，而AM信号的广泛覆盖能力对新闻节目也十分有利。

1948年发明的半导体不仅体积只有真空管的一点儿，而且更耐用，耗电量也少得多。第一台便携式半导体收音机于1954年问世，至20世纪60年代它的价格已经比传统的真空管收音机更便宜。

格式化广播是指能够为某个电台创造可识别声音和特点的节目编排方式。格式化节目编排在1949年前后由两位电台经营者陶德·斯托尔兹和戈登·麦克林登首创。参议员修订了《1934年通信法》，把节目主持人选择唱片的权力转移给了电台的节目编导。

直到20世纪90年代，广播仍然沿用AM和FM技术。相较于传统的通过电子波形来表示载波上的声音的广播传输——模拟广播，通过非配数字而非模拟的电波来进行的信号传输——数字广播能产生更加清晰和鲜明的信号。

2007年，世界上互联网广播电台已经达到1万家左右，其中大约有4000家是分散于150个国家的在线广播电台，既包括中国国际广播电台这样完全官方的电台，也有像Ave Maria这样风格奇特、一天24小时不间断播出音乐的电台。

数字高清广播能够给AM电台带来FM音质，以及能使FM广播达到CD音质，它还可以让电台将广告信息发送到高清接收器的文字显示屏幕上。数字高清广播可以提供额外的信号，这样广播电台就能在一个频道中同时有四道五套节目选择，创造有如今天卫星广播那种多样化的节目[10]。

从历史上看，以下几部重要法规的颁布对广播的发展产生的影响至深至远。

《1912年无线电法案》是美国第一部与无线电相关的法律，它确立了政府在广播通信中的监督作用。这部法律在很大程度上是因为泰坦尼克号的灾难而通过的。当这艘船沉没并导致1500人丧生时，这片水域其他船上的无线电操作者们在深夜纷纷关闭了他们的设备。如果这些船知道泰坦尼克号需要帮助，也许他们就能挽救更多的生命。1912年的法律要求，海上航行的船只必须一天24小时保持无线电畅通，同时要求所有的无线电发射器须申请联邦许可。

《1927年无线电法》是美国第一部全面针对广播而制定的法规。法案立足于电波资源稀缺论的基础，把广播必须为"公共利益、便利和需要"服务作为规制电子媒介的核心原则，通过创立"联邦无线电广播委员会"（FRC）这一全新机制，构建了一个"公共信托"模型，实现了内容与载体的有机嵌合，从而完成了对无线广播事业的神圣救赎。这部奠定美国广播电视体制雏形的法案，主要包括以下四部分内容：①确立无线广播电台的经营必须履行服务

"公共利益、便利和需要"的基本准则；②认定电台执照、频谱由联邦政府统一分配，取消私人对无线电频率的所有权；③禁止政府对广播节目的审查；④成立由5名成员组成的联邦无线电广播委员会（FRC）。该法律的影响和意义是为美国广播搭建了一个"公共信托"模型，由此奠定了美国广播体制的基础。

《1934年通信法》是美国政府对广播和通信行业进行规制的基本法。它所确立的美国无线通信法律制度，一方面明确了政府保护公共利益的规制目标，规范了无线电相关产业的发展秩序，为广播以及之后电视等新技术带来的新传播方式框定了发展的方向；另一方面创立了之后几十年对美国无线网络领域有重大影响的管理机构——联邦通信委员会（FCC），这个机构的存在使得政府的意志能够始终在无线电网络领域发挥重要作用。该法的主要内容包括：①确立传媒规制的核心标准——公共利益；②创设广播电视与通信事业管制机构——联邦通信委员会；③提出公共议题广播的标尺——公平原则；④制定违法行为的管制规则——处罚基线。《1934年通信法》一直是美国最具有影响力的广播法律，对后世的深远影响主要体现在以下四个方面：一是"传播"首次成为国会立法规制的对象；二是确立了美国媒介管制的基本框架；三是促使政府成为社会责任理论的主要贡献者；四是提供了社会参与和监督机制的新鲜经验。

《1996年电信法》是新自由派的"非规则化"理念获得胜利的法律[11]。它的出台是传媒产业管制放松历程中的标志性事件。作为平衡商业利益和公共利益的"调制器"，《1996年电信法》拉开了电信网、互联网、有线电视网三网合一及全面竞争的序幕，对美国乃至世界广播电视产业发展产生了极其广泛而深远的影响。《1996年电信法》对《1934年通信法》进行了全面彻底的修改，主要内容有：①重申传媒服务公共利益的要求；②放松媒介所有权限制，促进竞争；③鼓励不同媒介进行跨业竞争；④限制色情和暴力等低俗内容的传播。该法引发了媒介结构的深刻变革，与此同时也导致了公共服务的质量下降。

2. 电视

尽管有关电视的概念在20世纪初叶就已出现，但实现真正意义上的电视广播要晚许多年。

在1935至1938年间，德国纳粹政府在世界上第一次启动了常规的电视服务，将有关纳粹主义宣传的广播节目，送交到安置了特别装备的电影院。

1939年，美国无线电公司在纽约世界博览会上正式推介了电子扫描技术装置，富兰克林·罗斯福总统成为出现在电视上的第一位美国总统。这一事件标志着定期的电视播出已经开始。

1946年，商业电视在美国应运而生。从一开始，商业电视就隶属于那些掌握广播电台技术的公司，如美国全国广播公司、哥伦比亚广播公司和美国广播公司。

20世纪50年代，电视得到普遍认可。1955年，几乎2/3（64.5%）的美国家庭都拥有了电视机。至1961年，这一数字增加到88.8%。

20世纪60年代，电视成为有史以来可以接触到最大范围的美国民众的最有效途径。电视电影也成为这一时期一种新的娱乐形式。三家电视台以及它们的附属机构在商业上取得了巨大的成功，实际控制着这个行业的经济命脉，限制了公众能够听到的声音的多样性。

《1967年公共广播法》集中反映了回归广播最初时代、创立美国非商业广播体制的目标诉求。从《1967年公共广播法》建立公共广播电视公司（CPB）开始，公共电视网（PBS）和公共广播网（NPR）先后成立，从而形成了美国公共电视的制度化体系，为美国公共电视的运行和发展提供了体制上的保证。

《1967年公共广播法》主要从公共广播公司的建立、资金来源、公司的性质和目标、公司的活动与责任等方面作出了 13 条规定。概括地说，其主要内容表现在以下三个方面：①阐明了公共广播的根本宗旨——为了公众的利益。关于公共广播公司的根本宗旨，《1967年公共广播法》第 1 条"国会政策"首先予以了申明："为了公众的利益，鼓励公共广播电视的发展，并鼓励公共广播电视促进教育和文化的发展。为了公众的利益，鼓励发展有创造性的节目，使得不到广播服务和高质量广播服务的受众的节目需求得到满足，特别是儿童和少数民族。"②创建了公共广播的运行机制——公共广播公司。《1967 年公共广播法》的突出贡献是公共电视的制度化，组织结构的设计是法案的一大亮点。国会授权建立的公共广播公司（CPB）既非联邦政府机关，亦非负责制作节目的全国公共广播机构，其主要职能是扶植公共广播事业的发展，分配联邦政府的拨款，向社会各界争取捐助，支持全国性节目的制作费，组织各台之间的联系，实施研究和培训计划，建立影片和胶带资料馆。依据法案规定，任何条文均不会"被视作……授权美国的任何部门、机关、人员或雇员对教育电视或电台服务或公共广播协会或任何受其资助的机构或承办商发出指示、进行监察或控制"。CPB下辖公共电视网（PBS）和公共广播网（NPR）。③确立了公共广播的资助方式——国会拨款。《1967 年公共广播法》明确规定：为了更好地保障公共广播履行其使命和职责，联邦政府财政部建立一项"公共广播基金"。公共广播公司每年得到的资助，相当于前一年非联邦政府财政支持总额的 40%。这一全新的资助机制保证了政府对公共广播的资金投入能够做到每年稳中有升，但从某种意义上讲，它也约束了公共广播获得更大发展的可能性。

《1967 年公共广播法》是一个伟大的里程碑。它不仅从观念上，而且从组织上催生了与"教育广播电视"大不相同的"公共广播电视"，顺应 20 世纪 60 年代美国社会变革和价值体系变迁的主体方向，并对原有的教育电视模式进行了转型和延伸。通过建立公共广播公司，构建了美国公共电视的实际运作系统，将公共电视合法化制度化，保证了公共电视发展的连续性和稳定性。

20 世纪 70 年代，有线电视迅速崛起。支持有线电视的力量开始获得更大的政治影响力。联邦通信委员会意识到，鼓励有线电视的成长，可以增加美国人获取的电视节目数量，因此该委员会改变了它的规则，允许有线公司将业务扩大到大城市区域（并且可以和传统的广播电视商竞争）。这一时期，"自由天空"第一次允许为了各种各样的商业目标而使用卫星。这种方法导致两种新事物——HBO 家庭影院和泰德·特纳的超级电视台的诞生。

20 世纪 90 年代，卫星电视新技术的发明使得频道数量激增到 150 个，满足了缺少有线系统的农村地区，以及那些广大订户不喜欢本地的有线运营商的社区的需要。

1996 年，数字电视的崛起和《1996 年电信法》的颁布，使得人们观看电视的渠道比以往任何时候都多得多。2007 年，美国 84% 的家庭拥有一台光碟播放机，86% 的家庭能够收到有线、卫星传输或者电话传输的电视信号。另外，人们也在观看来自新的渠道的节目。他们不仅收看有线和广播电视，而且也会登录互联网去观看那些来自业余或专业渠道的视频。他们可以在网上、电脑上或者通过游戏机，感受视听电子游戏的魅力。甚至，越来越多的人可以通过移动电话，以及其他类似于 Ipods 的手持式数字设备观看视频[12]。

二、世界广播电视管理体制的类型

20 世纪的最后 20 年，是世界各国广播电视快速发展时期。与此同时，世界各国的广播电视业从体制到运行模式都深浅不同地进行了改革。这 20 年的广播电视发展和改革逐步形成了当今世界的三大广播电视体系，即以美国为代表的私营商业体制、以英国为代表的公营体制和以中国为代表的国营体制。世界其他国家的广播电视体制或可归入上述三种体制,或是此三种体制的小小变异。这三种体制基本上主导了21世纪世界广播电视业的体制。

1. 私营型

私营型广播电视的资产为私人所有,自主经营,自负盈亏,国家只是依据法律调控管理。这一类型的特点是:①以市场为导向,以广告等经营性收入为开办经费;②重视受众需求,以提高自己的视听率和市场占有率;③在激烈的相互竞争中,不断改进经营管理,不断更新传播技术,在节目内容和形式上推陈出新,以获取生存空间;④以营利为目的,把商业利益放在首位;⑤在业务上不同程度地受到广告商、赞助商及其背后政治势力的牵制[13]。

美国是世界上最早兴起广播事业的国家,也是私有商业化广播事业最为发达的国家。美国的电视从一开始就是私营的。美国的三大广播公司——哥伦比亚广播公司(CBS)、美国广播公司(ABC)、全美广播公司(NBC)有效地掌控了美国70%以上的观众市场。20世纪90年代以后,随着联邦通信委员会放松规制,又有三家电视网进入,即福克斯广播公司(FBC)、派拉蒙广播公司(UPN)和时代华纳公司(WB)。这六大公司目前掌控着全美90%左右的观众市场。

1967年经美国国会批准成立的公共电视系统(PBS),无论其规模还是收视率、影响力都只是私营公司的补充。私营公司名义上是独立运作、自主经营、自负盈亏,不受政党、政府的控制;基本上依靠广告收入作为主要的财源;最高决策机构是由大股东组成的董事会,董事会负责财政预决算,任命媒介负责人和确定基本方针;负责人执行董事会的决议并具体操作媒介。媒介的独立发展空间宽松。这一切决定了它们运作的商业化特点。

1996年2月,美国国会通过了《1996年电信法》。新的电信法对广播公司拥有的电视台、电台数量不作任何限制,只规定一家电视台对全国电视家庭的覆盖率不得超过35%;电视执照年限从5年延长为8年,对电视节目也不再有硬性规定,除了不得触犯法律以外。这个新的电信法意味着,美国的电视业运作彻底商业化了,也更典型地显示出商业化运作模式的基本特点。

在市场经济高度发达的美国社会,除了公共电视,其他电视节目的生产与制作,无一例外的都是迎合广告市场和受众市场。无线电视网、有线电视网、卫星直播网和节目市场供应商辛迪加都以节目的营利为目标,并尽其所能地提供各种高收视率的节目以满足受众的需求。

"商业化意味着媒体的资金来源于广告收入,商业化的全球发展将因此更加强调消费是生活的主要目的,个人主义和个人自由选择(尤其是选择商品)是人们想要的基本社会条件。在政府垄断广播和独裁制度下,强调个人主义具有进步意义,因为它使被剥夺被压迫的人民看到了新的前景,威胁到了专横的统治和统治者。但是在另外一些情况下,从长期来看,这种价值侵入强调了物质价值,削弱对他人的同情,趋向于降低了社区精神和公共关系的力量,这就减弱了对本国市场力量和外来侵害力量的抵抗力。可以说,在相互依赖的世界上,要实现民主秩序,只有个人主义是不够的,如果个人主义走向极端,还会十分危险。[14]"

商业电视对公共领域的侵蚀有目共睹:"在市场竞争的情况下,如果暴力和色情片销量好,那电视节目中就会大量充斥此种片子,尽管这样做会对社会造成很大的危害。生产这种有负面影响、表面化的节目能带来收益。[15]"

2. 公营型

公营型的广播电视是一项公共事业,在某些国家又被称作公共服务广播[16],它为了公共利益提供广播电视服务。它们一般都是在该国议会通过《广播电视法》或专门《公共电视法》的要求下成立的，作为社会公共财产，不以营利为目的。它们由宪章约束自身规范，由政府或议会任命的理事会（董事会）管理，编辑独立，不代表任何党派、政治和营利团体利益。其经费来源主要包括：广播电视用户定期缴纳的执照费、少量的国家财政拨款、社会和公众捐赠，以及适量的广告收入。英国广播公司（BBC）、日本广播协会（NHK），以及德国、法国、意大利、瑞典、挪威等欧洲许多国家的主要电台、电视台均属于这种类型。

公营型与私营型体制上的最大不同，在于其组织性质与组织使命各异。不同的性质与使命，导致私商广播电视以营利为目的，而公共广播电视则以宣扬某种价值观——"社会行销"为主。美国《公共广播公司1970年年度报告》曾赫然写道："公共广播是无数词汇和形象的来源，它们履行着各种职能……在课堂上帮助老师教学，在家里训练年轻人的头脑，通过培养爱好和技巧来丰富人们的休闲生活，提高专业技能，学习专业知识。它们提供了一个思想碰撞的舞台，是家庭的文化中心，是市政听政大厅的延伸，是一张超越时空的门票，也是对个人成长的开放式鼓励。"

2000年，在联合国教科文卫委员会支持的国际性的非政府组织——世界广播电视委员会撰写的《公共广播：为什么？怎么样？》报告中，清晰地界定和概括了公共服务广播必须遵循的基本原则，即普遍性、多样性、独立性和差异性。

普遍性要求公共广播机构面向全体国民传递声音并矢志为最广大的公众所使用。公共广播并非始终要像商业广播那样致力于最理想化的收视（听）率，而是应该竭力使其所有的节目满足全体公众。

多样性是指公共广播提供的服务应该是多样化的，至少应该体现在三个方面：提供的节目类型、达成的目标观众和讨论的主题。公共广播必须通过提供各种类型的节目来反映公众利益的多样性，它所生产的节目适用于全体公众。

独立性要求新闻工作者必须避免任何表面或实质上的不适当、表面或实质上的利益冲突。他们既不应该收受任何东西，也不应该参加任何看起来有可能伤害他们正直性的活动。其公共广播的独立性只有在它们坚持反对商业压力或党派影响时才有可能获得。

差异性要求公共广播提供的服务与其他广播服务相区别。在公共服务节目中，它的节目质量和特征，公众必须能够判定这一机构与其他机构的区别何在？这不仅仅是一个生产其他机构不感兴趣的节目类型、瞄准其他机构忽略了的受众或者处理其他机构遗忘了的题材的问题，而且是一个特立独行却不拒斥任何其他类型的问题。

公共广播电视的基本特征是：①为了提高公众的教育水平，要提供尽可能丰富的、多元化的、反映多民族利益的节目，因此一般不以收视（听）率作为衡量节目质量的标准。②为了实现为绝大多数公众服务的目标，公共广播电视一般都是全国覆盖（社区、学校、地方政府等建立的广播电视台除外）、开路播出的免费无线电视。③作为服务不同利益团体的机构，公共广播电视需要平衡各种利益。为了平衡各民族的利益，它们一般会使用多种民族语言播出；为了平衡党派利益，它们为各政党的宣传提供平等机会。④为了平衡商业利益，公共广播电视对企业广告施加种种严格的限制；为了平衡国家利益，它们一方面宣传政府政策，一方面批评政府政策；为了平衡观众利益，它们也会像商业广播电视那样提供"最少反对的节目"。

3. 国营型

这种体制在世界上尤其第三世界仍具广泛的代表性。其基本特点是：①广播电视台的资产所有权完全属于国家。在中国，到目前为止，除了政府投资以外，其他任何部门，无论是国营企业还是私营企业，都不得在广播电视台投资或参股。②广播电视台是党和政府的宣传机构，即党和政府的喉舌。广播电视台的主要领导人是由党和政府任命的；广播电视台的宣传报道方针必须和党的行动纲领、政府的施行纲领保持一致并经党和政府的批准。③广播电视台义不容辞地承担着宣传党和政府的重大理论、方针政策的职责。在此前提下，要尽量满足观众对信息和娱乐等的需求。④广播电视台的经费在20世纪80年代以前由政府直接拨款，如今则是政府拨款辅以广告收入和其他经营收入[17]。

国营型与公营型的最大区别在于：政府对广播电视机构实行直接指导管理，不经由社会团体或公司法人居间。理论上，这种体制下国家可以统一、有计划地调配资源进行广播电视事业建设，使其业务活动更加符合国家的政策、发展需要，保证广播电视的宣传效应。

但是，完全的国有体制也被证明具有不可避免的缺陷：①广播电视的主业是宣传，行政机关干预过多，业务活动侧重于对政府负责，容易对公众需求不够重视；②内容难免单调、贫乏，形式不够活泼、生动；③管理上重视集中统一，管理方式行政化，激励机制不够完善，经营活力比较欠缺[18]。

中国、苏联、东欧国家、古巴、朝鲜以及一些发展中国家都属于这种体制类型。

第三节　广播电视事业在中国的发展

一、广播电视事业释义

"事业"与"产业"是一对概念。"事业"有广义和狭义两种解释。广义的解释，即人所从事的活动；狭义的解释，即特指没有生产收入，由国家经费开支，不进行经济核算的经济组织和机构。因此，以往我们所谓的"广播电视事业"从狭义上讲就是由国家经费开支、不进行经济核算的采编、制作、播出、传输广播电视节目的事业单位。

长期以来，人们习惯于将广播电视行业视为非生产性社会事业单位，这与我国把社会生产划分为"物质生产"和"非物质生产"两大类别有关。随着时代的变化，如今的广播电视行业已非昔日纯粹的社会福利性行业，它的经营收入除去成本开支外，每年还可以向国家上缴数目可观的利税。

在现代经济活动中，"产业"是指各种制造或供应同一类型货物、劳务并有收入来源的生产性企业或组织。它源于社会分工和生产对象的不同。"广播电视产业"这一概念，强调的是广播电视活动所具有的经济特性，也就是说，从经济运作的方式来看，采编、制作、播出、传输广播电视节目的组织或机构是通过提供信息服务获得价值补偿和价值增值的，属于生产广播电视节目产品、提供节目和信息服务的产业部门。

中共中央和国务院1992年6月发布的《关于加快发展第三产业的决定》，明确把"广播电视"归属于第三产业，并且指出："现有的大部分福利型、公益型和事业型第三产业单位要逐步向经营型转变，实行企业化管理。"这是我国广播电视传媒产业化发展的重要标志。

二、我国内地广播电视事业发展的历史阶段

我国内地的广播电视事业已经走过数十年的风雨坎坷。依据其成长程度、发展规模和体制属性的变化，可以粗略地分为初创期、成型期、发展期和转型期四个历史阶段。

1. 初创期（1923～1949年）

中国内地现代广播肇始于外国人在中国境内开办的无线电广播。

1923年1月，美国人奥斯邦在上海开办"大陆报——中国无线电公司广播电台"，呼号为XRO，发射功率50瓦。此后，美国新孚洋行、开洛公司和日本义昌洋行等相继在沪、津

建立广播电台。针对外国商人纷纷在华私设广播电台，1924年8月，北洋政府颁布了中国内地历史上第一个关于无线电广播的法令——《装用广播无线电接收机暂行规则》。

1925年2月，北洋政府交通部建立一个"无线电广播公司"，开始了无线电广播电台的筹建工作。

1926年10月1日，中国内地自办的第一座广播电台在东北地区诞生，呼号为XOH，发射功率100瓦。1928年1月1日，新建的哈尔滨广播电台开播，原呼号改为COHB，发射功率扩至1000瓦。

1927年3月19日，上海新新公司广播电台开始播音。这是上海地区第一家完全由中国人创办经营的私营商业广播电台[16]。

1928年8月1日，设在南京的"中国国民党中央执行委员会广播无线电台"（简称"中央广播电台"）开播，呼号为XKM，发射功率500瓦。

1928年10月启播的浙江省广播电台，是中国内地第一座官办地方台。

1929年8月，国民党政府公布《电信条例》，允许民间经营广播电台。30年代初期，民办电台一度繁荣，约有70余座，其中多半设在上海。

1932年11月12日，国民党政府新建的"中央广播电台"正式投入使用，呼号改为XGOA，发射功率扩至75千瓦，成为远东第一、世界第三大功率的电台。

1936年12月发生"西安事变"，爱国将领张学良、杨虎城接管"西安广播电台"，并亲临电台发表演讲，说明事变真相，呼吁停止内战、团结抗日。同时，在中国共产党地下组织的安排下，美国记者史沫特莱和英国记者贝特兰每天在西安广播电台进行英语广播，报道事变真相和事态发展。

"七七"事变后，抗日战争全面爆发。1937年11月23日，国民党"中央广播电台"停止在南京的播音。其后，武汉的广播电台成为抗日宣传的重要阵地。1938年3月，"中央广播电台"在重庆恢复播音。次年2月，国民党政府建立"国际广播电台"，呼号是XGOY，名为"中国之声"（简称"VOC"）。

1940年12月30日，中国共产党领导下的第一座人民广播电台在延安试播，呼号为XNCR，发射功率为300瓦。当时它是新华社的口语广播组织，故称延安新华广播电台。1947年改名为"陕北新华广播电台"。1949年，北平解放后，"陕北新华广播电台"在3月25日随党中央迁到北平改名"北平新华广播电台"；9月27日，又因北平易名而改为"北京新华广播电台"。

1949年6月5日，中共中央决定成立中央广播事业管理处，直属中共中央宣传部，统一领导全国的广播事业。

1949年10月1日，中华人民共和国的成立，标志着中国广播事业从此进入一个新纪元。与此同时，中央广播事业管理处改组为中央广播事业局，隶属国务院新闻总署领导。12月5日，"北京新华广播电台"改称为"中央人民广播电台"。

至新中国成立前夕，各地已有人民广播电台39座。

2. 成型期（1950～1980年）

新中国成立后，新闻总署、中央广播局同时加强了对上海、北京、天津、重庆等市私营广播电台的管理，并按政策规定稳妥地、有区别地进行了改造。据1950年4月统计，当时内地私营广播电台分布在上海（22座）、北京（1座）、天津（1座）、宁波（2座）、广州（3座）和重庆（3座）六个大中城市[17]。

我国内地正式开办对外广播的时间是1950年4月。当时中央台专门组建了国际广播编辑部，并以"北京广播电台"的呼号和单独的频率使用7种外语和4种汉语方言对外国和华侨听众广播[18]。

1952年12月，中央广播事业局召开第一次全国广播工作会议，总结国民经济、恢复时期的广播工作经验，制定第一个五年计划期间广播事业发展的方针。截至1956年底，全国广播电台的发射总功率比1952年增加了4倍；中央电台的发射总功率由1952年的290千瓦增加到1935千瓦，增幅达5.6倍。

1956年2月20日，国务院发出《关于农村广播网管理机构和领导关系的通知》；同年7、8月间，召开第四次全国广播工作会议，主要讨论广播事业的建设方针和体制问题。此后的10年间，中央和地方的广播事业得到同步发展。

中国内地的电视事业开端于1957年。是年5月1日，中国内地第一座电视台——北京电视台（后更名为中央电视台）开始试播，9月2日正式播出。随后，1958年10月，上海电视台开播。时隔2个月，哈尔滨电视台（黑龙江电视台的前身）建成试播。同年12月，当时的中央广播事业局在北京召开全国电视台基建工作会议，决定由点到面在各地建立电视台。

三年"大跃进"期间，各地的广播电台在原有基础上空前发展，每年平均以30%左右的速度递增，但是，当时盲目追求数量、忽视质量的倾向由此可见一斑。

1958年12月，中央广播大楼建成并投入使用，我国内地自己设计制造的第一部500千瓦大功率中波发射机和其他一些技术设备投入使用。

1959年1月1日，西藏人民广播电台开始播音。从此，各省、自治区、直辖市都有了广播电台。

1959年4月，经国务院批准，培养高级广播电视专业人才的北京广播学院（现为中国传媒大学）正式成立。

这一年，我国内地着手进行彩色电视的研制工作。当时除美国已开播彩色电视外，英国、法国、德国、日本和苏联等国均还处于研究和试验阶段。

1964年，我国内地开始进行有线电视研究，当年即取得喜人的成果。北京饭店安装了第一个共用天线电视系统，20世纪70年代初，又在民族饭店、天安门城楼等处建立了多个共用天线电视系统。

1966年开始，我国内地广播电视事业遭受损失。中央人民广播电台少数民族语言广播停播5年，直到1971年才陆续恢复；只剩下上海、广州2座还在播出，即便是北京电视台（现中央电视台）都曾停播1个月之久。但是，广播电视技术仍然取得了一定的进步。

1973年5月1日，北京电视台开始试播彩色电视节目。这是中国内地电视发展史上一个重要的里程碑。

1978年5月1日，北京电视台更名为中央电视台，同年12月开办电视教育节目。

1980年10月，中央广播事业局召开第十次全国广播工作会议，总结30年来广播工作的基本经验和教训，确定广播电视在新时期的基本任务和奋斗目标。

3．发展期（1981～1991年）

1982年5月，国务院机构改革，中央广播事业局升格为广播电视部。从广播事业局到广播电视部，行政地位的提高不仅反映了广播事业的重要，更意味着电视地位的擢升。这一管理体制的调整，亦成为1983年广播电视改革的先声。

1983年，第十一次全国广播电视工作会议提出"四级办广播，四级办电视，四级混合覆盖"的建设方针，并以中共中央37号文件形式下发。各省、自治区积极行动，一方面大力建设广播电视专用微波线路、电视转播台和电视台；另一方面着手建设地面收转站，逐步建成技术先进、布局合理、经济有效的电视传送和覆盖网。据统计，到2000年底，共有电视台 354 座，其中中央级 1 座，省级 38 座，市（地）级 315 座，县级广播电视台 1446 座，乡（镇）广播电视站 40204 座。在 2707 个县、47873 个乡（镇）、733236 个行政村中，已通广播的乡 44889 个，通电视的乡 46475 个；已通广播的村 662298 个，通电视的村 692948 个。

20 世纪 80 年代，有线电视在各大、中城市推广，并向农村发展。据 1984 年的不完全统计，建成的有线电视系统已达 300 多个。到 2000 年底，共建有线广播电视台 268 座，广电系统内、外有线广播电视站 42120 座，共用天线系统 76941 个，有线广播电视总用户 8476.07 万户。1992 年 12 月成立的"全国有线电视台协作体"对有线电视的发展起到了促进作用。

1984 年 4 月，我国内地发射实验通信卫星成功，中央第一套彩色电视通过实验通信卫星播出，结束了新疆不能收看当天中央台新闻的历史。卫星站的建立，实现了中央和地方各省（自治区）、直辖市、计划单列市广播电视局通过卫星向各地播出电视的愿望，使各市、县均可用卫星接收设备收看到几十套彩色电视节目。

1986 年 1 月，第六届全国人民代表大会常务委员会第十四次会议决定把广播电视部改为广播电影电视部，对电影和电视事业实行统一领导。

1986 年至 1988 年间，曾先后三次召开全国广播电视厅（局）长会议，讨论广播电视事业发展和广播电视宣传改革等问题，并作出了有关决定。

1988 年 3 月，中央电视台迁入新址彩电中心大楼。彩电中心的建成和使用，标志着中央电视台的事业进入了一个新的阶段。

4. 转型期（1992 年至今）

1992 年 6 月，中共中央、国务院颁发《关于加快发展第三产业的决定》，正式把广播电视业列入第三产业，指出要"以产业化为方向，建立充满活力的第三产业自我发展机制。大多数第三产业机构应办成经济实体或实行企业化经营，做到自主经营、自负盈亏。现有的大部分福利型、公益型和事业型第三产业单位要逐步向经营型转变，实行企业化管理。"同年 10 月召开的中国共产党第十四次全国代表大会，确定我国内地经济体制改革的目标是建立社会主义市场经济体制。以此为契机，广播电视业的改革进一步走向深入，广播电视节目栏目则在对象化、专业化和频道（频率）化变革的同时，注意细分受众市场，以更好地适应和满足不断变化的受众需求。

根据 1996 年 12 月 14 日中共中央办公厅、国务院办公厅联合下发的通知精神，广播电影电视部提出重点解决擅自设台建网、重复建台和乱播滥放问题，逐步形成"布局合理、结构优化、效益明显、富有活力的发展格局"。

1997 年 10 月，广播电影电视部召开"对广播电视播出机构重新审核登记工作会议"，明确要求调整和优化广播电视体制。

1998 年 3 月 10 日，国务院机构改革迈出重大步伐，广播电影电视部改组为国家广播电影电视总局，直属国务院领导。

为解决我国内地部分农村地区收听不到广播、收看不到电视的突出问题，1998 年，党中央、国务院决定启动广播电视"村村通工程"。截至 2005 年底（第一轮工程结束），国家共投入建设资金 34.4 亿元，运行维护费 0.4 亿元，完成了 11.7 万个行政村、10 万个 50 户以上自然村"村村通"建设任务，并修复了 1.5 万个"返盲"行政村"村村通"工程，解决了近 1 亿农民群众收听收看广播电视的问题。根据第一轮工程实施效果，2006 年，党中央、国务院决定继续实施广播电视"村村通工程"，构建农村广播电视公共服务体系，计划到 2010 年底全面实现 20 户以上已通电的自然村全部通广播电视。

新中国成立以来规模最大的广播电视覆盖工程——"西新工程",实施范围包括西藏、新疆、内蒙古、宁夏4个自治区和青海、甘肃、四川、云南四省的藏区以及福建、浙江、广西、海南和吉林延边部分地区,涵盖国土面积超过498万平方公里,占全国总面积的51.9%。"西新工程"实施后,西部少数民族地区的广播覆盖能力比过去增加了2.5倍,8省区各地能够收到10套左右短波广播,各市、县普遍能较好地收到3套以上中波或调频节目、3~4套中央和当地电视节目。中央人民广播电台和各地电台还开通了民族语言节目,每天播音累计增加98小时。

1999年,国家广电总局提出地(市)县广播电视播出机构职能转变,有线电视网、台分离,有线台和无线台合并的重大举措,这是广播电视体制改革的一项跨世纪工程。

从2000年起,我国内地各地加快推进广播电视体制改革。湖南广播影视集团、山东省广播电视总台暨山东广电网络有限公司、上海文化广播影视集团、北京广播影视集团先后组建。截至2003年,各地获批成立的省级集团共计20个。

2002年7月,全国内地各省、自治区、直辖市的公共频道同时开播。这标志着县级电视台的自办电视频道将不复存在,原有的"四级办电视"改为"三级办电视"。

2003年,中央电视台开始"制播分离"的市场化探索,对节目和栏目严格实行综合性的"末位淘汰制"。

2009年,我国内地经济虽然受到国际金融危机的严重影响,但广播电视事业和产业却继续稳步发展。当年内地有线广播电视用户约1.74亿户,比2008年增加1000万户,增长6.10%;广播电视总收入约1665亿元,比2008年增加82亿元,增长5.18%;广播电视广告收入约752亿元,比2008年增加50.17亿元,增长7.15%[19]。

三、港澳台地区的广播电视事业发展

1. 香港地区的广播电视事业

(1) 广播

香港地区广播史上第一家广播电台诞生于1928年,它由港英政府开办,不播出广告,呼号为GOW,开始只有英文台。1934年增设用广州话播出的中文台。1948年改名为"香港广播电台"。

1949年3月,英国丽的呼声有限公司开办"丽的呼声"广播电台,打破了香港广播电台一家独大的格局。与香港广播电台不同的是,它采用有线传输方式,听众须按月付费。"丽的呼声"设有中文台和英文台,又称"银色中文台"和"蓝色英文台"。

1959年8月,香港第三家电台——商业电台正式启播,设有中、英文节目各一套,中文节目称为"商业一台",英文节目称为"商业英文台"。商业电台是一家民营广播电台,以广告收入为资金来源。

1990年5月,香港嘉禾、德宝电影、和记通讯三大财团和美国广播集团组成的高艺广播有限公司通过竞标获得了经营香港第二家商业电视台的牌照,开始筹办新城电台。1991年7月,新城电台正式开播,推出"新闻台""劲歌台""金曲台"三个频率。

至此,香港地区形成四家电台并存的格局,但实际上,长期以来,香港地区的广播业只有香港电台和商业电台两家争雄。

(2) 电视

与广播不同,香港地区电视采取纯私营体制,没有官办电视台。

1957年5月29日,丽的呼声有限公司经营的丽的电视台——"丽的映声"开播,这是香港历史上第一家电视台,也是全球华人地区第一座电视台。

香港电视广播有限公司（TVB）简称无线电视台或"无线"电视，1967年11月19日正式启播，是香港第一家无线发送的电视台。开办之初只有黑白电视节目，设有"翡翠"（中文台，广州话）和"明珠"（英文台）两台，1971年播放彩色电视节目。

1975年9月7日，香港第三家电视台——由商业电台与多份中文报社合资成立的"佳艺电视台"开播。它只设有一个中文台，彩色播映。由于经营不善，不到三年即告倒闭。

1982年9月，英国丽的集团从"丽的"电视台退出，由于股东变化，丽的呼声有限公司改名为亚洲电视有限公司，简称"亚视"。

1990年12月22日，香港政府发牌给李嘉诚和记黄埔有限公司创办的香港卫星广播有限公司，批准其通过"亚洲一号"卫星经营泛亚洲地区的卫星广播电视服务。1991年，香港卫星广播有限公司在旗下成立香港卫星电视有限公司，即STAR TV，简称香港"卫视"。

1993年6月，香港九仓有线电视公司获得经营有线电视的牌照，有效期12年。10月31日，"九仓有线"正式开播，这标志着香港电视业进入到多元化发展的新时期。开播时建有新闻台、体育台、儿童台、电影台、音乐台等8个频道。1998年11月该公司更名为香港有线电视公司，成为香港五大传媒之一，频道也由最初的8个发展到2001年的31个。

1996年3月31日，"卫视中文台"与香港"今日亚洲"（占45%的股份）及香港"华颖国际公司"（占10%的股份）等公司重组为"凤凰卫视中文台"。该台通过"亚洲一号"和"帕拉帕C2"两颗卫星覆盖亚太30多个国家和地区，人口超过20亿人，其中华语人口占63%。"凤凰卫视"是香港唯一一家全部用普通话24小时昼夜播出的电视台。

截至2007年，香港共有2家本地免费电视台、多家卫星电视台和4家本地收费电视台，共提供给观众近200个收看频道。

2. 澳门地区的广播电视事业

（1）广播

澳门地区第一座试验性广播电台建于1933年8月26日，从此开启了澳门无线电广播的历史。1948年，广播电台归澳门当局经营，隶属新闻旅游处。1963年，原有的广播电台被澳葡政府接收，交由邮电署掌管。直到1980年1月27日，该电台才有了"澳门广播电台"的正式名称，成为政府所有和经营的电台。1982年，澳门总督颁布法令，撤销澳门广播电台，成立澳门广播电视公司。1985年12月，除原有的中波广播外，澳门电台还开办了调频立体声广播。澳门广播电台采取商营方式经营，允许播放少量广告。

澳门第二座广播电台诞生于1950年。这个名为"绿村"的广播电台由澳门名流保罗博士创办。起初每日用葡萄牙语和粤语播放节目，1964年起全部节目改用广州话播出。1969年该台转为商业广播电台，不问政治，没有自制新闻节目，主打娱乐。

（2）电视

澳门地区第一家电视台——澳门电视台开播于1985年5月13日，由澳门广播电视公司经营。每周播出中文和葡文电视节目40小时。1989年，澳门电视台开始接受私人股份，成立管理机构董事局；同期它还增大发射电力，开始向香港播出。1990年10月，分为中文台和葡文台两个频道。

澳门第二座电视台是卫星电视台。1996年1月，澳门卫星电视有限公司成立，1998年1月19日获颁澳葡政府专营牌照。这是一家私营公司，董事会主席是澳门商人吴福。按照澳葡政府批文，澳门卫视可以开办6个频道，而最先开播的是旅游频道。

1999年1月20日，中葡联络小组批准了《澳门有线电视专营合约》，4月与澳门有线电视有限公司签署了为期15年的专营合同。2000年7月，国际投资的澳门有线电视公司开始运营，主要转播来自40多个国家和地区的电视节目，还提供中央电视台和广东、福建、云南等大陆卫星频道的节目，并收费提供打包的特种频道服务。

1998年，澳门宇宙卫星电视股份有限公司经澳葡政府批发专营牌照，获得6个频道的卫星电视经营权。1999年12月18日，澳门卫星电视旅游台开播，随后五星、生活、亚澳等频道也相继播出。

3. 台湾地区的广播电视事业

（1）广播

台湾地区的广播事业是在20世纪20年代起步的。1925年，日伪"总督府"在台北建立播音室，进行试验性广播。1928年，日伪当局在台北建立了台湾广播电台，使用日语播音；20世纪30年代，又先后在台南、台中、嘉义、花莲四地建立了广播电台。

20世纪50~60年代台湾的广播电台在规模上得到了长足的发展。1949年末，台湾地区有广播电台10座；50年代末，增加至15座；60年代末则发展到26座。中国广播公司是台湾地区最大的一家广播机构，系国民党官方广播机构，无论在调频还是专业台设置以及通信卫星运用等方面它都远远超过台湾其他广播电台。

1968年7月1日，中国广播公司在台北的调频广播电台正式播音，1969年建成覆盖全岛的调频广播网。台湾广播开始进入调频时代。

台湾实行官、商并行的双重体制，民营电台大多在本地开办。1954年7月成立民营广播电台联合会。20世纪50年代中期开始，陆续出现专业化广播。1955年，台湾最早的专业性广播电台——台中农民广播电台问世；1971年，台湾第一座交通专业电台——台北交通电台成立。

在台湾，不论是公营还是私营广播电台，都非常重视利用广播进行"空中教学"。20世纪60年代，台湾"教育部"还创办了专门从事教学的教育广播电台。

1976年1月，台湾颁布《广播电视法》，允许民营（私营商业）电台播出广告，其余广播电台不得播出广告。1982年6月，经过修订的《广播电视法》颁布，增加了要求广播电视机构将经营盈余充作提高广播电视事业水准及发展公共电视基金的项目。

（2）电视

台湾地区第一座电视台，是1962年2月14日成立的"国立教育电视实验广播电台"。试验一年后，于1963年12月1日正式开播，并更名为"教育电视广播电台"。

1961年2月，台湾当局创立台湾电视广播事业股份有限公司（简称"台视"，TTV），并设置"台湾电视事业筹备委员会"，尝试寻求国际资金与技术合作发展电视事业。

1962年10月3日，台湾地区第一家商业电视台——台视开始试播。台视的节目制作和编排主要模仿欧美、日本的模式。内容主要是新闻、社教、文艺三大类节目。1968年，台视建立彩色电视中心，并于次年在台抢先播出了外国彩色影片。《群星会》是台视第一个固定的现场直播彩色电视节目。

1969年，台湾第二家电视公司——中国电视事业股份有限公司（简称"中视"，CTV）在台北开播。两年后，中视的全岛广播网建成。中视的问世，打破了台视的独家经营格局，推动了台湾进入彩色电视时代，同时也带来了电视广告数量的增加。

1971年2月，台湾当局为加强军中教育和社会教育，台湾"国防部"和"教育部"商议将教育电视台改组扩建成"中华电视台"（简称"华视"，CTS），10月31日正式开播。华视成立后，台湾电视事业遂成台视、中视、华视三足鼎立之势。

台湾第四家新无线电视台的开业，标志着台湾电视业的重大变化。1997年6月11日，民进党支持的团体获得筹办许可，采用甚高频（VHF）开播"全民电视台"（FTV）。

1998年7月1日，旨在弥补商业电视的偏失，提供全方位公共服务的台湾公共电视台

（简称"公视"，PTS）开播。"公视"改变了台湾广播电视市场既有的生态结构，成为台湾电视史一个新的里程碑。

1999年，台湾首家卫星直播电视台（DTH）——太平洋卫视正式开播，并开始进军有线电视市场。2000年，立足于服务全球3000万侨胞的"宏观卫视"开播。

思考题

1. 为什么说广播电视是20世纪最具影响力和支配力的传播媒介？
2. 目前世界各国普遍使用的彩色电视制式有哪几种？
3. 什么是广播电视事业？简述我国内地广播电视事业发展的历史进程。
4. 世界上有哪三种主要的广播电视管理体制类型？它们各有什么特点？

第二章　广播电视的传播规律

【本章要点】　广播与电视的共同传播符号包括有声语言和音响，这是它们区别于纸质媒体非常重要的传播要素。电视的传播符号还包括活动画面，镜头、调度、剪辑成为其中重要的关键。广播电视的线性传播特性使得它造成播出时间与物理时间重合的心理观感，因此能让受众身临其境。但线性传播也造成传播内容稍纵即逝，不利于复杂信息和深刻意义的表达。

第一节　广播电视的传播符号

人类生活在一个意义的世界之中，人类传播的目的就是创造并运用符号表达意义。也就是说，符号的本质在于意义。人类的传播符号纷繁复杂，从古代传递信息用的岩画、甲骨、结绳、烽烟，到现代技术的媒介产物广播、电视所凭借的声音、文字、画面语言符号，都是我们表情达意的重要载体。而且每种媒介都会运用不同的符号系统进行传播，在技术发展的帮助下，动态地、综合地进行符号化传播是现代媒体的重要特征。

一、传播符号及其类型

1. 符号的定义

哲学家皮尔士曾为符号下过一个经典定义："一个符号（sign），或者说象征（representation），是某人用来从某一方面或关系上代表某物的某种东西"[20]。概而言之，符号的三要素包括：本体、对象和解释。

巴尔特认为，符号即"有意义地代替另一种事物的东西"[21]。巴尔特理论上的最大进展，是对符号表意系统两个层次即外延意义和内涵意义的分析。与此同时，巴尔特将符号学分析应用到诸如服装、饮食、广告流行文化中。他通过对各种生活符号的破译向人们表明：我们置身其中的这个世界不是一个由纯粹事实所组成的经验世界，而是一个由种种符号所形成的意义世界，"我们从一个符号系统到另一个符号系统不停地对这些符号进行编码和译码，而全部人类的事务如衣食住行都渗透着编码行为[22]"。

符号学语言体系有不同的历史源流和流派，彼此之间对于符号的定义和特性看法不尽相同。通俗地说，我们可以把符号看作表达特定信息和意义的代码，语言、文字、图像都是符号的具体形态。

符号的主要特点如下：

首先，单一符号可以分成能指和所指两个部分。根据结构主义符号学鼻祖、瑞士语言学泰斗索绪尔在其《普通语言学教程》中的表述，符号分成能指（又译意符，signifier）和所指（又译意指，signified）两个互不从属的部分。能指和所指之间构成的是一种自身内部的结构关系，加之符号与符号之间所形成的意义联系，便建构起了符号系统的整体框架。能指和所指的区分为研究文化符号或者意识形态的学者提供了系统的分析方法，这是现代符号学的开端。

在索绪尔的符号学体系中，能指表现为"音响形象"，是符号的物质形式；所指是指这种音响形象在人心理所引发的概念，属于符号的内容面。由两部分组成的一个整体，称为符号。能指和所指是一个对立统一体，不管符号的表现形态怎样不同，我们总能发现它的能指和所指。比方说英文"rose"的发音及字母组合是这个符号的能指，而它的所指则是一种蔷薇科的落叶灌木，在特殊的语境下，它代表着与爱情相关的人类情感。

其次，符号具有任意性。索绪尔在《普通语言学教程》中把符号任意性作为第一原则提出来，这里所提到的任意性说的是符号的能指与所指的对应关系是约定俗成的，在符号建立的早期，这种关系是任意性的。值得注意的是，索绪尔在这里所说的任意性存在于单一单词，比如前面所说的"rose"。而且这种任意性存在于不同的语言体系，例如英语和法语都可以有这种特点。

索绪尔认为符号任意性是语言符号的普遍现象，是语言符号学的第一原则。同时任意性并不是任意选择，而是说符号的能指与所指之间的关系具有社会契约性而不具有理据性。即使某些符号具有理据性，但就整个符号系统来讲，仍然是任意性的。

当然符号任意性在拟声词和感叹词中有例外情况。比方说我们人类口头语中的"嗯""啊""哦"之类。

2. 传播符号的分类

皮尔士曾将符号分为十大类，如分送-象征-法则的符号（命题）、修辞-标志-单一的符号（自发的呼喊）、分送-标志-单一的符号（风标）等，这十大类基本组合又被细分为66种。于此一例我们就可看出符号的类别纷繁复杂，各种学说也是莫衷一是。这里只是结合大众媒体，谈谈比较通行的几种符号分类。

（1）听觉符号与视觉符号

根据上文提及的皮尔士的符号三维度，着眼于符号-对象维度，则有听觉符号与视觉符号之分。

听觉符号是诉诸人类听觉的符号，同理，视觉符号则作用于人的视觉感官。

听觉符号呈现纵向的时间，而视觉符号展示横向的空间。据此，加拿大传播学家英尼斯曾提出了一对颇富启迪意味的范畴——时间媒介和空间媒介，亦即与听觉符号相对的时间符号和与视觉符号相对的空间符号。依据英尼斯的理论，"刻在石头上的文字、图画，刻在黏土板上的楔形文字和印章，刻在龟甲、兽骨上的文字，还有金字塔、石雕、羊皮纸文书等，为典型的从古代到中世纪的时间媒介[23]"。

时间媒介有耐久性，但不便于搬运。为了解决这个矛盾，"为了克服距离障碍，必须用交通、运输手段运载人和符号物，或用光、音等具有高度空间传播性的符号体系[23]"。最早的空间媒介是古埃及的纸草，"纸草把人从石头的重量里解放出来。用手就能写在纸草上的文字，比起那神圣的石头文字来，自然轻快得多，而且世俗化了[23]"。从这一理论出发，广播属于典型的时间媒体，而电视则综合了这两种符号，是人类对信息传播超越时空限制的较高境界。

（2）图像符号、标志符号和象征符号

图像符号、标志符号和象征符号的分类基于符号的三种主要功能：指示、肖似和象征，以及它们之间的可变比例。这一理论体系见利科的著述。

图像（icon）：是某种借助自身和对象酷似的一些特征作为符号发生作用的东西。

标志（index）：是根据自己和对象之间有着某种事实的或因果的关系而作为符号起作用的东西。

象征（symbol）：是某种因自己和对象之间有着一定惯常的或习惯的联想的"规则"而作为符号起作用的东西[24]。

如果从上一种视觉和听觉的符号分类来看，这三种符号都属于视觉符号。

从电视实务角度解释，图像符号是电视传播符号诉诸人类视觉的活动或静态画面。标志符号则存在于每个电视台的台标，这成为标示一个频道名称的重要载体。而象征符号存在于许多具体情境之中，比方说飘扬的五星红旗可以代表中国，天坛祈年殿用于表征北京乃至中国历史文化。

这种符号分类方法在某种程度上是对视觉符号的细化，对于我们理解视觉符号不同的组成部分有着重要意义，也是很多学者分析电视画面的理论起点。

（3）语言符号与非语言符号

根据皮尔士的符号三维度，与"符号-对象"维度相对并同以"符号-解释"维度，可将所有的时间符号和空间符号统分为语言符号与非语言符号两大类[25]。这种分类也是索绪尔语言学符号分类的基本取向。

语言符号是指以人工创制的自然语言为语言符号，可以分为语音符号、字形符号等。比如印刷媒体所凭借的文字符号，广播中的主持人的声音、电视屏幕上的字幕等。

非语言符号包括传播情境中除却言语刺激之外的一切由人类和环境所产生的刺激，这些刺激对于信息发出者和信息接收者具有潜在的信息价值[26]。非语言符号是不以人工创制的自然语言为语言符号，而是以其他视觉、听觉等符号为信息载体的符号系统。

非语言符号在人类传播行为中的重要性使得它成为各种学科的研究热点。美国心理学家L.伯德惠斯特尔估计，在两个人传播的场合中，有65%的社会含义是通过非语言符号传递的。在人际交流中的动作、姿态、表情、眼神乃至外貌与服饰都是非语言符号的重要组成部分。

目前对于非语言符号的重视已经进入流行文化。美国总统竞选不仅是施政纲要和党派的竞争，也是个人魅力的角逐疆域。每到竞选季，公关专家会对候选人的姿态做出具体的指导，规避一些不符合社会认知的手势、神态等。而且非语言符号是情境化的，很多时候不以人的意志为转移，通过非语言符号研究言语的真实性是目前心理学的热点。

在语言和非语言符号分类体系中，副语言符号是比较特殊的种类。狭义的"副语言"指有声现象，如说话时气喘、嗓子沙哑、整句话带鼻音、某个字音拉得很长、结结巴巴说话不连贯等。这些是伴随话语而发生或对话语有影响的，有某种意义，但是那意义并非来自词汇、语法或一般语音规则[27]。狭义的副语言符号可以被视作语言符号的一个类别，但是广义的副语言符号又指涉人们在交流过程中的动作。比如赞成某人语言时点头，并发出 hmm 这样的口头语。如果从广义角度理解，副语言符号又要被归入非语言符号。这两种理解见于不同的论著。从传播学的角度而言，从有声现象这一狭义角度理解副语言符号，包括声音的振幅、频率、波长等泛语言符号置入语言符号大类，似乎比较适于分析传播现象。

二、广播的传播符号

让信息传播克服空间的限制是人类一直的梦想，这一梦想直到20世纪20年代被一种天才的发明——广播实现了。

在20世纪20年代之前，无线电报和赫兹波传送人声的实验为广播诞生提供了技术条件。在这一时期，技术的主要构想是"人们进行点对点之间的交流[28]"。大约在第一次世界大战之后，广播终于成为一对不确定的大多数的媒体，广播节目开始传向各种各样"无从明辨的接收器"。

依使用的技术不同，广播可分为调幅广播（Amplitude Modulation，AM）和调频广播（Frequency Modulation，FM）。

广播在诞生之初只流行于技术热衷者，逐渐各个国家开始意识到这种媒体在信息传播和政治影响方面的作用，公有电台的形式迅速在欧美流行起来，英国广播公司（BBC）是其中的范例。在金融危机之时，美国罗斯福总统的"围炉叙话"为政情传达提供了上佳渠道，他亲切随意的言语方式赢得了选民对新政的认同。

广播能赢得良好传播效果，得益于它的传播符号：语言、音响和音乐。

1. 语言

广播的语言指的是在广播中能准确传达内容和表达情感的有声语言，通常表现为解说、报道。广播被称为声音的艺术，而声音构成了广播传播的主要载体。有声语言的声音既表现出物理的音响，包含着生理的天赋及用声方法，同时它还作为重要的载体，承载着表达者的思想和情感。

首先我们来看一则获奖广播新闻。

录音新闻：惊心动魄160分钟——首次揭秘"长征五号"推迟发射（2016年11月4日）。

（现场背景录音）

昨天晚上20点34分，文昌航天发射场指控大厅里，灯火通明，警戒线内，专家们很多都不在贴有自己名签的座位上，而是三三两两地聚在一起，指着有各种密密麻麻数据的LED大显示屏低声交谈，所有的目光都齐刷刷盯着前方。

（零一号指挥员胡旭东："各号注意，6分钟准备！"）

此时，大屏幕上方仍然延续了一小时前的显示数据，预计点火时20点40分，零一号指挥员胡旭东的声音再次出现时听起来却让人一愣。

（零一号指挥员胡旭东："各号注意，阵地将推迟下达3分钟准备。"）

大屏幕上方也出现变化：预计点火时变为20点41分，随之而来的是，指控大厅内响起了此起彼伏的电话声，（电话声）1分多钟之后。

（零一号指挥员胡旭东："107继续倒计时。"）

人们开始松了一口气，3分钟倒计时口令重新启动。

（零一号指挥员胡旭东："各号注意，3分钟准备。"）

（电话声）

时间继续推进1分钟。

（零一号指挥员胡旭东："各号注意，阵地推迟下达2分钟准备。"）

第二次推迟的口令发出前后，大厅内的人们脸上就像盛夏的天气，从艳阳天瞬间变成了阴云密布，而大屏幕上方预计点火时已经变为20点42分……

（零一号指挥员胡旭东："各号注意，2分钟准备！"）

终于，"2分钟准备、1分钟准备"（零一号指挥员胡旭东："2分钟准备！"）的口令声再次响彻大厅。

（零一号指挥员胡旭东："各号注意，1分钟准备！"）

十几秒后，眼看火箭就要腾空而起。

（零一号指挥员胡旭东："倒计时停。"）

虽然只有四个字，仍然让人有泰山压顶之感。好消息在25秒之后到来。

（零一号指挥员胡旭东："1分钟准备！"）

很快，口令声密集起来，（零一号指挥员胡旭东："1分钟准备、50秒、40秒……"）50秒、40秒、30秒……人们的焦虑程度也在一点点变小，时针指向20点43分。

（零一号指挥员胡旭东："4、3、2、1……点火！"）

点火口令发出9秒后，长征五号8台液氧煤油发动机和2台液氢液氧发动机终于达到

1060 吨级的推力,(火箭点火音响、口令声、掌声)火箭发出了震天的怒吼、喷出橘色的烈焰、一飞冲天,海天之间仿佛瞬间升起了一个太阳,白昼再次降临。

(掌声)

(级间分离口令声)

约 30 分钟之后,载荷组合体与火箭成功分离,进入预定轨道,长征五号首飞任务发射场区指挥部总指挥长王经中宣布:

("长征五号运载火箭首次飞行任务获得圆满成功!")

(掌声)

最后十分钟的经历让人感到长征五号的发射颇为不易。事实上,不仅是最后十分钟,整个任务都称得上险象环生,20 点 43 分火箭的发射已经是发射窗口的最后边缘,也就是说,如果 20 点 43 分,火箭还没能发射,那么,当天火箭就没有机会再上天了。国防科工局系统工程司副司长赵坚坦诚,他在航天领域工作了 30 年,参加了很多次发射,而这一次是最扣人心弦,也是最激动的一次。

(赵坚:"太震撼了,太高兴了,太爽了!我们在发射的预定窗口时间是晚上 18 点~20 点 40 分,我们刚好卡在了窗口的后沿,解决了问题,完成了发射。")

从 18 点发射一直推到了 20 点 40 分,这其中究竟出了什么问题?首先是火箭的四个助推器,在 1 助推和 3 助推氧气的排出管道方面,遇到了一些技术方面的困难。航天科技集团一院长征五号火箭副总设计师娄路亮独家透露,正是因为这个原因,火箭从 6 点的发射窗口推迟到了 7 点。

(娄路亮:"火箭助推上的一个产品出了一些小问题,这个问题经过专家的讨论之后认为不影响后面的发射,检查和讨论过程花了一点时间,应该说占用的时间不多,当时在窗口上还有将近三个小时,那么占一个小时应该是没有问题的。")

一个问题解决,又出现了新的问题,芯一级液氢液氧发动机的管路进行预冷过程中,温度降不下来,这是本身就被称为"冰箭"的长征五号无法承受之"重"。

(赵坚:"你可以想象,你要启动一辆车,怎么踩油门,它就是点不着火,还是挺危险的。而且后面的时间是有限制的,我们必须在预定的窗口内把它发出去。所以说我觉得中国的科技工作者真的很伟大,我们广大的科技工作者遇到这个情况临危不乱,最后一刻我们抓住了,我们把问题解决了,就是通过合理地调整我们的技术参数,使温度降下来了,保证了低温火箭——我们这个'冰箭'的工作条件,最后能够点火。")

这则录音获得第二十七届(2017 年中国新闻奖广播消息)一等奖。通过重大选题中的小概率事件,用广播特写的方式充分发挥声音魅力。记者突破常规报道形式,改为用广播特写展现火箭推迟发射背后惊心动魄的全过程,挑选众多典型性音响为听众还原了当时现场 160 分钟的情景,让听众随着节目一起仿佛置身发射现场,脉搏随着"长征五号"发射的重要时间节点而跳动。

根据案例,我们可以提炼出广播的有声语言主要功能有以下几种。

① 提供信息。作为声音的艺术,广播节目要依托有声语言传情达意。它不像印刷媒介有文字语言和图片信息的组合,也不像电视媒体拥有活动画面,广播几乎所有的信息传递都要依靠有声语言的传播。

② 有声语言是整合广播节目的必要载体。即使是广播音乐节目,往往也需要主持人进行语言连缀,提供音乐本身以外的信息,并使得音乐的连播也栏目化、板块化。否则很多广播节目的非黄金时段会成为单纯的"打碟"时间,没有整体感。

③ 有声语言蕴含着感情,通过声音物理性质的改变,听众可以从中体悟主播的情感和

立场。同样的语料和信息，不同的人表达会有些许差异。人是情感的动物，声音对新闻事件或文艺作品的表达因人而异，语音、语调、停连的处理给新闻和文艺作品营建了一个情感氛围。

2. 音乐

音乐是当前广播节目的重要组成部分，除了大量以音乐为主体的文艺节目之外，几乎所有的节目都会运用音乐作为提示、隔断和过渡。广播中的音乐大体可以分为三类：一是现场音乐作品，如音乐会、演奏、演唱现场、MTV 等；二是背景音乐，有情绪化的效果；三是主题歌或插曲。

音乐在广播节目中的主要作用有以下几种。

① 音乐是现代广播节目的主要组成部分，有大量以播放、点评音乐为主要内容的栏目，也存在以介绍音乐和艺人为主要特色的音乐台。从各地音乐台收听率、满意度较高的现实出发，可见音乐在现代广播主要以车载收听为主体状况下的存在价值。如果说娱乐真人秀是目前电视屏幕的主流，那广播音乐节目就是广播界的娱乐节目，特别受到青年阶层的追捧。

② 音乐作为广播节目的辅助元素，有助于提高广播节目的表现力，具有具体的节目功能。音乐首先能作为频率品牌的主要标示物出现，比方说每个电台都有自己的开始曲或电台品牌歌曲，这是一个电台区别于他者的主要象征。中央广播电台的《音乐之声》（Music Radio）就有不同版本的宣传曲，请了境内外知名歌手演绎舞曲版、R & B 版、Hip-hop 版等。这种做法相当流行，几乎各个电台都有宣传曲、台歌。其次音乐也是大部分广播节目的过渡，即使非文艺类节目，也会依托音乐隔断片段，舒缓气氛。即使在热线类节目中，在接听间歇也会播放歌曲作为停顿，避免留白。

③ 音乐能与节目内容相映成趣，渲染情绪，烘托气氛。

仅以《烟花三月下江南·西湖听雨》（2005 年 4 月 10 日）节选为例[29]。

张铭（浙江艺术职业学院教授）：杭州谈恋爱的年轻人最佳的去处就是苏堤，过后就会告诉别人，苏堤的第几张椅子是我的。

栾月（主持人）：是这样的！

张铭：我谈恋爱的时候就是第二张椅子，那个位置唱歌的音色特别好。（笑声）我在那里唱《星星索》，第一张椅子、第三张椅子、第四张椅子的人基本都固定了，他们其实每天就是来听我唱《星星索》。

龚铭（主持人）：这个有没有凤求凰的意思呀？（笑声）

张铭：租一个小船，也不用划，就在月光下，船荡到哪，漂到哪算哪儿。望着星星，那时候唱《星星索》就更有味道了，船和水面就啪啪……（唱起《星星索》）

（音乐《星星索》，扬起）

……

龚铭：杨柳青青江水平，闻郎岸上踏歌声。我觉得乐府诗特别美，到了杭州，到了西湖边，感受比较深的还是传统的东西。我想问大家一个问题，我们新乐府组合演奏的哪个曲子特别能代表这方水土？

张铭：那应该是《采茶舞曲》。

龚铭：《采茶舞曲》？

张铭：杭州的龙井茶是很有名的，这首《采茶舞曲》是家喻户晓的。

龚铭：当客人们来到这里的时候，沏的这杯盖碗茶，就是龙井茶吧？

张铭：一般我们都会为他们奉上龙井茶。

龚铭：因为在西湖边上喝龙井是最纯正、最地道的。

（音乐乐府《采茶舞曲》，扬起）

这是一个介绍杭州之行的文艺节目，通过主持人与嘉宾之间的对话，寓情、景于乐，使得语言和音乐相得益彰。特别是在这里，音乐既是节目的主体，又与嘉宾话语形成巧妙的印证，串接活泼。比方说，前面嘉宾回忆自己的恋爱经历，自己哼唱《星星索》，节目就顺利地过渡到《星星索》这首歌曲上。又比如说，形容杭城西湖名胜之时，自然带到乐府诗词和当地乡土民情，《采茶舞曲》既是节目要引出的主体，也呼应了语言部分的主旨。

可以说，这个节目既可看作文艺节目（该栏目名称为《民乐逍遥游》），也可看作音乐与名胜历史介绍相印证的谈话节目。音乐在这里与语言配合得非常好，凸显了广播语言艺术的魅力。

音乐作为广播节目的重要传播符号在现代广播节目中越来越受到重视，它既有表意功能，也有烘托氛围、提高节目表现力的作用。可以说，没有一个节目没有音乐，也没有一个电台会忽视音乐的作用。特别在广播作为车载伴随性传媒的今天，音乐是相当多受众收听广播的重要原因。

3. 音响

声音中的音响，是指除语言和音乐之外所有声音的统称。在广播新闻中，它被用来指报道、解说语言（不包括采访对话语言）和音乐节目、节目音乐以外的一切声音。

音响可以分为以下两类。

新闻性音响，包括实况录音和采访对话。这部分音响内容是新闻内容的重要组成部分，直接承载意义传播功能。这部分音响具有真实性，提供新闻背景及情境。比如上文举例的录音新闻：《惊心动魄160分钟——首次揭秘"长征五号"推迟发射》，记者独家录制现场口令音响，除了发令员的声音，专家离席、三三两两低声交谈、不断响起的电话声，这些都被有心的记者记录下来，共同构成了我国航天史上的这个重要时刻。发射成功后采访权威专家获得有关火箭延迟发射的权威回应，具有极强的新闻时效性，又厘清真相。

特效音响，这是传播者制造出来的或转借来的声音。它与新闻性音响的区别在于：实况录音具有客观真实性，而音响效果仅具有真实感，不具有客观真实性。特别是在一些娱乐类访谈节目中，经常穿插诸如笑声、打雷等特效声音，这部分声音仅是为了增强节目效果而设，本身并不一定具有表意性。

再以《烟花三月下江南·西湖听雨》（2005年4月10日）节选为例。

（音响：定本和尚）

定本：佛教里说，闻钟声，烦恼清。钟声嗡……嗡……把我们不愉快的念头都消化掉了。听到钟声就会感到心情愉快、舒畅。

龚铭（主持人）：前台花发后台见，上界钟声下界闻。

（音响：上天竺的钟声……《江南》，混）

张铭（嘉宾）：如果说到音乐的话，我觉得虎跑泉就很好。这个地方曾经出现过民乐的一位大师——弘一法师李叔同，李叔同最后的圆寂就在虎跑。他以这种方式跟杭州结了缘。

（音响：虎跑泉水声）

龚铭：我们又到了一处用音乐、用声音来触摸杭州的一个地方——李叔同纪念馆。

栾月（主持人）：纪念馆前面正好有两棵非常大的茶树，茶花开得很盛。

（音响：导游）

导游：在我们面前的这尊塑像就是弘一法师李叔同的塑像，出家之前他是一位多才多艺的艺术家，出家以后又成了一位得道高僧。他有一首非常著名的歌曲《送别》——长亭外，古道边。这首歌的词就是他作的。他非常要好的一个朋友和他告别，看到朋友远去的背影，自己心里很伤感，他就跑到钢琴前，一边弹，一边就写下了这个词。

龚铭：我不知道这首曲子的原型——美国的那首小调是否流传开来了，但是他融入了中国人的那种离愁别绪之后，就流传开来了。

（音响：导游）

导游：几乎每个中国人到这里都能哼上几句。

（音乐《送别》，扬起）

短短的节目节选中，就运用了多处音响。有实况音响——定本法师对钟声的诠释和导游对李叔同的介绍；也有特效音响——钟声、泉水声。

这个节目获得 2005～2006 年中国国际广播电视新闻奖优秀文艺节目奖。评委在简评中指出：节目中包括雨声、鸟啼、钟鸣和音乐在内的 90％音响，都是主创人员在节目的描述地点现场录音的[29]。这种制作考究的音响特效让评委发出身临其境的感叹，也丰富了整个节目的声音元素，使得节目情景融合，虽不能眼见，却已心至。

可见，音响在广播节目中的主要作用如下。

① 提供节目的时间和空间，增强真实性。同期声录下了整个实况的背景声音，具有新闻真实性，是新闻情境的主要组成部分。

② 渲染气氛，增加节目表现力。特别是特效音响的应用，给有声语言增加了充满感情的符点，使得整个节目的艺术性有了极大的提升。

综上，广播的传播符号主要包括：语言、音乐和音响。虽然广播看似只是有声语言的艺术，但诉诸我们听觉的传播符号却有丰富的种类和组合。一个优秀的广播节目必然是综合运用上述三种传播符号的集合体，三种符号的应用能有效地形成广播节目的节奏，避免单一声道的疲劳感，提升节目表现力、艺术性。

三、电视的传播符号

电视首先是作为广播微不足道的附属物而产生的。第二次世界大战延缓了电视作为独立媒体脱离无线电广播的实验。英国在电视的应用中领先：1936 年 11 月 2 日开始，BBC 在亚历山大宫发送公共电视节目。1939 年，伦敦地区拥有 2 万台接收机，每周可以接收 24 小时节目[4]。

电视在其发展的初期并不拥有现在的媒介地位，作为附属物，它们获得的资源次于广播，受众数量也一直徘徊不前。一直到 1953 年 6 月 2 日伊丽莎白二世加冕典礼，英国历史上电视观众的数量第一次超过广播听众。

目前，电视的媒介议程设置能力远远超过广播，这得益于它综合性的传播符号。简言之，电视是一种声画双通道的媒体，活动画面和声音的配合为它赢得了超越印刷媒介和广播媒体的传播优势。

对电视传播符号的分析纷繁复杂，因其符号的综合性，也给分析归类造成了很多认知困境。如张骏德教授和唐建军博士将电视传播符号区分为语言符号系统和非语言符号系统两大类。

从图 2.1 系统分析，电视的画面被归入无声非语言符号，并且形成动态和静态的区分。而广义的语言符号的有声部分也分成了言语和有声非语言符号。这样的分类在学理上十分精确，言之成理。但对于初学者，将电视传播符号直观地分成画面、声音、文字语言三大类似乎更好。

1. 画面

电视画面能够直观、迅速地展现现实世界。画面可以独立于解说词而完整、准确地传达

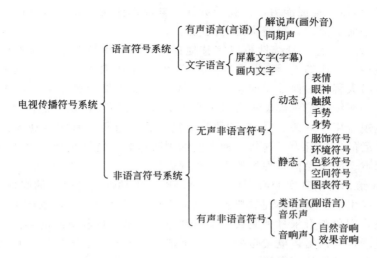

图 2.1　电视传播中画面、声音、文字三种符号类型[29]

有关信息，它是电视非语言符号的主体。在人们发明电视之前，就已经掌握了利用电影的手段进行活动图像表现的方法。它是利用了人眼的一个重要视觉特性——视觉惰性或者说视觉残留现象来完成的。具体说来，单幅的固定画面在人眼前连续换幅的时候，人看到的不是分散的单幅画面，而是连续的运动图案。对于电视技术，这个换幅的速度是每秒 25 幅，我们就把其中一幅完整的电视画面称为一帧。

（1）电视画面的含义

就电视摄像而言，电视画面是摄像机从开机到关机不间断地拍摄所记录下来的一个片段，我们又可以把它称作电视镜头[30]。电视画面是电视叙事和造型的基本因素，是组成电视节目的基本单位。

如果我们把电视画面看作电视传播最基本的词汇，构成这种词汇的语法相应十分复杂，包括角度、景别、明暗等。对于连续画面而言，场景调度、画面编辑都是其中的结构元素。

影视画面的景别一般被分为五类：大远景、远景、中景、特写、大特写。

大远景多半是从远自四分之一英里（1 英里≈1609.344 米）的距离拍摄，为较近的镜头提供空间的参考架构。在大型直播活动中，大远景往往用于展现整体环境。在这里，人物不是拍摄主体，在镜头内往往只有斑点大小。

远景的范围大致与观众距正统剧场舞台的距离相当，也被描述为"全景"，在镜头上一般可容纳人物主体的整个身体。

中景囊括了人物从膝或腰以上的身形，是一种功能性镜头。在表达延续运动、对话的时候，往往采用中景。

特写镜头的重点是比较小的客体，显示事物的重要性，具有强烈的象征意义。

大特写是特写镜头的进一步，如聚焦人物脸部某个五官，用以表达特殊的情绪，符合独特的叙事要求[31]。

（2）电视画面的作用

① 电视画面是电视用以传情达意的最重要元素，能够真实地反映被摄主体。摄影摄像艺术诞生之后，理论界热烈地讴歌了这种艺术手段在达到真实性方面的巨大作用。法国影评家安德烈·巴赞曾经充满激情地赞扬镜头能够清除附着在被摄主体上的人类精神锈斑。我们形容电视媒体能给人"身临其境"的传播效果，也来源于电视画面的作用。所谓"百闻不如

一见",视觉对于物体的把握能力往往高于听觉。电视媒体无需如广播一样花大量时间用语言形容一处景致如何美丽,几个镜头就能说明。

②电视画面的运动性、延续性可以完整地描述过程,保持时空的完整性。这个特点尤其体现在电视直播中。比如奥运会开幕式、国庆70周年庆典等活动中,电视画面给观众呈现了一个整体,最大程度上保证了时空的统一性。2016年里约奥运会上,中国运动员孙杨以1分44秒65的成绩逆袭获得奥运会男子200米自由泳冠军,赢得他在里约奥运会的第一块金牌。中央电视台用了一条2分50秒的新闻描述整个过程,真实客观地记录了孙杨夺冠的过程以及他之后的庆祝行为。这是一种真实的视听体验,特别是孙杨比赛实况由一个镜头完成,没有剪辑点,完全保留了现场的真实情况。

③电视画面给予观众真实的心理体验,现场感、生动性较之以往的媒体有了很大提升。电视媒体非常容易引领受众的心理参与感,画面不仅长于表达过程,也适于承载情绪。即使时间变迁,现在我们再观看朱日和阅兵、女排夺冠、切尔诺贝利事故的影像,仍然能够体会到激动、兴奋或悲伤的情绪。电视是一种擅长形成受众心理互动的媒体,从视觉体验、心理体验等方面达致身临其境的观者体验。

2. 电视声音符号

声音是诉诸人类听觉系统的符号,在电视中可以分为有声语言、音乐、音响几个部分。

有声语言在电视中能准确传达内容和表达情感,在新闻中通常表现为同期声、解说等;在电视剧中表现为对白、独白、旁白。音乐和音响的含义在广播部分已经提及,在此不再赘述。

(1) 电视有声语言

电视传播中的有声语言,即口头语言,是诉诸人的听觉系统的语言符号,它包括解说声和人物同期声。

解说声,即画外音,是电视播音员播报文字的声音,其文本表现为解说词。解说声是一种附加于影像之外的声音成分,被称为运用有声语言。其反映社会生活、表明创作意图、阐明创作思想,并最终作用于观众听觉的一种重要语言形态。

同期声,是指电视画面上出现的人物的同步语言,这是一种直接的真实声音。从电视声画结构来看,人物谈话同期声是一种有声画面,应属于直观形象即图像系统,但是,从表意形式看,它却属于语言符号系统。在这样的画面中,人物动作和声音的同步出现,作为一种复合形态,它兼有了图像与解说的双重功能[32]。

同期声作为电视纪实主义作品的重要表现元素,有效保持了事件发生时的声画统一,在新闻创作、纪录片创作中引起了作者的重视。但是回归到我国影像创作的历史,对同期声的运用经历了一个漫长的过程。

原来电视台拍摄新闻用的是电影16mm的摄影机,绝大部分没有记录声音的条件,只能通过图像配解说的形式来传递信息。这种表现形式有点类似现在的配音,声音这部分的真实性无从体现。后来由于电视技术的发展,ENG电子摄像设备被运用到电视实践中,具备了同期录音的条件,但长期以来采用画面加解说的形式已成为格式化的表现。在20世纪80年代我国拍摄的大量专题片中,都是采取说理的方式,画面和解说基本出于脱离的状态。虽然渐渐出现演播室这种新的表达方式,但往往是主持人和嘉宾就某一学理性问题长篇大论地说理,没有更多的画面元素辅助,极易产生视觉疲劳,传播效果甚至不一定比报刊、书籍强。

大型纪录片《望长城》被誉为我国第一部真正意义的纪实主义纪录片,在1992年引起热议。片中第一次在中国电视界引入同期声,我们目前司空见惯的实地采访在当时属于划时代的尝试。这一创作特点让它在《话说长江》《话说运河》等同期作品中脱颖而出。

在土龙岗荒凉的战国长城旁，摄制组与一位叫李秀云的 31 岁农村妇女不期而遇，在主持人焦建成和她的闲聊中，她讲述了自己一生中所有重要的事情：丈夫一年前得骨癌殁了，带着两个娃，现在过日子操心，又闹饥荒了，过一年才能还清债，想着将来为小子盖间房……朴实的语言记录了一位农村妇女最真诚的愿望，她是中国勤劳、质朴劳动人民的象征，展现了在生活重压下依然乐观的品质。试想，如果这些语言由播音员配音或者主持人口播，又怎能展现现在的这种真实感甚至粗糙感？这种生活的原生态才真正感动观众。也正是这些细节，包括声画同步、现场访谈、跟拍等技术，使得《望长城》具备了人文纪录片的特质。

再以韩蕾、张克鑫创作的《俺爹俺娘》为例。这部纪录片记录了摄影家焦波经年为父母拍照，希望用影像的方式留住父母也留住亲子亲情的故事。片中有一个片段是年迈的父亲和重外孙女背诗的情节，基本以同期声、声画同步的方式展现。

【镜头】村头，一排高大笔直的杨树树立在美丽的夕阳中，爹在吟诵。
【同期声】
爹：白日依山尽，黄河入海流。欲穷千里目，更上一层楼。
【镜头】爹面容苍老但精神抖擞，在和重外孙女背古诗。
【字幕】摄于 2001 年　爹 87 岁
　　　　爹的重外孙女　晶晶 8 岁
【同期声】
晶晶：你还会哪首啊？
爹：啊？
晶晶：你还会哪首啊？
爹：（想了一会儿，又背）重重叠叠上瑶台，几度呼童扫不开。刚被太阳收拾去，却叫明月送将来。
晶晶：你一共会几首诗啊？
爹：也就会几首了，不会很多。
【镜头】大蒸锅冒着热气，老态龙钟的娘坐在院里的灶房前烧着火。
【字幕】摄于 2001 年　娘 89 岁[33]

短短的一段，展现了父亲和晚辈玩闹的生活情境，同期声的运用使得这段生活场景具备了鲜活的生命力，老人的鹤发童心、孩子的天真，以及这两种悬殊年龄的含蓄对比，使得这段声画具备了开放性的含义。即使不认识被摄主体的人，也会被这种似曾相识的人类共通情绪感染。

（2）音乐和音响

音乐和音响是电视声音符号的重要组成元素。在电视节目中有直接表现音乐的类型，比如 MTV。同时音乐作为节目配乐对提高节目感染力有很高的价值。音响在电视新闻中表现为新闻现场实况中的一部分，在文艺作品中表现为情节的一部分。除了背景自然声之外，特效音响的运用在各种节目形态中都日益普遍，比方说娱乐节目中的观众笑声、电闪雷鸣的声音配合特技，传达了独特的含义。

音乐和音响能够加强传播内容的现实感、真实性。新闻现场的音响提供了一个真实的环境，如果把这些声音去除，画面的情景化功能就不能发挥到极致。比如说春运报道中，记者往往会展现熙攘的火车站、火车进站的鸣笛等，这些音响构成了一个真实的新闻环境。有些即使听来嘈杂的声音，也增加了新闻的真实性。

音乐和音响能够渲染、烘托环境气氛，升华主题。比如上文提及《望长城》摄制组对李秀云采访之后就配合慢镜头播放了主题曲，这是整个片子仅有的两次在进程中配主题曲中的一次，这是主创人员对被采访者以及她所代表长城内外朴实居民直接的讴歌。

综上，声音对电视画面的补充和升华作用不容小觑。画面本身具有叙事功能，关掉声音之后我们可能仍看得懂不少电视新闻和文艺作品，但是它们的感染力就大打折扣。电视被称为声画艺术，画面和声音相辅相成，缺一不可。只有两者共同为主题服务，电视传播效果才真正能超过广播和印刷这种单类型符号传播媒介。

3. 文字

电视的文字符号主要是字幕（标题、同期声字幕、插入字幕、整屏文字字幕），包括台标等元素也可以粗略地归入这个类别（大部分电视台标都是文字和图形的组合，不能单纯地把它看作书面文字或者字符串。笔者在此归类，不过重在说明这部分内容的静态性）。

文字在电视传播中的作用越来越被人重视。

① 文字作为重要的提示工具，深化对节目的印象与理解。字幕使得电视视听读三位一体，能够部分克服电视媒体线性传播的缺陷，提示、放大某些信息元素，受众易于接受。随着央视新闻改版，字幕的作用在屏幕上被放大了。标题字幕、分标题字幕、采访同期声字幕都得到了足够的重视，这部分切分了观众注意力，提示观众应该注意的点，直接点明传播者意图。

② 游走字幕增加了电视信息量，使得画面、声音、字幕可以传输不尽相同的内容。在特殊时间段亦能保证重大新闻的时效性，保证节目播出的完整性。目前电视信息类节目的惯常做法是，除了与画面和有声语言配合的字幕之外，屏幕底部的游走字幕是与目前节目可能毫无关系的滚动新闻和服务信息（如天气预报）等。这增加了电视节目的信息量，使得不同类型的传播符号各尽其能，体现了电视综合性媒体的优势。

③ 字幕是电视品牌 VI 的一部分，也是电视视觉形象的直观部分。字幕的颜色、大小、字体都经过设计，并非随意而为，这成了品牌标示的一部分。另外，台标等设计更是直接承载了电视品牌内涵。例如凤凰卫视对于中国传统图腾的应用，体现了华文媒体的历史纵深感。中国人自古将凤凰视为吉祥如意、和平安康的象征。借凤与凰的阴阳交汇，预示东西方文化、传统与现代文化的一次历史性的整合重组。东方卫视五角星覆盖的鲜橙，象征着上海东方卫视覆盖在世界的东方，并张开它的触角，为上海、全国乃至全世界各地的交流搭建了一个互动的平台。浙江卫视中国蓝，蓝色是海洋的颜色，体现了宁静致远和海纳百川的胸怀，"Z"字也形象地象征了浙江母亲河钱塘江（又名之江）的形状。

电视传播符号相较广播复杂很多，视听双通道的传播方式为它赢得巨大的传播优势。但是就创作而言，有序地运用这些符号，将其整合到一条新闻的整体中，对从业人员的素质也提出了较高要求。

4. 电视声画关系

电视的视听双通道的传播特性造成了独特的传播效果，而声音和画面的组合关系是电视编导过程中最需要注意的。根据声音和画面传播内容的区分，电视声画关系有声画合一和声画对位两种。

（1）声画合一

声画合一，是指声音和画面传播的具体内容完全一致，画中人、物往往就是声音的发声源，或者声音直接具体说明画面中的事物情景。它能加强传播内容的真实感和可信度，是声音和画面组合方式中的基本组合方式。

声画合一有两种形式：一种是画内声画，即同期声这种传播方式，画面主体和声音源是同一的；另一种是画外声画，即播音语言与画面的统一，画外音直接解释画面内容。

声音和画面信息保持一致能够增加新闻的真实性，提供现场感。这是电视新闻中常用的组合方式。

（2）声画对位

此时，镜头画面与声音按照各自的规律彼此表达不同的内容，又在各自独立发展的基础上有机地组合起来，造成单是画面或声音所不能完成的整体效果。它是声音的画面关系的一种升华和飞跃，使声音和画面不再互为依附，而是各自发挥不同的作用，大大扩大了电视传播的容量，打破画面的时空局限。

画面的表意功能在一些较为抽象信息的传达过程中往往捉襟见肘，而且电视画面本身具有多义性。声音的配合在声画对位过程中能够发挥双通道的作用，使得视觉、听觉符号既区别又统一，达到综合传播的效果。

画面内容和解说既联系又区别。类似的画面完全可以配不同的解说词，这表明画外音和画面有微妙的差异，它们的对应某种程度上是人为的。

声画对位多用于两种情形：

① 缺乏画面的时候。在画外音承担所有叙事功能时，电视编导往往会通过配"空镜头"跟进，此时的声画并不统一。

② 表达抽象意义的时候。画面不善于表达过去的事物和抽象说理性信息，此时声音元素必须承担解释、说明和评论的功能，也无法与画面统一。

综上，电视传播符号类型多、组合多，能够形成视听信息场，对于全方位展现信息有极大的优势，真实性、现场感、互动性强。

第二节　广播电视的传播特性

能够远距离地传输声音和图像是人类一直以来的梦想，凭借现代电磁波和光电技术，我们在广播和电视这两种媒介实现了这长久的理想。书写文明和印刷文明让人类的思想能够穿越时空长久留存，而电子媒体则让信息能够即刻克服时空阻碍走入千家万户，形成麦克卢汉所称颂的"地球村"。

与书写文明不同，广播电视是一种线性传播媒介，而正因为这种线性传播特性也给它们在传播中造成了某些障碍，比如它的稍纵即逝、选择性差等。

一、广播电视的传播优势

（1）时效性

时效性作为新闻价值的重要组成部分，也是媒体彰显自身价值的竞争环节。广播电视线性传播的技术优势使其以时效性高著称，在网络媒体诞生以前，广播和电视是人们获得突发消息的第一来源。

1940年8月，第二次世界大战欧洲主战场炮火犹酣，爱德华·默罗站在伦敦一间民居屋顶上，迎着德军狂轰滥炸，以平静的语调开播："你好，这里是伦敦……"广播开辟的新式战地现场播报模式成就了广播作为严肃新闻媒体的地位，也成就了传媒史上如雷贯耳的一个节目品牌——《这里是伦敦》。

慕尼黑危机期间，默罗的战地新闻广播报道比报纸还要快好几个小时，有时甚至快一两天，而且覆盖面更广。在不列颠战役中，默罗的广播报道主要是在午夜后进行，即与德国空军空袭同步进行。他冒着巨大的生命危险为美国人民带来欧洲人民抵抗的声音，德国飞机呼啸而过，人民哭泣的声音给远在后方的人们带来一个真实的战地环境。现场直播的方式让新闻时效性第一次达到同步。

"9·11"事件和伊拉克战争中，电视工作人员冒着极大的风险深入战地，给观众带来真实的战地写实。CNN等新闻媒体的全程直播，让电视观众身临其境，第一时间获得信息。

在时效性这场战役中，印刷媒介全线败退。印刷媒介往往有固定的印刷、发行时间，技术环节的制约使得平面媒体记者无法与电视记者一样享受直播的传播优势。当然，书写文字在深度报道方面的优势现在仍很明显。

（2）真实性

人们总相信镜头不会骗人。所谓眼见为实，耳听为真。电视画面对原生态生活的描绘能力登峰造极，广播音响的运用能够再现新闻环境。电子媒介在真实性环节获得了受众的认可。

书写文字的主观性较强，虽然报纸强调客观平衡原则，但是很多场景和情绪仍然需要记者去描摹，这个过程中却会存在观察立场和主观感受的偏差。虽然电视镜头也存在拍摄者观察角度和主观看法的左右，但作为一个独立的镜头，从微观角度它的真实性无可指责。当然，蒙太奇手法的运用使得镜头连缀过程中会出现截然不同的意义，这内化在记者的职业操守中。广播媒介中现场实况音响的运用类似电视画面的情景化作用，能够体现其真实性。

（3）现场感

现场实况的传播让受众形成身临其境的感觉，现场感、逼真性高。同样举"9·11"事件的例子，虽然第一次撞击时全球媒体并无预知，电视画面来自民众用自身DV等便携器材拍摄，清晰度、专业性都不高。但是画面本身表达的内容克服了一切的技术问题，飞机穿越世贸大厦及随后的滚滚浓烟让所有观众如临现场。即使非美国民众都能感受到现场的悲伤和震惊。事件发生之后，很多遇难者家属拒绝观看新闻实况，这本身说明电视镜头的现场感对人们的冲击。

在体育赛事中，广播和电视的转播也能很好地体现现场感。刘翔2004年在悉尼获得110米栏冠军的那13秒时间，电视机前的观众甚至看得比现场观众都要清晰，解说员到后期只是充满激情地呐喊刘翔的名字，因为画面清晰地记录了一个亚洲飞人的诞生，语言在他的冲刺环节已经显得无力。现场的欢呼感染了很多受众，让人们记住了那个激情四溢的时刻。同样，2008年刘翔因病退赛那个黯然离去的背影，也成为很多中国人北京奥运会最沉痛的记忆。很多受众在上班过程中无法看电视，但广播中解说员愕然的声音、现场骚动的声音达到了相近的效果。

（4）参与度高

参与度高来源于广播电视媒体的现场感、时效性，使得受众的心理卷入程度高。身临其境的观感往往伴随着心理上的感受，产生了高度的互动性。

互动性曾经拯救了广播。广播在电视媒体的高度融合性面前曾经现出竞争疲态，但是热线电话在直播节目的引入导致了广播目前无法被超越的优势。特别是在谈论较为隐秘的话题时,广播给受众更高的心理安全感,便于他们畅所欲言。在电脑技术普及后,短信平台等互动环节的引入让广播成为一个高度互动的媒体。

电视的互动性更大程度得益于心理参与感。2008年"5·12"特大地震过程中,电视记者给观众带来了震撼的灾区现场,看着同胞为生死挣扎,中国人民迸发了令全世界震撼的团结和慷慨之情。在诸多电视台为灾区筹款的赈灾义演中,现场和电视机前观众都热泪盈眶,所有中国人都感同身受。电视的声画合一和现场感使得观众心理卷入程度高,不仅视觉、听觉被高度调动,心理、情感也参与其中。

(5) 综合性

综合性是指广播电视传播符号的丰富性,这在电视媒体上体现得更加充分。

电视是视听双通道媒体,它优于早前媒体的最大特点即在于其传播符号的综合性。印刷媒介只能诉诸视觉,广播也只能诉诸听觉,而电视却真正还原了人际传播过程中符号的综合性。特别是它对非语言符号的传播能力,如神态、姿势,弥补了语言的信息损耗,善于描绘那种只可意会的信息。

虽然广播只是有声语言的艺术,但是一个优秀广播作品必然要凭借语言、音乐、音响的共同作用方能成立。这一特点我们在上节举例的《烟花三月下江南·西湖听雨》中体现得非常明确。

综上,广播电视传播特性使之在时效性、真实性、现场感、参与感和综合性上有了超越印刷媒介的优势。当然作为更加融合的媒体形式,电视在诸多方面又超越了广播,尤其是现场感和综合性这两个维度。

二、广播电视的传播劣势

广播电视传播拥有相较于印刷媒介的巨大优势,但因其传播符号的特殊性,也在选择性等方面存在缺陷。

(1) 信息内容稍纵即逝

这种传播特性源自广播、电视线性传播的特点。线性传播不同于离散传播的最大区别是无间断;不同于非线性传播的最大区别是方向确定性。广播、电视信息在一个恒定时间内是不间断的,物理时间与屏幕时间有一种切实的对照。正如时间无法回逆一般,广播、电视传播也具有稍纵即逝的特点。

稍纵即逝的信息传播方式使得广播、电视表达的逻辑性比较弱,不适于传播十分严肃和学理的信息。在中央电视台《焦点访谈》诞生以前,中国新闻界长期认为电视不能有评论类节目,因为它无法像报纸一样进行严密的逻辑递进,表达严肃信息容易产生听觉疲劳,扬短避长。《焦点访谈》以及《新闻调查》等的节目形态走红,开创了独特的视听评论模式,通过视觉化的形式展现评论过程,以故事化、悬念性的推进方式发扬了电视媒体深度报道的优势。

同理,广播、电视在面对数据型信息,比如经济类报道时也会遭遇困境。仅诉诸听觉,大堆的数据对普通民众而言都是一种听觉负担,而且很少有人能够迅速地从纷繁的数据中体会出新闻的真实意义。电视尚能通过字幕和特技比对,广播在这方面更加捉襟见肘。所以在表述类似信息时,广播、电视会更多通过案例和对比来体现数据的意义,形象化数据的作用。

（2）选择性差

这也是由线性传播特点造成的。传统技术下，广播、电视的传播随着时间走向无法逆转，而且在同一时间段，一个受众只能选择一个节目，无法分心兼顾多种媒介内容。

这种传播劣势伴随着媒介技术的融合已经有了巨大突破。数字电视和IPTV都开通了双向点播功能，改变了电视单向传播、缺乏互动的局面，受众开始以电视机为终端享受如电脑VOD点播一样的传播功能。时移电视等技术甚至能够使受众在观看实时电视直播过程中也享受相当的选择权：受众可以选择暂停、后退、快进等功能，有效屏蔽广告等信息，或者让受众在错过一个情节之后还能补上。

媒介融合的技术已经在很大程度上弥补了单一媒体的传播劣势。以电脑或电视机为终端的双向传播技术使得受众的选择权力大大增加，也从根本上影响了媒介生态和节目构成。

综上，广播、电视传播符号的综合性及时间依赖性给这两种媒体带来了独特的传播优势和劣势。历史证明，媒介发展的历程往往不是非此即彼的替代过程，报纸和广播已经被判定死亡多年，但目前仍在新的媒介技术下展现了新的活力。随着媒介融合的深入，也许纸质媒介、广播、电视的媒介形态会有所变迁，但它们的传播符号及其独特的魅力将始终留存。

思考题

1. 简述符号的含义。
2. 简述符号的分类。
3. 广播传播符号有哪些？它们各自的特点是什么？
4. 电视传播符号有哪些？它们各自的特点是什么？
5. 结合案例理解声画统一和声画对位现象。
6. 广播、电视的传播优势和劣势有哪些？

第三章　广播电视新闻采访

【本章要点】　广播电视新闻采访是指利用一切可以利用的广播电视技术手段，为进行广播电视新闻报道而从事的采集和分析新闻事实材料的时效性很强的活动，是广播电视新闻工作的基础和前提。广播电视新闻采访既有共性，也有个性。本章主要包括广播电视新闻采访基础知识、广播电视新闻采访的主要类型、广播电视新闻采访的职业要求、广播电视新闻采访的要素等内容。

第一节　广播电视新闻采访基础知识

一、广播电视新闻采访的概念

从词的角度分析，"采"字有两种含义：一是"摘取"，二是"搜集"。晋人干宝的《搜神记》序中就已使用"采访"二字："若使采访近世之事，苟有虚错，愿与先贤前儒分其讥谤。"随着近代报纸的出现，"采访"一词渐成新闻工作专用术语。关于新闻采访，有不同定义，如"记者为报道新闻事件或人物而进行的职业活动""记者和通信员采集新闻素材、资料和访问新闻人物、知情人物的活动""记者为获得新闻事实材料，对客体进行的访问、观察、思索和记录等的调查研究活动"等，这些定义谈及记者采访的目的与内容，但没有把新闻采访与调查研究活动区分开来。新闻采访与调查研究既有联系，又有区别。广义上讲，一切采访活动都是调查研究。新闻采访的核心在于掌握大量材料，只有手头掌握丰富的材料，新闻报道才能写得客观而生动。"客观、全面、深入"是新闻采访与调查研究的共同特点，但是两者也有区别。穆青认为，新闻采访与普通调查研究不同的地方在于时新性，新闻采访的重点"应该放在最新的情况、最新的问题上面"。新闻采访的主体身份、调查目的也不同于调查研究。正如学界共言，新闻采访是一种特殊的调查研究。

综上所述，新闻采访是记者挖掘、捕捉新闻素材，触发新闻灵感的必要途径，也是记者最基本的社会活动之一。广播电视新闻采访既有新闻采访的特征，又有自己的独特性。首先它属于新闻采访，是记者认识客观实际的活动；其次它是利用广播电视技术手段而进行的特殊的调查研究工作。因此，广播电视新闻采访的定义是：利用一切可以利用的广播电视技术手段，为进行广播电视新闻报道而从事的采集和分析新闻事实材料的时效性很强的活动，是广播电视新闻工作的基础和前提。这个定义既将广播电视新闻采访同调查研究区分，又将广播电视新闻采访同写作、编辑等新闻工作隔开，也揭示了广播电视新闻采访在新闻工作中的基础性意义。

二、广播电视新闻采访的共性与个性

采访工作是广播电视节目收集新闻素材、咨询的主要渠道，通过切实的采访，广播电视新闻能够直接反映出当前社会情况。总体来说，广播电视新闻采访既有共性，也有个性。

1. 共性

（1）时效性

广播电视新闻采访具有很强的时效性。这是新闻竞争的需要，更是最大限度发挥信息传播力、取得广泛社会影响的需要。2002年6月22日，山西省繁峙县义兴寨金矿发生爆炸，黑心矿主藏匿、非法焚烧了遇难矿工的遗体，面对这样一起情节恶劣的特大矿难，中央电视台新闻评论部火速调动记者突击采访，在短短几天内接连做了几期《焦点访谈》节目，并以最快的速度播出，引起了极大的社会反响。这说明记者必须具有强烈的时间观念和突击采访的能力，才能充分把握时机和主动权，以最新信息赢得受众。

（2）持续性

广播电视新闻采访不仅要关注某一具体事物、事件、运动的开始，也要注意它的发展，随着事物、事件的发展变化不断调整采访角度与深度，提出报道的新问题与新观念。2008年山西临汾矿难，《焦点访谈》立即对之进行报道。随着被查出的死亡人数的逐步增多，《焦点访谈》节目组持续派出记者采访国家相关部门对矿难的处理，采访也从矿难事故调查向矿山安全工作布局纵深发展，进而指向国家相关公务人员受贿的事实，引起中央领导的重视。由中纪委、监察部、公安部、国家安全监管总局、全国总工会组成的国务院调查组成立，前往临汾调查此案。持续不断的新闻采访，是揭显事件真相与挖掘事件本质的重要方法。

（3）灵活性

从采访方法来看，记者可根据采访内容和需要，自由选择采访角度和方法，或先听、或先问、或先看，多途径、多方式获得特殊新闻材料。从采访主题来看，记者可根据情况变化随时调整采访对象和内容，扩展调查范围，挖掘新的有意义的事实材料，也可变换采访对象，更换新的线索。在新媒体技术的协助下，记者采访的形式更加灵活。采访的过程中，记者可根据被采访对象的语言、肢体动作等来判断他们的心理活动，并且合理地预测采访活动的发展情况，以便在出现某些突发事件时能够快速采取措施，使得采访工作顺利进行。

（4）多元性

新媒体时代多元文化发生碰撞，不同的文化理念在媒体上展现各自风采。在这样的背景下，记者应树立多元化的、包容的新闻观，积极主动地了解和倾听多元化的观点，避免过度预设内容的倾向性，给被采访者更多表达自我、表达真实的机会，引发他们的思考和共鸣。在日益激烈的新闻竞争中，记者在采访过程中要多途径介入，多形式深入，多层次挖掘，以发现生活中最新鲜、最感人、最生动、最有趣的新闻事件。

2. 个性

（1）广播新闻采访的特点

① 采访工具的现代化。文字记者采访只要携带笔和本子足矣，而广播采访要求记者把现场看到、听到、访问的内容说出、录下，所以对设备的要求较高。记者应配备相应的录音设备，如携带小型录音机或短波发射机，以便同步采访报道与传送。在广播逐步数字化的今天，数字采访设备慢慢代替传统采访设备，适合广播采访的数字采访机也得到应用。随着更多数字技术引入采访工作中，记者就更应不断提升专业技术水平，如掌握马赛克技术、音频变声技术等。

② 采访与播报同步。广播电台记者需要具备良好的现场感，在新闻节目播报过程中能准确叙述现场细节，抓住现场中的人和事物，让新闻报道充分展现出现场感和立体感。四川汶川大地震发生后，中央人民广播电台记者跟随温家宝总理前往汶川，温总理一抵达成都太平寺机场，马上乘车前往地震震中汶川县。此时，四川通信不畅，即使在成都，手机也很难接通。为了保证在第一时间发稿，记者决定留在机场先发稿，用手机接通中

央人民广播电台北京直播间,迅速以口播方式将这条重要消息直播出去,信息传播及时,播出效果良好。

③ 现场音响与语言统一。麦克卢汉曾用诗意的语言描述广播的魅力:"收音机的阈下深处饱和着部落号角和悠远鼓声那种响亮的回声……广播有力量将心灵和社会变成合二为一的共鸣箱。[149]"说明广播采访的现场音响与语言的统一性所带来的效果。现场报道要有典型的音响和思想内容。现场音响有来自自然的音响、人们活动的音响、讲话的音响。根据现场报道采访、叙述、录音同时进行的规律,应符合这样几个条件,即新闻事实的现场、强新闻性内容和有特点的音响。现场音响本身就有新闻价值,记者在现场采访中的录与说,与自然的音响、人们活动的音响、讲话的音响融合在一起,形成广播新闻采访鲜明的特色。这也要求广播的音响尽量清晰,注意音响的素质,保证音响绝对真实,在力求自然的同时又能捕捉声音特点,掌握采访的主动权和控制采访节奏。

(2) 电视新闻采访的特点

① 现代化的采集手段。电视记者要配备一套系统的采集传送设备与快捷新闻采访直播系统,以便实时采集、传输和播出新闻,使节目采集贴近大众,增加了新闻报道的真实性、及时性和可视性。2002年《焦点访谈》报道山西繁峙县义兴寨金矿爆炸事件时,记者们就把编辑机放在汽车后座上,在车上编辑素材,然后通过微波传送的办法把节目传回北京,使得节目在当晚得以播出。没有现代化的设备,如此及时、有效地传达信息几乎是不可能的。在未来,随着科学技术的不断提高,采访设备也会变得越来越发达,设备的更新换代是广播电视新闻发展的重要基础,新闻拍摄的角度、声音录制、后期制作等都会有更大的发展空间,如利用手机摄影进行拍摄录制,但由于手机拍摄的质量相对专业设备而言较差,记者要注意另外进行文字记录,结合两者,保证新闻信息的完整性。

② 声画结合的采访形式。电视声像结合、视听兼备,画面包括现场环境、背景画面、人物活动以及图表、静止图像等;声音包括同期声、解说、音乐、现场自然声以及记者的画外提问、屏幕前的采访等。这种影像符号直接与人类器官的视听双通道相对应,并通过对人类视觉和听觉的反复冲击产生一种综合性的感觉联动和统一的感知效果,从而激发观众心理情感的共鸣。随着科技不断更新,摄像机功能的不断扩展和录音设备的升级,采访时人物的谈话、事物的动态及周边的环境都更为准确地表现出来。《新闻调查》的一期节目《农民连续自杀事件调查》中,画面不断出现苍茫的大山和散落在山间的几处破旧的农宅。片中还有第一位自杀农民李立文的家的镜头,两间土房子里空空荡荡,陈设简陋,黑漆漆的墙面使得白天屋内的光线也很昏暗。画面交代了农民连续自杀事件发生地的偏僻,由于记者在采访中不仅通过口播来传达信息,而且通过声音和画面来传达言外之意,使得观众根据声音或画面来感知现场的气氛,增强了报道的感染力。

③ 特殊的工作方式。电视新闻采访小组大多由记者、摄像、灯光师组成,少则几人合作,多则几十人合作。"采摄分离"制的推行更使记者和摄像任务分离,摄像员潜心拍摄真正的新闻画面,出镜记者主要负责采访提问、交谈、专访等,这要求电视采访小组开展团队合作,不但要求采访、拍摄过程的合作与同步,也要求成员之间信息交流的默契与协调。在智能手机普遍使用、5G通信取得突破性进展的今天,记者的采访已不需要以前那么多人出场,而在很多时候表现为一人独当一面的采访格局,这种采访被称为"全媒体采访",如记者通过文字、照片、微视频、H5、连线、直播等形式进行全媒体全时段多频次报道传播。但这种全媒体采访并不意味着记者不需要任何人的配合,在后方仍有一支技术、编辑、后勤队伍在协助前方记者完成采访报道。合作形式从原来的面对面、肩并肩发展到新时代的线对线、视频对视频的新阶段。

④ 特定的思维方式。电视采访要求记者运用连续声音与画面的思维来构思报道，即用"画面思维"替代"文字思维"模式。具体来说，采访前和确定主题时，要构想画面与主题内容对应的结构；采访中，要思考画面的长度、构图、串联，迅速判断哪些东西要用画面表现，哪些东西要用文字说明、补充；采访后，还要善于编辑剪接，注重画面的承上启下作用。只有具备这样的思维，才能做到用"画面说话"，用"画面叙事"。

三、广播电视新闻采访的基本方式

1. 按照采访的手段划分

（1）直面采访

记者直接面对采访对象进行采访。其特点是，记者通过口头提问，用一问一答的形式，了解客观情况，搜集新闻素材。这就要求记者提高自身的采访技巧及沟通技巧，并具备较强的临场应变能力，以保证遇到突发状况时能随机应变。

（2）隐性采访

记者在未被采访对象感知的前提下，运用摄像机、录音机或照相机等工具，秘密采获新闻事实的方法。其特点：一是记者隐去真实的身份出现在新闻现场；二是隐性采访事先未征得被采访对象的同意；三是隐性采访是在被采访对象完全不知情的情况下进行的。一般认为我国现代意义上的隐性采访出现在1994年前后，即《焦点访谈》等电视新闻评论节目相继开播之时。十多年时间里，隐性采访被新闻媒体广泛采用，其作用在中央电视台及地方电视台的新闻评论类节目特别是批评性报道中发挥得淋漓尽致，但记者采访过程中不得违反法律规定，不得泄露国家机密和商业机密，也不能侵扰公民隐私权。

（3）体验式采访

记者参与被报道者的生产、工作实践，亲身体验他们劳动的酸甜苦辣，并在体验中进一步采访。它要求记者不仅亲临现场进行采访报道，还应自始至终参加活动，成为集体活动的一员。2017年春节期间，中央电视台《新闻联播》推出的系列报道"新春走基层——零点后的中国"，每期选择一个午夜零点后仍在忙碌的行业，通过体验式采访，用纪实的手法呈现消防员、环卫工人、高铁隧道工人等严冬午夜里在岗位上的坚守，通过个案故事折射出这些特别行业的人们的生存现状，感受辛苦背后的感动和温暖。蓝鸿文说："体验式采访，有助于记者眼睛向下，尽快接近采访对象，密切记者和采访对象的关系，有助于记者获得真知，更深入地了解客观实际，有助于记者思想作风的锻炼和敬业精神的培养，有助于记者把报道写得真切感人。"记者通过体验生活写就的报道，往往感情真挚，现场感强，细节生动具体，是切切实实的三贴近报道，体现出新闻工作者应有的优良作风。

2. 按照采访的媒介划分

（1）座谈采访

记者邀请新闻事件有关人士，包括知情人、专家等了解实际情况，进行座谈。记者应对参会人和主要发言内容事先有充分的准备，对座谈会如何进行要心中有数，并要注意掌握座谈进度，力争按计划进行，恰到好处时收尾，以保证报道质量。

（2）电话采访

记者通过电话同采访对象对话、了解情况、采访新闻。徐宝璜在《新闻学》中"新闻之采集"一章就谈到了"电话采集之法"，他指出"电话已成采集新闻之利器"。如果记者善于和采访对象交流，可以较充分体现声音传真、传情的优势，给人以如临其境、如见其人的真切感受。其局限性在于记者在材料的真实性的判断上难以准确把握；由于电话交流时间有限，要深入采访还需记者亲临现场获取第一手资料。当然，随着新型视频电话的发展，采访时记者不仅能听到对方的声音，还能看到对方的图像，获取采访资料的真实性、丰富性进一步增强。

（3）电子邮件采访

通过电子邮件与采访对象交谈缩短了与采访对象的距离，节省了采访时间，相应地扩大了记者的活动范围，提高了记者的工作效率。新华社特稿社记者熊蕾曾利用电子邮件在一周之内采访了美国、英国、日本、瑞士、加拿大等国的10位科学家。在采访过程中，有的采访对象当天就回了信，由此次采访而写成的报道后来被刊登在美国的《科学》杂志上。

（4）网络等新媒体采访

网络等新媒体采访指在网络或依托网络的各类新媒体中以搜索、采访、下载和编辑加工等方式采集素材及相关资源。网络上查阅资料最常使用的工具是搜索引擎，它能帮助记者在网上主动搜索信息，将这些信息自动索引，并将索引内容自动储存在可供用户查询的大型数据库中。有学者总结了几种网络等新媒体采访的主要渠道，如下。

① 百度地图"街景"功能。在获知事件发生地点后，用百度地图定位，使用"街景"功能搜索事发现场周边的单位、机构、店面，一般上面都会留有联系方式，有助快速找到目击者。

② 大众点评、美团等平台。如果爆炸、火灾发生在餐饮店、宾馆，在大众点评、美团等平台搜索起来更快捷。比如造成17人死亡的芜湖杨家巷小吃街爆炸，就是通过这种方法找到了距离爆炸地点最近的目击者。对于商家联系信息，同样可以在阿里巴巴、58同城、赶集网等平台上查找。

③ 海量查找热门微博下留言。在留言中，经常可以找到事件重要的知情人。采访中，这一方法经常奏效，而且往往让采访获得突破性进展。除了微博下的留言，相关新闻报道下的留言同样重要。

④ 百度当地贴吧、地方论坛。在百度当地贴吧，可以找到事件知情人。如果没有，还可以创立帖子，采取主动询问的办法获取。根据具体情况，询问帖可采取隐瞒记者身份和亮明记者身份两种方式。

⑤ 利用QQ功能反向搜索QQ群。比如在四川师范大学学生遭室友"斩首"事件的采访中，记者在获知死者的毕业中学后，反向搜索带有学校名称的QQ群，在一个学校音乐班的群中找到了该同学的学长，并进一步联系到了该同学的老师。

为此，记者应当增强新媒体语境下的新闻敏感程度，开阔新闻采访的渠道和视野，积极借助新媒体的帮助来提升新闻采访的效率。

四、广播电视新闻采访权

广播电视新闻采访权指记者享有的根据其自身特点，自主地采访公众关心的一切社会生活尤其是与公众利益相关的事件的权利，即有权获得法律不禁止的公共资料，有权在公共场所发生的新闻事件源地采集信息，经当事人同意后有权进入私人空间发生的新闻源地并采访等，不应受第三方的外力阻止和侵犯。

1. 基本内容

① 按记者行使权利的自由意志，可分为采访权和不采访权。

采访权即行使采访之权，不采访权即拒绝采访之权。对于一个事件，记者可以选择采访或不采访，任何人不得强制其采访或阻碍其进行采访。当然，记者的"不采访权"应严格限制防止滥用，否则容易损害公民的知情权。

② 按记者进行采访的方式及采访过程，采访权包括准入权、阅览权、记录权（包括拍照、录音、录像、复制等）、询问权、占有采访资料权。其中，准入权指请求进入采访场所（包括监狱、法庭）的权利。阅览权指记者有权查阅一些案卷材料、司法文书等。

③ 按记者对待消息来源态度，采访权包括隐匿采访资料权与信息来源隐匿权。

隐匿采访资料权指为了保护被采访人的一些隐私，以保证双方的信任关系。例如，记者可以将一桩强奸案中的受害人受凌辱的情节隐去，并且为此向第三人保密。信息来源隐匿权指记者隐匿信息来源，可以保证他人不断地、以最大的信任向记者提供信息。如果强制召唤新闻记者在法庭充当刑事或民事案件证人，暴露消息来源和采访对象，必将限制今后采访的消息来源，破坏记者与被采访者的信赖关系，进而可能威胁到新闻自由。在采访中，这种"隐匿"还表现在不让"信息来源"在镜头上出现。为了保护幕后的"线人"（通常把这种"信息来源"称为"线人"），媒体往往采取很多措施，如在技术制作上保护"线人"，打马赛克、对声音进行变粗或变细的处理，从而起到维护信息来源隐匿权的作用。

2. 广播电视新闻采访权的意义

（1）保障新闻工作的顺利开展

由于目前我国法律无明文规定媒体及记者享有采访权，记者采访政府机关吃闭门羹不足为奇。只有采访后才能获得第一手资料，才能将之编辑成新闻刊登出来。这样从源头上给予新闻媒体以相应的保护，能让新闻媒体更好地发挥其在社会中应有的作用。

（2）促进公众与政府良性互动

新闻采访权是知情权的延伸，没有媒体公布获得的政务信息，公众是无法从别的正规渠道得知的，因此保护采访权就是保护公众的知情权。美国哥伦比亚广播公司《60分钟》制作完成美军虐俘事件的报道后，栏目组就收到美军参谋长联席会议主席的请求，要求不要播放片子，否则伊拉克人会对美军采取更多的报复措施。面对这个美国新闻史上军方最高首脑发出的第一次请求，《60分钟》栏目组当晚推迟了播放，但在几天以后，节目还是得以播放，使政府的虐囚事实曝光在公众视野下，引发了人们对政府行为的抗议。从长远来看，为公众与政府的意见互动搭建平台，仍然是《60分钟》栏目最根本的宗旨。

（3）防止政府机关的腐败行为

作为个人，公众面对国家机关这样庞大的社会组织，如不依靠媒体是很难了解到国家机关的运行情况及国家机关工作人员的失职渎职行为的，批评建议和监督国家机关就更无从谈起。有了法律的专门保障，采访权得到了法律的认可，媒体及时快速地把政府机关的不良行为曝光给公众，相当于设置了媒介议程，进而设置了公众议程，让政府机关在公众的视线内，更好地让公众监督政府机关，使监督权与批评建议权落到实处。

第二节 广播电视新闻采访的主要类型

一、现场采访

1. 现场采访特点

（1）信息传播的全方位

现场采访从两方面丰富了信息传播的内容：首先，记者在现场采访时所获得的亲身体验和感受,是帮助记者认识事物本质、判断事件真伪、预测事件发展的重要环节。其次,现场采访能将新闻事件的原貌、过程和情景声像并茂地展现在荧屏上,而荧屏和观众是"面对面"地传播,这就很容易和观众进行双向交流,使观众在不知不觉中产生心理的参与感,镜头前采访最能够引导人们参与到报道中来,取得最佳传播效果。

(2) 强烈的现场纪实性

现场报道也称实地报道,指的是从新闻事件发生的现场,即"第一现场"发来的报道,它因为省去工序,现场感强烈,使人感到更加真实可信。广播媒体最早将手机直接用于新闻采访,而后电视媒体频繁利用手机与前方记者进行连线报道。如今数码摄影技术的高速发展带动了手机摄影功能的进步,手机拍摄的像素从初始的11万像素发展到今天的1000万像素,同时还有光学变焦、自动对焦、防抖、脸部识别等专业实用功能。2005年7月7日,英国伦敦发生地铁连环爆炸案。几分钟后,伦敦的媒体编辑部就得到了群众发来的大量的有关现场的图片和影像。这些影像大多来自手机影像,也为缉拿恐怖分子提供了大量宝贵的证据。2008年12月10日,江苏卫视《1860新闻眼》播出了《江苏市民手机拍摄小偷公交上行窃全过程》……手机采访让街头的新闻现场"无所遁形"。对于广播电视新闻采访而言,如果离开现场,一切都无从谈起,镜头前采访,最能充分体现逼近真实的品格。

2. 现场采访技巧

(1) 保持现场气氛,营造采访氛围

现场采访是在有限的时间和空间内进行的,因此保持现场自然、真实的气氛是保证新闻真实性的重要因素。导演随意摆布、重设现场,将改变或破坏新闻的原生状态和性质,记者必须坚决摒弃这些违背新闻真实性原则的做法,要从新闻现场中选择最能表明事物本质的事实材料来传递信息,缩短观众与新闻事物之间的空间和心理距离,达到最佳效果。与此同时,营造良好的采访氛围,易于记者与采访对象的沟通与合作。面对话筒,不是所有人都能侃侃而谈的。记者面对不同的采访对象,应以平等的心态在自己与采访对象中搭起一座情感的桥梁,营造出宽松和谐的采访氛围,消除一些采访对象的紧张情绪,从而获取满意的采访效果。

(2) 要特别抓住有特色的情态和现场

现场采访以再现事物及其现场的有感染力、特色的瞬间状态和情景为主要表现目标,抓住有特色的情态和现场,将极大提高现场采访的传播效果。2008年1月29日,湖南广播电台交通频道刘畅在长沙火车站采访抗冰救灾工作时,巧遇国务院总理温家宝。备受感动的刘畅立即终止常规采访,拼尽全力从一层又一层欢呼的人群中挪到总理身边。当她想打开采访机时,发现由于连续低温,采访机已经被冻坏,无法使用。眼看着人越围越多,情急之中,她迅速请示频道负责人,直接将手机拨通后接入台本部录音库。一进入录音状态,刘畅立即大声呼喊:"温总理,我们是湖南电台交通频道的,这一次您来到湖南,有什么想对我们人民说的话吗?我真的非常激动能够见到您,真的谢谢您。"温总理闻声望向刘畅,眼里满是慈祥和关爱,他重复了一遍:"湖南电台交通频道。"刘畅看到他有了回应,马上大胆回答:"对,我们是湖南电台交通频道的。我们湖南电台交通频道是最快的,听众有什么困难都找我们。拜托您给我们的湖南听众说些话,好吗?"也正是刘畅在现场高喊"湖南电台交通频道"这几个字打动了温总理,因为当时是京珠高速、京广铁路最拥堵的时候,人们只能通过广播来了解最新的情况。温总理希望透过电波及时将党中央、国务院的关怀和温暖送给受困的所有群众。所以他顺着刘畅递出的手势,接过了那只粉红色手机,亲切地对正在和冰雪做着顽强拼搏的湖南人民说:"我是温家宝,向湖南全体干部职工转达党中央和国务院对你们的亲切问候。目前我们遇到的冰雪灾害一定能够克服。"这段录音新闻通过湖南电台交通频道的电波,第一时间将党中央、国务院的关怀和温暖,送给受困的所有群众,带给人民莫大的鼓舞和信心,播出后引起巨大的社会反响。

(3) 提高提问质量,把握交谈节奏

提问是现场采访的基本方法,提问是否恰当,直接关系到访问的质量和成败。记者要精细设计好提问的顺序,提高提问的质量。采访中,还要注意把握采访对象心理情绪,控制交谈的节奏,抓住对方和观众感兴趣的"焦点"作为突破口,引导采访对象按新闻主题回答问题。

(4) 要充分地满足观众情感上对真、善、美的需要,以情感打动观众,产生共鸣

情感是人们对客观事物和对象所持的态度体验。由于人们对不同的客观事物和对象有不同的态度体验,就产生了不同的情感,如愉快和高兴、忧愁和悲伤、恐惧和绝望、厌恶和憎恨等。现场采访要善于表达现场人们最真实的情感状态,并通过记者富于情感的表述传播出来。在一次高职咨询会的报道过程中,记者随机采访的一对母女,给人留下了深刻印象。母亲是一位声音稚嫩、言语不多的普通农民,而女儿确是一个思想成熟、有理想抱负的新青年,口才很好,本来按照之前的策划,记者只是常规问几个和学业有关的问题,可母女俩的一段对话引起了记者的兴趣,原来采访那天正好是母亲节,说到女儿怎样给母亲过节,这对母女都激动地流下了眼泪,这只是普通人的一种普通情怀,却被细心的记者捕捉到了,并以此为切入点,用非常方式报道了一个常规报道,这种充满情感的现场采访让人印象深刻。

二、人物专访

1. 人物专访特点

人物专访通过构建由记者的面部表情、形体语言、提问的语气及交流的氛围等因素共同组成的"场域",能比人物消息更详细、更生动地描写新闻人物。人物专访最考验记者的便是用心感受采访对象,把自己融入其中。在面对面交流中,人的注意力不仅是在用耳,而更重要的是在用心感受着对方,心灵感受的是一种氛围、一个整体,因此这种面对面的采访如果能达成较为默契的交流感,采访便已成功了一大半。人物专访的重点是介绍人物,不光要写人物的事迹,还要适当点染人物的神态、表情,使读者获得具体、生动的现场感。

2. 人物专访技巧

(1) 视角平等,尽快融合

正确理解和处理好记者与采访对象的关系,对完成人物专访任务十分重要。记者是大众的代表,不论是对高层领导政要、社会名流,还是普通百姓,都应把采访对象摆在相同的位置上来看待。意大利著名记者法拉奇对邓小平的采访是从祝贺邓小平的生日开始的。法拉奇:"明天是您的生日,祝您生日快乐!"邓小平:"我的生日?我的生日是明天吗?"法拉奇在采访中并未降格自己的身份,而是采用平等的、亲切的寒暄语言,从而为后续采访工作提供了融洽的气氛。

(2) 克服紧张感,人性化采访

记者若高高在上,采访对象就会拒你于千里之外,缄默不语或者无可奉告;如若记者满怀激情,一片真诚,那采访对象便会和你合作,鼎力相助。记者与采访对象的情感沟通与真诚相待是克服采访对象紧张感的有效方式。2004年,北京航空航天大学主管招生的校领导要求考生家长交十万元才能上大学,家长老李接受《焦点访谈》节目组采访时心存顾虑,不同意出镜接受采访,也不想出示他的证据,记者们反复做老李的工作,一直到晚上十二点多,为了打消他的顾虑,采取了逆光、虚化的方式来拍摄,当时就让他看到效果,老李终于

同意接受采访，放下心来敞开了说。可见记者要善于运用人性化采访的艺术，通过对新闻受众的高度责任感、对采访对象的谦逊与真诚打动采访对象。

（3）细心观察，因势利导

人物专访中，当记者到达时，采访对象正在进行的某种活动，或处于的某种状态，就是很好的采访契机，记者可以就此展开谈话。从人物的服饰、举止神态到周围的有关事物，都应在记者视线之中，尽管在特定的场合采访可能会受到不少限制，但只要善用眼睛，还是会获得丰富而翔实的材料。这就需要记者用心观察，寻找切入访题的恰当契机。

（4）抓住时机，巧妙提问

一次真正的谈话应有异峰突起的因素，应不时"质疑问难"地用独出心裁的想法去将采访对象的军，还必须利用巧妙的提问让被访者彻底打开心扉。王志采访模范人物李国安时，就选在了李国安最熟悉的水井边。王志开门见山："我的一些朋友知道我要采访你，他们说你这样干究竟为了什么？"这个问题一针见血，这也是观众想问的问题。问题实质上是将公众对英雄人物的期待和英雄人物对自身的评价这一对矛盾扔给了被采访对象。在这个矛盾面前，被采访对象不得不阐述自己为什么认为自己不是一个英雄的理由。而这种阐述恰恰是被采访对象表现自己与常人不一样思想境界的最好机会，在不知不觉中，被采访对象的精神境界和较为深入的思考一一展现。

三、调查性采访

1. 调查性报道的采访特点

调查性报道采访的主要特征是在"调查"两字，其重点又在"查"上，即要查清、证实事实的真相。它既不同于一般的新闻采访，又不同于一般的工作性调查和社会调查。

（1）采访阻力大

调查性报道的采访对象因为利害关系，一般是不愿意主动配合、不肯提供情况的，或其中一方非但不肯提供情况，甚至还要竭力隐瞒、掩盖真相，千方百计地给记者设置困难，甚至设法阻碍记者了解到真实的情况。调查性报道的采访过程与司法部门的调查取证相似，但没有司法的强制权力，这些都显出调查性报道获取事实的难度之大。2002年7月，《焦点访谈》的《河道里建起商品楼》在第十二届中国新闻奖的评选中，获得电视评论类一等奖，但实际上这个选题并不新鲜，从1998年就有记者关注，只是因为来自或明或暗的"后台"阻力，不得不放弃采访。即便后来选题到了《焦点访谈》节目组，也足足"飘"了半年，无人敢接，直到2001年11月才正式开始采访，这充分说明调查性报道采访的压力和难度。在调查性报道的采访中，记者常被夺去相机、砸坏摄像机，有时还被打伤、扣留，受到人身安全威胁。即使历经艰难完成了调查，只要被揭露的对象知道了风声，就会千方百计地用说情、利诱、威胁等手段来阻止调查发表，只要编辑部内对作品发表有决定权的领导为此妥协，调查报道就可能难见天日，如果记者要想在其他媒体上发表调查报道，他就要冒背叛原来供职媒体的风险，而且其他媒体也不一定就敢发表。2002年山西繁峙矿难，《焦点访谈》记者采访山西省公安厅某领导，他对于记者的采访要求既不说同意，也不说不同意，只是让记者反复地听他"介绍情况"。后来，他终于同意记者去找办案民警。可记者们刚刚出发，他又打电话让手下人把记者再次"礼让"到宾馆，还不断暗示"某副省长建议抛尸现场最好不要再过多报道了"，这些矿难的责任人们正是通过这样的软性阻挠，延搁了记者的采访时间，加大了调查采访的难度。

（2）事实的深度发掘难

传媒研究专家罗伯特·W·格里斯认为，调查性报道"一般是报道某些人或者组织试图掩盖的新闻",他强调在调查性报道中调查和收集材料必须是记者的原创行为,而不是另一个人或者另一个组织的调查行为,选题和采访必须由新闻媒体独立进行。调查性报道面对的是一个重要事实,虽然事实存在,但在采访前并没有显现出来,需要记者不断地克服困难,发掘探索事实真相,并在采访中不断建立事实之间的逻辑联系,形成自己的思路。调查性报道的采访调查的目的是要查出有关问题的事实证据,为防止片面与孤证,还要特别注意一些重要问题的事实要有多源印证,即有两个以上的人或证据证明发生了某件事和某个问题。调查一个问题,能够印证的源头越多,就越有说服力与震撼感,报道内容就越丰富。

(3) 花费时间多,采访周期长

美国学者布赖恩·布鲁克斯等所著的《新闻写作教程》中认为:"调查性报道是一种更加详尽、更带有分析性、更要花费时间的报道,因而它有别于大多数日常性报道,报道的目的在于揭露被隐藏起来的情况,其题材相当广泛,广泛到涉及人类生活的各个方面。"调查采访工作通常较其他采访艰苦、复杂,需要相当的调查技巧。花费一两个月完成一篇调查性报道更是常见。2017年4月底至6月初,中央人民广播电台派出8位记者参加中宣部"砥砺奋进的五年——精准扶贫蹲点调研采访"活动,分赴8个省(自治区)的贫困乡村驻点采访,记者张孝成在新疆裕民县克孜布拉克村调研采访时,由于当地住宿条件有限,他和驻村干部一起挤大通铺。当地村民绝大多数是哈萨克族,不会说汉语,因此采访沟通很困难。一个月的采访,张孝成靠着和懂一点汉语的村民交朋友,用语言加上手势,一点一点地完成了采访工作,最终采制了《阿黑的一天:累并快乐着》《克孜布拉克村的"小鸡银行"》等一批生动活泼的报道。

2. 调查性报道的采访技巧

(1) 全程了解掌握情况

调查性报道的采访比一般报道更复杂、更为深入,也更为全面,要求记者必须具有对新闻题材的感知、策划和研究能力,要全方位了解掌握新闻事实,切实抓住问题,才能有效保证调查内容的完整性,掌握事情全过程和问题的原貌、特征,防止出现以点带面、以偏概全、以个人代全体等现象的发生。

(2) 全程观察思考

调查性报道的可预见性、规律性不强,往往充满着许多变数,不少情况都是始料不及的。采访中,必须随时根据采访对象所谈的内容,进行快速的思考,做出新的调整。采访对象大多喜欢讲成绩,不愿讲问题;或者思想顾虑多,有意回避问题和矛盾。作为记者,就要善于察言观色、随机应变,及时调整采访思路和工作方法,边思考边询问,想方设法加以引导。

(3) 全程归纳梳理

调查性报道往往涉及的面比较广,信息含量比较大,涉及人员比较多,情况比较复杂,这就要求记者对采访的内容进行全程梳理,以便全面掌握所调查的问题,确保无遗漏,避免走弯路。在进行广播电视新闻采访工作中,首先,对爆炸式的新闻热点话题,要充分地考虑其中蕴含的重要内容,保证突发的新闻事件能在第一时间传送到受众手中,严格确保新闻事件的时效性,对热点新闻的内在原因进行有力的挖掘,最好能准确把握事件发展态势。其次,要关注新闻选题的背景,给新闻事件的报道增添色彩,激发人们更深层次的思考。最后,对于记者来说,报道的新闻事件要具有典型性,无论是人物,还是事件发生的内容,涉及的各方面内容都要符合新闻事件报道的各项原则。

第三节 广播电视新闻采访的职业要求

一、政治素养

政治素养主要指在政治立场、政治品质和政治水平等政治素质方面的修养。当下中国主流新闻媒体面临传统媒体向融合媒体转型发展的重大机遇,也肩负着复杂国际意识形态斗争背景下传播社会主义核心价值观的重要使命。记者是推动传媒改革和坚持正确舆论导向的主力军。习近平强调:"党的新闻舆论工作坚持党性原则,最根本的是坚持党对新闻舆论工作的领导。党和政府主办的媒体是党和政府的宣传阵地,必须姓党。"记者要懂政治,不能越政治之界。要筑牢政治堤坝,做好党的思想的坚守者和维护者。

政治素养是其他素养的基础。记者只有具备高超的政治判断力,善于对事物变动的状态、过程、发展的趋势及其内含的本质做出正确的政治判断和科学的预见,才能在纷繁复杂、千变万化的现实生活中迅速而又准确地判断出事实的新闻价值,进而捕捉到具有新闻价值的新闻信息。

二、职业道德

新闻职业道德是一种针对新闻传媒及其从业者的职业行为的道德原则和道德规范。它是用于调整新闻行业内外的矛盾关系、规范新闻传播职业行为的准则。

(1)职业责任感

记者的职业责任感体现在把新近发生的事实真实、客观、公正、全面地传达给受众,并且把这种传播行为视为人生最重要的事情而坚持不懈地进行下去。从 2011 年 8 月 9 日开始,北京电视台就推出《我在基层》《我们在现场》《说句心里话》等系列报道,第一批 9 路记者奔赴田间地头、街道社区、厂矿车间,拍摄、采写出一组组感人至深的报道。有的记者站在齐腰深的积水中,和排水集团的职工一起排放积水;有的记者下到地下 20 米深的地铁 10 号线施工现场,跟随地铁建设者彻夜检查地铁安全保障;还有的记者与检测人员一起下井,冒着逾 50 摄氏度的高温,在仅有 1.2 米高的热力抢险沟中排除故障……这些报道背后展现的正是记者贴近现场、贴近生活、贴近群众的职业信念。在"阜阳劣质奶粉"事件报道中,央视《经济半小时》栏目记者周人杰以对生命的高度关注和对社会的强烈责任感,全身心投入到对整个事件的深入调查采访中,在短短两天时间内,他跑遍整个阜阳市,层层深入跟踪报道,深刻揭露事件真相,并以最快的速度编辑制作播出,得到全社会的热切关注并引起国务院的高度重视。可见新闻工作中,高度的责任感正表现为记者能够不避困难、不怕挫折、不畏艰险地担负起报道事实、揭露真相的神圣职责。

(2)职业良心

职业良心指采访过程中体现出来的一种人文关怀,即关注人的生存与发展,关心人、爱护人、尊重人。当记者对自己应承担的新闻工作责任有了一定的认识和理解,逐步形成一种强烈的道德责任感时,也就确立了自己的人文关怀理念,即引导社会对生命和人的关注、培育社会的人文精神、促成社会的和谐发展和人的全面发展。有些记者在采访过程中没有尊重采访对象的感受,忽视了对弱者的同情,没有展现应有的职业良心。如一次采访中,画面中是一个 6 岁男孩,母亲刚刚服农药自杀。在记者的"引导"下已经哽咽,抽泣不止。女记者循循善诱地第三次提到有关妈妈的话题:"有妈妈与没有妈妈有什么不一样啊?"在另外一次采访中,演播室里高位截瘫的女嘉宾坐在轮椅上,倾听女主持人笑谈自己的游泳经验:"如果在水中我的两脚够不到地面，站不起来的话，我就会失去平衡……"。与之鲜明对比的是，2006年7月，河南电视台都市频道记者曹爱文采访一次女孩落水事故时，没有冷漠地站在一边采访，而是急切地俯下身去，不顾小女孩嘴角淌着白沫，为她做起人工呼吸。当小女孩最终无法醒来时，曹爱文的眼泪在镜头前不停落下。由于一直忙着给孩子做人工呼吸，曹爱文显然无法很好地完成这次采访，但她也因此被誉为"中国最美女记者"。《北京青年报》一篇题为《一堂人性化的新闻课》的文章就表示："在面对突发事件时，应该遵循的原则永远是以人为本，而不是以新闻为本。违反人伦底线的以新闻为本导致的将会是一种冷漠的新闻，是一种毫无人性也毫无人情味的新闻，在这样的新闻观中，将死之人仅仅只是新闻中一个'道具'而已。"文章认为曹爱文在采访中表现出来的职业良心是记者人文关怀的真正体现。

（3）求真精神

求真精神即尊重客观事实与真理，千方百计追寻新闻线索，揭示事实真相。记者采访就像蜜蜂酿蜜般辛勤繁忙。职业特点决定了记者必须经常不断地深入一线、深入基层、深入实际调查研究，而不能追求所谓的轰动效应的新闻，弃职业操守、社会良知于一隅。在纷繁复杂的社会现实中大浪淘沙、披沙沥金的筛检事实，提纯真相，既是记者的使命，也是记者的价值所在。

三、业务能力

业务能力指记者各种业务技能的训练和工作能力的综合培养与锻炼。记者只有具备了过硬的业务能力，才能掌握新闻工作的主动权和自由权。当前微博、微信等新媒体形式的出现对于传统新闻采访带来了较大的冲击，相比传统媒体，新媒体下微信公众号和微博热搜等时效性更强，并且还有一线的视频和图片资料，人们通过手机和电脑就能轻易地获取资源。但是微博和微信等自媒体平台信息大部分是由个人用户发布的，因此广播电视新闻要在内容的可靠性方面和内容的深度方面下功夫，就要求记者不断提高专业化采访的能力。

（1）感受能力

它是指记者对外部世界的感觉、理解能力。记者要对所看到、感到、听到的事实做出迅速反应，并从中提炼出有价值的事实，并使之通过新闻作品表现出来。这种感受能力一方面表现为直觉能力，即记者在感受外部事物时，一下被外部事物所吸引，在没有逻辑分析的前提下直接把握住对象的内在意义的能力。另一方面表现为发现能力，即记者在众多新闻事实中善于发现问题的能力。尤其对电视采访而言，每个场面的出现都是转瞬即逝，记者必须瞬间识别有价值的新闻或表现新闻事件主题的典型场面，并迅速做出反应和抉择，把它一次摄录下来。否则，失去珍贵的瞬间，就失去了拍摄的机会，也就失去了表现新闻主题思想的生动画面。

（2）构思能力

它是指记者在感觉的基础上，运用感知表象展开联想与想象，在头脑中加工、整理、提炼新闻作品。它是记者在感受能力的基础上创作新闻作品的一个重要的主体能力。只有借助记者的构思能力，新闻写作的内在过程才能得以顺利展开和完成，主要表现为对所报道事物或人物的整合能力、对新闻事实的串缀能力和想象能力。在新媒体时代，广播电视新闻工作者更应利用大数据发展的优势和科学信息技术，不断改善提高构思能力，注重新闻事物的多重联系，防止新闻报道的片面性，提高新闻采访工作的效率和效益。

（3）表达能力

它是指记者将构思中的意象运用语言符号加以显示，并通过广播电视媒介表现出来的能力,包括广播电视文案撰写与广播电视媒介表现两种能力,这里主要指前者。对电视记者来说,电视新闻画面是以秒计算的,一般来说,地、市级电视台的新闻节目时间一般是一分钟,有的只有几十秒,体现在文字上也就二三百字。这样少的文字,要完整地表达一个复杂的新闻事件,做到新闻要素齐全、结构形式完整,那是很不容易的,不具备很高的综合概括能力的记者,是无法胜任的。教育部国家精品课"采访与写作"主讲李希光教授提出了更高的要求:"讲故事"。他说:"人类虽然经过了石器、青铜、铁器时代,经过了口头传播、甲骨文、铭文、帛书、竹简、纸张、刻版印刷、活字印刷时代,经历了报纸、广播、电视、电脑的诞生和发展,进入了媒体一体化的网络时代,但是,'故事在哪里?'这个古老的问题还将永远地问下去。""讲故事"从表面上看是表达能力问题,从深层来看还是思维问题。它要求充分调动自己的大脑,去不停地探寻、组织、思考、发现,再探寻、纠正、再思考、再组织,只有这样才能用生动的语言讲好一个故事。

(4)沟通能力

它是指记者采访过程中与采访对象交流的能力。融媒体环境下记者的采访工作更侧重于"交流式"的采访,强调与公众之间的沟通与互动是采访能否顺利进行、记者能否挖掘到丰富材料与事实真相的基础。2001年12月,刘姝威写了一篇600字的短文《应立即停止对蓝田股份发放贷款》,引发了"蓝田神话"的破灭,《新闻调查》主持人王志决定采访刘姝威。刘姝威由于压力很大,不愿接受任何采访。王志采用了多种手段与刘姝威沟通。首先是中间人搭桥法,他通过报道蓝田事件的《财经》记者康伟平,把采访的意思转达给刘姝威;其次是以退求进法,刘姝威在给王志的电话中说:"我们可以聊一聊,但我不同意拍摄。"王志说:"行,不拍,聊聊。"但实际上必须拍摄,不然就无法发挥电视直观、真实的作用;最后是晓之以理法,王志对刘姝威说,我们关注"蓝田事件"这件事不是为了猎奇,只想做一次真实的记录,这也是为你提供了一个表达意见的平台,这样对你没有坏处。经过反复沟通,刘姝威最终同意见面并接受采访,《与神话较量的人》节目播出后,在社会上引起强烈反响,这其中王志的沟通能力起到很大作用。沟通能力还体现在采访记者需要不断提升自身的采访能力,主动回应公众问题,及时与公众进行沟通交流。新媒体尚未产生的时代,社会个体在沟通层面处于被动的位置,电视记者与公众的沟通程度不高。在新媒体与传统媒体相融合后,公众可以更为方便地与电视记者进行沟通与交流。加强与公众沟通与互动是提升采访质量、满足公众需求、提升广播电台和电视台竞争实力的方式。

(5)记忆能力

中国人民大学新闻学院高钢教授指出,笔记记录的方式是有局限的:它容易造成采访对象的心理紧张;它会给采访对象一种暗示,让他们去说记者喜欢听到的内容;它会影响记者全身心地投入采访。因此,记者必须训练自己的记忆力,记忆力是记者最为宝贵的职业财富之一。记忆力是可以通过训练培养的,要训练自己在整个采访过程中记住那些重要的东西。在事过一小时后能够回忆起采访对象说过的重要的话,看到的重要的场景,了解到的重要数据,构成新闻工作事件的重要细节,重要的人物姓名等。除此以外,还要养成勤快的习惯,一旦离开采访现场后,立即找机会把自己记忆中重要的东西及时追记下来,记忆是会随着时间的推移而淡化以致变形的。

(6)技术运用能力

融媒体语境下,记者必须掌握现代化电子采集技术手段,并熟知与之相配套的各个技术环节,否则就无法开展广播电视采访业务。2016年的全国"两会"现场记者就用了VR设备用于报道。记者要保证自己的核心竞争力,在采访中不仅要能写、能拍、能摄、能剪,还需要有能够执行大型活动的现场直播等能力。要成为全媒体记者,不仅要掌握策划、拍摄、发布、连线等业务技能，还要熟悉全媒体采编、信息检索、分析、跨平台信息发布等技能。结合实际的采访情况，记者应努力做到摒弃传统的采访方式、新闻检索模式，积极地去接触并掌握各种新媒体设备的使用方法，像手机、VR、H5、摄像、摄影和无人机拍摄等，熟练运用广大受众喜爱并使用的 APP，如 QQ、微信、微博等，由此来保证媒体覆盖面得以扩大，确保作品的影响力。

四、心理素质

它是指人的思想、感情、性格等的性质。记者的心理素质不仅关系到节目优劣，而且关系到舆论导向的正误，影响到"喉舌"作用的发挥。采访中，记者要善于控制内心感情，保持良好的心理状态。尤其在进行舆论监督、采摄批评报道时更是如此，有些采访对象饶舌多变、百般推诿、极力阻挠，面对这些情况，记者既不能被线索提供者的意志所左右，也不要被批评者的狡辩所迷惑，更不能被某种刁蛮气势所吓倒，以致唯唯诺诺，不敢仗义执言，而要不卑不亢，不畏权势，客观公正，始终掌握采访的主动权。对那些违法乱纪、为非作歹的行为，要敢于揭露，敢于为老百姓鸣不平，敢于为人民鼓与呼。对那些动辄砸机器、扣人、打记者之类的不法之徒，既要敢于斗争，不慌不乱，也要讲究策略，沉着冷静，变被动为主动，控制住自己的感情，保持住良好的心理状态，直到完成采摄任务。

五、身体素质

对记者而言，光有纸和笔是完不成任务的。电视记者在采摄过程中，需要肩扛摄像机，身背配套的录像机等摄录一体化机器，加起来近十公斤，更不必说抗洪抢险、抗震救灾、追捕逃犯、战地报道中，记者还要随时准备应付突发事件，承担各种紧急的采访任务，这就要求记者具有良好的身体素质，要有健康、壮实的体格。这样在关键时刻才能冲得上去，坚持得下来，即使面临生命危险也不退缩。2002 年一年中，《焦点访谈》就做了四期有关矿山安全的节目，其中的采访是极其辛苦的，在山西繁峙矿难调查中，采访记者晚上 9:00 从北京出发，五百多公里的盘山路，驱车走了八个小时，直到第二天早晨 5:30 才到达事发地点。等记者们找到宾馆，安顿下来，已是早晨 7:00 多钟，简单地吃了点早餐，马上又投入了工作。这种紧锣密鼓的采访几乎是《焦点访谈》记者们的家常便饭，没有强健的体力是坚持不下来的。

第四节　广播电视新闻采访的要素

一、采访前要素

1. 采访策划

（1）定义

广播电视新闻采访策划，是指策划人遵循新闻的基本规律和广播电视纪实特性，以事实为基础，以创意为核心，对已占有的信息进行充分的分析研究，确定可能实现的目标和效果，制定相关报道策略，规划并设计报道的方式、方法和技巧，以求最佳采访报道效果的运筹与谋划。从技术层面上讲，广播电视新闻采访策划的核心是创意，即在报道选题、报道内容、报道形式、报道时机的技巧设计与谋划上必须具有创造性，同时又是切实可行的。

（2）应用

① 开展调查研究、确定报道角度。调查研究是做好采访策划的重要基础，即为策划而

调查研究。记者要深入了解掌握现时期党和政府的工作重点、社会实际工作情况和观众的需求愿望以及其他新闻媒体的新闻宣传态势,从中发现、判断有报道价值的新闻事实,为提炼和深化采访主题做铺垫。广播记者在采访准备工作中,一定要认真把握题材的内涵,加强报道的针对性。如人物报道时的前期调研就应包括:了解该人物的生平、经历等;查找其他媒体对该人物的报道。还可先采访一两个该人物的家人、朋友、同事等,这有助于发现没有被报道过的角度。一旦发现更有价值的信息、细节、更好的报道角度,要敢于舍弃已有的报道框架。

② 确定报道主题、设计报道方案。报道主题的确立不应过分追求收视率和轰动效应,在综合平衡社会效益和文化影响、详细调查研究的基础上,最终确立见解深刻、思路新颖的报道主题。然后根据主题设计报道方案。具体来说,即以事实为基础、以价值为前提、以创意为核心,对报道选题、报道内容、报道手法、报道时机和报道人选以及资源配置的全面设计和谋划。采访策划方案的设计,要求广播电视媒体在报道思路、观点、方法等方面予以创新。

③ 策划方案的评估、实施、调整。采访策划方案拟定后,需要通过集体讨论,对方案的可行性和价值目标、效果加以全面分析和预测,在吸收综合意见基础上,对原策划方案的某些局部进行论证、修改、再论证、再修改,以求策划方案尽可能地完善。在策划方案付诸实施后,要将具体的实施情况和目标效果及时加以比较,寻找差异,分析产生差异的原因。在采访过程中,记者还要掌握这些变化、主动地、全面地、及时地接受来自报道者、报道对象、有关部门和主管单位、受众的反馈信息,以便在报道实施过程中适时修正报道思路,调整报道的规模、形式和报道力量,及时调整策划方案以实现最理想的传播效果。

2. 预采访

① 预先构思。对电视记者来说,采访前进行预先构思十分必要。首先,构思采访角度。一要考虑对同一题材如何选择最新角度;二要考虑电视更适合表现哪些角度,特别要善于抓取那些最适宜电视手段传播的新闻题材。其次,构思采编方案。根据自己的生活及工作经验的积累初步设想为表现好新闻人物或事件希望拍到哪些素材图像,可以利用哪些现有的图像素材来表现新闻背景,如何构架全片,在表现形式上可以采用哪些特殊手段等。这种预先构思能够提高电视新闻的时效性,保证记者总体构思个性的完整体现。

② 预先阅读、准备话题。有人指出,目前有相当数量的记者不重视"预采访"环节,他们拿到一个采访线索,不去研究、了解,而是直接上阵,面对采访对象却又提不出有分量、有层次、有深度的问题。2003年,三峡工程永久船闸试通航。蓄水前一天,中国三峡工程开发建设总公司召开新闻发布会。一名记者向新闻发言人提问关于蓄水程序的问题,新闻发言人回答:"你所提的问题,我们已经向媒体介绍过了。如果有时间,建议你看看三峡总公司的网站。"这个记者显然是忽视了预采访,才会出现如此不着边际的提问。

采访的目的是为了正确地认识客观世界,要想正确地认识它,并准确地反映它,就必须有充分准备,即做到"三线阅读"。首先是长线阅读。通过阅读学习,不断积累补充相关知识,完善自己的知识结构。其次是中线阅读。抓紧学习、掌握相关政策,并根据党的政策方针认清当前经济、政治和文化等方面的形势。这样记者才能在采访中深刻认识和把握新闻事实,准确地做出新闻选择,正确地发挥舆论导向和指导工作的作用。最后是短线阅读。根据采访主题补充相关知识,熟悉采访对象,收集和研究相关的背景材料,同时筹划采访预案。如《中国海洋报》特派记者崔鲸涛踏访南极之前数个月就开始做准备:学习南极相关知识、查阅南极考察相关报道、了解本次南极考察项目、掌握考察队员相关情况。掌握了这些信息,才能开展更为有效的采访工作。

具体来说，这些相关资料大概指以下几类材料。

一是被采访单位制作的宣传稿、公关稿、会议材料、工作总结、可行性报告等。

二是与被采访的行业相关的一些知识性的资料，包括专业介绍、行业背景及其有关的专业书籍。

三是某些相关报道的材料。

四是目标新闻人物或采访对象的背景介绍，包括大致经历、主要成就、性格爱好、当时情绪、亲友关系。

对这些材料的阅览、研究、整理、分析，是了解事实的一个重要渠道。

③ 预先与采访对象沟通。采访归根到底是与人的交流，其中与采访对象的沟通最为重要。

首先，根据采访主题选择采访对象。主要从以下几个方面考虑：一是知情。采访对象的选择以新闻事件为核心向外辐射开来，当事人、目击者能提供最接近事实的信息，相关专家、政府官员等能提供相对权威与独立的见解。二是愿讲。注意选择能够配合记者采访的对象。三是善于表达。尽量选择没有语言或行为障碍的采访对象，采访对象应使用规范的语言。四是采访中还要避免选择有不良习惯动作、表情者。

其次，选择好采访对象后，要预先熟悉采访对象。采访对象不同，记者要了解熟悉的侧重点也不同。如果采访对象本身就是报道对象，记者对他们各方面的情况，譬如大致经历、爱好兴趣、性格特征、周围环境等，都要尽量去熟悉，越多越好。一名记者采访前奥运会冠军、射击老将王义夫时，做了详尽的访前准备，从项目的特点到人物的性格，从射击的规则到运动员的心理，当记者在采访中向王义夫抛出"560环在男子手枪慢射项目上是不是一道坎？"这样一个问题的时候，他笑了并对记者说：看不出你对射击还很了解。此后的采访异常顺利，记者与王义夫也从那次采访起建立了良好的关系，成了无话不谈的朋友。

最后，开始采访前，记者要预先让采访对象了解采访问题、目的与要求，并做好沟通工作，必要时把采访提纲交给采访对象，才能有效消除采访对象的紧张感，保证采访活动顺利进行。

当然，有时采访并不是直接面对固定的采访对象，而是突发新闻事件。这同样要通过与人预先沟通才能抵达事件真相之源。有人认为，事件真相和相关人物通常构成一种"同心圆"的关系。要了解真相，最接近圆心的当然是事件当事人，然后是事件参与者，再外层是事件目击者，最后是知情人。越内层的人物提供的信息越有价值。"线人"在其中发挥重要作用，他们可以帮助记者接近采访对象、了解新闻事件或进入新闻现场，因此，与"线人"的沟通与交流也十分重要。2003年，《焦点访谈》栏目组拍摄新闻调查《白笋黑心》时，就与"线人"进行了充分沟通。在"线人"的帮助下，记者们很快就了解了白笋买卖的基本知识，在短短一天时间内俨然成了长年做竹笋生意的行家，对竹笋交易市场成功进行了暗访。

④ 预先准备好摄录设备并认真检查。记者必须学会使用不同功能的摄录设备，便于采访工作中对相关信息和图像信息等进行记录，然后播放给观众，确保新闻信息的有效性与直观性。摄录设备的不稳定性容易导致新闻采访工作中出现不可预见的问题，比如故障问题。为确保新闻采访工作的进展与时效性，减少摄录设备故障对采访的影响，应当在采访前对摄像、录音等设备的工作性能进行全机检查，保证其正常运转，维持稳定的工作状态，以保证新闻采访的声像质量。进入新媒体环境以来，尽管一些网络平台仅凭一部智能手机即可完成一个新闻事件的播报，但仍要对相应设备进行检查，只有充足的准备之后才能减少摄录设备在工作中出现故障影响采访工作进行问题的发生，确保采访工作万无一失。中国奥运圣火在全球传递的一个多月时间中，跟踪采访的新华社记者张荣锋最大的

体会之一就是要做好摄录设备准备。他准备了手机、比干卫星（小海事卫星）、发稿手机、海事卫星等设备。他说："火炬传递这种马不停蹄的活动，每天基本都是白天传递，黄昏登机赶往下一个传递城市，所以设备配置至关重要。往往一个设备的缺失，就会葬送所有的努力。对于最关键的设备，一定要做到双保险，例如电脑就应该准备两台。"可见设备准备与细检的重要性。

二、采访中要素

1. 观察

（1）观察的特点

现场观察指记者在新闻事件发生的现场、新闻人物活动的现场进行的目击采访，是对客观事实进行由表及里的查看与思考活动，借以印证线索、搜集素材、获得第一手材料。观察的主要内容包括观察捕捉事物变动的态势，观察捕捉新闻事件发生现场的环境和气氛，观察捕捉最能表现事物特征的细节、任务的外表特征、动作以及情绪变化等。

（2）观察的方法

① 观察要全面。记者一旦到了现场，就应当眼观六路耳听八方，任何有新闻价值的事物都应当在记者的视野之中。全面的观察不但有助于记者不放过任何一个有新闻价值的细节，而且能帮助记者迅速选取合适的采访对象，选择理想的拍摄角度，捕捉主题鲜明的画面。记者在现场采访时要尽量保持现场的原生态，把记者对现场的干预减小到最低程度。

② 观察要细致。观察的细致，才能生动、逼真地反映出事物的本质。邵飘萍谈到记者访问时强调"必时时注视相守方之面目"，即要注意观察访问对象的面目。在对全局有了把握之后，记者要选择恰当的观察位置，以利于观察的清晰、准确和全面，也关系到记者能否准确清晰地采录到需要的影像，获取宏观的细节的信息。

细致入微的观察能为新闻报道增添亮色。2002年，《焦点访谈》栏目组采访山西繁峙矿难，记者跟随国家安全生产管理局领导看事故现场，观察到一个干部模样的人神情紧张地站在一边，时不时地想跟领导们解释点什么，可领导们没有问他，他又不敢上前大声说。记者立即判断他可能是一位知情者，仔细一问，原来他就是繁峙县的县长王彦平。于是记者马上就了解到独家内容：事故发生的当天，繁峙县没有派人到现场调查，第二天，县里的调查组既没有下矿井察看现场，也没有经过仔细核实，听信了矿方的一面之词，向上级报告称事故中只有两人死亡、四人受伤，从而致使这一起特大矿难被隐瞒，遇难的矿工被毁尸灭迹。这么大的独家新闻正是来源于记者的仔细观察。

细致观察要求选择正确的视角。这个视角可能是指宏观的，把握事物相互关联的全局视角；也可能是指记者个人情感、思想的视角；还可能是指在现场观察时的微观视角，用眼睛努力搜寻不为人注意，又能反映事物特征或本质的细节。《新闻调查》一期节目《"非典"突袭人民医院》中，北京大学人民医院急诊科主任朱继红带着记者柴静来到了人民医院最大的一个疫源地、被称为"天井"的急诊留观室。柴静四处张望了一下，立刻问道："我在这个空间里头没有看见窗户，为什么呢？"良好的通风是预防"非典"的重要方法之一，没有窗户的发现一针见血地指出了急诊留观室成为重要疫源地的原因，为进一步发现北京大学人民医院在抗击"非典"期间存在的问题做了成功的铺垫。

③ 观察要精准。记者要将观察与思考结合，要迅速通过思考分析和判断信息内容和传播价值。记者在现场观察时要具备入木三分的眼力，见微知著，察觉常人会忽略但富有个性特征的事物，并能透过现象看本质，探索微小事物深含的意义。《新闻调查》的一期节目《一只猫的非常死亡》中，记者柴静注意到踩踏小猫的女士王某在踩踏的过程中一直保持微

笑，在访问的过程中，柴静问道："我看那个时候的你一直是面带微笑的，这是对方对你的要求吗？"柴静的提问和王某的回答让观众看到了王某因仇恨而压抑无助的内心，深化了本期节目引发人们思考如何化解仇恨、如何权衡利益，从对动物的关爱到对人的关爱的主题。

④ 不要忽视倾听。艾丰提醒所有的记者"在采访时别忘了带上眼睛和耳朵"，这告诉我们要把观察与倾听统一起来，调动所有感官包括心灵去感知与捕捉采访问答中所不能显现的事实。邝云妙在《当代新闻采访学》中就提出："一名记者，特别是一名老练的记者，应该是最善于倾听的人，而不是喋喋不休的人。"在观察中倾听，在倾听中观察，才更容易与采访对象沟通，对新闻事实的领悟也更接近其本来面目。

2. 提问

美国新闻学家阿伦森认为，提问的艺术是这样一个问题：记者怎样才能使采访对象讲出能够写出一篇新闻报道的新闻事实来。它告诉我们，提问是记者采访的基本功，是检验记者逻辑思维、判断事物反应能力及口头表达能力的最好尺度，提问技巧包含着记者的创造性劳动。

（1）开门见山

开门见山，是指一开始就提出硬性的、紧扣主题的问题，然后扩展为比较笼统的问题，特点是抓住核心问题、切中要害。如2019年"两会"期间国务委员兼外交部部长王毅的记者会上，凤凰卫视记者张凌云抛出"孟晚舟案"的问题，话题敏感，成为该场记者会被报道和传播次数最多的问题之一。这种提问形式一般适合于两类采访对象：一是记者熟悉的人；二是文化层次高、社会经验丰富的干部、学者、外事人员等。前者因为熟悉，情感交流早已建立，过于客套、寒暄反而显得见外；后者的采访对象有相当的社交经验和社会经历，顺应性比较强，容易领会记者的意图。与之相对的就是含糊不清、外延过大，诸如"请您向我们的电视观众说几句话，好吗？""请您谈谈你今后的一些打算？""请问您有什么感想？""您此刻的心情如何？"等提问，缺乏针对性，使对方不知从何谈起。前几年"两会"上的某些记者的确出现过贻笑大方的提问。比如曾经在梅地亚"两会"新闻中心的一场记者会，全场记者都在焦急地等待新闻性的话题，主持人说只有最后一个提问机会，但获得了这个机会的记者站起来却问台上的一位女性官员如何看待当今社会的男女平等问题。这毕竟不是一场对这位女性官员的专访，这样的提问令台上的发布者与台下的媒体同行都感到尴尬。开门见山式提问需要记者事先准备周密而具体的提纲，谈话时还要有意识地按步骤引导和深入挖掘。开门见山的提问辅之以合适的引导艺术，易令记者成功获知采访对象内心的真实想法。

（2）寻找与对象的接近点，制造兴奋与共鸣

为了激活采访对象的情绪和了解更多更鲜活的内容，记者要注意找到与采访对象的接近点，或是其熟悉的周围的人，或是其过去的经历，目的是让其情绪放松，进而打开话匣子，以便采访到有利于阐明主题、丰富主题的材料。原中央电视台主持人敬一丹曾讲过这样一个故事：一位年轻的央视记者到农村采访，她问一位农民老大爷：您的工作大概辐射多大的范围？老大爷当时就懵了，愣在那里不知该如何回答。按照敬一丹的说法，"辐射"这样的词太过高深，请记者在采访前先体会被采访对象的状态。她说，如果是我，我会先跟老大爷拉几句家常，比如问一句——大爷，您吃了吗？在兴奋与非兴奋的状态下，人们的交谈质量是大不一样的，要善于触到被采访对象头脑中的兴奋点，利用有效的中介，这种中介也许是双方共同感兴趣的事件、话题、书籍、生活细节等，找到双方感情上的接近点、语言上的共同点，才能最大限度地引起共鸣。

（3）旁敲侧击，随机应变

该方式是指采访时不直接切入正题，而是从对方正在从事的活动入手，观察并寻找出与主题相关的细节，再从侧面设计提问，一步步引出采访主题所需要的信息。这种采访方法适

用于批评性报道或揭示社会问题的调查采访。这些报道采访往往带有一定的不可预知成分，所以记者不可能准备得很充分、很周全。这就要求记者在采访过程中，依据事态的发展随时调整自己的思路，讲究策略，旁敲侧击，随机应变。《无名市场的困惑》节目组采访一个"非法"市场，这里的小贩不具有经营许可证和卫生许可证，但周边的消费者又需要这个市场。记者进入市场采访之初，没有直接以"这合不合法"的提问开场，而是旁敲侧击，从小贩最关心的管理费问题打开突破口，问"你们交管理费吗"，进而引发采访对象们的交流兴趣和述说欲望，小贩们果然都急于表白，纷纷说："我们这是合法市场，每月都交管理费，一月200……"一个生动、丰富、真实的采访空间就此向记者打开。

（4）适度的沉默

沉默也是提问的重要的技巧。提问需要给采访对象留出思考和阐述问题的时间。聪明的记者一般不会打断采访对象的话，这样可能得到直接询问得不到的情况。美国著名的电视节目主持人迈克·华莱士说："我发现，在电视采访中最有趣的做法就是问一个漂亮的问题，等对方回答完毕你再沉默三四秒钟，仿佛你还在期待着他更多的回答。你知道会怎样吗？对方会感到有点窘促而向你谈出更多的东西。"

（5）诱导性的激将

该方式是指运用语气、声调或措辞来引诱对方做肯定性回答，并不惜采用针锋相对的方式，激发对方的反驳或表白欲望，从而达到采访的目的。

美国著名记者约翰·布雷迪在《采访技巧》中指出，采访中不妨用一些强硬之道，击中对方心理上的薄弱环节。提问问到节骨眼上，问到要害处，涉及新闻中最重要的事实，拨动被采访对象的心弦，引起观众的关注。2019年"两会"现场，知名企业家李彦宏被传媒团团围住，有记者问"你今年带来了什么提案"，而当凤凰卫视的记者问"'中国制造2025计划'似乎被一些国家视作威胁，你怎么看待中国高技术企业的国际环境，是否担心像华为一样遭遇壁垒"，李彦宏抬起头，寥寥数语答出一条短而有力的、有质量的新闻。在诱导性提问中，采访对象得有较好的敏感性，并肯于争辩，而记者则需要掌握好谈话的时机。适当的诱导与激将，能够引出生动活泼、论点鲜明的谈话。

思考题

1. 广播电视新闻采访的个性与共性是什么？
2. 记者应该具备怎样的职业要求？
3. 简述广播电视新闻采访的基本方式。
4. 广播电视采访权的基本内容是什么？
5. 试述广播电视新闻采访的要素。
6. 广播电视新闻采访中，应该如何开展现场观察？
7. 广播电视新闻采访中，应该如何进行有效的提问？

第四章 广播电视节目主持人

【本章要点】 广播电视节目主持人是伴随着电子传播媒介的发展、为适应传播对象的心理需求而生的媒介从业群体;是视听世界中与受众心理纽带最深的人群之一,也是受众心目中最具有感性传播魅力的天然承载形式。本章通过综合介绍广播电视主持人功能、发展及其在中国的表征勾勒主持人群像,并对其在传播中的功能做理论探讨。

21世纪,是一个全盛的视听时代。在此之前,人们经历了传统平面媒介的"纯视"时光,接着抵达无线电媒介所带来的"纯听"时代,然后来到电视媒介出现初期侧重"视"的"视听"时期,再到"视听"均衡或者"视听"趋势多元化的今日世界——人们有限的注意力在纷繁快速的现代节奏中,对视、听呈现出多元的态度与要求。

广播电视节目主持人恰是伴随着电子传播媒介的发展、为适应传播对象的心理需求而生的媒介从业群体;是视听世界中与受众心理纽带最深的人群之一,也是受众心目中最具有感性传播魅力的天然承载形式。广播电视节目主持人作为职业首先出现在20世纪20年代末的西方,但"节目主持人"这一称谓及概念却是到20世纪50年代才被提出——美国哥伦比亚广播公司的编导唐·休伊特在1952年的美国总统大选中首次使用"Anchor"一词[34]。也正是那个时期,西方的节目主持人已形成兴盛的态势,涌现出一批明星主持人。而中国的节目主持人是在20世纪80年代第十一次全国广播电视工作会议肯定了主持人节目形式后,才呈现出欣荣之势。如今,新媒体技术不断提升、视听产业纵深融合,机遇与挑战并存,本土化与国际化同在,我国广播电视节目主持人的成长发展已进入了一个崭新的阶段。

第一节 广播电视节目主持人的类型与职业要求

一、广播电视节目主持人的概念

1. 广播电视"节目主持人"的概念

节目主持人最初出现在西方,所以"节目主持人"的释义来源于两个英文单词:

(1) 主持人(Host)

① "那位介绍并同参与一档电视或广播节目的人们进行谈话的人"(麦克米伦,2002,第694页)。

"Someone who introduces and talks to the people taking part in a television or radio programme: a game show/talk show host" (Macmllan, 2002, p.694).

② "那位在一档电视或广播节目中介绍嘉宾的人"(朗文,2002,第691页)。

"Someone who introduces the guests on a television or radio programme" (Longman, 2002, p.691).

(2) 主播(Presenter)

① "那位介绍一档电视或广播电视节目的人"(麦克米伦,2002,第1112页)。

"The person who introduces a television or radio progamme" (Macmllan, 2002,

p. 1112).

②"那位在一档电视或广播节目中介绍不同部分内容的人"(朗文，2002，第 1112 页)。

"Someone who introduces the different parts of a television or radio show"(Longman，2002，p. 1112).

从以上内容，我们可以看到广播电视"节目主持人"是作为介绍节目内容、参与节目嘉宾组织者身份出现的媒介角色。其为受众做引导，对节目内容或节目嘉宾所要参与的内容进行推介，并努力将节目内容或节目嘉宾的参与内容与整个节目的节奏、风格以及定位和谐地融汇在一起。

2. 特指广播电视新闻"节目主持人"的概念

对广播电视"节目主持人"的分类中，西方用"Newscaster"（英式，新闻播报员）或"Anchorman"（美式，新闻主播）来区别于"Presenter"或"Host"（除新闻之外的其他类型节目的主持人）。目前，一般将前一组从业人员和后一组从业人员统称为广播电视节目主持人。但本章中，依然要针对新闻节目主持人做一下概念介绍，以便更好地了解英式新闻主持人与美式新闻主持人的不同职业理解和心理定位，从而更深地了解中国本土的广播电视节目主持人概念。

"Anchorman"一词借用于体育界术语，前缀"Anchor"本义为"锚；危险时可以依靠的人"，即是在关键时刻具有强劲支撑力的物或人。由此产生的引申义是：接力赛跑中跑得最快、最具有冲刺力的最后一棒运动员在英语中称为"Anchorman"。20 个世纪 50 年代初，这个术语被借用到广播电视媒介界来，专门称呼崭露头角的广播电视新闻节目主持人。而同时代的唐·休伊特认为，广播电视新闻对重要的事件报道既呆板又松散，为改变这种状况，应该选择一个人将不同地点、不同侧面的报道组织到一起，形成一个整体——既系统又全面。他强调组织、串联总统竞选活动报道的人应该具有 Anchor 那种最快的速度和冲刺力，不但能承上启下，而且在关键时刻能够亲自上阵完成使命。他选中具有丰富记者经验的沃尔特·克朗凯特（Walter Cronkite）担任这个角色。可见在美国，"节目主持人"这个词一经提出就已具备明确的含义：广播电视节目传播最关键的人物[35]。

术语"新闻主播"最初来源于美国。在英国则以"Newsreader"（新闻播报员）、"Newscaster"（新闻主持）来解释，也在某种程度上表现出亚特兰大两岸所持的不同主持风格——那些风格在全世界范围内被模仿。

简单地说，英式新闻播报员被视为既严肃又有些距离感的、权威化的、从来不允许他们的个性去对一条新闻故事进行色彩化的人物；而美式新闻主播尽管是严肃的，但又是很友好的、权威化的对新闻进行评论和播报的人物[36]。

由此可见，英式、美式新闻主持人的不同不仅仅源于语言方面的界定，更重要的还源于对这一职业特点的理解的差异。通过对安德鲁·博伊德这段研究结论的提炼，可以使我们认识到："节目主持人"这一从业集体公众形象处理的不同，也会形成新的定义和解释。安德鲁·博伊德对英式、美式定义所带来的职业角色定位理念进行了总结：

"Anchorman"提倡个人的力量及权威性，尽管如此称谓的承担者，此处所涉及的个人力量及权威性是通过经验、性格和魅力与节目相结合并根植于现实之中而形成的综合体。"Newsreader"较少具有个人含义，而是提倡——新闻播报员具有所展现的、受关注的内在信息带来的权威性，它将优雅地将这一权威性传递给那些来接受它的人们。关于展示个人性格，"Newscaster"是处于先"Newsreader"一步的，但是仍远远不及"Anchorman"的处理风格。

3. 国内学者专家对广播电视节目主持人的定义

在中国，广播电视节目主持人是一个辗转而来的舶来品概念，这个称谓约定俗成的概念构成被整合为一个统一的集合性概念，成为人们自然而然的习惯性思维定式，即便了解到主持人在美国还有 Anchor 和 Host 之分，人们仍习以为常地把他们视为纯粹的同一类人。事实上，我国广播电视节目主持人绝大多数是各类专栏节目和综艺节目的主持人 Host，或者说是 Newsreader 和 Newscaster 的概念，却鲜有海外严格意义上的节目主持人 Anchorman，即新闻杂志、新闻综述、新闻评论等新闻节目的主持人。尽管如此，纵观自20世纪80年代我国出现广播电视节目主持人以来，诸多专家学者对这一称谓下了定义，还是暗埋了一条我国节目主持人发展状况的脉络与线索：

"节目主持人，是广播电视节目在演播阶段的组织者、指挥者，是节目与听众、观众之间感情、信息交流的桥梁纽带，也是节目的代言人[37]。"

"节目主持人指这个人必须有能力把各种新闻稿件、新闻片和现场新闻报道等经过精心串联有机地组成一个整体，起主导和驾驭整个节目的作用，是节目的设计者，节目方针的体现者，内容的组织者和主播者[38]。"

"节目主持人是节目的出声、出面的组织者、驾驭者，以有声语言为主干或主线，以真实的比较稳定的身份为听众或观众服务。主持人可以参与节目的采访、编导、制作，但必须成为节目本身的重要的构成因素，使节目的整体和谐统一，不能游离于节目之外[39]"。

"广播电台、电视台中以某一个人的身份在话筒前或摄像机前主持某个固定节目的播讲者，是一台节目的串联人，处于节目的主导地位，是某个节目制作群体的中心人物。其特征不是照本宣科，而是具有创造性的临场发挥才能。节目主持人或是参与节目的采编、制作全过程的节目的主要编辑和制作者，或是部分参与节目的编辑和制作[40]。"

"节目主持人是在广播电视中以个体行为出现，代表着群体观念，用有声语言、形态来操作和把握节目进程，直接、平等地进行大众传播的人。[41]"

从这些中国广播电视节目主持人概念的演变，可以看到其职业角色功能的发展过程：从强调节目主持人的"组织串联""传播信息"功能；到节目主持人参与到节目的各个环节，对整个节目起主导作用；再到强调节目主持人的个性化传播，在节目代言人地位的基础上逐渐实现主持人个性品牌包装与节目包装同步——这恰是我国广播电视节目主持人二十多年随着政治、经济、文化发展，随着时空转移，随着受众对媒介信息需求与媒介素养的增长而不断被赋予新的意义的过程。

综上所述，可对广播电视节目主持人下一个较新的定义，即广播电视节目主持人是伴随着电子传播媒介的发展、为适应传播对象的心理需求而生、被媒介赋予增强传播效果的媒介人物，他们可能参与节目的策划、采访、制作和编辑的全过程，以声音或声像结合的方式实现受众对多元信息的视听需求，尽可能践行个性化传播的人。

其媒介特性包括：广播电视节目主持人是广播电视节目的直接播出者、代表者、最后的把关者；广播电视节目主持人是广播电视节目的参与者、组织者、串联者，节目的中心人物；广播电视节目主持人是广播电视节目的个性体现；广播电视节目主持人是广播电视节目审美取向、情感倾向的最终体现。

二、广播电视节目主持人的类型

对广播电视节目主持人进行类型划分，首先要确定分类原则、分类标准、分类视角。人们在对事物进行分类时，固然首先是出于对该事物各种属性，各类表面现象已有的认识，在更多的情况下则是出于某种目的，而该目的往往就决定了一种分类原则或分类标准的确立。

如媒介的传播方式,主持人的工作方式,不同的节目形态。

关于广播电视节目主持人的分类,目前学界最常见的有以下几种。

1. "四分法"

"四分法"主要以广播电视节目主持人的工作职责范围以及工作方式来分类。

① 单一型广播电视节目主持人。这类节目主持人主要从事话筒、镜头前的再创作,其与播音员的工作有一定的相近性,但又有所不同,主要表现在"由播音员表达编辑(记者)的文章变成编辑为主持人写稿",即编辑是主持人的代笔者,而主持人本身不再是记者的代言人。

② 参与型广播电视节目主持人。这类节目主持人参与节目的采、编、播、控等各个环节,其与编辑是平等的合作关系,但往往不起主导作用。

③ 主导型广播电视节目主持人。这类节目主持人是节目的指导者和灵魂人物,采、编、播、控等各个环节均由其决定操作,"实际上是个在话筒前、荧幕前露脸的主编[42]"。

④ 独立型广播电视节目主持人。这类节目主持人独立地承担整个节目的采、编、播各个环节的工作,几乎是节目的唯一制作人,往往局限于较为小型的节目。

"四分法"在目前的国内学界基本达成共识,但是也存在着一定反对的声音。如张颂在《播音语言通论——危机与对策》一书中,就对上述的分法基本持否定态度。他认为,四种类型之间的界限比较模糊,比方"参与型广播电视节目主持人",参与采或编都是参与;参与的次数与程度如何实现量化;参与到什么样的程度、有多大的支配权才算是"主导型广播电视节目主持人"?他还提出,各类型的逻辑起点不同,各节目的时间、播出次数、人员组成、内容深广度、形式繁简难易都不同,可比性弱,更何况从类型角度认识能力和水平有很大局限性。这样的一种分类反应不出真实的情况,显得不够科学。

2. 广播电视节目内容分类法

这种分法以节目的内容来指称广播电视节目主持人的类型,反映了主持人与节目之间的关系,亦是被受众广为接受的分类方式。

在陆锡初《节目主持人概论》中,作者按节目内容的性质将主持人分了五种类型:① 新闻性节目主持人,包括新闻节目主持人、新闻专题专栏主持人;② 专题性节目主持人,包括知识性节目主持人、教育性节目主持人、竞技类节目主持人;③ 文艺性节目主持人,包括文艺节目主持人、晚会节目主持人、综艺节目主持人;④ 服务性节目主持人,包括经济服务(信息服务)节目主持人、生活服务节目主持人、听众观众信息服务节目主持人;⑤ 板块节目主持人,包括小板块节目主持人、大板块节目主持人。上述分法中,如果"板块节目"不是特指,则不必另设一类,因为其为一种节目形式而非内容。

在朱羽君等编著的《中国应用电视学》中,作者将广播电视节目主持人分为八大类,在每一大类中又根据节目样式划分为若干小类,分别是:新闻节目主持人、综艺节目主持人、体育节目主持人、教育节目主持人、服务节目主持人、儿童节目主持人、对象性节目主持人、特别节目主持人。其中服务节目主要指向信息节目,对象性节目主要包括军事节目、对外节目、受众群针对性如青年节目等,特别节目是指各种临时安排的一次性或阶段性播出的有特别传播意向的节目。这样的分法比较细致,能够较好地反映广播电视节目主持人随着广播电视节目发展不断丰富、变化而分类多样化的演变过程与现状,不足之处是比较倾向于细碎。

3. 广播电视节目形态、主持方式分类法

这种分类法一般将广播电视节目主持人分为:

① 评论类节目主持人(各类评论节目)。

② 记者型节目主持人（各类现场报道、专题片）。
③ 谈话类节目主持人（以谈话交流为主；主持人多为"一对众"）。
④ 访谈类节目主持人（以采访为主；主持人多为一对一至二名访问对象）。
⑤ 串联、报幕类节目主持人。
⑥ 仲裁、服务类节目主持人。

4. "另类"广播电视节目主持人分类法

① 真实节目主持人与虚拟节目主持人。根据节目主持人的生命属性，分为真实存在于现实中的有血有肉、有思想的真实节目主持人和"通过数字技术处理出来的以广播、网络等通信传媒与受众形成交互的仿真人形象"的虚拟主持人。后者的行为设计符合主持人的行业标准。由于这类主持人是与存在于现实生活当中的真实主持人相对应的，虽然具有主持人的功能和作用，但是却没有真实主持人的现实生活体验，因此被人们称之为虚拟节目主持人。从其出现的媒体来看可分为电视虚拟节目主持人和网络虚拟节目主持人；就其播报方式而言可分为实时虚拟节目主持人和非实时虚拟节目主持人；以其实现技术而论又可分为基于关键帧动画的虚拟节目主持人、基于人工智能技术的虚拟节目主持人和基于跟踪设备的实时虚拟节目主持人等[43]。

② 按照节目主持人所用语系分类法分。分为地方语言广播电视节目主持人、普通话广播电视节目主持人、以英语为主的非中文母语广播电视节目主持人。随着媒介竞争的国际化与民族区域化并存的局面越演越烈，地方语言类型广播电视节目主持人与英语广播电视节目主持人的地位渐渐凸显。

当然，分类的原则、方法不一，时代不同，自然类别也不同。但是无论是怎样的分类都本着节目主持人分类的四大意义：一是节目主持人研究与建设的理论意义；二是媒介实践指导的现实意义；三是节目主持人自我认识、定位、发展的价值意义；四是主持人培养、选拔、评估的认识意义[44]。

三、广播电视节目主持人的职业角色

1. 广播电视节目主持人的角色定位

广播电视节目主持人的工作具有一定的特殊性，其作为传播主体在节目中的地位与作用是相通的，一般包括以下三种角色特征。

① 把关意识明确的媒介人。广播电视节目主持人在工作时以个体形式出现，但其却是拥有话语权的第四权力，代表着人民、政府、党的声音。不管任何一个国家、任何一个地方，节目主持人都是直面社会、受众，不可避免地承担着舆论"把关人"角色的群体。

② 服务意识明朗的传播人。主持人作为传播活动构成过程中的一环，与受众构成一个对立统一的整体，彼此相互依存，相互促进。受众对节目、对节目主持人是否认可、反响如何，是实现传播活动价值和获得宣传效应的基础与根据。受众对节目主持人的评价高低，对节目内容接受的多少，以及在他们生活、行为、思想等方面的影响，都是节目主持人要努力寻求的东西。从这个角度说，受众是传播活动的终端，是"上帝"，广播电视节目主持人必须树立明确清晰的服务意识，才能在市场化竞争中立于不败之地。

③ 主导意识明晰的主持人。节目主持是主持人节目运行过程中的最后阶段，也是最主要的工作。在这个阶段，节目的起始、承接、结束，以及节目环节如何与节目深度相对应，挖掘到哪个程度，都是主持人要掌控的。余秋雨先生曾说："作为一名主持人，理应对播出的节目从各组件到结构过渡都了如指掌，理应在现场表现出一种如数家珍的游刃有余，理应由敏锐的当场感受能力和快速的随机应变能力而成为广大观众审美心理的充分执掌者。"

2. 广播电视节目主持人的功能定位

如艾夫·韦斯廷所言："主持人是传播过程中最灵活、最后的一个'环节'。""如果把所有构成一档节目获得成功的因素考虑进去，并且给每一个因素增加一些分量，构成10个因素的话，那么主持人会占据其中8个因素，其他诸种因素只占2个[45]"。主持人在广播电视节目中有着特殊的地位，发挥着巨大的作用。

第一，确定节目定位。每一档广电节目的设立都有明确的目的、清晰的受众对象，亦有着自身的定位。而节目主持人的使用往往能够做到：①明确节目主题，认准节目对象；②融入自身因素，塑造节目特色。

第二，推进节目程序。主要表现为三个方面：①集中节目信息，有序设置流程；②引导节目进程，自然平稳流畅；③设置即兴环节，合理机敏有效。

第三，渲染节目气氛结合节目主题，营造节目气氛；联系具体情形，活跃调动气氛。

第四，沟通节目关系。包括：①与受众沟通，真诚架设桥梁；②与嘉宾沟通，引导合作并重；③与演员沟通，充实节目内容；④与搭档沟通，默契打造完美。

3. 融媒体时代广播电视节目主持人的角色要求

互联网的急速发展，将广播、电视、互联网的优势相互融合，传统媒体与新媒体、自媒体互搭平台，使其功能、手段、价值得以全面运作与提升；利用中央厨房内容生产模式，云计算、大数据等进行多渠道分发，媒介传播形态更加多样化。可以说融媒体时代的到来促使广播电视节目具有前所未有的矩阵效应、产业链格局，促使广播电视节目具备更强大的时效性、更加多元的信息内容和更为垂直且多样化的受众市场。

融媒体时代促进广播电视节目主持人成为节目真正的主人，主持人风格和节目特点高度融合，同时也对其提出新的角色塑造和要求。

（1）主持人的角色塑造需注重"人格化"

融媒体时代，广播电视节目主持人要同时操控多个媒体界面，打破视听的传统边界，运用更多媒介的表现形式，在接受信息、反馈信息、处理信息的过程中衔接顺畅；通过网络、多媒体与受众进行交流，形象生动地展现节目特色，将更多的人性化特点赋予节目本身，增加广播电视节目主持人对于节目的人格附加值，构建IP（个人品牌）。

（2）主持人职业角色多样化，增强媒介互动

融媒体时代，主持人已经告别单一的角色，是集播音员、主持人、编导、记者、制片人、策划人等职责于一身的核心人物，在节目前期的创意、策划以及后期的品牌效应中，都发挥着不可或缺的重要作用。同时，多媒体融合为主持人和受众的紧密互动提供了技术及平台支持，打破了名人、公众人物的神秘感；广播电视节目主持人在不断更新的多媒体平台中，要巧妙地进行媒体人和自然人的角色转换，通过生活和工作的不同方面呈现自己的职业素养。

（3）应时提高自身专业水平，做深度解读者

全媒体时代，传者和受众的分野不再泾渭分明，人人都可以随时随地利用手中的媒介来获取和制作信息，受众的媒介素养和主动性大大增强。这就要求广播节目主持人要向"正在发生的未来"学习，在专业主义精神的指引下，不断迭代自己的专业知识、提升自己的专业技能、深化自己的专业素养。在做到精准表达的基础上，开拓内容的广度和纵度，进行深入剖析、深入解读，为受众带去新颖独特的视角和感受，为受众拥有知晓权赋能，提升节目的数量和质量。

总之，在媒体快速发展的当今社会，广播节目主持人要明白"适者生存，优胜劣汰"的道理，善于创新，善于改变，在依靠语言魅力与专业知识立足的同时，利用技术与想象的融

合，让自己的角色定位与时俱进，不断创作出受众喜爱的节目。

第二节　广播节目主持人

一、广播节目主持人的发展

西方率先进入电子媒介时代，广播先于电视发展，广播节目主持人的雏形可以追溯到1906年美国匹兹堡大学物理学教授金纳德·奥布里·费森登载首次成功地进行无线电实验时所安排的"主持人"，该"主持人"成功地主持了圣诞故事播讲、歌曲演唱和乐器演奏的组合节目。

1928年，荷兰对外广播开播了第一个主持人形式的节目——《快乐的电台》，主持人艾迪·勒达兹将一些充满生活气息的内容串联起来，轻松活泼地传递给听众，被后人公认为"历史最为悠久、最富个人独特风格的国际广播节目主持人"。

1930年，美国哥伦比亚广播公司最早的电台评论员——汉斯·冯·卡尔登邦"成功地开创了广播史上最引人注意的新闻广播评论新局面，率先树立了广播评论员了不起的权威形象"。1938年3月12日美国哥伦比亚广播公司的爱德华·默罗安排了历史上第一次《新闻联播》，1940年8月18日其还开播了著名广播节目——《这里是伦敦》；20世纪40～50年代，爱德华一直以"出色的现场广播报道闻名于世"。到了20世纪50～60年代，沃尔特·克朗凯特以"一个杰出的消息综合人和解说者"受到人们的一致推崇和尊敬。

20世纪三四十年代，广播事业发展达到了辉煌时期。尤其是第二次世界大战时期，主战国的广播媒介普遍采用了主持人形式。英国广播公司由林德·法瑟主持对德广播，其富有智慧、幽默和权威性的谈吐回旋在德国上空，吸引着无数听众；还有日本对美国广播中扰乱军心的"东方玫瑰"小姐。但是到了20世纪40年代末，广播的黄金时代便因电视的出现而宣告结束。电视以其优越的传播手段使其他传播媒介受到冲击，有些广播主持明星如爱德华·默罗亦转身成为电视主播。20世纪70～80年代，西方的电视节目主持人已进入兴盛时期，出现了一批家喻户晓、深入人心的明星主持人和与他们相互依存的主持人节目。

从上可知，西方广播、电视节目主持人的发展呈现出不平衡的曲线，前后兴衰更替很明显，先进的新生事物的发展占据主导地位。与西方节目主持人发展状态不同的是，我国广播、电视节目主持人几乎从一开始就是齐头并进的。我国的电子媒介时代是同质媒介竞争与异质媒介竞争的大舞台。虽然电视具有"视听"共体的优势，但是广播电台也在探索的道路上突出重围，走上一条适合自己发展的道路。

我国最早的广播电台创办于1923年1月23日——中国无线电公司经理奥斯邦（美国人）与《大陆报》合作在上海外滩广东路3号大来洋行屋顶创办中国第一座广播电台，开播第三天播出孙中山的《和平统一宣言》。1926年10月1日，中国自办的广播电台——哈尔滨广播电台开始播音，创办人是无线电专家刘瀚。1927年3月18日，上海新新公司为推销自制的矿石收音机，开办了中国第一座民办广播电台，因电台四周围起玻璃墙，俗称"玻璃电台"。随后，又出现了天津广播无线电台（1927年5月1日）和北京广播无线电台（1927年10月1日）。1940年12月30日，中国共产党领导下的新华人民广播电台在延安诞生。

然而，新中国成立后近30年的日子里，虽然广播事业有了跨越式的发展，但是由于政治因素和新闻观念的影响、经济基础和技术设备条件的限制，我国直到1981年才出现了广播史上以正式名义出现的节目主持人——中央人民广播电台《空中之友》节目的主持人徐曼。《空中之友》节目是在改革开放的时代背景下，接受台湾地区听众希望对台湾广播应当

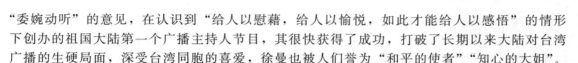

"委婉动听"的意见，在认识到"给人以慰藉，给人以愉悦，如此才能给人以感悟"的情形下创办的祖国大陆第一个广播主持人节目，其很快获得了成功，打破了长期以来大陆对台湾广播的生硬局面，深受台湾同胞的喜爱，徐曼也被人们誉为"和平的使者""知心的大姐"。

此后，广播节目主持人首先在经济发达地区活跃发展。广东人民广播电台于1981年4月开办的由李一萍、李东主持的《大众信箱》是继《空中之友》后又一个广播主持人节目，二人对话、谈天式的可亲、可心风格很快被听众认可，李一萍也被听众亲切地称为"知心姐姐"。

1986年12月，珠江经济广播电台成立。这是我国广播界实行全面改革的先声，在传统的基础上借鉴并吸收媒介发达国家的广播事业经验，寻求适应珠江三角洲地区听众需要的模式，创造出一套比较完整的节目样式。其中对节目主持人提出编、采、播、控的综合素质要求；采取主持人"提纲加资料"的现场直播，并让听众通过热线电话进行互动的深度参与方式等。这个"珠江模式"的核心正是"主持人中心制"。珠江经济广播电台的有效探索，对全国广播节目主持人的发展产生了积极并具有历史意义的影响。到了20世纪80年代末90年代初，各地都拥有了自己特色的广播主持人节目，一批知名度较响的明星主持人在听众中引起过热烈反响。

如今，从中央电台到各地方电台都有各种类型的名牌主持人节目。如中央电台的雅坤、傅成励的《午间半小时》《今晚八点半》；上海人民广播电台陆澄的直播"点诗"节目《午夜星河》，上海东方都市广播电台小窗的《三个女人一台戏》、纯子的《纯子咖啡馆》、叶沙等的《相伴到黎明》；浙江电台《透明都市·鲁瑾脱口秀》、城市之声私家车107蟛子和他的快乐广播、阿亮和他的《阿亮的烦恼生活》、杭州交通经济电台"91.8"于虎的《我的汽车有话说》、西湖之声董春蕾的《我爱汽车》，"104.5"十二星座女主播电台小雨和她的国学节目，浙江人民广播电台文艺频道万峰的《伊甸园信箱》；四川成都经济频道罗小刚的《小刚方言》以及《美食成都》等。有影响力的广播节目几乎必然与充满魅力的节目主持人同在。

我国最初的广播节目主持人是采、编、播合作形式，主持人一般不外出采访，主要是在播音室里回答听众来信提出的有关问答或者是进行点歌之类的服务活动，题材相对单一，内容也多有局限。随着广播事业的不断发展，主持人走出播音室。20世纪90年代以后，广播电视节目改革进一步深化，综合版块——主持人直播，热线电话、短信平台、网络平台三位一体的节目形式形成，以节目主持人为节目的中心环节来组织、调整、应变、使广播终于在大众传播中找到了属于自己的位置。

二、与受众互动的广播节目主持人

广播节目从过去的反馈到在场互动，经过了技术手段的革命和节目意识的改变，而这种互动需求为广播节目主持人的发展带来了一片新天地。

1. 热线直播节目

热线直播是随着电信事业的发展而起步的。我国大陆最早采用热线直播的是1986年底开播的珠江经济广播电台。该台的热线节目一问世，就获得了广大听众的喜欢，引起广播界的密切关注。热线直播随着市场经济而生，为广播带来了巨大的社会效益和经济效益。根据节目类型，热线直播节目一般分为四大类：热线点播（含竞猜）、热线访谈、热线咨询（含维权、民生）、热线谈话。

（1）以娱乐功能为主的热线点播、竞猜和现场演唱比赛

此类节目具有和一般综艺节目相似的内容和机构，它已突破原先纯粹的点歌、祝福节目，受众可以通过电话直接与主持人交谈，提出问题或回答问题，参加相关的益智类竞赛，

或是与其他的听众在不同的空间进行同一时间的空中游戏,甚至可以通过电台"纯听"特征进行声音选秀比赛。空中舞台的存在克服了电视过于强调时空概念的限制,尤其是近年来,随着注意力稀缺的后视听时代的到来,广播电台带给人们更为方便、省时、随机、跳跃式的参与享受。广播电台主持人只闻其声不见其人的神秘感与纯粹感,也给注意力疲软的人们带来回归式的认同感。

(2) 以新闻报道功能为主的热线访谈

电视媒介上也常用演播室电话连接现场记者或访问对象,同时让第三方热线接进,来补充暂时无法获得现场图像的缺憾,同时获得流畅的在线交流。其实这种做法恰是借用了广播节目的手段——利用先进的通信技术跨越空间距离,把新闻人物的心声、新闻事件的进展直接展现在听众耳畔。热线采访可以有两种不同的采访方式:一种是将被采访者请到直播现场,让受众打电话进来提出问题,由被采访者当场回答;另一种是在不具备将采访者请来现场时,如距离很远或采访内容时效性很强时,广播节目主持人和受众一起通过电话对不在直播现场的被采访进行访问。这种形式比文字形式的采访报道和经过制作的录音报道,更直接、真实、可信,并富有个性和生活气息。

(3) 以信息服务功能,尤其突出民生维权为主的热线咨询

在这类广播节目中,节目主持人的品牌效应尤其突出,因为这是受众切身利益指向最明确的对话者,也是社会民主法治健全过程中各类社会问题的一个重要通道出口。除了购物指南、医药指导,主要还包括法律咨询、财富投资指南、交通路况服务,以及各类民生维权热线。这些节目主持人以独特、鲜明的风格获得了有效的传播效果,树立了相应的品牌,为自身与广播事业的发展开辟出一条重要的道路。如杭州交通经济电台"91.8"于虎的《我的汽车有话说》,他基本上就是浙江地区解决与车行问题相关的一切事宜的圣经,成为消费者、经营者、生产者、执法者、相关行政服务部门之间关系纽带。他既被大家尊称为"于虎老师",被很多车主力挺,但也受到部分听众、利益涉及方颇具争议的评论,连片花中他的一句"什么名人,我就一人名"也是仁者见仁、智者见智,但这恰恰证明了信息服务功能类的主持人所产生的影响力,同时也部分体现媒介行使"第四权力"的内涵意义。

(4) 以心理沟通、导向、服务、教育功能为中心的热线谈话讨论

这种节目类型是主持人(含特邀嘉宾或专家客座主持)与听众之间,以及听众与听众之间,以平等友好的态度,以电话为参与途径,就某一问题进行讨论,做思想、情感等深层心理上的沟通。其既没有场地的内外区别与限制,又有一定的针对性(只对正在聆听的受众产生作用,受众根据兴趣决定是否打热线电话),自然实现了受众参与节目的广泛性与自觉性。此外,拨打电话的受众并不被要求报单位姓名,而其传播特指又是"蒙面"的,有利于受众放下不利于真情流露的顾虑,往往加深受众参与的层次,实现受众参与节目的真实交流目的,显得更为感性真诚。如浙江文艺广播电台深夜谈话节目《伊甸园》,节目定位为性教育、婚姻、家庭问题热线,主持人万峰虽然是以备受争议的独特的"电波怒汉"风格闻名于世,但他的节目收听率却非常高——作为一个深夜十点到十一点半的节目,《伊甸园》的广告标价是其他深夜节目不敢比的,节目亦充分发挥了广播电台受众参与的特性与优势。

2. 热线+短信平台+网络平台的互动

广播节目的互动,在没有出现手机短信技术支持前,广播的热线直播节目是最重要的互动形式。但随着电子科技革命的深入,广播事业的互动模式也因此发生变化——从中央台到省市地方台,"短信形式"对正在进行的广播互动起到了很大的作用。使用短信发布的方式,虽然减少了听众参与的现场感和语境效应,但却有利于对那些参与者的表述和真伪确立进行筛选,也有利于部分文字掌控力优于语言掌控力的观众参与进来。尤其是很多广播节目主持

人同时开启网上平台，并且以博客留言的方式补充，获得了更多形式的互动，使得广播节目本身早已超出了空中讯号的覆盖，形成了一个多元化的收听、收看，以及下载等方式并存的集合。互动的借助显现手段多了，对广播主持人的要求自然也就不再仅仅局限于广播节目本身了。

3. 融媒体环境下的创新意识与受众黏度互动

融媒体环境下，新的传播模式、新的传播技术为广播主持人在节目策划、节目内容编辑、节目主持风格、节目放送方式提供了创新思路。广播主持人在节目中与受众的互动也从在线丰富节目时间，增值为线下受众头部用户、粉丝黏度的培养过程。结合喜马拉雅、荔枝电台等大流量综合视听 APP、广播电台专属 APP、公众号平台、抖音快手平台，使得广播电台主持人在充分重视与受众三位互动的前提下，充分挖掘粉丝经济，建立起"服务受众"的全新理念，和受众们建立起良好的友谊。融媒体环境中的广播主持人已经不再是"神秘的主持人"，而是逐渐由幕后走入受众的视野中，在互动中构建强力的电台主持人品牌及符号，提升节目和主持人在受众们心中的地位，增强受众黏度。

（1）"推陈出新"，创造互动性声音产品

融媒体时代，新媒体对传统媒体的冲击和影响巨大，广播媒体要在参差不齐、竞争激烈的媒介环境中吸引受众，创新才是重中之重：打造高端优秀出奇出新的声音产品，结合多媒体、多渠道、多终端的传播手段，开拓创造出更具互动性的声音产品。如交通广播电台凭借自身优势推出实时路况信息节目，并以多元的"一路同行"节目矩阵，在保证受众行车安全的前提下，强化互动性，受到广大车主的喜爱。

（2）具备融媒体观念，创新媒体互动的技术手段

文字、图像、音频和视频，传统媒体和新媒体以及其他媒体的融合，让广大受众学习到了整合媒体的经验，体验互动让受众感同身受，成为媒介技术发展的重要抓手。融媒体环境下，广播节目主持人应充分学习创新信息传播互动的技术手段，通过运用基于三屏一体的新媒体传播技术手段，从节目的策划、编辑、主持风格到实时播放环节中，将"互动"思维深植其中，更好地吸引受众、黏合受众，提升受众的满意度。

（3）创新节目形式，以互动带动节目影响力

很多广播主持人结合视听语言，多平台展示自我，从传统电波幕后走到屏前、现场，在节目形式创新过程中，充分重视与受众互动，真诚表达职业理想、生活看法。比如广播音乐节目，积极探索线上线下的互动路径，以主播的编导思想精心制作音乐节目，同步以互联网平台特定场景吸附新媒体听众，积极策划参与线下的音乐活动组织，为电台赢来产业口碑。

《同一首歌》的主持人梁永斌制作了一档 30 分钟的音乐类节目《我的黑胶时代》，受众们可以使用广播和喜马拉雅电台收听节目。这个节目以黑胶唱片为切入点，怀念那个年代香港地区的经典流行歌曲，同时在同名微信公众号里发布流行歌曲背后的故事、公布珍贵的照片以及视频，在留言中与受众积极互动，极大地丰富了节目的内容及内涵。而受众因时因地地反复收听，也增强了互动黏度。

总的来说，话语互动意识是广播媒体最基本的特性，主持人是否与听众形成互动是广播节目自身的特点决定的最基本要求，是广播本身的生命力和影响力以及魅力的重要显现。主持人在其中起到了决定性的作用，听众与媒体互动意识最初的建立往往依赖于主持人的"听众形象"和对节目本身的形式魅力。另外，广播媒体的互动和其他媒体的互动不一样，它是"正在进行"的播出形式，无法通过事先的剪裁和润色达到预设的效果，因此，它特别要求广播节目主持人要有良好的应变能力。广播节目的互动，不仅是一些谈话节目的优势，也是广播直播节目所具备的特点所决定的。正在发生、正在播出、正在解决，就是广播媒体互动

方式的一大长处。

第三节　电视节目主持人

一、我国电视节目主持人的发展历史

1. 初始阶段

1958年5月1日，我国第一座电视台开始实验广播，5月5日《人民日报》上有这样一则消息："（本报讯）我国第一座电视台——北京电视台已经开始实验广播。北京地区备有电视接收机的观众以后每逢星期四和星期日19点到21点经常可以看到电视台的实验性电视节目。"这样的背景下，很长一段时间，我国还不具备产生节目主持人的基本条件和受众需求。

1966年2月26日，北京电视台播出最后一部电视剧《焦裕禄》后，占据屏幕的就是"革命"宣传和样板戏了。同年8月，中央广播事业局取消广播中播音员自报姓名及电视新闻中记者署名的制度[46]。播音员和记者出不了图像也报不了姓名，更别提什么节目主持人了。到1970年，各电视台曾一度停播。

直到1980后，我国的广播电视事业迎来自己的春天，整整沿用了25年的电视播音员称呼才有了质的突破。

1980年7月12日，中央电视台开播的《观察与思考》栏目中，播音员出身的庞啸作为中国电视节目主持人第一人，被永远地留在了中国电视发展史上。"他没有稿子，直接面对观众说话，就像跟朋友聊天似的，用事实说话。这种角色过去在我们的电视中不曾有过，最后上报领导，结果第二天播出时发现字幕上写着'主持人'三字。电视台的主持人就这样产生了[47]。"在此之前，中国从未有过类似的角色，即在受众意识指导下体现平等交流姿态并且具备采、编、播一体的立体能力的主持人。《观察与思考》打出了中国电视史上第一块"主持人"标牌，并形成了一股收视热潮，但人们对"什么是主持人"并没有太多的意识，对"怎样做主持人"这个核心问题也处于懵懂探索阶段。

1981年7月至11月，中央电视台推出了每周一场共13场的《北京中学生智力竞赛》，节目编导在现场设置了一位类似老师的角色进行题目的宣布和答案的公布，并对全场节奏、气氛进行掌控和调节。这一Host角色由我国第一位男播音员赵忠祥担任。

1983年，中央电视台《为您服务》栏目调整节目内容，固定播出时间，由沈力出任专职节目主持人，至此我国第一位固定栏目电视节目主持人诞生了。

此后，主持人成了电视节目的新生力量，不仅在综艺类和服务类节目中出现，《话说长江》《话说运河》《万里长城》等大型纪录片中也设置了节目主持人。这些有益的尝试丰富了电视节目主持人的内涵，"节目主持人"作为电视媒介一种独立的特殊的工种日益得到观众的认可。

值得指出的是，与西方媒介发达国家在节目主持人的起步阶段即在新闻领域进行尝试不一样，我国的电视节目主持人发展的第一阶段是"综艺节目、少儿节目和部分专题节目的主持人"，第一个具有电视明星特质的是中央电视台1985年6月改版播出的少儿节目《七巧板》主持人——"鞠萍姐姐"。这个少儿节目创造了一种"故事型"的电视形态，同时也为电视主持人概念进行了新的补充："主持人不再只是为了承上启下、活跃气氛而出现，不再正襟危坐、滔滔不绝……可以说，节目主持人很难分清自己的角色界限。必须要以导演规定的夸张性格进行'表演'，去完成节目意图……[48]"在这个潮流推动下，全国各地纷纷开始推出自己的少儿节目以及少儿节目主持人，其中比较著名的是上海电视台推出的少儿节目主持

人陈燕华，先后主持过《娃娃乐》《燕子信箱》《快乐一刻》等节目。

直到1987年6月，上海电视台推出了全国第一个社会多视角的杂志型电视新闻专栏节目——《新闻透视》，李培红作为电视新闻节目主持人身份率先亮相。接着福建电视台的《新闻半小时》、广东电视台的《市场漫步》等节目的主持人都开始走出演播室，以一种全新的形式进行，力求区别于传统意义播音的主持。

但总的来说，由于20世纪80年代我国电视节目总体水平不高，主持人的个性风格也不是很明显，电视节目主持人职业能量的发掘尚处于起步阶段。

2. 发展阶段——新闻评论类、综艺娱乐类节目主持人崛起

1992年邓小平南巡讲话为中国电视在20世纪90年代由数量规模向质量效益转变扫清了思想障碍，从而大大强化了电视新闻传播的深入改革。同时，随着信息时代的到来，受众对节目主持人的素质要求和审美水准也达到了新高，在接纳电视节目传播时对主持人也有了新的期待。以孙玉胜为首的一批电视人，从"检讨我们与观众的关系"开始，探索一种"新的表达方式，拆除媒介与观众之间的界线和戒备，使新闻的传播与接受能有角色认同和情感互动的愉悦[49]"。

对新时期受众期待的把脉，直接促进了我国出现具有国外严格意义上"Anchorman"的出现——1993年中央电视台开设《东方时空》，中国的记者型节目主持人就此产生。虽然电视荧幕上看不到"主持人"字样，但是这些打着记者旗号的主持人不仅出现在演播厅里侃侃而谈，更重要的是受众可以看到他们深入新闻现场的身影。这种以记者、主持人双栖身份的媒介从业者为结构中心的传播方式，不仅使得事实、观点、材料、背景自由地串联在一起，且有效地把演播室和新闻现场接连在一起，把新闻报道和传播信息有机地统一起来。这种"双栖人"是整个节目的核心人物，参与节目的前期策划、行进中的采访、节目的后期制作以及演播厅最后的播出工作。

不久之后，在1994年4月1日开播的《焦点访谈》中，主持人的内涵得到全新诠释。其开播之初，收视率便逼近《新闻联播》的14%~15%。《焦点访谈》作为一档融报道与评论为一体的新闻节目，其出镜记者承担的不仅是现场新闻报道的任务，更要有即席评述的能力。因此，《焦点访谈》将演播室包装与突出节目主持人作用合为一个系统工程，在观点鲜明、思路清晰、分析得当、结论有力的节目基础上，更添评论色彩，贯彻出一种全新的理念：记者→名记者→主持人→名主持人。

可以说，央视的《东方时空》《焦点访谈》等评论类节目为我国培养了第一批能与国际接轨的名主持人，他们集策划、采访、报道、编辑、制作和播出等多种角色为一体，用出色的语言、沉稳悲悯的形象传达出媒介责任与社会思索。

1996年创办的《新闻调查》以及《实话实说》等栏目中，节目主持人角色意识越发清晰、明朗。作为记者型主持人，其深入跟进新闻采编的每一个环节，使得他们在进行信息传播的最后程序时赋予整个节目强烈的整体思辨色彩——让信宿更加相信信源，从而在受众心理接近中达到更好的传播效果。后者，以崔永元为核心，在我国掀起了脱口秀节目热潮，其"崔式"主持风格使得"人际传播"的优势与大众传媒的载体优势完美结合，演绎出中国内地的主持人神话。

从这之后，我国电视节目主持人开始走向一个全面多元的发展阶段，与世界发达媒介国家呈现出融合趋势，电视节目主持人与主持人节目在电视王国大放异彩。一大批高质量、高收视率节目的产生，如新闻杂志类节目《新闻会客厅》《面对面》《锵锵三人行》，文化评论类节目《开卷八分钟》《文道非常道》，谈话类节目《对话》《艺术人生》《半边天》《鲁豫有约》《波士堂》，文化综艺娱乐类节目《诗词大会》《国家宝藏》《开讲啦》《快乐大本营》《超级星光大道》《中国新声音》《声入人心》《舞林大会》《这就是街舞》《妻子的浪漫旅行》《爸爸去哪儿》《向往的生活》《非诚勿扰》《最强大脑》，信息服务类节目《交换空间》《美女私房菜》《12道锋味》等，应势打造出一批如白岩松、崔永元、海霞、董卿、周涛、撒贝宁、马东、窦文涛、梁文道、吴小莉、沈冰、柴静、陈鲁豫、袁鸣、陈晓薇、陶晶莹、华少、伊一、何炅、汪涵、谢娜、李湘、孟非、蔡康永等两岸三地的优秀电视节目主持人。

3. 新时期电视节目主持人发展分支——虚拟电视节目主持人的出现

2000年4月，世界上诞生了第一个虚拟主持人——由英国的一家网络公司www.ananova.com推出的阿娜诺娃（Ananova）。此外，日本推出了寺井有纪（Yuki）（www.wgn..co.jp/yuki），美国推出了薇薇安（Vivian）（www.vivianlives.com），韩国推出了露西雅（Lusia）（www.lusia.com），但这些均为网络虚拟主持人。

2000年12月，我国电视屏幕上诞生"世界首位电视虚拟主持人"——吉林电视台《世界视窗》节目主持人"TV NO.1"[50]。2001年又相继有江苏电视台"QQ小姐"、中央电视台"伊妹儿"和天津电视台主持《科技新闻周刊》的男性主持人比尔·邓（后改名为东方言）登场。2004年11月，我国首位三维虚拟电视节目主持人"小龙"在央视电影频道的《光影周刊》栏目正式"上岗"。

电视虚拟节目主持人的产生绝不是某些电视节目制片人灵机一动或是头脑发热的结果，而是自有其深厚的现实土壤和强大的推动力量，其间至少有以下四种因素在起作用：①"注意力经济"的驱动作用；②数字技术发展的带动作用；③相关产业如数码影像（digital photography）、电脑游戏制作、特效制作等产业的拉动作用；④拓展节目空间需求的促动作用。

在这里需要探讨一下电视虚拟主持人与真实电视节目主持人的共生发展空间关系，即电视虚拟主持人有没有可能取代传统的节目主持人？从目前来看，这种可能性还比较小，理由如下。

① 电视虚拟主持人离不开人，它们的背后都是一套由真实的人控制和操作的高速运转的电脑系统。虚拟主持人的一颦一笑、一举一动，无不是按照人发出的指令行事，它甚至还需要真人为他配音。

② 电视虚拟主持人适用节目范围较窄。电视虚拟主持人不可能出现在现场，更难以与具体的人即时沟通、协调。因此，电视虚拟主持人一般被用于提前录制好的新闻类、科技类等专题节目。像现场直播的综合节目，或者需要现场交流的谈话节目等，虚拟主持人无法驾驭、协调和引导，无法调动现场气氛，"他"只是毫无"话语权"的信息发布者。

③ 电视虚拟主持人的形象，与观众传统的接受心理有一定距离。技术上的不善，造成了外形上的距离感和内涵的缺少人性化，这对观众现有的接受心理是一种冲击。

和真实的电视节目主持人相比较，现阶段电视虚拟主持人无疑处于劣势，但电视虚拟主持人有着自己必然的优势，主要体现在以下几个方面。

① 虚拟主持人具有稳定高效的工作状态。

② 虚拟主持人具有强大的信息处理能力。

③ 虚拟主持人具有极强的可塑性，它们能最大限度地为观众提供个性化服务。这不仅仅是指它们在外形和风格上可以随心所欲任意变换，更重要的是，依托其信息收集和处理系统，它们能方便自如地满足观众的各种信息需求，同时根据观众的反应迅速做出调整和修正。可以预见的是，交互电视的普及和推广将使虚拟主持人个性化服务的特殊优势发挥到极致。相比较而言，真实主持人的可塑性和修正速度无疑要逊色许多。

综上所述，电视虚拟主持人虽然还处在非常幼稚的阶段，但它们有植根的土壤和自己的特色，同时也以迅猛的态势向人们展示了巨大的发展潜力。它们的出现必然给真实的电视节目主持人带来挑战与冲击。

二、中西电视节目主持人比较

1. 西方电视节目主持人的基本特点

（1）电视节目主持人门槛高，看重从业经验

西方电视节目主持人普遍年龄较大，入行时间早、从业时间长、成名晚，有丰富的从业经验。尤其在谈话节目和新闻节目中，人们一般很难看到年轻靓丽的面容。如2003年，ABC四大主播彼得·詹宁斯、特德·科佩尔、戴安·索耶、巴巴拉·沃尔特斯都是30后、40后和50后，平均年龄在65岁左右。在西方发达国家传媒中，如果一个人没有五年、十年的新闻一线经历，就基本没有问津新闻节目主持人职业的资格。如1938年出生的彼得·詹宁斯在"9岁时便在加拿大CBC主持以自己姓名命名的儿童节目，24岁成为加拿大第一个国家级商业新闻广播网主持人；两年后，被美国广播公司录取；1964年出任ABC以其姓名命名的新闻节目主持人，由于缺乏经验，节目遭到非议，其主动辞职，回到记者队伍；1965年，又被ABC新闻部经理看中，成为《晚间新闻》主持人，经过一段痛苦、漫长的折磨后，1967年他第二次抉择回到记者队伍中；经过近10年的磨砺，到20世纪70年代末被调回纽约总部，再次加入主持人行列，成为《今晚国际新闻》节目三位主持人中的一位，最终战胜其他两位，成为单一主持人。自他独自接手《今晚国际新闻》后，节目收视率突飞猛进，几次跃居美国三大电视网新闻之首[51]"，他的人生几乎就是为新闻媒介事业而设。

而他们虽然入行时间早，从业时间长，成名却较晚，如以上所提到的ABC四大主播，分别是在45岁、48岁、40岁和44岁才开始获得他们职业生涯中最辉煌的主播位置，见表4.1。

表 4.1　ABC四大主播负责栏目

姓名	负责栏目	头衔
彼得·詹宁斯	《国际晚间新闻》(world news tonight)	主播、高级编辑
特德·科佩尔	《夜线》(nightline)	主播、总编
戴安·索耶	《黄金时间直播》(prime time live)	联合主播
	《早安美国》(morning American)	
巴巴拉·沃尔特斯	《20-20》栏目,《巴巴拉·沃尔特斯》特别报道	联合主播
	《ABC日间观察》(ABC daytime's the view)	

谈话节目也是如此，不仅注重从业年龄，更注重丰富的人生阅历。如美国著名脱口秀女王奥普拉·温弗瑞便是这一特征的极致代表。温弗瑞1954年生于美国密西西比州，幼年生活充满创伤和危机。她是私生女，9岁在密尔沃基贫民窟遭亲戚强暴，后又遭其他亲戚调戏，14岁未婚怀孕生下早产儿，不久婴儿夭折。这些不幸的充满痛苦和凌辱的经历赋予挺过来的温弗瑞强大的个人能量，而她对这些经历的正面、真诚态度，使其成为一个无所畏惧、充满人格魅力的人。她在大学期间主修演讲和戏剧，19岁进入电视媒介业，1983年加盟"早晨芝加哥"，仅一个月，就将其由收视率最低节目成为年度首破高收视纪录的节目。1985年参加电影《紫色》的拍摄，获得奥斯卡金球奖提名，获得全国妇女协会颁发的妇女成就奖。1988年，组建自己的Hatpo制片公司，成为世界上第三个拥有和制作自己节目的

女性,她也是第一个拥有自己娱乐制片公司的美国黑人女性。1996年主持"读书俱乐部",扭转了出版界头疼的"内容严肃的书没有市场没有读者"的局面;1999年,其获得美国国家图书基金主席尼尔·鲍德温授予的美国国家图书奖50周年金奖,以奖励其"在制造畅销书上魔术般的能力"以及她通过电视图书俱乐部为书业所做出的贡献。温弗瑞是美国最富有最有影响力的女性,她成为美国的象征。她的制片人玛丽·凯·克林顿说:"我愿意为她挨枪子。"

(2) 电视节目主持人来源五花八门

西方发达国家几乎所有的电视节目主持人都来自电视之外的职业背景,采写编等综合能力卓越。

Anchorman,记者出身的新闻主持人;Host,演员出身的娱乐主持人;游戏、智力竞赛节目类节目主持人,拥有良好社会形象和一定知识修养的演员;谈话节目主持人,具有亲和力的新闻记者和谈吐幽默的演员。有意思的是,世界范围内的传媒大国基本上都没有专门培养电视节目主持人的专业教育。如美国的主持人培养是一种分门别类的二级选拔机制:

新闻专业学生→记者→新闻节目主持人

(各行各业人士)↗

演艺专业学生→艺员→综艺节目主持人

(各行各业人士)↗

这就意味着,记者不一定能成为新闻节目主持人,但新闻节目主持人一定是记者;艺员不一定能成为综艺节目主持人,但综艺节目主持人一定是艺员。美国的电视节目主持人培养是一种自然而然的选择,新闻专业和艺术院校是输送Anchor和Host后备人才的主要渠道。

(3) 电视新闻节目主持人影响力大,拥有较大的权力

西方发达电视传媒的节目主持人中最具知名度和权威性、在民众中最有影响力的都是新闻节目主持人。特别在美国,有些新闻节目主持人的威望比总统还要高,如沃尔特·克朗凯特,其曾五次被公众评选为"美国最有影响力的决策人物之一";约翰逊总统也曾经说过"如果失去了沃尔特·克朗凯特,我便失去了美国"。发达国家商业化程度高、市场成熟,对节目主持人一般都实行明星制,电视节目主持人很大程度上已经成为节目的主导和灵魂,对节目的选题和制作都拥有越来越大的特权和影响。同时,这种明星制的存在,既提高收视率,同时大幅拉动广告业务,如美国广告收入的60%都是来自新闻节目中的插播广告,而主持人则其实是"拉广告"的最佳人选。

2. 中国电视节目主持人的现状特点

现阶段,伴随着广电事业体制改革的进程,电视由国家事业型向产业型过渡,逐渐步入市场,为此在节目主持人的招聘和任用上也采取了多种方式,比如打破过去只从播音主持专业招收主持人的垄断局面,更加看重他们的人生阅历和个性魅力等。但改革和发展并不能一蹴而就,中国电视节目主持人的现状依然存在着一些问题。

① 电视节目主持人队伍构成不合理。存在着年纪轻、阅历浅、文化薄等问题,素质要求"重外轻内"现象仍不同程度存在。有人将这种情况形容为"每天看着二十多岁的俊男靓女在电视屏幕上预测经济前景,纵论国家大事,我就体会着在大街上遇到卖假药的心情[52]"。白岩松进一步指出:"年轻,我指的不是年岁问题,而是年轻所伴生的一些东西,浮躁、阅历浅、文化这方面东西积淀得不够,对社会的观察与思考击不中准确的方位,可是你又拥有话语权,这两者加在一起就有很多让人担心的地方。"

② 电视节目主持人工作能力和状态不理想。发展缺少理想前瞻和长远规划,存在着参与节目不深、学习被动、个性不足等问题,但是在自我评价、追逐名利方面又体现出过高的

势态。

③ 电视节目主持人来源相对单一，人才层次后备不足。大多数毕业于播音与主持专门院校和专业的学生。他们共同的特点是语音面貌等基本条件好，在初始阶段上手相对快，但是其中相当一部分人文化功底不够厚实，采写编评等综合能力弱，对节目的驾驭能力差，术业无专攻，职业角色风格定位不清晰，泛泛而没有后劲。相比较西方媒介发达国家几乎没有专门培养电视节目主持人的专业教育机构这一现象，中国的情况却刚好相反，200 所左右的高等院校开设主持人教育专业或专业方向；有关主持人的理论专著和教材超过 100 种，平均每年出版 10 部以上[53]，但带来的效果却不尽人意。只有在实践磨砺锻炼中，才能有一部分人逐渐显山露水。

也有以记者为主的采编等媒介从业人员转型而成，但并不占多数。这部分节目主持人是目前中国主持人的中坚力量，其中不乏具有娴熟媒介从业经验、超强采编能力、能够直接参与节目各个环节的人物，如央视新闻评论部的水均益、白岩松等人。但是相比较西方新闻节目主持人所具有的地位和特权，我国具有 Anchorman 意义的主持人在自主能动性上还存在一定的差距。这是一个长期的体制构建问题。随着中国媒介生态的越发优化，那些具有优秀素质的电视节目主持人也将获得更广阔的发挥空间。

还有一部分电视节目主持人是从演员、歌手、模特、运动员等文体明星演变而来，或者说很多人都是双栖甚至三栖"艺人"，即"主持人"身份和多重其他身份的组合。这部分人比较符合综艺类节目的需求，在很大程度上也独占优势。但是由于本身素质良莠不齐，主持节目时也会出现不少问题，在娱乐大众的同时也成为备受争议的人群。

三、电视节目主持人的综合素质构成

电视节目主持人应该具备怎样的从业条件或素质要求？

good looking; credibility; ability to communicate; news savvy; charm; wit; ability to adlib; neatness; youthfulness; personality; articulateness; flexibility; compassion; rapport with other staffers; humility. （看起来舒服；可信度高；传播能力强；懂新闻；有魅力；智慧；讲话机智；整洁；年轻有干劲；气质；口齿清晰；适应性强；怜悯心；良好的人缘；谦虚。）

或者如中国中央电视台遴选栏目主持人的评价参考指标，主要包括以下项目：性别；年龄；学识；相貌；服装；化妆；发型；表情；手势；动作；语音语调；目光指向；可信度；亲和力；表达能力；应变能力；学科背景；从业经历；与栏目契合度[54]。

那么多项，概括起来说，不过是人文素质、职业素质两大方面。

1. 人文素质

人文素质解决的是"人"本身的问题，而这个问题是一切其他问题的根本。一个电视节目主持人，其首先是人，只有具备了本质的人文素质，才可能衍生出其他有益的层面，带给受众丰厚的内容。归根到底来说，人文素质的终极意义在于人本精神，是对"人"的关怀。

（1）人格素质

人格素质通常表现为一个人对外部世界的态度，直接表现在自我与非我关系上的处理方式。文化修养是健全人格的重要元素，但其替代不了道德修养、意志修养、行为修养和情操修养。电视节目主持人作为话语权的再现者，尤其需要健全的人格、高尚的情操，具备正直、真诚、善良、宽容、坚韧、善解人意、富有悲悯情怀等品质。不仅在与工作团队成员合作时，更要在自己的报道中及与嘉宾、观众的互动中，微观到言行举止，都能由内至外地体现出真正的人文精神与人格魅力，从而完成节目的信息价值和文化价值的双重构建，给受众

带去温暖与愉悦。

(2) 职业精神与职业伦理道德

职业精神基于人格素质在职业范畴的延伸扩展，包括对职业责任和职业使命的认识与理解，也包括对职业观念、职业态度、职业情感、职业风格的认识与理解。这些都构成了主持人对职业精神的基本内涵。职业伦理道德是一种主要针对职业行为的道德原则和规范。它通常通过人们在职业活动中处理各种职业关系时所表现出来的职业观念、职业态度、职业情感、职业作风，以及它们的社会效果反映和体现。国家广播电视总局2004年12月颁布的《中国广播电视播音员主持人职业道德准则》要求，广播电视播音员主持人应保持谦虚谨慎的良好品格，自觉追求德艺双馨；在工作和生活中保持良好的仪表和文明举止，自尊自爱，树立良好形象，维护媒体公信力；规范使用语言文字，维护国家语言文字的纯洁[55]。

鉴于电视节目主持人这一特殊媒体角色在传播中的影响，以及他们的工作实际，我们进一步把主持人的职业精神和职业伦理道德概括为以下几个方面：

① 强烈的社会责任感。从电视节目主持人所处的公众"意见领袖"的角度来说，作为社会舆论的引导者，他们必须对民众的知情权以及社会的良性发展都负有更重的责任。如柴静所做的《新闻调查·"非典"突袭人民医院》是同一时期唯一一部深入北京"非典"重灾区的反思节目，这位身材瘦弱的女孩在惊心动魄的现场气氛、摇晃的镜头中给观众留下了极其深刻的印象；而与柴静同是《新闻调查》主持人的杨春在直击"非典"的报道中也让人们记住了他的敏锐思维和尖锐提问；能让他们做到这些的，正是强烈的社会责任感、人性良知造就的职业精神。

② 正确的价值观。这是人和社会精神文化系统中深层的、相对稳定的、起主导作用的部分，是对客观事物的信仰、理想等思想观念的总和，也是对事物的总评价与总看法。随着市场经济的实施和运作产生利益的多样化差异，人们对现实价值的追求也日趋多元化。但对电视节目主持人来说，其在荧屏上反映的形象并不完全是个人形象，而是带有职业属性与特征的媒介形象，因而被要求体现出符合公共道德标准的形象特征。"在一个电视主持人的早期，他的魅力来源于新闻的魅力，他不断地以最快的、最近距离的方式给大家报告一个又一个的现场，这个时候他的生命得源于新的生命。由于他长期地报道新闻，而且是不同类型不同内容的新闻事件，在这个过程中，他的一些观念也好，价值也好，审美也好，也会传播出去，这样年复一年日复一日的几十年地传播这种东西使他的新闻变得真实可信，那个时候他就成为公众的一种价值观念的代表。到那个时候，他就变成一个有魅力的新闻主持人，会给新闻带来他的魅力……。"

③ 敬业、进取、团结、创新的工作作风。电视节目主持人工作不是孤立、单一的工作，合作团结，与团队共进退，与团队共激荡，是一名主持人最基本的职业精神。

④ 深沉的思想感情。这不是肤浅的煽情和矫情，而是以人文关怀为衬底的关爱和真情。如报道美国轰炸我国驻南斯拉夫使馆事件中，敬一丹到朱颖家采访，进门前有一个细节，是敬一丹轻声但真诚的歉意："我们本不该这个时候来打扰，但是全国观众都非常关心你们。"这短短的一句话不仅是深沉的思想感情流露，更是敬一丹作为一名电视从业人员的职业伦理敏感度。

(3) 文化素质

节目主持人的文化素质首先来自家庭教育、学校教育和社会教育。主持人不仅要通过较高程度的学校专业教育系统地获得新闻学、传播学、语言学、心理学等多学科领域的专业知识、应用技术与实践能力，即教育背景＋知识结构＋生活阅历＋学习能力，如此才能培养出素质全面、知识结构合理、人生视野开阔、潜能后劲足的优秀电视节目主持人。尤其是在媒介竞争日益激烈、受众媒介素养迅速上升、要求剧增的当今,专家型、杂家型、全能型的节目主持人才能给电视节目带来更为长远的发展可能。

2. 职业素质

(1) 思维素质

① 政治敏感度和新闻敏感度。任何一个国家、任何一个民族都有属于自己的政治意识形态和相对应的媒介生态。在我国,电视传媒是服务于中国特色社会主义的事业,在节目主持人的传播形式上、内容选择上可以较多采取个性化特色,但是其根本属性和"喉舌功能"是不可撼动的。在中国政治、经济、文化三个层面的民主化进程中,包括电视节目主持人在内的媒介从业人员的政治敏感度往往决定其是作为正面的推进力还是作为负面的阻滞力存在,当这些力量接受传播规律到达信宿时,甚至能够直接左右一些重要事态的发展。训练哲学素养和理论思辨能力是提升自我的政治素质必然的功课,政治经典理论的研读也必不可少。不应将政治素质与泛政治化混为一谈。没有政治敏感度的人,是无法从事广播电视节目主持人工作的;相反,过硬的政治素质则可以指导其比一般人更加清醒、更加恰当、更加理智地处理、应对错综复杂的事实现象。

新闻敏感度,是新闻从业人员发现和判断具有新闻价值的事实的能力。新闻敏感度对电视节目主持人尤其是电视新闻节目主持人的意义是不言而喻的,只有具备强烈的新闻敏感度,电视节目主持人才能敏锐地发现社会一个时期最核心的问题以及素材载体,才能够在报道新闻和评论新闻与嘉宾谈话时发现新的视角。电视策划人于丹曾说"新闻感其实是一种对媒介的敏锐反应程度,它不是说一种节目类型",并且提出了"你说做哪些节目他没有一点新闻感就行?"的反问。白岩松更是明确地表示:"新闻节目的主持人一定要过记者这条路,要接地气,要了解这个国家,要有责任心、良心、社会良心,要有一段时间的记者生涯。"

即便是离现实较远的综艺节目主持人来说,如果没有政治敏感度和新闻敏感度,其依然可能说出不该说的话,造成负面的社会影响。

② 四力:发现力、发散力、思辨力、创新力。发现力对应的是新闻敏感度和信息能力,是一个电视节目主持人对世界真实、媒介真实和心理真实三个层面作出的能动反映。这个能力直接决定主持人议程设置的优良,也决定了其是否能为受众提供更为深广的形式与内容。

发散力,贵在迅速。其对应的是多角度、多向面的思维能力。这种能力能够帮助主持人尽量全面地、客观地、历史地、辩证地看问题,甚至可以通过主持人对自己已有知识和形象的延伸、扩展乃至颠覆产生出全新的智慧火花,构成全新的观点或形象。发散力是电视节目主持人创造力和个性的基础,如果没有这个能力,他便很可能失去创作的途径和方法。

深刻的思辨力,是电视节目主持人做好信息选择、整合、提炼,甚至引导多方面意见的基本能力。其所指向的思想深度与广度是节目主持人一生都不可懈怠的功课。

强大的创新力。不竭的创造力不仅是主持人应对多种情况的有力武器,同样也是主持人在高强度、高密度以及节目形态和播出方式"同质化"中能够不断适应新变化、新要求,顺利完成自身转型的职业素质。

(2) 语言素质

语言是电视节目主持人魅力构成的重要因素。作为一项重要的职业素质,它大体上包含以下几层内容:使用较为纯正的普通话,亲切自然的声音,表达清楚且有感染力,精确到位的话语组织能力,灵活的谈话沟通能力和即兴评论口才。概括起来即为语音、语感、语智三个方面。当然,随着地方台地方语言的运用,以及国际台英语等非母语语言的运用加强,语言素质的内涵也朝着更加多元的方向发展,但其作为重要的职业素质地位无论在什么时空都不可被撼动。

（3）形象素质

电视节目主持人是"视听焦点"下的人物，其形貌往往成为观众在一般情况下的首选挑剔因素。但是审美疲劳又是媒介视觉时代的通病，造星运动与毁星运动同在，所以"随着认知的深入，认知客体的人格特质将逐渐成为印象形成的决定因素"，独特的充满魅力的个性化、风格化与节目本身甚至媒介理想相契合才是电视节目主持人的"常青藤"秘诀。如沃尔特·克朗凯特给人留下"满头白发、下颌丰满、谈话略带密苏里州乡音"的和蔼可亲、稳重可靠的"大叔"形象；脱口秀女王奥普拉·温弗瑞的肤色、曲折的人生经历、真诚的态度结合大胆泼辣的主持风格，非常符合美国受众心理的形象定位，从而获得巨大成功；而王志敢于质疑的形象顺应了中国民主化进程中的渐进特征，适应广大受众获得知情权的需要，也符合《新闻调查》《面对面》栏目的品牌特征；而敬一丹以关心弱势群体的形象受到好评，这也是与我国人口多、底子薄、在社会转型阶段产生很多问题的社会现实相契。梁文道则是以思辨文化人的形象完成了外省人对内陆文化的守望。

所以形象素质并不仅仅是外在仪表、气质那么简单，它是节目主持人个性灵魂与在外表现的双重融合构建，正面的主持人形象可以提升受众对一个节目、一个频道甚至一国媒介事业本身的公信度。

（4）传播实践素质

① 要熟悉电视传播规律。电视媒体是一种独特的大众传播媒介，有着自身的独特规律。要成为一个优秀的电视节目主持人，除了要具备媒体从业人员所要求的采、编、写、策知识和能力外，还要熟悉电视规律，熟悉电视工作的所有环节流程，熟悉电视语言和语法的构建运用，熟悉电视的风光、色彩以及电视的化妆、着装等各项电视工作的规律。

② 要有超强的镜头适应能力和现场掌控能力。在镜头前达到积极、自如的工作状态并不是每一个人都能实现的，相反有不少人都存在着"晕镜头"的情况。如果无法具备良好的镜头感，无法用镜头感来调整自己的传播状态，将无法成为一个出色的电视节目主持人。另外，电视节目主持人的现场掌控能力也非常重要，包含两个方面：一是对节目意图、氛围、进程的控制；二是对节目现场突发局面的驾驭控制。像白岩松这样的大牌主持人在栏目组中有"松紧带"的称号，就是因为其具有能够按照导播意愿让节目长短缩放自如的驾驭力。

（5）身心素质

① 身体素质。电视节目主持人的工作不具备规律性，经常是连续录制，且要应对突发新闻时的"连轴转"、直播节目时常常承受着超乎常人想象的紧张高负荷的体力、脑力消耗，没有强健的体魄和充沛的精力是无法胜任媒介工作的。

② 心理素质。电视节目主持人的心理素质以对媒介事业的兴趣为基础，同时包括意志力坚定、承受力强、态度真诚、为人正直。沈力、左安龙、朱军、白岩松、曹可凡、沈冰都不约而同地坦言过："对于主持人来说，最大的技巧莫过于善良和真诚[56]"；撒贝宁毫不掩饰"真诚是我之所以讨人喜欢的诀窍"；果敢镇定、临场不乱、反应机敏对主持人来说至关重要。如2008年"5·12"汶川大地震中，四川卫视作为唯一对大地震实施24小时不间断滚动直播的上星卫视，其女主播宁远在令举国哀痛的事件前沿，经受着严酷的精神考验与体格考验，连续三天坚持直播不下线，被网友尊称为"中国最美的女主播"。宁远身上所具备的正是一名优秀电视节目主持人强大的身心素质和真情敬业精神。

总的来说，如余秋雨教授在《今夜星辰》所言：电视节目主持人是电视文化特征的一种标志。电视在工作功能上是足可上天入地，吞吐万江的，但在收看方式上却又只能是一种温馨的家庭艺术。一个合格的电视节目主持人至少还需要有三方面的素质修炼：

第一，他必须长期关注和研究普遍的社会心理现象，在某种意义上他应该是一名实践型、感受性的社会心理学家,他对广大观众在日常生活中正在遇到和关心的问题拥有足够的发言权,而他的发言水准又应高于多数观众,具有广泛的启发性。

第二,他必须有多方面的审美敏感,懂得如何调动视觉形象和听觉形象来完成自己的节目意图,因此不管他主持什么节目,都应有充分的艺术修养和开阔的鉴赏视野,善于把一切课题都上升到审美层面。

第三,他必须把自己的整体人格砥砺得更加可爱,逐渐洗刷掉任何一点装模作样、故作深沉、可以取悦、浮躁慌张、患得患失的气息,以一颗善良、诚恳、愉快、坦然的心生发出一种自然的风度,以致产生长久的社会魅力。

目前我国电视节目主持人的素质存在着一定的问题,主要包括:一是素质要求"重外轻内"现象仍不同程度存在;二是节目主持人参与节目的深度还不够理想;三是主持人队伍的结构短缺、不合理;四是优秀主持人的发展缺少理想前瞻和长远规划。

第四节 广播电视节目主持人发展趋势

一、从受众诉求看广播电视节目主持人的发展趋势

我国的节目主持人和主持人节目发展至今,已经走过三十多个年头。其间,广电传媒业发生了巨大的变化,受众从少到多,从不成熟到成熟,从单一到多元,同时受众对媒介的参与和掌控欲望以及相关素养也飞速提升,传授之间界限的模糊也为这种转变提供了可能性。受众对媒介的接触目的、动机、诉求直接影响到节目与节目主持人的发展。

1. 受众群体的个性化要求节目主持人的个性化发展趋势

在媒介资源匮乏时期,受众曾一度被看成一个统一的整体,而不是多元的个体组合。随着市场经济时代的到来,媒介资源的丰富和多元,很大程度上改变了受众的收视习惯和收视行为;受众市场的细分,受众思想、个性、需求的分群,使传播者和传播内容相对应地发生一系列的变化,节目主持人更是与时俱进,调整自身的传播策略和主持风格,以赢取目标受众的选择和喜爱。

吉妮·各拉汉姆·斯克特在分析美国谈话节目超级明星拉里·金的成功时说:"最关键的因素还是主持人的个性,他们每一个人都很有魅力,独一无二的品质使他们的节目得以流行[57]"。"重外轻内"现象虽然仍不同程度存在,虽然个性的外表在短时间里会有一定的作用,但是主持人独一无二的品质和独立自我精神,才是一个节目、一位主持人是否能够经得起时间考验、经得起观众挑剔的基础。

2. 受众接受的接近性需求决定节目主持人的本土化发展趋势

这里的"本土化"特指为了拉近受众与节目的距离,增加传播效果,有意模糊受众与传播者之间的界限,以新闻的接近性原理为依据塑造主持人的本土形象,对节目进行本土化改造。这种趋势主要出现在民生新闻、新闻故事等节目形式上,趋势的主要表现是主持人的方言主持——这不仅仅是主持人语言表达方式的一种转变,而且是对节目进行系统性本土化改造后的传播内容的改变。方言节目中,主角是平民,主持人"去明星化",一般是中年人,长相普通,但感觉亲切,语言幽默、诙谐,像贫嘴、八卦的普通邻居。节目演播室也多被设置成说书场的形式,增加了平民化色彩和亲和力,引起普通民众的共鸣[58]。事实上,"去明星化的"的节目主持人成了平民心中的明星,如杭州电视台明珠频道《阿六头说新闻》《来发讲啥西》中的主持人,虽然"阿六头""来发"并不止由一位节目主持人担当,但是其作为品牌符号,却成为当地老百姓家喻户晓的明星符号。在未来主持人发展的过程中,节目的

区域化、本土化，节目主持人的服务性、去明星化、大众化，将是一条广阔、多元而充满生气的发展之路。

3. 受众对媒体的互动需求决定主持人传播的人际化发展

当媒介王国不再神秘，当大众传媒成为大众文化、消费主义、欲念刺激的载体，受众潜在的曝光率和互动介入的需求比以往任何一个时期都来得强烈。有人戏称，节目主持人未来面临的最大挑战就是这些都有强烈欲望成为主持人的观众，而且在教育产业化的今天，越来越多的人受到与主持人并驾齐驱甚至优于节目主持人的教育，在节目中传者与受者之间的界限常常被打破，甚至反客为主也时有发生。因此未来的节目主持人必须考虑从人际传播出发，重视传播中的人际关系、人文精神，发挥人际性优势，体现对受众的尊重、理解和倾听，淡化大众传播工具性的一面，从而实现传、受双方在传播关系上的平等，获得更好的传播效果。同时，目前广播电视节目中经常缺失的人文精神也将成为节目发展和主持人发展之路上的重要环节，打造节目的人文主义品牌，尊重"传受互动"的平等，将成为主持人节目成功与否的重要因素。

4. 受众的媒介素养和专业化程度决定主持人的专业性发展

随着分众时代的到来，大众传播的窄播化成为必然趋势；结合电子传播技术突飞猛进的发展态势，媒介系统将变得更加专业化——未来大众传媒将会全面进入 EPS 阶段。伴随着电视频道、节目专业化程度的不断加深，"专家型节目主持人将是未来发展的方向。未来的主持人首先必须是某一方面的专家，以适应节目的需要，但同时其必须是杂家，也就是说节目主持人要成为涉猎面广专业精深的 T 型人才[59]"。具有专业知识的主持人不仅赢得观众的喜爱、信任，培养起受众与媒介的深度关系，同时拥有专业知识的节目主持人可以获得与专家平等对话的资格，从而将小范围的人类文明成果以大众传播的方式到达信宿，深化受众的"知晓权"。目前已有一些专业性较强的节目，如心理访谈类节目、法治节目、新闻评论节目，而诸如《今日说法》的主持人撒贝宁就是因为专家型的气质获得了受众的好评与认可。专家型、学者型、知识型的主持气质必然成为未来节目主持人的重要方面。

二、基于新时代特征的广播电视节目主持人远景展望

随着科学技术的迅猛发展，人类进入了一个崭新的时代，全世界的传播环境也发生了翻天覆地的变化。在信息化、网络化、全球化、产业化的推动下，我国的节目主持人在未来的传播蓝图中必须适应时代发展变化的需要，运用更为全面的传播技巧和扎实的专业素质来完成信息的有效传播，从而壮大媒介的自身实力，履行媒介的社会责任。

1. 信息化时代的广播电视节目主持人

在信息爆炸时代，在注意力资源日渐稀缺的时代，作为广播电视主持的传播主体，必须逐渐向"智慧型资讯提供者"过渡。

① 管理信息，做信息管家。以前，媒介是信息的发布者，节目主持人往往是收集、提供信息的"把关人"和终端传递，现在则转向整理、精选和解释信息，即充当"信息管理者"的角色，使信息有序化、规模化、系统化，"打包"呈现给受众，直接做到同一问题的多角度、多视野思考，更加有利于受众梳理逻辑关系，得出自己的判断。如凤凰卫视《有报天天读》、央视《媒体广场》等节目，它们的出现使电子媒介与平面媒介形成一种"接力式传播"模式，实现全球范围内的信息整合，然后通过节目主持人的形象配以全方位的文字、

图片、视频来突破电子媒介表达的局限，用语言符号转换出深度信息。

② 传播观点，做意见领袖。告知式的信息传播方式已经远远不能满足信息时代的受众要求。受众面对日益复杂的社会环境，伴随着民主、法治意识的觉醒，面临着日益激化的竞争，要求信息的全面与深入，需要在知道发生什么的基础上知道为什么、会朝着什么趋势发展。这种转变信号明确地告诉传播主体——广播电视节目主持人不但要管理好信息，而且要成为更加专业的"意见领袖"。如美国，一旦有什么大事发生，大家会想到 CNN 主持人的观点是什么。对广播电视节目主持人来说，在节目中传播观点、成为意见领袖，不仅符合当今受众信息需求观的嬗变，也符合媒介改良节目内容、创新传播理念的探索[60]。

2. 网络化时代的广播电视节目主持人

"传媒网络化、信息多媒体化、通信移动化、服务个性化、管理现代化、技术趋同化[61]"背景下，广播电视节目主持人应转变成"人性化""个性化"的即时互动者。

① 在线沟通，多向交流　随着宽带瓶颈的克服，越来越多的人在收看节目的同时用互联网形式与主持人沟通，或者干脆直接在互联网上收看主持人节目，并且根据自己的时间、地点、兴趣主动获取自己需要的内容。在这种"在线沟通，多向交流"的共时线上开放状态下，"点到面"的传统传播模式已被"点对点""交互式"的传播模式替代，受众拥有了更多的话语权，而节目主持人则在最快速度链接到受众心声的同时也被置入新的生存空间的新挑战中。"一心多用""多键手"是网络化时代节目主持人所必须具备的职业素养。

② 虚拟主持人与真实主持人并存　二者互相补充、借鉴，竞争发展。

3. 全球化时代的广播电视节目主持人

随着世界全球化的步伐日益加快，国际化主持人将成为新的人才制高点。适应"地球村"与全球化传播语境，成为文化鸿沟的架桥人，让世界了解中国，让中国走向世界是当务之急，否则我国广播电视媒体和节目主持人不仅无法具备与国外电视媒介和主持人的竞争实力，而且会在新闻信息和偏见性消息的传播中处于失语的劣势。

4. 产业化时代的广播电视节目主持人

① 广播电视节目主持人是广播电视产业中的核心竞争力。中国广播电视媒体正以前所未有的速度向产业化、市场化方向迈进。在这一过程中，广播电视节目主持人最早被赋予品牌标志的色彩。从长远发展来看，主持人依然是媒介无可取代的核心竞争力。尤其是媒介人格化、受众细分化、节目人性化的深入更是呼唤着个性化品牌主持人的涌现。广播电视产业要打造核心竞争力，除了在理念上、技术上、体制上不断创新外，更应该以人为本，建立一个完善的人力资源开发体系，拥有一支强大的主持人队伍。如凤凰卫视打遍全球华人圈靠的就是"三名策略"——名主持人、名评论员、名记者。其中名主持人排在第一位，很多节目以主持人的名字命名，围绕主持人的风格专长展开。凤凰成功的品牌策略很值得处于转型期的内地广电产业思考。

② 企业化管理、商品化属性日益突出。主持人的培养与管理在保持作为政府"喉舌"的政治属性前提下，对节目主持人的培养与管理既要做到制度创新，从传统的人事管理转向现代企业人力资源管理，依靠市场化的配置平台，实行人力资本运作。

第一，激励考核、优化管理。纵观业界与理论界，有人探讨将国际流行的管理工具——"平衡记分卡"引入主持人管理。其针对的是节目主持人整体，而非个人。同时在广播电视节目主持人的选拔途径上应该尊重广播电视节目主持人概念的趋异势态，进行拓展性改革，业界对广播电视节目主持人的概念存在着两种思维：节目主持人概念的趋同思维和节目主持人概念的趋异思维。具体见表 4.2。

表 4.2 节目主持人概念的趋同与趋异思维

项目	对象	内涵	心理	智能	技能	概念
节目主持人概念的趋同思维	主持人	主持	主持意识	口语功能	语言	主持人
节目主持人概念的趋异思维	记者型主持人	新闻、文艺等专门学科学识	新闻意识	新闻能力	语言口才	新闻节目主持人
	艺员型主持人		文艺娱乐意识	文艺娱乐能力		文艺娱乐节目主持人
	专家型主持人		专门学科学识意识	专门领域的学理能力		各专门领域节目主持人

拓宽广播电视节目主持人的选拔途径是广播电视事业发展的必然趋势。节目主持人概念的趋异思维既有利于改善广播电视节目主持人队伍的单薄结构而更合理化，也能为越发丰富的节目形态提供更多空间的可能。同时还能在广播电视节目与主持人并行的风格展现艺术上更加注重风格的社会授权，使得多层面受众的社会诉求投射更加丰富多元，获得不同层次的认可；也能加强节目与主持人风格的个性展示，更加有利于实现主持人个人与节目的风格统一。

第二，打造明星主持人是广播电视产业从广告竞争、发行竞争、新闻竞争、人才竞争升级到品牌竞争阶段的制胜法宝。优秀的节目主持人能够提高节目的档次、品位、质量，获得观众对节目的认同感、忠诚度，进而形成整个媒体的品牌效应。其中设立首席主持人，建立"主持人中心制"已成为目前广播电视业界的主流趋势。但这里存在着一个"主持人中心制"误区的突围问题——以"主持人重心制"替代"中心制"的新趋势。

何为"中心"？中心是在某一方面占重要地位的，是在集体中最有力的并起较大作用的成分。何为"重心"？重心原义指物体各部分所受的重力产生合力的作用点。一个电视节目的创作群体是由制片、导演、策划、编辑、摄像、灯光、化妆、剧务、联络以及主持人所组成。所谓主持人中心制，即主持人在节目制作群体中是中心人物，起主导作用。但目前在具体行使"主持人中心制"的时候存在着一个体制误区：从主持人中心制的尝试变成了主持人行政职务中心制——也就是说，将主持人作为电视节目组的核心原本是就节目制作演播方面而言，现在的结果是主持人变成了节目组的行政领导，这对于节目制作和主持人水平的提升并没有好处；而且主持人行政职务中心制误区的"主持人中心制"往往是针对名嘴主持，明星主持的，那些虽不是名嘴但说得不错的、虽不是明星但做得不差的、虽没有拿过金话筒但自我含金量不低的主持人们，他们又没法成为"中心"。回到"主持人中心制"的初衷——制作群体围绕主持人（制片人）的意图，依据编导对节目的设计和编排，使摄像、灯光、制作各个部门执行的任务都要针对主持人的形象气质、风格特点以及演播任务的整体框架进行创作，都要集中体现在主持人面对镜头与话筒的终端表现上。那么"主持人重心制"无疑是这一初衷的点、面结合的发展趋势。

整个世界的未来充满未知，整个媒介事业的发展也是如此。中国广播电视节目主持人用二十年的时间走过了西方节目主持人半个世纪的历程，虽然不够完美、不够成熟，但是正在创造着奇迹。伴随着媒介生态环境的变化，伴随着整个人类文明语境的变化，我国的广播电视节目主持人在赶超媒介发达国家节目主持人的同时,将培植出更加适应中国土壤、体现中国文化特质的优秀人才。

思考题

1. 广播电视节目主持人类型有哪些?
2. 中西电视节目主持人各有什么特点?
3. 从我国电视节目主持人素质上存在的问题,思考主持人培养的重点。
4. 根据本章对主持人发展趋势的阐述,请谈谈你的看法。

第五章　受众与视听率分析

【本章要点】 本章首先从广播电视节目受众的相关研究出发，接着介绍了视听率的概念、指标、调查方法和测量方法，然后重点阐述视听率在广播电视节目中的相关运用。通过广播电视节目定位、广播电视节目编排、广播电视节目评价和广告投放计划这四个方面的分析，以及从我国视听率调查的缺陷、视听率数据的合理使用、视听率与"受众本位"的兼容、"绿色视听率"的推行、新媒体环境下的视听率等五个方面对广播电视视听率进行了全面考察。

第一节　广播电视节目的受众

受众（Audience）是一个特定的传播学意义上的概念，泛指媒介信息的接受者，它由原始的演讲的听众、戏剧的观众一词演化而来。在大众传播领域里，受众指的是大众传播媒介信息的接受者，最主要是指四大新闻媒介的接受者，即报纸的读者、广播的听众、电视的观众和互联网的网民。

早期的传播学者从宣传的角度出发，于20世纪20年代先后提出了"魔弹论""强效果论"等理论，其本质就是把受众看作是被动的信息接收者，受众消极被动地等待和接受大众媒介所灌输的各种思想、感情或知识。很显然，在这些理论中传播者是居于中心地位的。随着时代的发展和研究的进步，从20世纪60年代起，传播学者们发现受众并不是单纯的、被动的接受者，也不是同质的，不同的受众对于同一传播信息会产生不同的反应，受众在传播过程中的作用开始受到重视。

一、广播电视节目的受众特点

（1）广泛性

从现实情况看，广播电视节目的内容非常丰富，从中央台、省市台到地市台、区县台，各种节目五花八门、精彩纷呈，因此受众的选择范围也就很广泛，这也使得广播电视节目的受众存在着广泛性的基础特征。而在相关节目的策划、录制过程中，不得不考虑到受众的这种广泛选择性。因此，节目要尽可能地做到满足不同受众的需求，以此来吸引受众。

（2）复杂性

在受众广泛性特点的基础上，广播电视节目的受众还具有复杂性。受众的年龄、性别、职业、身份、区域、民族、文化教育程度等都有很多的差异与不同，这也造成了受众这一群体是非常复杂的。因此，广播电视节目的策划与制作要充分考虑到受众的这一特性，必须进行有效的区分，做好自身的定位。

（3）互动性

当前，信息早已从单向的线性传播转变为双向的互动传播。在信息的传播过程中，广播电视节目是信息的传播主体，而受众是信息的接受者，但同时受众也是信息的反馈者。对于传播方的节目而言，只有及时与受众保持沟通，才能使其与受众之间的情感得以维护。而对于接受者的受众而言，与传播者进行良好的互动，更能体现受众的价值，形成更好的传播效果。

(4) 融合性

一方面从受众自身的角度出发，对于广播电视节目来说，需要基于相关受众实际的观点、情绪和认知，贴近受众的生活，从而提升节目与受众之间的契合度和融合性；另一方面，随着媒体融合的不断推进，新旧媒体之间的融合已往更深层次的方向发展，这也使得各种媒介的受众也要进行更有效的融合，结合各自优势，打通各种壁垒，促进发展。

二、广播电视节目的受众研究

(1) 受众对广播电视节目具有决定性影响

随着传播观念的不断革新，从"以传者为中心"转变为"以受者为中心"，这让受众在整个传播过程中起到越来越重要的作用，从而对于广播电视节目的定位、制作、播出等环节也起到决定性的影响。

① 受众决定着广播电视节目内容的取舍。目前，广播电视节目内容的选择、编辑制作，很大一方面是基于节目受众的需求与喜好，即制作能满足受众需求的节目内容，投受众所好。当然，这并不是一味地去迎合受众，关键还是要把握好度。

② 受众决定着广播电视节目的风格定位。每一档广播电视节目都要对其风格进行恰当的定位，即节目策划制作人员要对播出节目的思想内容、目标受众、节目样式、制作风格等进行事先规划。在规划的过程中，节目策划制作人员会将受众作为一个重要的考虑因素，即受众直接影响节目的定位。

③ 受众决定着广播电视节目改革的方向和进程。广播电视节目会根据节目视听率的表现及受众的信息反馈，为在激烈的媒介市场竞争中谋求更好的发展，占得一席之地，经常会对节目进行改版，推陈出新，用改革与创新扩大节目影响力。

(2) 广播电视节目要满足受众多层次需求

鉴于受众地位的提升，广播电视节目要不断去满足受众多层次、多方位的需求，从而让节目有更良性的发展趋势。一般来说，受众接触、了解广播电视节目，是基于求知、求新、求同、求近等心理需求。

① 受众有求知需求。受众去接触和了解广播电视节目，总是想获得一些不为自己所知的信息和知识。

② 受众有求新需求。求新心理和求知心理是一致的，前者更关注节目内容的反常和形式的变化，后者则更关注节目内容及其重要性。

③ 受众有求同需求。如果节目能激发受众的情感，引起受众的共鸣，这就产生了求同效果。

④ 受众有求近需求。一般来说，受众往往倾向于接触和了解那些在地域、年龄、职业、文化、兴趣爱好等方面与自己更加接近的信息。

(3) 广播电视节目的受众定位

总体上，广播电视节目的受众定位，一方面要充分考虑一家媒介的整体受众定位；另一方面也要基于节目的实际情况设定好特定的受众定位。当然，不论是媒介整体还是其分设的栏目、节目，受众定位的总体指导原则都是统一的，即宽窄适应、范围适中。

另外，广播电视节目的核心受众在确立过程中主要考虑的要素包括：受众的区域定位、受众的职业和身份定位、受众的年龄定位及受众的文化教育程度定位，另外也包括性别、民族等要素。前四个要素是任何时候、任何节目受众定位所必须考虑的决定性要素。

第二节 广播电视节目的视听率

一、视听率概念及其测量调查

1. 视听率概念

视听率是指统计广播电视节目拥有观众、听众人数多少的指标,具体指特定受众占收视(听)总量的百分比。作为"注意力经济"时代的重要量化指标,它是深入分析广播电视收视(听)市场的科学基础,是判断广播电视节目播出效果的主要指标,是节目制作、编排及调整的重要依据,是制定与评估媒介计划、提高广告投放效益的有力工具。

视听率分为电视的收视率和广播的收听率。

（1）收视率

电视传播是一种随时间流动而线性延伸的传播,为使时间富有价值,电视传播必须吸引尽可能多的观众,收视率便是评估观众多少的重要指标。

GGTAM（全球电视受众测量指南,Global Guidelines for Television Audience Measurement）中对收视率的定义是:根据抽样调查所估计的,某个特定时段里收看电视人口占所有电视渗透人口的平均百分比。其中电视渗透人口是指拥有电视收视手段或工具的人口[62]。

电视收视率,是指定一时段内收看某电视频道（节目）的人数（或家户数）占总体电视推及人数（或家户数）的百分比。即:

$$收视率 = \frac{收看某一频道（节目）的人数（或家户数）}{总体电视推及人数（或家户数）} \times 100\%$$

表 5.1、表 5.2 分别为 2018 年第二季度杭州地区主要电视频道新闻节目和自办节目收视排行。

表 5.1　2018 年第二季度杭州地区主要电视频道新闻节目收视排行

排行	节目名称	频道	收视率/%	收视份额/%
1	阿六头说新闻	西湖明珠	8.04	16.35
2	我和你说	杭州生活	7.50	14.33
3	新闻60分	杭州综合	4.84	15.77
4	杭州新闻联播	杭州综合	3.29	7.24
5	新闻快报	浙江教育	3.08	6.70
6	今日关注	杭州综合	2.82	5.94
7	民情观察室	杭州综合	2.52	5.11
8	1818黄金眼	浙江民生	2.41	6.5

表 5.2　2018 年第二季度杭州地区主要电视频道自办节目收视排行

排行	节目名称	频道	收视率/%	收视份额/%
1	奔跑吧	浙江卫视	4.92	10.27
2	开心大玩家	杭州生活	4.89	10.63
3	开心戏剧社	西湖明珠	4.86	9.38

续表

排行	节目名称	频道	收视率/%	收视份额/%
4	亲民尚和图	杭州影视	4.39	8.29
5	和事佬	西湖明珠	4.33	9.39
6	开心茶馆	西湖明珠	4.26	8.31
7	花漾镜	西湖明珠	3.79	8.87
8	有情世界	西湖明珠	3.70	8.25
9	健康汇	西湖明珠	3.48	7.83
10	中国好文玩	杭州生活	3.46	6.77

注：数据来源为CSM媒介研究

（2）收听率

广播传播也是一种随时间流动而线性延伸的传播，为使时间富有价值，广播传播也必须吸引尽可能多的听众，收听率便是评估听众多少的重要指标。

广播收听率，是指定一时段内收听某广播频率（节目）的人数（或家户数）占总体广播推及人数（或家户数）的百分比。

$$收听率 = \frac{收听某一频率（节目）的人数（或家户数）}{总体广播推及人数（或家户数）} \times 100\%$$

表5.3为2018年第二季度杭州地区主要广播频率节目收听排行（工作日）。

表5.3 2018年第二季度杭州地区主要广播频率节目收听排行（工作日）

排行	频率	节目名称	收听率/%	收听份额/%
1	FM91.8 交通经济广播	我和E哥有话说 7:30	5.26	28.90
2	FM91.8 交通经济广播	针锋相对 8:00	4.50	26.86
3	FM91.8 交通经济广播	领先早高峰后峰 8:30	3.69	26.72
4	浙江交通之声	93早高峰	3.58	23.83
5	FM91.8 交通经济广播	快活晚高峰 17:00	3.43	22.95
6	FM91.8 交通经济广播	惊喜躲不开 18:00	3.35	25.31
7	浙江交通之声	快乐加速度 8:30	3.26	23.61
8	FM91.8 交通经济广播	领先早高峰前峰	2.94	23.37
9	FM105.4 西湖之声	杭州有意见	2.93	22.18
10	FM105.4 西湖之声	1054早班车 6:30	2.92	20.18

注：数据来源为CSM媒介研究

2. 收视率测量指标[63] ❶

（1）到达率及接触度

到达率是指在特定时间段内收看过某频道（节目）的不重复的人数或其占总体电视推及人口的百分比。接触度是指至少收看某一条（类）广告1次以上的不同的人数或其占总体电视推及人口的百分比。

---

❶ 对电视观众收视行为的分析，业界已开发了一系列的指标和术语。收视率、毛评点、到达率、接触度、市场份额、观众结构等是其中比较常用的指标，这几个指标在节目评价、节目编排和广告经营中的应用也比较广泛。此处对这些主要指标和术语进行说明和解释。

到达率和接触度在概念上是一致的，在一定条件下它们之间可以互换。这两个指标都需要设定到达条件，一般情况下，到达条件被设定为"至少收看某频道（节目）1分钟以上"，或者"至少收看某广告1次以上"。

到达率还有一种常用的衍生指标是平均到达率。到达率是一定日期长度上（1天、多天、月、年等）的累积，而平均到达率则是平均到每一天，以方便比较，其中到达条件的设定应该是一致的。

（2）收视时长

收视时长通常指平均每天（日平均收视时长）或平均每周（周平均收视时长）实际收视观众的收视时长总和与总体电视推及人口的比值，计时单位一般是分钟或小时。观众收视时长可以比较直观地判断观众的收视量，是收视率分析中比较常用的指标。

对于一些窄众频道或对象性节目而言，往往观众规模不大，但收看过的观众，其收视时间较长。分析这些频道和节目时，也可以比较收看过该频道（节目）观众的平均收视时长。

（3）毛评点

毛评点是指在广告投放中每一次投放所获得的收视率的总和。

毛评点通常反映的是收看某频道（节目）的人数与总体电视推及人口的百分比，当观众被锁定为总人口的一部分时（如4～14岁的儿童），毛评点就演变为目标观众毛评点。

（4）观众构成

观众构成是指在特定频道（节目）中，各类目标观众所占的比例。该指标考察的是特定频道节目的收视观众的结构，回答"谁在看该频道（节目）"的问题。

对于目标观众的分类，应主要考察对收视行为影响较大的几组指标，比如性别、年龄段、受教育程度等，也可以根据需要自行定义。观众构成中的参照总体通常指收看过该频道（节目）的所有观众。

（5）市场占有率或市场份额

市场占有率或市场份额是指特定时段内收看某频道（节目）的人数占同一时段所有收看电视人数的百分比。也即特定时段内某频道的收视率占所有频道总收视率的百分比，常被称为相对收视率，因为各时间段的电视总收视率是变化的。

市场占有率或市场份额经常与收视率一起配合使用，既考察频道（节目）的收视绝对人数的变化，也考察频道（节目）在市场上相对位置的变化，避免单独强调某一方面。

（6）观众集中度

观众集中度是将某频道（节目）的全部观众中的目标观众比例与总体推及人口中同一目标人群的比例相比较所得的比值，如果这一比值大于100，说明目标观众的收视高于平均水平，反之，则低于平均水平。观众集中度表示的是目标观众相对于总体观众的收视集中程度，以此来反映目标观众对特定频道（节目）的收视倾向。

（7）观众忠实度

观众忠实度是指同一频道（节目）的收视率与到达率的比值，经常用于考察观众在该频道（节目）上平均停留的时间长短。

该指标值的变化幅度在0～100%之间，数值越大，表明观众对该频道（节目）的忠实程度越高。

在实际收视中，有的频道（节目）观众规模较大，但观众平均收看的时间短，而有的频道（节目）观众规模较小，但观众平均收看的时间长。对于节目评价和广告投放来说，这两者意义并不相同。

（8）平均暴露频次

平均暴露频次是指在广告投放中收看过该广告的人平均每人看过多少次。对于不同的广告投放，平均暴露频次的要求可能是不一样的。

平均暴露频次经常与"N＋有效到达率"及毛评点相配合，用于评价广告投放的有效传播效果。

（9）收视点成本、千人成本

收视点成本是指在广告投放中，每获得一个收视点所需要花费的成本，以货币单位表示。千人成本是指在广告投放中，广告载体每被收看1000人次所需要花费的成本，以货币单位表示。

这两组指标都适用于评估广告投放的经济效益，千人成本可用于不同市场广告投放成本效益的比较，而收视点成本只适用于同一市场广告投放成本效益的比较。

3. 收视率调查方法

收视率一般是通过抽样调查的方法得出的。收视率调查遵循着一般抽样调查的步骤，先设计调查方案，然后根据方案抽选样本，再对样本进行调查，最后进行数据分析，即：从总体中抽取样本，根据样本数据来推论总体观众的收视情况。

（1）调查总体确定[63]

在收视率调查中，调查总体的界定有三个要素。

① 目标区域。目标区域由所要开展收视率调查的范围决定，可以为全国、全省、全市、市区或全县，也可以为某一特定区域。

② 电视家庭人口。电视家庭人口是指拥有电视机的家庭人口。被调查者拥有电视机是进行收视率调查的基本条件，而之所以必须还是家庭人口，主要是因为收视率调查是一种连续性调查，要求被调查者保持收视环境相对稳定的状态。没有电视机的家庭人口、集体宿舍居住人口及流动人口被排除在收视率调查总体之外。另外，媒介从业人员和媒介调研从业人员也被排除在外。

③ 年龄下限。收视率调查关注的是有自主行为选择能力的人群，所以应该设定自主行为选择能力的年龄下限。在收视率调查中一般要求被调查者必须是4岁及以上。

（2）抽样框确定[63]

抽样框是抽取样本的基础，抽样框是否完备及质量状况对于保证样本的代表性具有重要意义。从国际经验来看，可以作为抽样框的文件有人口统计文件、选民登记文件、邮政地址文件、电话号码文件、宗教人口文件等。在中国大陆，完善的行政体系提供了独一无二的抽样框资源。由于区县、街道（乡镇）、社区（居家村委会）、居民（村民）层次清晰，人口统计资料齐全，这些资料可以从公安局、统计局、民政局或其他政府机构得到。所以，在中国进行电视受众测量的抽样框应该优先使用这些文件。其他文件比如选民登记文件、邮政地址文件、宗教人口文件目前并不适合中国的国情，除非有充分的理由支持，一般不建议使用这类文件。

抽样质量很大程度上取决于抽样框的覆盖程度和质量好坏。在一个不完整的抽样框中不可能产生代表性好的调查样本。控制抽样框质量的原则主要有以下三条。

第一，覆盖范围：抽样框应完整覆盖所调查的目标。

第二，准确程度：抽样框所提供的信息准确率应在85％以上。

第三，更新程度：抽样框所提供的应该是最新的信息，一般不超过两年。

（3）抽样方法[63]

受众调查系统应该遵循统计学原理，以概率抽样为基础。概率抽样最主要的优点有两个：一是可以用经济的调查样本对总体做出推断；二是可以用抽样误差容忍度来设定合理的样本规模。

在收视率调查的实际工作中,最常用的概率抽样方式有等距抽样、概率与规模成比例抽样(PPS抽样)、分层抽样、整群抽样、多阶段抽样或前述几种抽样方式的组合。

如在城市收视率调查网的样本户抽取中,一般应采用二阶段、PPS、等距抽样。第一阶段由城市抽社区或居家村委,采用PPS抽样抽取一定数量的社区(居、家、村委),每个社区(居、家、村委)被抽中的概率与这个社区(居、家、村委)所包含的户数成比例。这时抽出的社区(居、家、村委)称为"初级抽样单位"(Primary Sampling Units,PSUs)。第二阶段由社区(居、家、村委)抽样本户,一般采用等距抽样的方式进行,即在被抽中社区(居、家、村委)的地址列表中,随机起点、按照相等的间隔抽取 n 个样本户。采取这种方式抽出的样本户形成自加权样本。

在全国收视率调查网和省级收视率调查网中抽取样本较为复杂,一般而言,全国样本和全省样本的抽取应该分三个阶段进行:第一阶段,采用分层抽样的方法抽取样本区、县(或县级市)(全国总体应该用城乡以及其他宏观经济指标进行分层;全省总体可直接用城乡进行分层);第二阶段,在抽中区、县(或县级市)中用PPS方法抽取社区(居、家、村委);第三阶段,在抽中社区(居、家、村委)中用随机等距抽样方法抽取若干家庭户。为了在成本约束下获取尽可能多的调查样本,建议对于抽中家庭户中的所有4岁及以上的常住人口都进行调查。

从理论上讲,在多阶段抽样中,初级抽样单位越分散,样本的代表性会越好。

在收视率调查的实践中,配额抽样也是一种常用的抽样方法。配额抽样是依据事先确定的配额来抽取样本,而具体的配额必须依据大样本的收视率基础研究来制定。常用的配额指标有性别、年龄、家中主要商品购买者的年龄、家中电视机的数量等。在收视率调查中,主要是在以概率抽样为基础所形成的随机样本中进行配额控制。一个坏的配额标准不如没有配额控制,所以高质量的收视率基础研究是不可缺少的。

(4)样本量[63]

收视率调查样本量的决定,需要综合考虑人力、物力和时间的投入,调查区域的实际状况、精度要求、服务对象的特殊要求、经费预算等因素。样本量的选择既要符合抽样统计原理,又要靠经验去调控。一般来说,抽样精度要求越高,样本量越大,所需经费也越多,而后者往往成为制约样本规模的瓶颈。

收视率调查一般事先决定可以容许的抽样误差,以此决定样本量大小,然后再综合各种因素进行调整。一些调查公司在大城市的样本户大约在300户以上(约1000多人),而在小城镇则抽取100户(超过300人)进行调查。需要注意的是,收视率调查抽取的是家户,测量的可能是家户收视率,也可能是样本家户中每一成员的人员收视率。

4. 视听率测量方法

(1)收视率测量方法

电话访问法、日记卡法和人员测量仪法是收视率测量最常用的三种方法(如表5.4所示),目前国际上普遍使用的收视率调查方法主要是日记卡法和人员测量仪法,这也是收视率测量不同于其他一般性调查的独特之处。

① 电话法[64]。电话法是指通过电话这一现代化通信工具了解观众收视情况的方法,分为电话回忆法和电话同步调查法。前者要求受访者回忆4~6小时(一天或者更长时间之前)收看到的电视节目,后者则是在采访者收看节目的同时询问其收视情况。

电话访问主要包括抽样、拨号、提问、记录和统计几个步骤,其中提问是获取收视资料的关键。同步电话调查一般会询问以下五个问题:

表 5.4 收视率测量三种主要方法比较[64]

项目 \ 方法	电话访问法	日记卡法	人员测量仪法
数据采集方式	电话访问	人工记录,访员上门收取或邮寄日记	电子跟踪记录,电话线传送
反馈时效	迅速	较慢	迅速
样本量	较大	大	中等
样本固定性	不固定,一次性	固定	固定
样本排除性	较大	小	较大
拒答率或拒访率	拒答率约50%	拒访率约35%～45%	拒绝安装率约40%～50%
测量时间	不定	15分钟	1分(或更小)
所需费用	一般	便宜	昂贵
纵向比较	不易	可以	可以
资料准确性	较好(频道较多时准确性降低)	一般(频道较多时准确性降低)	好
资料丰富性/复杂性	较好/一般	较好/一般	一般/低

一是您正在看电视吗？
二是请问您看的是哪家电视台的哪个频道？
三是您看的是什么节目？
四是节目中有什么广告？
五是电话铃响时，包括您自己在内，家里一共有几位男士、女士和孩子在看电视？

实际操作中，根据调查目的和范围的不同，调查者对以上五个问题会做出相应的调整，有时还会涉及诸如收视愿望、节目评价等其他一些内容，但一般不会太复杂，也不可能太复杂。

目前，在日常连续性的收视率调查中，电话法用得不多。不过，由于电视访问具有快捷、简便、反馈信息比较丰富、准确的特点，在对某一频道或某一节目进行重点调查或针对一些时效性较强的热点、焦点问题进行调查时，这一方法常常成为首选的调查方法。

② 日记卡法[63]。日记卡法是指由样本户中所有符合条件的成员，将每天收看电视的频道、时间段随时记录在日记卡上，以获取电视观众收视信息的方法。日记卡法进行调查时，需要给样本户提供所有符合条件的样本人员记录收视行为的日记卡和体现收看频道信息对应关系的提示卡。

时间单位：以15分钟为一个时间单位，15分钟内最小累计收视某频道8分钟记录为收看。

样本户家中所有4岁及以上常住人口的收视行为均需要被记录。

根据中国目前的实际情况，在进行日记卡方式的收视率调查时，应该给被调查者提供包含所有上星频道及当地可以收看到的调查样本所在地城市级别以上的电视频道的名称及台标信息。对于其他一些更低级别的频道，则可以与看录像、碟片等一起归入其他。数字电视付费频道等目前也应该归入其他，根据数字付费电视发展的需求再适时调整这一规则。

③ 人员测量仪法[65]。人员测量仪是一种与样户的电视机和录像机的调谐器相连的电子装置，该仪器从以下两个方面来测量收视行为：

第一，它可自动记录电视开关时间以及所收看的频道。该仪器靠探测电视机调谐频率或录像机调谐频率来完成记录（如果频道是通过录像机的调谐器来选择的话），该仪器可以辨别播放内容是现场直播还是录像或影碟。

第二，它可自动记录每个家庭成员及客人的收视信息，测量仪带有一个遥控器，遥控器上有 8 个按钮是专为样户家庭成员预设的，还有一些其他按钮时专为客人设置的。在建立样户时就已在遥控器上分配给每一家庭成员一固定按钮，样户家庭成员在开始收看电视时必须按下自己的按钮，当不看电视时需再按一下按钮。

每天晚上，该仪器可通过其内置的调制解调器将暂时储存的收视数据通过电话线传送到中央计算机上，这样就可以对前一夜的收视情况做出报告。

（2）收听率测量方法

在收听率调查中常用的数据采集方法有三种，即电话法、日记卡法和虚拟测量仪法。电话法是指采用打电话的方式来收集听众收听广播信息的方法，一般用于一次性调查，而日记卡法和虚拟测量仪法常用于采用固定样组进行的连续收听调查中。下面对后两种方法进行介绍。

① 日记卡法。日记卡法是指由样本户中所有 10 岁及以上的成员，每个人将自己每天收听广播的频率、时间段随时记录在日记卡上，以获取广播听众收听信息的方法。以中国广视索福瑞媒介研究（CSM）使用的日记卡为例，日记卡中最重要的两个部分是广播收听率日记卡和广播频率对照卡。在收听率日记卡上有记录样本人员所收听广播频率的代码、收听时段和收听地点的地方，为方便样本人员随时携带记录，CSM 的收听率日记卡被设计成 64 开的小册子，一本小册子可以记录一名样本人员一周七天的收听情况。日记卡法的记录时段设定为 15 分钟，即以 15 分钟为一个记录单位，当样本人员在 15 分钟内收听某一频率的累计时间超过 8 分钟时才可记录。访问员每周一次上门收取已填好的日记卡，并给样本户留下下一周的空白日记卡，以记录下一周的收听情况。

② 虚拟测量仪法。广播虚拟测量仪收听调查系统基于声音匹配原理，对听众收听的广播节目和节目库的音频数字码进行实时、精确地匹配与识别，全方位监测用户在不同时间、地点的跨平台、多终端等收听行为，以分钟为单位完整再现用户在线、离线、直播、回放、互动等个性化收听行为，同时及时提供收听率数据。

虚拟测量仪被安装在调查样本日常使用的智能手机上，自动采集、回传用户收听的音频信息，能够在不改变收听习惯、不影响收听行为的情况下，完整测量听众在不同场所使用不同设备的全部收听行为，该技术已在美国、德国、韩国、波兰等国家成功商用。

二、视听率在广播电视节目中的运用

目前，伴随视听市场的发育成长，一个地区普遍都能收听、收看到几十个甚至上百个广播频率和电视频道的节目。广电行业的激烈竞争几乎白热化，而竞争的对象就是争夺受众。因此，这种竞争也就是视听率之战，视听率日益引起人们的关注和重视。广播电视制播机构需要通过视听率来了解掌握受众和竞争对手，以提高传播的有效性与针对性，并以此为依据销售时段，获取相应的回报。广告商和广告主也需要根据视听率进行时段价值评估和选择性购买，将有限的广告费用在刀刃上。在"一寸光阴一寸金"的广播电视传播中，视听率不啻是时间与效益这一关系的最好诠释者。

1. 视听率与广播电视节目定位

定位是市场营销中的一个很重要概念，也是一种重要的竞争策略，定位就是确定产品在市场中的位置。目前，广播电视频率、频道的竞争十分激烈。但是，许多广播电视节目的定位仍然不是很明确，节目内容混杂，没有明确的指导方向，因此常常出现视听率时高时低的现象。所以对自身节目的定位、办出自身的特色是媒体自身发展的方向。广播电视媒体应以本台办台宗旨定位为准，不能偏离电台电视台的基本价值取向。有些电台电视台想用一些猎奇、刺激的案例去博取受众的喜好，抢夺受众的眼球，这样即使一时的视听率上去了，却会偏离电台电视台的定位方向和丢失基本受众，那将是得不偿失的[66]。

在视听率这根"指挥棒"的引导下，广播电视媒体为了寻求自身的生存与发展，开始转变传播观念，以"传者为中心"转向以"受者为中心"，选出符合节目受众定位、能够体现舆论导向及节目宗旨、同时又不与国家有关法规与道德相冲突的题材制作播出。然而，这并不能完全满足受众的心理需求，他们会在这些不同题材的节目中进行选择，选出符合自己心理的节目收听或收看。受众的这种选择，通过每期的视听率反映出来，编辑根据这个信息会更加青睐那些已被证明了视听率比较高的题材。受众生活在媒介的拟态环境中，充斥在受众周围的上亿条信息，都是被筛选过的，媒介在充分考虑受众的接受心理的同时，将它们认为重要的关于外部世界的信息凸显出来，广播电视媒体将这些信息以广播电视新闻节目的方式呈现在受众面前，受众从新闻节目的所有信息中再次选择，受众选择的结果通过视听率调查反馈到媒体，影响媒体下一次节目制作，这样经过一轮又一轮的信息选择、传播、反馈，再选择循环，受众的这种选择心理得到了无意识的强化。受众心理是广播电视节目定位和制作的"风向标"[66]。

把节目定位好，就是要根据受众的兴趣爱好把他们分成若干群体，然后针对某一受众群体的需要和兴趣来设计、安排节目内容，以便尽量满足这些受众的收听收看需要。这样，就比较可能长期占有并稳住一些受众群体，将节目的视听率稳定在一定的水平上。

2. 视听率与广播电视节目编排

在我国广播电视市场化、产业化发展过程中，广播电视节目编排逐步由"编导主导"的市场无意识状态向"受众主导"的针对性市场营销转变。其间，基于市场调研产生的视听率开始崭露头角，在节目创意、制作和编排中占据了日渐重要的地位。

所谓广播电视节目编排，是指将各种类型的广播电视节目依时间顺序进行系统的排列和组合，并形成广播电视节目排期表。其主要任务是有效对准目标受众群，吸引尽可能多的受众，强化竞争力，为实现广播电视传播的社会效益与经济效益服务。

视听率是受众群大小最直观的指标，也是广播电视节目编排的首要考虑因素。广播电视节目编排无疑是要追求尽可能高的视听率。美国学者苏珊·泰勒（Susan Tyler）为节目编排建立了一个"四步模型"[67]（图5.1），指出节目编排者首先要选择适当的节目，然后根据受

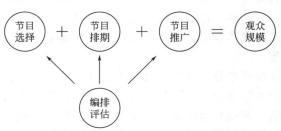

图 5.1　节目编排的基础四步

众的需要和收听收看习惯对节目进行播出时刻安排，并对新节目和新编排进行推广和宣传，以吸引更多受众关注。这一系列复杂的行为和决策最终决定了节目的受众规模和构成，节目编排者需要根据由视听率和其他相关数据所提供的反馈信息，对节目编排进行评估和调整。视听率作为节目编排评估的重要指标，在节目编排的各个阶段都有至关重要作用。

视听率数据可以帮助节目编排者了解受众的构成情况、收听收视习惯、流动趋向，把握竞争对手的发展态势和竞争策略，让节目编排者在进行节目选择、排期和推广时能够避免"编者主导"的臆断和盲目，使节目编排更符合市场需求，让电台电视台运作更好地遵循市场规律。

3. 视听率与广播电视节目评价

一方面用视听数据进行广播电视节目的评价实际是从受众收听收视消费的角度来评价广播电视节目，主要包括受众数量和质量两个方面，即对广播电视节目消费量的评价和节目消费者忠实度的评价。因此，视听率数据在节目评价中处于重要地位。视听率数据作为广播电视收听、收视市场中的数量指标，较客观地反映了人们的收听、收视习惯，是广告商进行科学广告投放及投放后评价的依据，同时也反映了节目收听、收视程度的差异，从侧面映射出节目制作及编排的问题，还可以评价受众对节目的喜好和满意程度，明确受众对节目的忠实度。

从另一方面来讲，视听率数据并不是节目评价的唯一指标。媒体事业化体制、企业化运营的现状，使电台电视台必须兼顾社会效益和经济效益，在市场化运作的同时，需要综合考虑社会的舆论导向，创造稳定、健康、和谐的社会氛围。视听率数据所反映的主要是节目的市场状况，用一系列量化的指标衡量节目在收听、收视市场中的运行情况。因此，仅仅依靠收听、收视数据并不能对节目的思想性、艺术性等方面进行深刻的揭示。所以，在很多电台电视台的节目评价中，除了使用视听率数据外，还加上了领导打分、专家评分、群众满意度评价等方面的指标。除此之外，还有一项指标在节目评价中也相当重要，即节目的广告创收能力[68]。

4. 视听率与广告投放计划

广告主、广告代理和媒介共同构成了广告业。"广告"既是广告主的一种营销手段，也是代理公司的产品，同时还是媒介的承载对象。通过广告投放的行为，上述三方被联系在一起。而视听率被称作广告投放时的"通用货币"，其重要性可见一斑。一般情况下，以视听率为中心不仅仅为了保证广告收益，更重要的是为了保证一个电台电视台的生存。广告收入促进节目吸引更多的受众，广告经费能够帮助电台电视台获得发展。

一般来说，广告效果取决于"创意"和"媒体计划"的有机结合，如果说创意是艺术，媒体计划则是科学。仅有天才的创意而没有周全准确的媒体计划，广告效果会大打折扣。而广告媒体计划是一项涉及多种因素的计划活动。从策略上看，包括设定媒体目标（目标受众、到达率、接触频次、总收视率等）、分析市场因素和创意因素、选择最佳媒体组合和竞争品牌媒体效果比较；在购买执行方面，则包括确立媒体排期目标和设计有效的媒体排期表等。

视听率数据在广告投放决策计划过程中的各个环节都起到非常重要的作用。如在确定广告投入预算中，先用视听率数据了解竞争对手的投放策略，同时对以前的广告投放效果进行评估。又如在制定媒介策略中，主要是用视听率来了解目标受众选择，制订媒介预算地区分配和媒体行程选择等。再如在确定媒介执行方案中，通过视听率数据来分析媒体环境，确定媒体竞争态势，从而选择最有力的工具来承载广告。

三、对广播电视视听率的再思考

1. 我国视听率调查的缺陷[69]

（1）一家独大的格局

我国目前进行视听率调查的公司主要有两家：中国广视索福瑞媒介研究（CSM）和AC尼尔森。其中，中国广视索福瑞媒介研究（CSM）占据了全国85%左右的市场份额，AC尼尔森公司占据10%左右。有人形容中国广视索福瑞媒介研究（CSM）是视听率调查业的"恐龙"。这种一家独大的格局虽然折射出视听率调查的业态，但中国广视索福瑞媒介研究（CSM）的话语垄断难免会对视听率的公信力造成伤害。

（2）透明不受关注

无论是中国广视索福瑞媒介研究（CSM）还是AC尼尔森或是其他视听率调查公司，都以透明作为重要的形象诉求。但是，它们所谓的透明就是告诉公众它们的网点有多大，样本户有多少，有多大的调查队伍，采取什么样的调查手段和方式等。尽管它们信誓旦旦过程是透明的，可以查询，但是用户只关注调查结果，对视听率是如何出炉的并不关心，调查公司也不尽主动告知的义务，这使得视听率会慢慢成为一本糊涂账。在很多情况下，电台、电视台愿意糊涂，因为有时模糊更利于对广告商做出交代，但用糊涂账对付公众就很难蒙混。另外，中国广视索福瑞媒介研究（CSM）和AC尼尔森公司在很多节目视听率的调查结果南辕北辙，这也说明视听率有着严重不靠谱的情形。

（3）视听人口结构的残缺

样本人口体系不仅包括数量，更重要的是样本人口结构的完整性和合理性，而中国视听率调查业的软肋之一就是视听人口结构的残缺，媒介研究专家把这种现象称为"视听率歧视"。由于视听率调查的市场化、商业化倾向，视听样本人口的确定主要依据购买力，这样就相对集中于城镇，而广大农村以及城市流动人口通常被排斥在视听率调查对象范围之外，因此视听率反映不出他们的视听需求。所以有人说，中国的视听率调查是"斩头去尾留中间，一头一尾占半边"。

（4）样本人口的相对单薄导致的技术误差不可避免

这是中国视听率调查业的硬伤，也是备受质疑的焦点。以拥有世界上最大的受众调查网络的中国广视索福瑞媒介研究（CSM）为例，调查网络覆盖5.65万余户家庭，超过17.8万样本人口，从绝对值来说可谓不少。但如果说这样的样本户数量可以推及超过13亿的视听人口，还是非常不尽如人意的。日本的人口是1.25亿，相当于中国的1/11，但它的收视仪有11000多个，也就是说用最先进的调查技术覆盖的样本人口约3.5万人，是中国广视索福瑞媒介研究（CSM）的1/5。推算下来，中国广视索福瑞媒介研究（CSM）代表中国视听率调查的样本人口只有日本的一半。对于中国这样一个传媒大国来说，样本人口每增加一点就意味着调查公司投入的加大，要使样本人口的数量大到可以支撑更加可信的视听率数据，还有很长的路要走。

2. 视听率数据须合理使用[63]

（1）避免视听数据在市场分析中的滥用

在利用视听数据对频率、频道、节目等进行市场分析时，需要客观、全面、多角度地考虑，避免单一片面的分析，这样才可能全面了解频率、频道、节目的现状，采取有效措施。

（2）避免视听数据在节目评价中的滥用

视听数据不是节目评价的唯一指标。我国媒体事业化体制、企业化运营的现状，使电台、电视台必须兼顾社会效益和经济效益。在市场化运作的同时需要综合考虑社会的舆论导向，营造稳定、健康、丰富多彩的社会氛围。视听数据所反映的主要是节目的收听、收视状况，因此，仅仅依靠视听数据并不能对节目的思想性、艺术性等进行深刻的揭示。

（3）避免视听数据在媒体宣传、推广和广告效果评估中的滥用

数据使用方应尊重数据的客观、完整性，在进行媒体宣传、推广及广告效果评估中应尽可能全面地反映收听、收视状况，并对所使用的数据口径做出详细的说明，避免以偏概全的情况出现。

（4）反对不正当竞争

数据使用方应努力维护健康公平的竞争环境，尊重数据的客观、真实性，反对不正当竞争。绝对避免任何针对视听率调查样本户的有奖收听、有奖收视、节目评议等各类干预样本

户正常收听、收视的不正当交易行为。

(5) 正确对待视听率调查数据的误差

数据使用方应正确认识视听数据的误差。视听率调查是抽样调查，允许存在一定的误差。视听率调查的设计和实施效果受抽样方法、调查手段和调查经费的影响。基于同样的抽样方法，也未必会产生同样的调查结果。但在允许误差范围内，视听率调查结果具有信度和效度的统一。

3. 视听率应与"受众本位"相兼容

"受众本位"就是指大众传播媒介在信息的传播活动中，应以最大限度地维护受众的根本利益为出发点，以满足受众获取多方面信息的需要为己任，以提高受众的思想素质、政治素质、道德素质和科学文化素质为目标，全心全意为受众服务[70]。在广播电视媒体中，受众既是信息的制造者，也是信息的消费者。受众所期望的不仅仅是制造和消费的过程，而是在过程中所能体验或感悟的人生。

但是，由于对"以视听率高低论英雄"的误解，使得许多电台、电视台都在如何提高视听率这一问题上绞尽脑汁，认为有了视听率就有了与人竞争、出人头地的资本，有了视听率就能大力推广自主品牌，获得梦寐以求的市场份额。殊不知，视听率只是简单化、表面化的数据，只能显示收听、收看节目的人数，却无法测量听众、观众的投入情况和享受程度[71]。

因此，过分强调视听率是错误的，但完全不顾及视听率则是自寻绝境。我们所提倡的视听率，是既能承担社会责任，又能创造良好经济效益的"双赢视听率"。这里所说的社会责任，既包括了提供真实、积极、生动的信息，又包括了传播优秀品格、维护社会正义等多个方面。

首先，要探索一条以政策为指针、以受众的真实需求为导向的发展道路。节目的策划要与国家的大政方针更贴近一些，要与受众的品位更贴近一些，与现实和生活更贴近一些。广播电视作为一项文化产业，它的产品应该起到传达社会信息、丰富人民精神生活、稳定社会情绪的多种作用。对精神塑型是其主要功能之一，所以它容不得媚俗和迎合，容不得盲目跟风、品质低下的产品[72]。

其次，在节目推出之前应进行周密细致的调查，避免亡羊补牢的尴尬。调查的重要性是不言而喻的，它既能使我们了解受众对节目的关注程度，听取社会各方面的建议，更及时、更准确地改正可能出现的问题。应该致力于开展全方位的调查，既要有媒体的自我评价，有不同受众群体的意见参考，还要有广告主对品牌价值的合理估算。而受众群体的建议，则应该作为其中最重要的部分来采纳。

最后，本着对受众负责的态度，在节目制作上应该做到把握总体方向，分层重点负责，灵活机动应变，把出现问题的风险降到最低。有的节目由于把关不严，结果造成了极坏的社会影响，最终前功尽弃。只有严格把关，杜绝不应有的失误，才能让受众体验节目的流畅与充实，让受众最愉悦、最完整地接收节目所传达的信息[73]。

4. "绿色视听率"需要推行

在当前广播电视领域为了追求视听率而盲目迎合受众、降低节目品位、盲目跟风的大环境下，2006年作为国内电视界龙头老大的中央电视台提出了"绿色收视率"的概念。"绿色收视率"概念的提出使人们耳目一新，时任中央电视台台长的赵化勇是这样解释"绿色收视率"的："中央电视台作为国家电视台，必须坚持把社会效益放在首位，在实施'三化'和品牌化战略中坚定'绿色收视率'理念。既努力提高收视率和收视份额，又杜绝媚俗和迎合，坚守品位，抵制低俗，有效体现节目的思想性和导向性，实现收视率的科学、健康、协调、可持续增长。"

同理，绿色视听率，在重视视听份额的前提下坚守品位，抵制低俗，坚持节目的思想性，从而确保主流媒体对听众、观众的影响力和对舆论的引导力。由此可见，"绿色视听率"实质上追求的是社会效益和经济效益的统一，是视听率与满意度的协调发展。换句话说，它所代表的视听率数据，是受到受众好评，对受众个体乃至社会发展有积极作用的节目的视听指数，而不只是单一的受众规模大小[74]。

绿色视听率具有两个重要前提：第一，要充分认识和考量片面追求视听率可能带来的资源损耗与浪费，比如对节目资源、市场资源、人才资源过多滥用，破坏性开发；第二，要充分认识和考虑片面追求视听率可能带来的对社会文化生态环境的污染和破坏，比如对于视听兴趣的误导，对审美价值的扭曲，对道德底线的叛离，特别是对媒体应有的社会责任感、权威性和公信力的模式，必须引起高度关注和及时解决。

如果一定要对传统视听率和绿色视听率进行比较，很可能在量上会出现后者略低于前者的现象，但作为更加"健康"的视听率，绿色视听率必然会在长远的未来更加有利于我国广播电视业的良性竞争、社会先进文化的传播与和谐社会的构建。

5. 新媒体环境下的视听率

随着新媒体技术的不断发展和完善，网络、手机、户外新型媒体等各种新媒体与广播电视这种传统媒体日益融合，出现了网络电台、网络电视、手机电视、IPTV 等众多新型传播载体。互联网等新媒体的诸多应用迁移至广播电视机，让"听广播""看电视"让位于"用广播""用电视"，有人也已大胆地提出："互联网让广播电视这个'古老物种'开始从'设备'变成'终端'。"

根据中国网络视听节目服务协会发布的《2019 中国网络视听发展研究报告》显示，截至 2018 年 12 月，网络视频用户（含短视频）规模达 7.25 亿，网民使用率为 87.5%，网络视频（含短视频）是仅次于即时通信的中国第二大互联网应用，高于搜索和网络新闻。网络视频用户在逐年增加，与此相对应的是，我国电视观众人均观看电视的时长在减少，观众的平均到达率出现了较大下滑，市场份额在不断下降。

一方面传统媒体受到了新媒体的不断冲击，造成受众的流失，视听率的下降；另一方面，广播电视也积极拥抱互联网，出现了各种融合媒体，以当前广播电视在互联网等新媒体平台的发展趋势看，中央级和省级电视媒体以网络电视台或者电视视频内容分享方式渗透互联网的趋势更加明显，而城市电视台则甘为之后。当互联网上的电视收视也纳入视听率监测范围之时，城市电视的收视之困便真的来临了。

第三节 视听率主要调查公司及指标算法

一、中国广视索福瑞媒介研究（CSM）简介

中国广视索福瑞媒介研究（CSM）是央视市场研究（CTR）与 Kantar Media 集团等共同建立的中外合作企业，致力于专业的电视收视和广播收听市场研究，为中国内地和香港地区传媒行业提供可靠的、不间断的视听调查服务。

作为电视节目、广播节目和广告交易"通用货币"的提供者，中国广视索福瑞媒介研究（CSM）拥有庞大的广播电视受众调查网络，覆盖 5.65 万余户样本家庭；其电视收视率调查网络所提供的数据可推及中国内地超过 12.8 亿和香港地区 655 万的电视人口；其广播收听率调查的数据则可推及中国近 1.2 亿的广播人口。截至 2019 年 4 月，中国广视索福瑞媒介研究（CSM）在中国内地建立了 1 个全国调查网、29 个省级调查网（含 4 个直辖市）、

113个城市级调查网,同时,建立香港特别行政区调查网络。中国广视索福瑞媒介研究(CSM)对内地及香港地区近1400个电视频道的收视情况进行测量,以满足不同地区、不同层级客户对电视收视率数据的需求。同时,中国广视索福瑞媒介研究(CSM)在中国27个重点城市及2个省开展收听率调查业务,对362个广播频率进行收听率调查。

作为中国广播电视视听率调查机构的研究者,中国广视索福瑞媒介研究(CSM)创新求变不断推进收视率"+"的探索。打造微博社交媒体电视指数;推出时移收视率标准化测量服务;上线CSM-huan实时收视系统,实时融合海量收视数据与抽样收视数据;进军OTT/智能电视领域;启动电视大屏TV+OTT同源收视测量;开启香港地区全视频受众测量新调查。同时,通过新技术应用,开展融合传播研究、体育与媒介研究、大数据应用研究、消费行为数据融合研究等多元化业务,秉持"诚信为公,中道致正"的企业精神,中国广视索福瑞媒介研究(CSM)将进行持续不懈的业务探索和市场开拓。

二、AC尼尔森简介

AC尼尔森,荷兰VNU集团属下公司,是领导全球的市场研究公司,在全球超过100个国家提供市场动态、消费者行为、传统和新兴媒体监测及分析。客户依靠AC尼尔森的市场研究、专有产品、分析工具及专业服务,以了解竞争环境,发掘新的机遇和提升他们市场及销售行动的成效和利润。

AC尼尔森是全球领先的市场研究、资讯和分析服务的提供者,服务对象包括消费产品和服务行业以及政府和社会机构。在全球100多个国家里有超过9000的客户依靠AC尼尔森认真负责的专业人士测量竞争激烈的市场动态,理解消费者的态度和行为,以及形成能促进销售和增加利润的高级分析性调研报告。

AC尼尔森总部位于美国纽约,并在伊利诺伊州的商堡(Schaumburg)、比利时的瓦韦尔(Wavre)、中国的香港、澳大利亚的悉尼、阿根廷的布宜诺斯艾利斯以及塞浦路斯的尼科西亚建立了区域业务中心。

AC尼尔森于1984年来到中国。至今AC尼尔森已经对中国这个全球竞争最为激烈的市场之一,以及中国消费者积累了深刻的理解。不论是中国本地企业还是准备以及已经进入中国的外国公司,AC尼尔森所拥有的丰富的市场资讯和深刻的市场洞察,都能够帮助他们深入理解其竞争环境以及消费者的需求和期望,从而协助他们制定和执行成功的市场战略。

三、收视率分析常用指标及算法

(1)到达率

① 到达率(%)。指在特定时段内符合到达条件的接触总人数占总体电视推及人口的百分比。其中到达条件一般是"至少收看了1分钟",计算公式为:

$$到达率\% = \frac{\sum_{i=1}^{n} 接触人_i(特定时段) \times 权重_i}{总体推及人口} \times 100\%$$

② 到达千人(000)。指在特定时段内符合到达条件的接触总人数,一般以千人来表示。计算公式为:

$$到达千人(000) = \sum_{i=1}^{n} 接触人_i(特定时段) \times 权重_i$$

到达率和到达千人是在时间上的纵向累积指标,考察特定时间段内观众收看某一频道或栏目（或某一广告计划所能覆盖）的不重复的人数（或占观众总规模的百分比），反映了接触媒介的受众规模和媒介计划传播的广泛性。

③ 有效到达率。对于一现广告插播计划而言，到达率一般设定的到达条件是看过 1 次就算到达。在实际的广告投放效果评估中，人们通常认为，如果观众仅看过 1 次并不能对广告形成有效的认识和印象，这样就提出了有效到达的概念。

有效到达率被表示为"$N+$到达率"，指至少看过 N 次某广告的目标观众的百分比（或千人）。对于不同的广告，"N"的设定是不同的，在实际工作中，"$3+$到达率"是被经常用到的有效到达率。

④ 平均到达率（%）。指在特定时段内平均每天符合到达条件的接触总人数占总体电视推及人口的比例。到达条件一般是"至少收看了 1 分钟"，用户可以改变收看的最小分钟数或收看时间在整个时段中的最小百分比来自行定义到达条件。计算公式为：

$$平均到达率\% = \frac{\sum_{i=1}^{n} 接触人_i(特定时段) \times 权重_i}{总天数 \times 总体推及人口} \times 100\%$$

⑤ 平均到达千人（000）。指在特定时段内平均每天符合到达条件的接触总人数，以千人表示。计算公式为：

$$平均到达千人(000) = \frac{\sum_{i=1}^{n} 接触人_i(特定时段) \times 权重_i}{总天数} \times 100\%$$

平均到达率与到达率的区别在于：平均到达率将每天到达的人数之和平均分配给了所计算日期的每一天，不区分每天的到达人口是否有重复；而到达率则是所计算日期长度内的完全累计，剔除了天与天之间的重叠部分。

⑥ 边际到达率（%）。指在媒介计划中，去掉某条广告插播或某个载体而损失的到达千人（000）占总体推及人口的百分比。计算公式为：

$$边际到达率\% = \frac{到达千人(000)_{整体媒介计划} - 到达千人(000)_{不包含指定载体的同一套媒介计划}}{总体推及人口} \times 100\%$$

⑦ 边际到达千人（000）。指在媒介计划中，去掉某条广告插播或某个载体而损失的到达率，以千人表示。计算公式为：

$$边际到达千人(000) = 到达千人(000)_{整体媒介计划} - 到达千人(000)_{不包含指定载体的同一套媒介计划}$$

边际到达率的意义与经济学上边际贡献的意义类似，从损失的角度反映了指定载体（广告插播）对整个媒介计划的作用和贡献。

（2）人均日收视时长

人均日收视时长是观众平均日收视时长（分钟）与总体电视推及人口的比值，可针对特定频道或时段进行计算。计算公式为：

$$人均日收视时长(分钟) = \frac{\sum_{i=1}^{n} 收视分钟数_i \times 权重_i}{总天数 \times 总体推及人口}$$

当上式中的"总体推及人口"被换成"总体收视人口"时，该指标就是平均每天每个实际观众的人均收视时长了。

（3）收视率

① 收视千人（000）。指针对某特定时段（或节目），平均每分钟的收视人数（千人）。

计算公式为：

$$\text{收视千人}(000) = \frac{\sum_{i=1}^{n} \text{收视时长}_i(\text{分钟}) \times \text{权重}_i}{\text{该时段总时长}(\text{分钟})}$$

② 收视率（$R_{tg}\%$）。指针对某特定时段（或节目），平均每分钟的收视人数占推及人口总体的百分比。计算公式为：

$$\text{收视率}(R_{tg}\%) = \frac{\sum_{i=1}^{n} \text{收视时长}_i(\text{分钟}) \times \text{权重}_i}{\text{该时段总时长}(\text{分钟}) \times \text{总体推及人口}} \times 100\%$$

收视率反映的是在特定时段收看某一频道或某一节目的人数在总体推及人口中的百分比。当观众被锁定为总体推及人口的一部分时（如 4～14 岁的儿童），收视率就是人们通常所说的目标观众收视率。

（4）观众构成

指对于特定频道（或节目），目标观众平均每分钟的收视人数（千人）占参照观众平均每分钟收视人数（千人）的百分比。参照观众一般为所有电视观众。计算公式为：

$$\text{观众构成}\% = \frac{\sum_{i=1}^{\text{目标观众}} \text{收视时长}_i(\text{分钟}) \times \text{权重}_i}{\sum_{i=1}^{\text{参照观众}} \text{收视时长}_i(\text{分钟}) \times \text{权重}_i} \times 100\%$$

该指标考察的是特定频道（或时段/节目）的收视观众结构，回答了"谁在看该频道（节目），平均看了多长时间"的问题。

（5）市场占有率

指特定时段内收看某一频道或某一节目的人数占同一时段所有收看电视的人数的百分比。也即是特定时段内某一频道的收视率占所有频道的总收视率的百分比。计算公式为：

$$\text{市场占有率}\% = \frac{\text{收视率}\%_{\text{某频道}}}{\text{收视率}\%_{\text{所有频道}}} \times 100\%$$

该指标考察的是收看某一频道（节目）的人数占当时所有收看电视的人数的百分比，数值越大，表明该频道（节目）在该时段的市场竞争力就越强。

（6）观众集中度

指对于特定时段（或节目），目标观众（如 15～34 岁人群）收视率（百分比）与参照观众（如 4 岁以上所有人）收视率（百分比）的比值。目标观众收视率和参照观众收视率对应同一时段和同一频道，两组观众均可自定义。计算公式为：

$$\text{观众集中度} = \frac{\text{收视率}\%_{\text{目标观众}}}{\text{收视率}\%_{\text{参照观众}}} \times 100\%$$

观众集中度表示的是目标观众相对于参照观众的收视集中程度，以此来反映目标观众对特定频道（节目）的收视倾向，回答"谁更爱看这个频道（节目）"的问题。

（7）观众忠实度

① 观众忠实度。指特定频道（时段/节目）的收视率与到达率的百分比。计算公式为：

$$\text{观众忠实度} = \frac{\text{收视率}\%_{\text{频道}}}{\text{到达率}\%_{\text{频道}}} \times 100\%$$

② 平均忠实度。指特定频道（时段/节目）收视率与平均到达率的百分比。计算公式为：

$$\text{平均忠实度} = \frac{\text{收视率\%}_{\text{频道}}}{\text{平均到达率\%}_{\text{频道}}} \times 100\%$$

上述两个指标的区别在于忠实度以考察日期内总到达率为参照,而平均忠实度则以平均每天的到达率为参照。两指标值的变化幅度都在 0~100% 之间,数值越大,则表明观众对该频道(时段/节目)的忠诚程度越高。

(8) 接触度

① 接触度(000)。指特定载体所到达的人次,以千人次表示。"接触"的条件从属于到达率的设定条件,一般设定为"接触 1 分钟以上"为到达。计算公式为:

$$\text{接触度} = \sum_{i=1}^{n} \text{接触人}_i(\text{特定载体}) \times \text{权重}_i$$

"载体"可以对应为特定的时段、特定的节目,及广告插播计划中的特定载体。

② 累计接触度(000)。指多个载体所到达的总人次,以千人次表示,也即多个载体的接触度之和。"接触"的条件与接触度(000)的定义一致。计算公式为:

$$\text{累计接触度} = \sum_{\text{载体}} \text{接触度}(000)_{\text{载体}}$$

(9) 平均暴露频次

指在广告排期或载体计划中每条插播被观众平均收看的次数。计算公式为:

$$\text{平均暴露频次} = \frac{\text{累积接触度}(000)}{\text{到达率}(000)}$$

平均暴露频次经常用于广告投放计划传播深度的评估。

(10) 毛评点

毛评点即总收视点,是指在广告媒介计划中特定时期内某一广告数次插播的收视率之和。计算公式为:

$$\text{毛评点} = \frac{\text{累积接触度}(000)}{\text{总体推及人口}} \times 100\% = \sum_{i}^{n} \text{收视率 \%}_i$$

$$= \text{到达率 \%} \times \text{平均暴露频次}$$

毛评点是衡量广告媒介计划最主要的量化测评指标之一。

(11) 千人成本

指在广告媒介计划中,载体每到达一千人次的受众量所需要花费的成本,以货币单位表示。计算公式为:

$$\text{千人成本} = \frac{\text{广告成本}}{\text{接触度}(000)}$$

千人成本可用于评估广告投放的经济效益,适用于不同市场广告投放成本效益的比较。

(12) 收视点成本

指每得到一个收视率百分点所需要花费的成本,也称为每毛评点成本,以货币单位表示。计算公式为:

$$\text{收视点成本} = \frac{\text{广告成本}}{\text{毛评点}}$$

该指标与千人成本一样,也是反映广告成本效益的指标,适用于同一市场广告成本效益的比较。

四、收听率分析常用指标及算法

收听率分析常用指标及算法如图 5.2 所示。

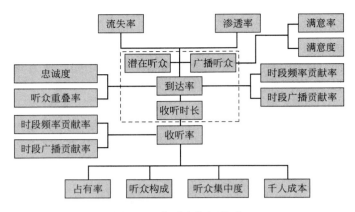

图 5.2 收听率指标体系

(1) 潜在听众

潜在听众是衡量广播的潜在价值的重要指标，它指的是符合特定条件具有广播收听能力的人。这里所指的有收听广播能力的人，包括三个方面的含义：①所处地区有广播信号达到；②有收听工具，这里的收听工具可以是自己拥有的，也可以是公共的；③有听觉和识别能力。

某电台的潜在听众，一般是指该电台覆盖范围内 6 岁以上具有收听广播能力的人。一般情况下，可以根据当地统计部门公布的人口数据推算出某电台的潜在听众。

(2) 广播听众

广播听众指的是在某地区在一定时期内有收听过广播的人，通常一定时期为一个月。需要注意的是，听过广播是指不管在任何地方或任何时间，也不管是否主动收听，只要曾经收听并且有印象即可。与潜在听众类似，广播听众也有其市场细分，它是用来评价广播市场价值的重要指标。

(3) 广播接触率

广播接触率就是在一定时期内某一地区收听广播的人数占当地潜在听众的比例。广播接触率反映当前广播市场占有的受众资源情况，是分析广播在整个媒体中的市场地位，揭示媒体市场竞争格局的重要指标。

(4) 到达率

到达率指的是某地区在特定时段内符合到达条件的接触总人数占潜在听众的比例。

① 周到达率。周到达率是指某地区一周内符合到达条件的接触总人数占潜在听众的比例。电台周到达率可以反映一个电台在一周内的总听众规模，这个听众规模与电台的忠实听众规模大致相当。通常情况下，周到达率越大，说明该电台在该地区拥有的忠实听众就越多。

② 日到达率。日到达率是指某地区一天内符合到达条件的接触总人数占潜在听众的比例，可以反映电台或节目在某一天内的听众规模。

(5) 收听率

收听率指在某特定时段（节目播放时段）内，收听人数占潜在听众的比例。

收听率实际上反映的是某时段（或节目）在某个地区的听众规模，同一特定时段内所有电台的收听率之和就是该时段的广播接触率。

一般说来，收听率反映的是在特定时段内收听某一电台或某一节目的人数在总体推及人口中的比例。当听众被锁定为总体推及人口中的一部分（如 60 岁及以上的老年人）时，收听率则表现为目标听众收听率。

① 累计收听率。累计收听率是在一定时期某特定时段 T（节目播放时段 T）内，收听总人次占潜在听众的比例。

② 总收听率。总收听率就是指某电台或节目在全天播出时间内的累计收听率。

③ 平均收听率。平均收听率就是指特定时段（或节目播放时间）平均每 15 分钟（或 30 分钟）到达的听众人次数占潜在听众的比例。它反映的是时段的平均价值。电台的平均收听率就是该电台在一定时间（一天或一周）内每 15 分钟的收听率的平均数。同样，节目的收听率也是指该节目播出时间内每 15 分钟的收听率的平均值。

④ 最大收听率。最大收听率是指在一定时间 T（通常为一周）内，电台（或节目）在所有每 15 分钟的时段收听率中的最大值。

（6）听众占有率

听众占有率指特定时段（或节目播放时间）收听某电台（节目）人数在该时间段内收听广播人数中所占的比例。

可见，听众占有率实际上就是特定时段某电台（节目）的收听率与该时段广播接触率的比值，反映特定时段某电台（或节目）的市场份额。

（7）平均听众占有率

平均听众占有率指特定时段（或节目播放时间）内收听某电台（或节目）的总时间占该时段收听广播总时间的比例。通常是对听众每 15 分钟作为一个单位进行收听情况的记录，那么平均占有率也是指特定时段（或节目播放时间）平均每 15 分钟内收听某电台（或节目）总人次占在该时间段内平均 15 分钟收听广播总人次的比例。

平均听众占有率反映的是单位时间内某电台（或节目）的市场份额，也就是电台（节目）单位时间的市场竞争力。

（8）流失率

流失率是指某电台（节目）一定时期内（通常为三个月或半年）减少的听众比例。

（9）渗透率

渗透率是指某电台（节目）一定时期内增加的听众比例。

（10）忠诚度

忠诚度指一直收听某电台（或节目）的听众占该电台（或节目）总的听众的比例，反映该电台（节目）听众的稳定性。忠诚度越高，说明该电台（或节目）的听众越稳定。

（11）平均忠实度

平均忠实度指某节目的听众在节目播出时段内收听该节目的时间占收听广播的时间的百分比，反映了听众对节目的倾向程度。

（12）满意度

满意度指的是听众用打分（百分制、5 级分制或 7 分制，采用 5 分制较多）的方式表达对自己听过的电台（或节目）节目的评价。一般说来，计算所有某电台（或节目）的听众对某电台（节目）的评分的均值，就是该电台（或节目）的满意度。为了便于比较，在分析中通常需要将不同度量（5 级分制或 7 级分制）的均值统一转化为百分制表示。

满意度是听众对电台（或节目）质量的一个整体评价，是影响电台（或节目）收听率的一个重要因素。

（13）满意率

满意率就是就是听众对某电台（节目）达到某个满意水平的人数占广播听众的比例。

（14）时段指数

时段指数指同一电台的特定时间段的收听率占同一电台平均收听率的比例，反映时段收听率与该电台平均水平的差距。

(15) 时段贡献率

时段贡献率是指特定时段内的听众收听某电台的总时间占该电台的听众总收听时间的比例，亦即是特定时段内的累计收听率（AcBRt％）与该电台总收听率（TBRt％）的比值。

(16) 时段频率贡献率

时段频率贡献率就是指特定时段内某电台的听众收听总时间占该时段听众收听广播的总时间的比例，实际就是指某电台在该时段的平均占有率。

(17) 时段广播贡献率

时段广播贡献率指特定时段内的听众收听广播总时间占听众全天收听广播的时间的比例，也就是特定时段内的累计广播接触率占全天的累计广播接触率的比例。

(18) 听众构成

听众构成是指对于特定电台（或节目），各类听众在单位时间内的收听人数占所有听众的比例。听众构成指标主要用于考察电台（或节目）在各个时间段的听众结构，分析"谁收听广播（或节目）"和"收听了多长时间"。

(19) 听众集中度

听众集中度是指对于特定时段（或节目），目标听众的收听时长占所有听众收听总时长的比例，或者说实际目标听众的收听率与潜在听众的收听率的比值与目标听众所占比重的乘积。

(20) 听众重叠率

广播听众一般不会固定收听某一个电台（节目），经常是选择两个或者两个以上的电台（节目）收听，听众重叠率就是两个或者两个以上电台（节目）之间重复听众人数占这些电台（节目）听众总量的比例。听众重叠率反映了电台（节目）之间听众的相似程度，也是反映听众忠诚度的指标。

(21) 广告千人成本

广告千人成本是指以媒介作为广告载体所发布的广告信息，每到达一千人次的受众量所需要花费的成本，通常以元表示。一般说来，广告千人成本（CPM）包括某时段的千人成本（CPMT）、节目的千人成本（CPMj）和节目的最小千人成本（CPMjmin）。

广告千人成本可用于评估广告投放的经济效益，进行不同市场、不同广告载体的广告投放成本效益的比较，是广告商制定广告媒介计划的重要依据。

思考题

1. 广播电视节目的受众有什么特点？受众会对广播电视节目产生什么影响？
2. 什么叫视听率？视听率的指标有哪些？
3. 收视率测量有哪三种主要方法？比较它们的优缺点。
4. 收听率测量有哪两种主要方法？比较它们的优缺点。
5. 视听率与节目定位、节目编排、节目评价、广告投放计划之间有什么联系？
6. 什么叫"绿色视听率"？为什么要大力提倡"绿色视听率"？
7. 融媒环境下，如何正确并合理使用视听率数据？谈谈你的理解和看法。

第六章 广播电视技术形态的演进

【本章要点】 互联网、移动通信、多媒体、大数据、人工智能、云计算等技术的不断演进，用户多样化需求的求新求变，使当今媒体的迭代周期比以往历史上任何一个时期都更加迅疾。新兴媒体发展的同时，又与传统媒体不断结合，进而产生了许多新的媒体形态，如网络广播、网络电视、IPTV、手机电视等。本章着重探讨技术发展对广播电视的影响，介绍有线电视、卫星电视的演变发展和运行管理等问题。

"新媒体"一词最早见于1967年美国CBS（哥伦比亚广播电视网）技术研究所所长、NTSC电视制式的发明者P. Goldmark发表的一份关于开发EVR（电子录像）商品的计划书。后来，1969年，美国传播政策总统特别委员会主席E. Rostow在向尼克松总统提交的报告书中也多处提到"新媒体"这一概念。由此，"新媒体"一词开始在美国社会流行，并在不久以后影响了全世界。然而迄今为止，世界上对于新媒体的定义远未统一，专家和学者们也是各执一词。

美国《连线》杂志对新媒体的定义是"所有人对所有人的传播"。这一观点一语道破新媒体的本质特征，但严格说来这不是一个概念的定义，充其量只能算是一句口号。

清华大学熊澄宇教授认为，所谓新媒体，或称数字媒体、网络媒体，是建立在计算机信息处理技术和互联网基础之上发挥传播功能的媒介总和。它除具有报纸、电视、电台等传统媒体的功能外，还具有交互、即时、延展和融合的新特征。互联网用户既是信息的接收者，又是信息的提供和发布者。包括数字化、互联网、发布平台、编辑制作系统、信息集成界面、传播通道和接收终端等要素的网络媒体，已经不仅仅属于大众媒体的范畴，而是全方位立体化地融合大众传播、组织传播和人际传播方式，以有别于传统媒体的功能影响我们的社会[75]。

中国人民大学匡文波教授把"数字化""互动性"作为新媒体的主要标准[76]。

新媒体其实是一个变化的概念，"新"与"旧"是相对的。任何事物在诞生之始都是以新面目出现的，但是随着时间的流逝，技术的进步，"新""旧"之间的界限会逐渐模糊，直至消失。

首先，新媒体是一个时间的概念。在媒介发展史上，每一次媒介技术的变革都会带来所谓的"新媒体"，特别是在知识爆炸、技术更新迅速的今天，各类新媒体层出不穷，新媒体的外延更是不断被拓展。仅以网络媒体为例，在短短的几年中，博客、播客、维客等新媒体形态纷纷冒了出来。在信息时代，不仅新的技术革命和物质形态变化可以产生新媒体，新的软件开发、新的信息服务方式的推出都可以称为一种新媒体的诞生。

其次，新媒体也是一个技术的概念。当下的新媒体指的是依托数字技术、因特网技术、移动通信技术等新兴科技而产生的向受众提供信息服务的一系列新的工具或手段，其种类可谓丰富多彩，其中有的属于新的媒介形式，有的属于新的媒体硬件、新的媒体软件或新的信息服务方式。

第一节 技术发展对广播电视的影响

纵观媒介发展史可以发现,在每一种媒介诞生的背后都有新的传播技术在默默推动。造纸术的发明和活字印刷术的出现成就了报纸与杂志的广泛传播,无线电技术的发明带来了广播媒体的诞生,约翰·贝尔德发明的电视接收装置使人类跨入了电视时代,ARPANET技术的出现形成了互联网的雏形,模拟蜂窝移动通信技术的试行拉开了手机发展的序幕……以网络媒体和手机媒体为代表的新媒体更是如此,它们的每一次升级与更新换代都离不开数字技术、互联网技术、移动通信技术和多媒体技术的革新。

一、互联网技术的发展及其对广播电视的影响

1. 计算机网络技术(Web技术)的发展

信息时代的到来,使得互联网在人类生活中变得越来越不可或缺。人在互联网浪潮中无力抵抗。互联网技术的发展一日千里,从Web1.0到Web2.0,从Web2.0到Web3.0,都离不开网络技术的更新和推动。

(1) Web1.0的定位

从互联网诞生发展至今,本无Web1.0概念一说,但是2004年Web2.0这一术语的出现,为了对比说明Web2.0互联网发展状况和特点,Web1.0也就应运而生了。Web1.0通常指的是1999~2004年间互联网起飞后期的这个阶段和特点。Web1.0的本质是聚合和搜索。在Web1.0时代,用户主要通过使用互联网浏览器获取信息,这种接收方式只解决了用户对信息搜索、聚合的要求,然而本质上仍是单向传播模式。这个时期的代表网站是新浪、搜狐、网易、雅虎等。页面浏览数是评估网络业绩的主要依据。

(2) Web2.0概念的提出

Web2.0的出现打破了过去Web1.0时代单一的信息接收方式,更加注重开发用户的主动性和互动性,使用户掌握信息的主动权。在Web2.0时代,除了Web1.0时代的P2P、IM等得到新的发展,更涌现出许多的新媒体形态,比如博客(Blog)、社会化标签(Tag)、维客(Wiki)、RSS、SNS等。

值得一提的是网络搜索引擎公司Google是Web2.0阶段的旗手。其突破点就在于PageRank技术,该技术令其迅速成为搜索领域中无可争辩的领导者。在Web2.0阶段,网站的商业化非常突出。如eBay、Amazon、维基百科全书、Flickr等不断增加新的功能,使得网络更加深入人类生活和工作的各个角落。

(3) Web3.0——互联网的未来发展模式

目前关于Web3.0的说法有10多种,被引用最多的是"网站内的信息可以直接和其他网站信息进行交互,能通过第三方信息平台同时对多家网站的信息进行整合利用;用户在互联网上拥有自己的数据,并能在不同的网站上使用"。Web3.0是以主动性(initiative)、数字最大化(max-digitalizative)、多维化(multi-dimension)等为特征、以服务为内容的第三代互联网系统[77]。

Web1.0让人类会用互联网,Web2.0让人类离不开电脑,Web3.0是将互联网全面数字化。"人与互联网的和谐"这一互联网不懈追求的目标也会出现新的奇迹。

2. 互联网的发展对广播电视的影响

(1) 互联网萌芽及广播电视网络化的初步探索时期(1994~2000年)

1969年,美国国防部开始启动用于核战时通信的计算机网络开发计划阿帕网(ARPA-

NET），即互联网的前身。1983 年，阿帕网宣布将过去的通信协议"NCP"（网络控制协议）向新协议"TCP/IP"（传输控制协议/互联网协议）过渡，从此不同的网络开始能够互相连接，美国全国性互联网才得以真正建立起来。1993 年，伊利诺斯大学美国超级计算机应用中心马克·安德里森等人开发出了第一个真正的互联网浏览器"Mosaic"。Mosaic 改变了整个网络，它后来修正后被作为网景导航器推向市场，一年之内就席卷了整个互联网市场。1994 年开始，国际互联网的发展领域从科研教育领域向计算机领域转变，从此引发了全球性的互联网热潮。

在中国，互联网真正向大众推广应该始于 1995 年之后。1995 年，张树新创立了第一家互联网服务提供公司——瀛海威时空。瀛海威公司通过开发全中文多媒体网络系统、开设专栏普及网络知识等方式首次向国人系统灌输了国家互联网理念，教育和培养了中国第一代网民。

1997 年，我国引入门户网站概念，互联网成为一种日趋独立的新媒体。1996 年 4 月，由王志东和严援朝于北京中关村共同创办的四通利方信息技术有限公司开通了"利方在线"（SRSNet），相继提供论坛、新闻等信息服务，很快成为人气旺盛的中文网站。1998 年 12 月，四通利方与华渊资讯合并，成立新浪网。1997 年 5 月，丁磊创立了网易公司，成为当时国内领先的互联网技术公司。1996 年 8 月，张朝阳利用美国的风险投资创立了搜狐，1998 年 2 月，搜狐网正式开通，成为当时国内第一家中文搜索引擎。新浪、网易和搜狐这三大门户网站在互联网的萌芽阶段相继诞生，并日趋活跃，成为日后中国诸多商业网站中的领头羊。1998～2000 年，对于中国的商业网站来说是一个迅速升温的时期。1999 年 7 月，中国第一只网络概念股——香港中华网登上纳斯达克股市，极大地刺激了国内网站谋求上市的热情。2000 年 4 月，新浪宣布首次公开发行股票，每股定价为 17 美元，第一只真正来自中国内陆的网络股登上了纳斯达克；同年 6 月，网易公司亦宣布在纳斯达克正式挂牌交易；同年 7 月，搜狐在纳斯达克挂牌上市。三大门户网站的相继上市成为国内商业网站发展史上的一个重要里程碑。虽然国内所有商业网站那个时候都处于模仿（美国 Yahoo！网站）与探索阶段，但是它们也在借鉴美国 Yahoo！网站的发展模式、遵循"风向投资＋网络广告"中逐步强大起来，并探索自己的发展道路。

1995 年开始的互联网发展也是传统新闻媒体网络化的初始阶段。1996 年 10 月广东人民广播电台建立网站（www.radioguangdong.com）。1996 年 12 月中央电视台建立网站（www.cctv.com），标志着中国广播电视媒体开始向网络传播领域进军。截至 1999 年底，全国建立独立域名的新闻宣传单位已达 700 多家，以人民网、新华网为代表的一批国家重点新闻网站出现。2000 年 3 月，新华通讯社网站更名为新华网，并启用新域名"www.xinhuanet.com"及"www.xhnet.com"；2004 年，人民日报网络版改版并改名为人民网，启用新域名"www.people.com.cn"。实际上，传统媒体网站的更名背后意味着新闻媒体网站自我定位的变迁——从最初的传统媒体电子版向独立的新闻网站或以新闻为主的大型综合网站转型。

从 1999 年开始，地方媒体网站开始跳出单打独斗的状态，进入探索联合发展道路时期。2000 年 5 月 8 日，上海东方网正式启动。它是由上海 14 家主流媒体包括《解放日报》、《文汇报》、东方电视台、上海电台等集中资源共同投资组建的大型综合型网站。这 14 家单位将在清样付印、即时新闻播发之前以第一时间向东方网传送信息源，并在东方网上即时刊发[78]。在运营上，东方网采取商业化的运作模式，与没有政府和传统媒体背景的商业网站相比，具有得天独厚的政策优势与发展空间。

（2）互联网经济泡沫与网络媒体转轨（2000～2002 年）

2000年，前脚几大门户网站欢欢喜喜地在纳斯达克上市，后脚就经历了全球互联网经济泡沫和纳斯达克市场的动荡，以商业网站为代表的部分网络媒体出现了前所未有的艰难局面，国内很多名噪一时的网站或是倒闭结束或是另谋他途，仅新浪、搜狐、网易等几家苦苦支撑，并开始寻求新的发展道路，探索新的盈利模式，比如开始尝试收费邮箱、电子商务、手机短信等收费服务，进行以营利为目的的艰难转型。截至2002年底，新浪等商业网站逐渐摸索出了适合自己的发展模式。新浪开始同时面向个人用户和企业用户，并发展出新浪网、新浪企业服务、新浪热线等三个独立事业体；搜狐的业务则从传统的网络门户扩展到面向个人和企业的收费服务；网易则向提供个人收费服务的方向转型。

国内的媒体网站在平稳运行的发展之后也进入了新一轮的调整期。2001年1月，人民网推出了新版，包括了时政、国际、观点、经济、科教等13个新闻频道；同年2月，新华网全面升级，增加网上直播、推出"发展论坛"和"统一论坛"等。地方媒体仍以创建与整合为主。电子政务的推进也成为这一时期的典型特征。到2001年1月底，我国以 gov.com 为结尾注册的域名总数达4722个，占国内域名总数的4%。

（3）重新起飞和全面发展时期（2003年至今）

2002年，商业网站扭亏为盈。2002年7月，三大门户网站先后宣布从亏损进入了营利时期，这标志着国内商业网站开始走出了低谷。商业网站的营利模式从单纯以网络广告为主要收入来源，拓展到以增值服务、网络游戏和网络广告为主的多元化收入渠道。

2003年，多事之秋成就网络新闻和网络舆论的发展。"哥伦比亚号"飞机失事、美伊战争、"非典"爆发等重大事件使得国内网站的新闻业务水平得到了历练与提高。从"非典"到孙志刚案、宝马案的披露与跟踪，网络媒体逐渐成熟起来了。而随之成长起来的中国网民尤其是青少年一代和知识分子开始关注网上评论和表达，通过个人在网络上的表达来影响整个事件的进程。

2004年，是中国网络媒体发展的第二个拐点。在这一年，一批新兴的商业网站——垂直门户网站开始出现，像携程旅行网为代表的旅行类垂直门户、以51job为代表的招聘求职招聘类门户、以搜房网为代表的房产门户等。这些垂直门户网站成为商业网站的后起之秀，其值得借鉴的战略模式、经营模式与内容模式对综合门户网站造成了有力的冲击。此外，以博客为代表的微传播时代也已经到来。博客的个人媒体性质及其独立性、自创性，使它成为Web2.0时代的典型代表。在这一年，"责任""自律"成为网络媒体提到最多的词语，《互联网新闻信息服务自律公约》的签署以及互联网违法与不良信息举报中心的成立，标志着网络媒体自身的社会责任和自律问题已经被提上了一个重要高度。

2005年以后，网络媒体进入全面开花、百花齐放的新阶段。一是以新华网和人民网为代表的新闻网站成为中国网络新闻影响力的主导者。尤其是重大新闻事件的报道中，重点新闻网站无疑占着主导地位，它们经授权对重大事件进行报道，并通过商业网站过亿的点击率进行二次传播，从而引导舆论的发展。二是商业网站成为网络点击率的引领者。垂直门户网站以其专业、精准和深化的特性吸引了大量的行业内人员，搜索引擎网站以其方便性和实用性聚集大量搜索信息的网民，天涯等社区类网站以其虚拟性和互动性积集大量人气，新浪网推出的博客和播客等新媒体业务为新浪带来了急剧飙升的人气和点击率。三是知名品牌栏目的形成，像国际在线的"网络广播"、央视国际的"网络电视"、新华网的"新华手机报"、中国广播网的"电子杂志"等迅速积聚了大量人气。四是博客、RSS、网络杂志等新媒体形式的出现。

互联网技术的创新使得网络媒体的发展进入飞驰阶段。然而，我们也应该清醒地认识到，技术的发展是比较简单的，更大的挑战是组织上和制度上的创新，还有文化上、思想上的创新[79]。传统媒体在很多问题没有解决的情况下，一步跨进新媒体的时代。我们面对一个压缩的时间，要在各个方面同时发展。

二、移动通信技术的发展及其对广播电视的影响

1. 移动通信技术的发展

移动通信是指通信双方至少有一方在移动中（或者临时停留在某一非预定的位置上）进行信息传输和交换。移动通信技术使数字信息的传播摆脱了电线、光缆等实体网络的限制，通过无线网络实现随时随地的传播。

（1）第一代移动通信技术：1G（1st Generation）

第一代移动通信技术（1G）是指最初的模拟，仅限语音的蜂窝电话标准，制定20世纪80年代。Nordic移动电话（NMT）就是这样一种标准，应用于Nordic国家、东欧以及俄罗斯。其他还包括美国的高级移动电话系统（AMPS）、英国的总访问通信系统（TACS）、日本的JTAGS、西德的C-Netz、法国的Radiocom 2000和意大利的RTMI。模拟蜂窝服务在许多地方正被逐步淘汰。1987年11月，为配合第六届全运会开幕，我国引进了第一套模拟移动通信设备，首批入网用户只有700个，但是从此拉开了我国移动通信产业发展的序幕。这种蜂窝式移动电话俗称为"大哥大"，在当时的意义来说，身份的象征更大于通信的应用。2001年12月31日，我国便彻底关闭了模拟移动通信网。

（2）第二代移动通信技术：2G（2nd Generation）

与第一代模拟蜂窝移动通信相比，第二代移动通信技术系统采用了数字化，具有保密性强、频谱利用率高、能提供丰富的业务、标准化程度高等特点，使得移动通信得到了空前的发展，从过去的补充地位跃居通信的主导地位。我国目前应用的第二代蜂窝系统为欧洲的GSM系统以及北美的窄带CDMA系统。

1994年10月25日，邮电部时任部长吴基传在国际展览中心拨通了第一个GSM数字移动电话，我国移动通信由此进入了第二代数字移动通信时代。当时，主流的移动通信终端使用的是第二代移动通信技术，可以提供的信息服务主要有语音、短信息、彩信、互联网服务等。已经进行商业应用的2.5G移动通信技术是从2G迈向3G的衔接性技术，由于3G是个相当浩大的工程，所牵扯的层面多且复杂，要从2G迈向3G不可能一下就衔接得上，因此出现了介于2G和3G之间的2.5G。HSCSD、GPRS、WAP、蓝牙（Bluetooth）、EPOC等技术都是2.5G技术，EDGE是2.75G技术。2.5G技术的出现使得手机平台的功能得到了很好的拓展，逐渐从语音平台演进为视频、数据、娱乐、商务和支付等多功能媒体平台，手机报纸、手机广播、手机电视等媒体因此被开发出来。

（3）第三代移动通信技术：3G（3rd Generation）

相对第一代模拟制式手机和第二代数字手机，第三代手机是指将无线通信与互联网等多媒体通信结合的新一代移动通信系统。它能够处理图像、音乐、视频流等多种媒体形式，提供包括网页浏览、电话会议、电子商务等多种信息服务。第三代移动通信系统一个突出特色就是，要在未来移动通信系统中实现个人终端用户能够在全球范围内的任何时间、任何地点，与任何人，用任意方式、高质量地完成任何信息之间的移动通信与传输。可见，第三代移动通信十分重视个人在通信系统中的自主因素，突出了个人在通信系统中的主要地位，所以又叫未来个人通信系统。

（4）第四代移动通信技术：4G（4th Generation）

4G通信技术是基于3G通信技术基础上不断优化升级、创新发展而来，融合了3G通信技术的优势，并衍生出了一系列自身固有的特征，以WLAN技术为发展重点。4G通信技

术的创新使其比 3G 通信技术具有更大的竞争优势。

① 4G 通信在图片、视频传输上能够实现原图、原视频高清传输,其传输质量与电脑画质不相上下。

② 利用 4G 通信技术,在软件、文件、图片、音视频下载上其速度最高可达到最高每秒几十兆,这是 3G 通信技术无法实现的,同时这也是 4G 通信技术一个显著优势。这种快捷的下载模式能够为人们带来更佳的通信体验,也便于人们日常学习中学习资料的下载[80]。

(5)第五代移动通信技术:5G(5th Generation)

5G 是在 4G 基础上,对于移动通信提出更高的要求。5G 具有高速度、泛在网、低功耗、低延时、万物互联等五大突出优势,由此业务将有巨大提升,互联网的发展也从移动互联网进入智能互联网时代。

从 1G 到 4G,移动通信的核心是人与人之间的通信,个人的通信是移动通信的核心业务。但是 5G 的通信不仅仅是人的通信,而是将物联网、工业自动化、无人驾驶引入,通信从人与人之间通信开始转向人与物的通信,直至机器与机器的通信。5G 是目前移动通信技术发展的最高峰,也是人类希望不仅改变生活,更要改变社会的重要力量[81]。

2. 一部手机一场革命:从砖头机到 iPhone

(1)手机的诞生

1973 年 4 月的一天,一名男子站在纽约街头,掏出一个约有两块砖头大的无线电话,并打了一通,引得过路人纷纷驻足侧目。这个人就是手机的发明者马丁·库帕。当时,库帕是美国著名的摩托罗拉公司的工程技术人员。这世界上第一通移动电话是打给他在贝尔实验室工作的一位对手,对方当时也在研制移动电话,但尚未成功。世界上第一部手机从此诞生。

从 1973 年手机注册专利,一直到 1985 年,才诞生出第一台现代意义上的、真正可以移动的电话。它是将电源和天线放置在一个盒子中,重量达 3 公斤,非常重而且不方便,使用者要像背包那样背着它行走,所以被称作"肩背电话"。与现今形状接近的手机诞生于 1987 年,它与"肩背电话"相比,显得轻巧得多,而且容易携带。尽管如此,其重量仍有大约 750 克,与今天仅重 60 克的手机相比,仍像一块大砖头。

从那以后,手机的发展越来越迅速。1991 年时,手机的重量为 250 克左右;1996 年秋,出现了体积为 100 立方厘米、重量 100 克的手机。此后又进一步小型化、轻型化,到 1999 年就轻到了 60 克以下。也就是说,一部手机比一个鸡蛋重不了多少。

在通信技术方面,现代手机也有着明显的进步。当库帕打世界第一通移动电话时,他可以使用任意的电磁频段。事实上,第一代模拟手机就是靠频率的不同来区别不同用户的不同手机。第二代手机——GSM 系统则是靠极其微小的时差来区分用户。到了今天,频率资源已明显不足,手机用户也呈几何级数迅速增长。于是,更新的、靠编码的不同来区别不同的手机的 CDMA 技术应运而生。

(2)手机媒体的发展过程就是一场革命

手机媒体由于具有随身性和随机性、移动性和互动性、私密性和开放性、大众性和分众性、群发性和定向性、强制性和随意性、即时性和可存储性等特点,所以手机派生出很多新的业务形态——手机广告、手机电视短剧、手机电影、手机广播、手机新闻发布厅、手机文学小品、手机音乐、手机动漫、手机游戏、手机商务交易,它们将会形成一个个新的营利亮点。实现无疆界信息服务、一站式信息获取,由点到点的通信变成点到面、一点对多点和多点发散式的互动沟通和分众消费,手机信息的本地化特征越来越明显,手机内存必将大大地增容。未来时间里,与手机对接的智能终端还将层出不穷,公交车、地铁、高速城际列车、民航飞机上，办公室和居民家里，以及公共场所的沙发扶手上，出现许多高清晰度电视屏幕等数字化接收终端的手机接口。折叠式、弯曲式、大屏幕等多种新型手机出现。在此基础上，手机媒体产业链和商业模式以强劲之势迅速形成，其市场规模将远远超过现在互联网的几百亿[82]。

手机媒体将有可能改变人们的阅读习惯，改变人们的价值观念、效率观念和文化环境，甚至改变战争的形态。成长中的手机媒体，正在培养自己的受众；成长中的受众，也正在改变着手机媒体文化。

但是，任何革命都不是一蹴而就，也不是万能的。在相当长一段时间内，技术、内容、资费三大瓶颈仍然制约着手机媒体的发展。操作系统和应用软件的研发能力滞后于用户需求的现象还将长期存在；手机屏幕小、数据传送量小、信号覆盖小的矛盾仍然难以解决；技术壁垒、行业壁垒、企业壁垒、价格壁垒有待消除。

此外，以数字电视、IPTV 为代表的互动性电视新媒体和以户外新媒体、楼宇电视和移动电视为代表的新型媒体群均是新媒体中不可忽视的力量，同网络新媒体和手机新媒体一样，它们也正在经历从生产到迅速成长的历程。

三、多媒体技术的发展及其对广播电视的影响

20 世纪 80 年代中后期开始，多媒体计算机技术成为人们关注的热点之一。多媒体技术是一种迅速发展的综合性电子信息技术，它给传统的计算机系统、音频和视频设备带来了方向性的变革，将对大众传媒产生深远的影响。多媒体计算机将加速计算机进入家庭和社会各个方面的进程，给人们的工作、生活和娱乐带来深刻的革命。

20 世纪 90 年代以来，世界向着信息化社会发展的速度明显加快，而多媒体技术的应用在这一发展过程中发挥了极其重要的作用。多媒体改善了人类信息的交流，缩短了人类传递信息的路径。应用多媒体技术是 20 世纪 90 年代计算机应用的时代特征，也是计算机的又一次革命。

1. 什么是多媒体技术？

"多媒体"一词译自英文"Multimedia"，而该词又是由 multiple 和 media 复合而成，核心词是媒体。媒体（medium）在计算机领域有两种含义：一是指存储信息的实体，如磁盘、光盘、磁带、半导体存储器等，中文常译为媒质；二是指传递信息的载体，如数字、文字、声音、图形和图像等，中文译作媒介，多媒体技术中的媒体是指后者。"多媒体"是指能够同时获取、处理、编辑、存储和展示两个以上不同类型信息媒体的技术，这些信息媒体包括文字、声音、图形、图像、动画、视频等。从这个意义中可以看到，我们常说的"多媒体"最终被归结为一种"技术"。现在人们谈论的多媒体技术往往与计算机联系起来，这是由于计算机的数字化及交互式处理能力极大地推动了多媒体技术的发展。通常可以把多媒体看作是先进的计算机技术与视频、音频和通信等技术融为一体形成的新技术或新产品。

因此，"多媒体"的定义可以理解为：计算机综合处理多种媒体信息、文本、图形、图像、音频和视频，使多种信息建立逻辑连接，集成为一个系统并具有交互性。简单地说：计算机综合处理声、文、图信息和具有集成性和交互性。

2. 多媒体技术的发展

显示芯片的出现自然标志着电脑已经初具处理图像的能力，但是这不能说明当时的电脑可以发展多媒体技术，20 世纪 80 年代声卡的出现，不仅标志着电脑具备了音频处理能力，也标志着电脑的发展终于开始进入了一个崭新的阶段：多媒体技术发展阶段。1988 年 MPEG（Moving Picture Expert Group，运动图像专家小组）的建立又对多媒体技术的发展

起到了推波助澜的作用。

自 20 世纪 80 年代之后，多媒体技术发展之速可谓是让人惊叹不已。不过，无论在技术上多么复杂，在发展上多么混乱，似乎有两条主线可循：一条是视频技术的发展；一条是音频技术的发展。从 AVI 出现开始，视频技术进入蓬勃发展时期。这个时期内的三次高潮主导者分别是 AVI、Stream（流格式）以及 MPEG。AVI 的出现无异于为计算机视频存储奠定了一个标准，而 Stream 使得网络传播视频成了非常轻松的事情，MPEG 则是将计算机视频应用进行了最大化的普及。而音频技术的发展大致经历了两个阶段：一个是以单机为主的 WAV 和 MIDI；另一个是随后出现的形形色色的网络音乐压缩技术的发展。

从 PC 喇叭到创新声卡，再到目前丰富的多媒体应用，多媒体正改变我们生活的方方面面。在个人电脑中的应用，有多媒体编辑、图形设计、动画制作、数字视频、数字音乐等。声音是多媒体的又一重要方面，它除了给多媒体带来令人惊奇的效果外，还最大限度地增强展示效果。与我们生活息息相关的有视频会议、超文本（Hypertext）、家庭视听等。

多媒体的未来是激动人心的，我们生活中数字信息的数量在今后几十年中将急剧增加，质量上也将大大地改善。多媒体正在以迅速的、意想不到的方式进入人们生活的多个方面，大的趋势是其各个方面都将朝着当今新技术综合的方向发展，这其中包括大容量光碟存储器、国际互联网和交互电视。这个综合正是一场广泛革命的核心，它不仅影响信息的包装方式和我们运用这些信息的方式，而且将改变我们互相通信的方式。现在，多媒体正如我们新技术所展示的那样，正在成为便携个人多媒体。

第二节 有线电视

一、有线电视概述

1. 有线电视传输系统的由来

20 世纪 40 年代末期，在美国的一些山村，为了提高接收广播电视信号的质量，选择具有较好接收条件的山头架设天线，用同轴电缆把接收到的信号传递给村里的电视用户。这样，多个用户共用一副天线接收电视广播的情况开始出现，从而产生了早期共用天线系统。

随着城市逐步现代化，高层建筑和各类电波干扰源日益增多，电视荧光屏上出现"重影""雪花"等杂波干扰现象也日趋严重，为了解决这些问题，共用天线电视系统在城市也逐渐发展起来。

这类共用天线电视系统或集体收看电视系统一般是指小型分配系统，为公寓大楼、宾馆、饭店以及小型住宅区服务的系统，简称为 MATV（Master Aerial Television）。

由于无线电广播电视频道的增加要受到频率分配的限制，而有线电视可以在前端演播室利用录像机等设备自办节目，也可将卫星电视信号、微波中继信号和光缆线路传送的信号等其他远地信号加以解调、调制，再经电缆分配系统传送给电视用户，以满足人们对远地和多种信息的需求。于是，使用同轴电缆作为传输线路，并具有以处理多路传输信号功能为特征的电缆电视传输系统，即 CATV 系统，便逐渐形成。

CATV（Community Antenna Television）系统，亦即电缆电视（Cable Television）系统，现在我国广播电视机构对其已统称为有线电视系统，它在城镇或地区向大量电视用户分配电视信号。

从 CATV 电缆电视传输系统的发展过程可以看出，电缆电视传输系统是在 MATV 共用天线电视的基础上发展起来的。它们本质上都属于有线传输系统，例如都具有接收、传输开路电视信号的功能等,但两者又有很大差别。共用天线电视是指规模小、传输距离近、功能简单的小型分配系统;而电缆电视系统无论在前端接收、处理信号的功能、还是在传输分配网络的规模、复杂程度,以及用户终端数量方面都是指的大型传输分配系统而言,两个术语的内涵相差很大,不可混用。

2. 有线电视传输系统的特点

① 信号接收质量高。VHF(甚高频)、UHF(超高频)广播电视信号由于频率很高,故具有光波传输的性质,即具有"视距"传输的特征。因此,在距电视台较远的地方便出现了弱场强区;在传播直线途中遇到高山或大建筑物的遮挡就形成了"阴影区"。在这些区域中,电视信号是很弱的,导致电视用户不能正常收看。而电缆电视系统通过采取多种有效措施,能使用户的电视机获得理想的电视信号。

② 抗干扰性能好。随着城市高层建筑的建设和各类电器干扰源日益增多,使得电视机在接收过程中出现重影和杂波干扰,这种现象日趋严重。电缆电视系统可采用优质、高增益、锐方向性的天线或防重影天线来消除重影;采用窄带滤波器、陷波器来抑制空间杂波的干扰,同轴电缆的良好屏蔽性能也为抑制外来电气杂波干扰或防止系统本身产生各种辐射干扰提供了保证。

③ 节省美观。采用电缆电视系统,成千上万的用户可共用一组天线收看电视节目。既大大节约了有色金属材料,又避免了"天线森林"现象,有利于美化市容。

④ 使用安全。电缆电视系统在安装天线的同时,都安装了避雷针和安全接地线,同时还可在放大器、电源等部位加装防雷器件。一般说来,通过电缆电视系统收看电视节目要比个体安装室外天线收看电视节目安全一些。

⑤ 用途广泛。它可接收 VHF、UHF 和卫星电视频道以及调频立体声广播等多种开路信号,为广大的电视用户提供清晰的图像和优美的伴音;同时还能传输各种闭路信号,如图形和文字广播系统、信息咨询、付费电视、电视购物、安全监视、防火防盗、来客问讯、医疗急救等。总之,有线电视传输系统能满足人们工作、生活、娱乐等广泛的需要。

3. 有线电视系统的构成和分类

有线电视系统一般是由天线、前端、干线传输和用户分配网络几个部分组成的整体系统(图 6.1)。

天线一般有两种划分:一种是把天线划在前端(Head end)部分;另一种是前端不包括天线,而把天线单独划为接收信号源部分。本章采用后一种划分方法。一个电缆电视传输系统一般由接收信号源、前端、传输系统和用户分配网络等部分组成。

(1)接收信号源

接收信号源部分通常包括卫星地面站、微波站、电缆电视网、无线接收天线、电视转播车、演播室、录像机和计算机等。在目前建设的 CATV 系统中,最主要的是接收广播电视节目的天线。它能接收许多频道的电视节目,在电缆电视系统传输的节目中占有举足轻重的作用。

天线有无源天线和有源天线两种。有源天线可使天线系统实现高增益、高信噪比接收,通常把天线放大器安装在天线的竖杆上,可以把它看成天线的一部分。天线及天线放大器直接影响接收信号的质量,因此不仅要注意天线系统本身的质量、安装架设位置,同时还要注意使它和前端设备间有良好的配合,这对于减少信号反射、减少重影都是非常有效的。

(2)前端设备

前端设备是接在接收天线或其他信号源与电缆传输分配系统之间的设备,它对天线接收的广播电视和微波中继电视信号或自办节目设备送来的电视信号进行必要的处理,然后再把

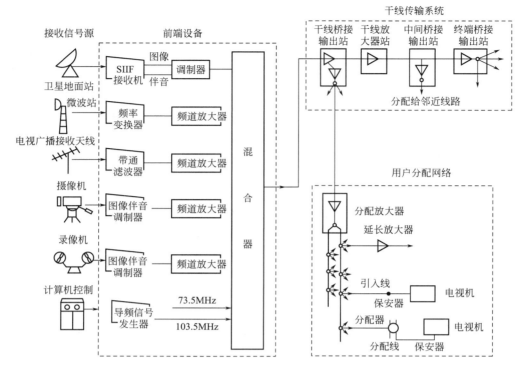

图 6.1 有线电视系统的基本组成框图

全部信号经混合网络送到干线传输分配系统。图 6.1 左侧虚线框图内所示，是传输节目信号不多的电缆电视系统前端设备基本构成，由于传输频道不多，一般信号处理都采用带通滤波器、频率变换器、调制器、频道放大器、导频信号发生器及混合器等简易部件。对于传输节目多、技术性能要求高的大型电缆电视系统，由于采用邻频道传输而带来频道间的干扰增大，对前端的频率变换等功能部件提出了更严格的技术要求，一般简易部件已不能适应，目前大都采用技术结构复杂的信号处理器来实现频率变换、调制、放大等功能。

此外，前端还包括多种特殊服务的设备，如系统监视、付费电视、烟火检测、防盗报警等。

根据需要，前端设备可组装在前端机箱或机柜内，前端送出的每路输出信号应调整到系统设计所需要的电平电压。前端站通常选建在干扰最小、场强较强且离天线较近的地方。

此外，复杂大型的电缆电视系统还可能设有本地前端、中心前端或远地前端。直接与系统干线或与作干线用的短距离传输线路相连接的前端叫本地前端，通常设置在所服务区域的中心。输入来自本地前端及其他可能信号源的辅助前端叫中心前端。经过长距离地面或卫星线路把信号传递给本地前端的前端叫远地前端。

（3）干线传输系统

干线传输系统是把前端接收处理、混合后的电视信号传输给用户分配系统的一系列传输设备，主要有各种类型的干线放大器和干线电缆。为了能够高质量高效率地输送信号，应当采用优质低耗的同轴电缆或光缆；同时，要采用具有自动电平控制（AGC）和自动斜率控制（ASC）的干线放大器。在主干线上分支应尽可能少，以保持干线中串接放大器数量最少。如果要传输双向节目，必须使用双向传输干线放大器，建立双向传输系统。

在干线铺设中，根据系统需要选择不同类型的干线放大器和中间桥接、终端桥接等放大器,加上适当的同轴电缆,便可构成任何复杂的干线传输系统。图 6.1 中右上侧虚线框图标出了干线传输系统的基本组成。

(4) 用户分配网络

用户分配网络是电缆电视系统的最后部分。如果把整个传输分配网络结构形象地比作一棵树的话,那么干线传输系统可看作树干,用户分配网络就好比茂盛的枝叶。它分布最广,直接把自干线传输系统的信号分配传送到千万台电视机,它包括线路延长分配放大器、分支器、分配器、串接单元支线、分支线、用户线以及用户终端盒等,如图 6.1 右下侧所示。用户分配网络的电缆与干线电缆比较,可使用细一点的,允许损耗大一点,以降低成本。

用户分配网络放大器的工作电平较高。具有多路输出的高增益桥接放大器是作干线和分配器连接用的。它的优点是提高放大器的负载能力,且使用户终端达到标准的用户电平,同时也有利于提高信噪比。

从设计方面考虑,针对有线电视系统简繁程度、规模大小等不同类型,设定不同的技术指标要求,以便将技术设计简化或典型化。

从工程管理方面考虑,根据系统规模大小、重要程度而规定验收、测试项目,有利于工程建设和管理。因此,对有线电视系统进行恰当的分类是必要的。

按系统工作频率分,主要有 VHF 系统、UHF 系统、VHF+UHF 系统,和在以上频段加、减 FM、AM 的系统,此外还有双向传输系统等。

我国电缆电视系统频道分布参见图 6.2,系统按工作频段分类见表 6.1。

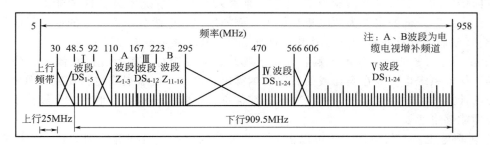

图 6.2 电缆电视系统频道分布

表 6.1 系统按工作频段分类

系统类别	占用频段		
	前端输入	干线传输	用户分配网络
I	VHF	VHF	VHF
II	UHF+VHF	VHF	VHF
III	UHF+VHF	VHF+UHF	VHF+UHF
IV	UHF+VHF	VHF	UHF+VHF
V	UHF+VHF	UHF	UHF

按系统规模分,主要有 A、B、C、D 四类。10000 户以上的称为 A 类,属于大型系统;3000~10000 户的称为 B 类,属于中型系统;500~3000 户的称为 C 类,属于中小型系统;500 户以下称为 D 类,属于小型系统,参见表 6.2。

表 6.2　系统按规模大小分类

系统类别	用户数量	适用地点
A	>10000	城市有线电视网、大型企业生活区
B	3000～10000	住宅小区、大型企业生活区
C	500～3000	城市大楼、城镇生活区
D	<500	城乡居民住宅、公寓楼

二、有线电视的发展历程

如今，有线电视系统正向着大规模、高容量、多功能方向发展，一些新技术如双向传输、卫星电视、光纤传输、多路微波等已日趋成熟并逐渐被有线电视吸收与采用。

1. 双向电缆电视系统

任一既有正向又有反向通路的电缆系统都可称为双向（two-way 或 bi-directional）系统。由前端向用户终端传递的信号叫"下行（downstream）"信号，或按其传输方向叫作"正向通路（forward path）"，反之，信号从用户端向前端传输的通路称为"反向通路（reverse path）"。按此方向传输的信号就称为"上行（upstream）"信号。

双向传输的功能就是开展交互型业务，通常只有双向系统才具备这种能力。"交互的（interactive）"一词的定义为"能相互作用，例如用户和电缆分配系统中的前端间能相互作用"。交互型业务具有非常广泛而吸引人的新用途，其功能主要有以下几种。

① 多功能服务项目。如电视购物、电子邮政、遥控银行、医疗、民意测验、公用事业读表等。保安系统也可以在宾馆或商店安装烟雾传感器、防盗监视或控制开关，通过系统监视中心的计算机随时逐点巡视，一旦发现异常信息，电脑即显示出事地点、事故性质，保安人员随即能够迅速处理。

② 付费电视。有线电视系统可以播放一些最新的电影、戏剧等特别节目，施行有偿服务，用户可以根据自己的兴趣点播节目且无广告，但必须付费才能收看。这是由于系统前端对这些需要付费的节目已进行了加密或加扰，付费方式有：按月付费，租用某一个频道；按次付费，如利用上行通道履行付费手续后才能收看。

③ 计算机通信网。双向 CATV 系统可使用户的计算机相互联网，还可以与计算机中心联网，相互调入调出数据信号，传输速率及可靠性较高。例如"家庭办公"，一般用户在家里可以用高速传真快速发送大量数据到办公室，反之也可传送给用户详细的技术图纸等。

④ 交换电视节目。这是开办宽带双向传输系统最主要用途之一，因为现有的电话线远不能用于此目的。在双向传输系统中，它除了将中心的电视节目（正向）传送给用户外，从某些分前端或用户点又可将电视信号反向传送到主前端，例如可以将某个剧场的实况演出通过有线电视系统的反向通道传送到主前端，再由前端机房通过下行通道传送给千家万户。

⑤ 系统工作状态监视。在大型有线电视系统里，由于使用的干线放大器很多，线路很长，查找放大器故障极为不便。运用系统的双向功能对干线放大器的工作状态进行监视、分析，可以缩短故障查找修理时间，大大提高系统运行的可靠性。例如，系统运行时，各干线放大器内应答器随时将本放大器的工作状况、故障数据发给中心。当某一放大器的工作状况改变或发生故障时，中心即显示该放大器的位置。操作人根据该放大器的地址码进一步调回故障数据进行分析，指导维修人员及时排除故障。

2. 光纤技术

人们普遍相信，未来的电缆系统必将被光缆所替代。这是因为它具有损耗低、频带宽、不受电磁干扰、不易产生互调、体积小、重量轻、保密安全、原料丰富等特点，发展潜力极大。

由于光信号频率极高，有效带宽比同轴电缆大得多，所以光纤系统能够传送带宽极宽的信号，可以运用"波分复用（wave-length multiplexing）"技术来增加系统的灵活性和光纤的传输容量，今后光纤在数据传输和双向交互式业务方面会具有更大的优势。

光纤在 CATV 系统的应用分为传输和分配两部分，前者称为光纤传输系统，后者称为光纤分配系统。

早期的光纤传输系统是一根光纤传送一个电视频道，后来发展至一根光纤传送 10 套以上电视节目。现在，在电缆网络中使用光纤最经济的办法是充分发挥光纤损耗小（远距离无中继）的特点，用作主干线传输系统。

光纤分配系统不仅传送电视信号，还传送数据信号。光纤最适合于星形网络布局，光纤技术为实现双向传输交互式业务、综合信息网提供了必要的条件。

3. 多信道微波多点分配系统（MMDS）

MMDS（Multi-channel Microwave Distribution System）是一种早已建立的电视分配技术的改进，美国自 1960 年起就已采用这项技术。

MMDS 是以一个点对多点进行节目转播的固定服务系统。典型的 MMDS 系统由发射场的一台微波发射机和天线以及在每一个接收位置的定向接收天线和下变频器（包括使用编码/解密等仪器设备）等组成，其覆盖面积一般为 25 英里（半径）。所用发射机功率为 10 瓦、20 瓦、50 瓦或 100 瓦。在特定地形上的发射天线高度至关重要，因为系统基本上工作在发射和接收天线的视距范围内。

MMDS 所用的频率是 2.1～2.5 吉赫（厘米波）。采用这些频率，可以使接收端采用小而轻、价钱便宜而增益极高的天线，以便能在很大程度上补偿发射功率的不足。

频率为 2.1 吉赫的 MMDS 能向用户提供 10 个电视频道，2.9 吉赫的系统能发射多达 20 个电视频道。

MMDS 接收质量相当好。例如用 50 瓦发射机在 20 英里处载波/噪声比优于 50 分贝；在 30 英里处优于 47 分贝。MMDS 与电缆电视相比，优点是安装费用比电缆电视少 40%，无"道路通行权（Wayleave）""老化（Tempering）"和受破坏等困难问题。

MMDS 在特定的条件，例如在电缆电视价格太高或由于居住人口密度低而不能采用电缆电视的地方，是一个用来传输多频道电视的有生命力的方法。但是它是一种视距传输系统，还没有完全解决地形、背景等问题，这也严重限制了它的应用。现在，光纤由于经济、宽带、低损耗等优点，它将逐步取代 MMDS。

第三节 卫星电视

20 世纪 80 年代末高功率直播卫星（DBS）出现了，它不可避免地被人们认为是电缆电视的直接竞争者，直播卫星能为电缆电视系统提供极为丰富的电视节目。作为卫星集体接收站的电缆电视系统，可以在前端安装多副卫星天线，收转多达几十套电视节目，这是一般卫星单收站无法办到的。电缆电视系统实际上是直播卫星最大、最有效的集体接收户，两者应当紧密结合，相互促进发展。

卫星广播电视具有覆盖面积大、使用频率高、传输容量大、信号传送质量高等特点。它是未来数字电视（DTV）与高清晰度电视（HDTV）的重要传播手段和电视技术的主要发展方向。

卫星公共天线电视 SMATV（Satellite Master Antenna Television）系统具有一个卫星接收天线以及一些通常的公共天线电视 MATV 接收天线，卫星电视单收站（TV Receive Only Equipment）设备有碟形天线、高频头和卫星接收机。卫星电视信号来自固定在赤道上空约 36000km 圆形轨道上的卫星。在这样的高度上，卫星绕地球一周的时间等于地球的自转周期，即卫星公转与地球自转同步，在地面接收点只要把接收天线对准卫星就可以收到卫星电视信号。如图 6.3 所示为卫星通信系统组成。

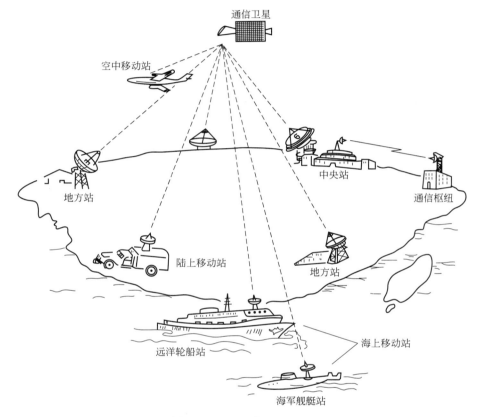

图 6.3　卫星通信系统组成

卫星装有几个转发器，即接收机、发射机组合。它从地球站通过上行链路（Uplink）接收信号，再进行频率变换，以防与下行链路相干扰；然后把原来的节目信号经过下行链路（Down-link）发向地球，发射的该信号通常覆盖地球的某一待定部分。覆盖区内某点的功率密度可用等效全向辐射功率 EIRP（Effective Isotropic Radiated Power）表示。

大多数电视分配卫星都工作在"C 波段"，即 4000～8000 兆赫。上行频率一般选用 6 吉赫，相应的下行频率一般选用 4 吉赫。由于 C 波段为非广播频段（本属通信波段），它和地面 4GHz 的微波传输同在一个频段内，因而会产生卫星地面站受微波传输干扰的现象，今后使用 Ku 频段（12 吉赫）是发展直播电视卫星的方向。

一、卫星电视技术的发展

1962 年，美国发射了全球第一颗由 AT&T 制造的有源轨道通信卫星（Telstar），这颗卫星绕地球较低轨道运行，当它经过地面站点的上空时可以接收和传输这些站点发射的信号。同年，美国国会通过了《1962年通信卫星法案》（Communications Satellite Act of 1962），随后成立了通信卫星公司，以组建一个全球通信网络。随后又成立了一个全球合作性组织，后来发展成为国际电信卫星组织（International Telecommunications Satellite Organization，INTELSAT）。

卫星能够把可用信号传输到约占地球表面面积1/3的地方，从根本上改变了有线电视的结构及其服务的性质。卫星使得有线电视的一般性频道和专门性频道有望达到足够多的观众，从而实现盈利。

1. 卫星传输系统

卫星传输系统大致由地面传输站、向上传输、卫星、向下传输、地面接收站五部分组成。

（1）地面传输站

卫星上行传输站包括引接电路、中频调制器、均衡器、上变频器、高功放、天馈线系统、天线座、上行链路等几部分组成。当电波在空间传播时，有部分能量被雨、云、雾、雪吸收或散射而引起损耗，衰耗的大小与电源的频率、穿过的路程、介质的浓度等因素有关。在雨中传播的电波受雨滴的吸收和散射而产生的衰耗成为降雨衰耗。Ku波段受雨衰的影响比较严重，C波段受雨衰的影响小。在上行链路中装有上行功率控制器（UPC），调整UPC可以调整补偿Ku波段信号在传输中的衰减。如果引接电路的光发接头积有灰尘或光纤尾线折断，都会造成信号的中断。

（2）向上传输

电磁频谱是一种电磁能，它是电视和无线电信号可以通过并在其中传输的一种媒介，电视节目的传输路径是通过利用各自独立而又比较窄的那部分频谱形成的。信号的频率或信道通常被称作载波。电视节目信息以某种方式强加在载波上。电视节目的视频部分用AM（调幅）信号传输的，音频则是通过FM（调频）单独传输。卫星信号变弱是由于长距离传输中所经历到的多尘、多雾、离子化、下雨、下雪等天气状况，信号向上或向下传输时速度为250毫秒。

多年来，有线电视业已投入大量的时间、财力和人力，把传输平台从老式的模拟技术世界转换到新式的数字世界。数字技术正被应用于宽带光纤系统，同时它还把转换系统从传统的有线电视的"树枝式"构造发展成更接近于传统电话的系统结构。全国性传播系统通过卫星把信息材料发给分布在各地的传输网络，或者使用直播卫星把内容直接发送到消费者的家中。

（3）卫星

通信卫星相当于一个空中的无线电中继站，可以运行10年左右。卫星必须在真空中运行，所处的位置常常暴露在极端的温度变化和多变的光照条件下，很难对其进行保养、整修、调试、润滑以及更换零部件。卫星中装有大量的无线电收发两用机，可以接收和传输包括电视节目、电话通话和数据在内的多种信号。

通信卫星按照运行方式和接发信号方式的不同，其形状主要有两种：一种是自旋稳定卫星，形状像一个大的旋转容器，外表装有太阳电池，顶部和底部安有天线；另一种是物体稳定卫星，也称三轴稳定卫星，形状像一个带有翅膀的大盒子，翅膀里装着太阳电池，内部装有旋转的飞轮。

通信卫星接收和再传输信号以极高的频率运行，波长已经接近红外线和可见光光谱。20世纪80年代，传输者除了使用C波段，还开始使用Ku波段，20世纪90年代后期，运营商把电磁频谱延伸到 Ka 波段，也有传输者拥有噪声更少的 S 频率波段。

高频率信号具备许多与光相同的特征，卫星的光束以笔直的"可见光"的形式运行。科学家们运用物理学原理，把光束聚集到一起以增强信号的强度。光束越集中，接收一个满意信号所需要的地面站点接收盘的面积就越小。卫星制造者为了集聚信号的强度，在卫星上安装了许多碗状的天线，虽然减少了信号足迹的大小，但更小的接触面却增强了信号的强度。卫星光束按地理覆盖的范围分类，"全球性光束"能覆盖全球的 1/3，"区域光束"能够覆盖整个洲，"半球光束"只能覆盖一个洲的几个部分，"点光束"信号可以投射到某个地理区域内，甚至用一个比萨大小的接收盘就可以接收一个令人满意的信号。

科技作家阿瑟·克拉克（Arthur C. Clarke）曾于 1945 年正确预测三个处于战略性位置的空间站将能为全世界绝大部分地区提供服务，被发送到某个特殊轨道位置的物体能够与地球轨道同步运行。如果卫星停在地球上空的这个特殊点，信号就会到达一个静止的接收器或传输器所在的位置，然后再把信号转向传回地面。卫星围绕地球运转的速度是以 24 小时为一周，与地球自转的速度相同。卫星以每小时 6879 英里的速度在一个周长为 16.5 万英里的圆形轨道上运行着，但在 2.23 万英里的上空看起来就像停靠在一个稳定的地方。当卫星被置于地球赤道的正上方，与水平线之间没有倾斜角度（0°倾角），卫星就在对地静止的轨道中运行了。没有倾角的卫星是在一个比地球更完美的圆形轨道上运行，轨道的平面没有任何偏向。当卫星在有倾角的轨道上运行时，卫星轨道上有一个远地点（距离地球最远的高点）和一个近地点（距离地球最近的低点）。卫星的免干扰运营需要在运用无线电频率和对地静止轨道的弧光时进行协调。各国必须对不同种类的卫星将在哪些频率运行以及如何注册轨道缝隙的用途等问题达成一致。

（4）向下传输

通信卫星信号远距离传输中需要对信号的强度进行电子式的放大，也需要自然的聚集。当两颗卫星在相同的频率上运行，地面站点距离信号最强的传输中心点越远的时候，从预期的卫星上传来的信号的质量也就越差，而从邻近的卫星上传出的信号的强度则在不断增强。一般而言，信号的强度会在同心圆或同心的图形上逐渐降低。距离卫星的"管道孔"越远，信号也就越弱，信号的衰减会随着与管道孔的距离的增加而加速。

卫星也通过对频率的再利用提升了电磁频谱的使用效率，通过把它的一个足迹传输到两个不同的地区，卫星能够实现频谱的再利用。被传输的无线电波相对于卫星的方向成为偏振，同一个频谱可以用来传输垂直和水平偏振的信号，也可以用来传输左圆和右圆偏振的信号，这称为交叉偏振。

为了避免卫星信号被剽窃，卫星节目制作者必须建立复杂的频率倒换系统，会使用通过关键码来加密的技术。需要两重解码的关键码能够触发接收器从而解除干扰能力。卫星运营商的授权中心会发送第一个关键码，其中包含所有被授权的解码器的序列编号，该信号随数字声音被传输，最后与接收器中的"种子关键码"相配对，若两者相匹配，会联合产生一个主关键码，该码对声音进行解码并解除频率干扰。

（5）地面接收站

卫星信号是由地面站点接收的，地面站点是指大型和小型的接收盘，绝大多数的接收盘都是抛物线设计，它可以把盘上的信号汇聚到盘面中心地区的一个小点上。一个地面接收装置是由接收盘、底架、定位杆、馈送部件、接收器等几部分组成。

卫星天线运营时像一根抛物线，由金属网线或玻璃光纤制成，它把到达接收盘各个部分的信号聚集并反射在一个单焦点上，随后汇聚到一个电路里。信号的集合有助于用足够的能量来聚焦信号，使得地面站点的接收端可以对信号进行勘探、处理和放大。

底架是附着在接收盘天线上的一根杆子，用来帮助天线能够转向分散在空中的任何一个卫星。制动器是一种机动化装置，它在天线指向不同卫星的时候把天线从一个平面移动到另一个平面。在抛物线状的天线把来自卫星的信号聚集起来后，馈送喇叭把无线电能汇聚到了电子器件中，低噪声组转换器能够放大从卫星上接收到的微弱高频率信号，并使之转换成能够容易被电视频道处理的较低频率，通常能够把 C 波段和 Ku 波段的卫星频率转换成标准中频。

这组中频被接收器获取和处理，生成一个电视信号以及相关声音和子载体信号，这些声音和子载体信号可以增加一个第二语言声道或音频节目。卫星电视节目运营商为了确保只有付费用户才能接收到信号，采用了倒换信号频率的手段。信号通过一个反扰频器（集成接收反倒频装置）被转换频率。只有当反扰频器接收到的信号具有与它自己同样特殊的识别码和识别地址时才会打开，允许接收器解除对频率的干扰。

地面接收站必须给信号提供足够的强度，以去除微波转播站等其他地面传输所造成的潜在干扰。同时地面接收站要有一览无余的角度，必须在地平面的上方，使之不受到树木、地形和建筑物的阻挡，而直接连接到卫星。当视角增加到 90°时，地面站点发出或接收的信号穿越大气层时更容易，其到卫星的路径更直接。如果视角低于 90°，信号传输穿越大气层时需要经历更长的距离，导致信号的进一步减弱。

2. 卫星电视传输格式

卫星电视传输按照传输方式的不同可以分为 SCPC、DAMA、TDMA、CDMA 四种格式。

（1）SCPC（Single Channel Per Carrier）

单载体单频道传输方式，是卫星网络最普通的高速度数字传输方式。用该系统传输广播数据、数字式声音和图像以及全双工或双向的数据、声音或图像通信时很经济。在 SCPC 系统中，信息是由一个单独的卫星传输设备连续传给卫星。在点对点系统中，卫星信号在一个单独的位置被接收。全双工"租用线"的应用是租用两条卫星上行线路，这两条线路可以在各传输设备上互相传输，从而相当于提供了一个"四线"数据电缆，这就意味着中继线两端的设备可以同时进行传输和接收。最初的 SCPC 传输技术，一个单一的卫星信道只能传输一个数据载体。随着技术的日新月异，SCPC 可以在单载体多频道（MCPC）的制式上操作，几个载体可以被多路传输到一个单一的数字电路中。

（2）DAMA（Demand Assigned Multiple Access）

按需多址分配传输方式，在不是任何时间都需要高速度传输的情况下，使用该系统要比使用 24 小时运营的 SCPC 系统更经济。DAMA 网络可以根据用户对通信的不同需求能动地分配卫星的功率和带宽，能 500% 地提高频谱的效率。如果一个网络的多个地点有传输声音和数据的需求，但并不是一天 24 小时所有的地点都需要与别的地点进行通信，使用该系统能使所有的用户分担更少的卫星功率和带宽，从而降低部分设备每月的成本。

（3）TDMA（Time Division Multiple Access）

时分多址传输方式，卫星用户可以通过该系统来服务更多的点、获取更大的容量。这一技术会为每个服务点分配时间段，从而使同条共用的传输中继线给多个点提供低速度的数据通信服务。这种低速度的中继线能够为农村和边缘地区提供只有城市地区才能享有的信息处理服务。一个典型的 TDMA 网络会使用一个大的卫星电线插孔系统，这一系统可以管理所有网络终端的接口和线路。电线插孔是在一个速度更高且向外传输的卫星载体上用常规的时分复用（Time Division Multiplexing，TDM）的格式与孔径非常小的终端（VSAT）进行传输的。

由于网络部署的成本很高，当大量地点要求降低价格并减缓与中心点或相互之间的数据通信速度时，TDMA 网络会十分经济，通过电线插孔通信线路可以从一个 VSAT 终端改到另一个终端，因此小型的运营商通常会采用电线插孔共享系统。第三方的电线插孔提供商安装和运作低成本的 VSAT 终端，但每月会收取一定的费用，这使得小型运营商也可以享用到稳定的卫星通信，同时免去了安装电线插孔的高启动成本。新的 TDMA 技术采用了常规的 "TCP/IP" 因特网协议的路线安排，具有比原有网络更高的吞吐量。

（4）CDMA（Code Division Multiple Access）

码分多址传输方式，源于军事上的电磁频谱分布技术。该系统不是把一个现有的信道分成多个时间段，它所传输的相对微弱的信号分布在分配到的整条带宽上。这个分散电磁频谱的平台为每一个用户创建一个代码序号，产生单个的声音和数据信道。只有用户拥有解码钥匙，而其他的信道都被当作低层次的噪声过滤掉。

CDMA 扩展了能用于任何带宽且能同时传输的信道数量。TDMA 能够把电路放大到 4 个，而 CDMA 可以把信道扩大到 8～10 个左右。这两种数字技术的优势是容量更大、接收更清楚、信号中断更少、更好地保护隐私、提供声音和数据通信两种服务。

3. 卫星服务技术的竞争

卫星运营商主要以卫星节目整体吸引力来竞争服务，其他相关因素还包括卫星的覆盖面、在信号中断情况下的备份能力以及一个卫星转发器是否可以被另一个支付更高层次服务费用的客户使用。

（1）卫星覆盖面

一颗卫星的覆盖面可以扩展至地球面积的 1/3，或集中信号发射到单一的国家或地区。客户一般想要把电视信号传输到广泛的覆盖区域，这就需要全球波束覆盖。一般而言，一颗卫星可以同时包含长波和短波，满足不同客户的需求。卫星运营商可以对那些极度需要某一光波结构的用户收取额外的费用，从而排除其他用户接收这种光波的可能性。在经济学上，客户需求无弹性是指第二位的选择不能满足其强烈需求。卫星运营商可以利用需求无弹性客户的强烈需求对其收取较高的单位价格，而对那些愿意考虑和使用不是最优服务的用户收取较低的单位价格。

（2）热门鸟

由于新一代卫星的启动成本大和转发容量大，卫星运营商在电视节目传输领域的竞争趋向激烈化。由于提供电视节目资源的卫星的数量有限，而一个地面站点一般只能接收来自一颗卫星的节目，所以电视台和有线运营商想通过某个指定地面站点来接收一颗卫星上所有的节目。

当一家卫星运营商吸引了一家观众们期望收到其节目的大型电视节目制作商作为主要大客户时，这颗卫星就成了"热门鸟"，其他小型的节目制作商也会追随，并期望电视台或有线运营商指定某个地面站点来接收某颗特定卫星上大型节目制作商的节目，同时有可能建立协议传输一些期望值稍低但碰巧能占据"热门鸟"上的转发器的节目。而事实上那些观众期望值稍低的节目提供商只要占据了该颗卫星上一部分的空间，就能紧随期望值最高的节目之后。

（3）热门夹缝

成功传输电视节目的有经验的卫星运营商一般能把卫星占据的轨道夹缝设置成一个基本点，有线运营商在地面站点跟踪到了轨道夹缝，依靠惯性和再次定位技术使地面站点指向特定的轨道夹缝。"热门鸟"卫星运营商把轨道夹缝组织化，使一个夹缝成了能够获取电视节目的几个主要"热门夹缝"之一。

欧洲的直接到户卫星（DTH）和直播卫星（DBS）运营商已经在相同的轨道夹缝中发射了不止一颗卫星，通过一个地面站点可以提供更长的节目单。运营商们在相邻频率上运行卫星，这些卫星不会相互干扰，如同为同一个地点服务但在不同的频道上传输的大量电视台。随着一个卫星的运行频率延续到另一个卫星，从而建立起一系列连续的转发器，这些卫星联合在一起提供了一个更大频率的带宽。

（4）卫星备用容量

卫星服务的定价取决于用户是否要求传播者在现有卫星转发器失效的情况下，把容量开放以满足他们的需求。最规避风险的客户要求未雨绸缪的非先占性服务，要求传播者承诺不将容量用于其他用户，在信号中断情况下愿意为在最短时间内将其服务连接到另一个卫星转发器而支付额外的费用。一些视频节目制作商选择付费服务，是因为不能容忍直播电视中断，这会对传播时效性内容产生不利影响。同时节目制作商可获得足够的转发器容量，在内部优先权的基础上改变传播流数据。

4．卫星电视对有线电视的影响

卫星对有线系统产生了一定的影响，卫星在距离地球很远的轨道位置，大面积的地面覆盖使得一颗卫星可以为成千上万个不同的地点服务。每一个新的传播地点所增加的成本主要来自新增接收设备的费用，而这个成本一般由接收方承担。一点对多点的传输能力改变了电视节目传播的计算方法和经济状况。一个公司可以把一系列影片和其他的付费娱乐节目打包，在一个尚未使用过的频道上播出，而不仅仅局限在同样的频道上播放一部电影的有线系统。节目制作者可以聚集其全国各地的观众，有线运营商也加入了新的利润中心，而不再需要花费体力和脑力来接收录像带或电影。大面积的覆盖率也意味着卫星服务的成本可以分摊在大量长度和通信强度各异的不同路径上。

几乎所有的有线电视系统都有一个或一个以上的地面站来接收卫星传输的节目，卫星使得广告商和收费有线电视所需的观众量的产生成为可能。如果没有卫星系统带来的覆盖率，有线电视不可能在全国聚集起数量如此多的观众。卫星被应用于电视节目转播后，在以下3个主要环节提升了有线电视的价值。

首先，卫星一点对多点的传输能力可以聚集起大量观众，也能够以低成本为多家有线系统提供服务。卫星通过扩展现有节目的传播范围和覆盖率，极大地改变了有线电视的内容和构成。有线电视观众接收的内容已不再局限于系统运营商用高收视天线从空中捕获的节目，或通过费用昂贵的点对点微波接收装置传入的节目。相反，他们能够接收到来自于卫星覆盖范围内任何一个地方的全套电视节目，包括新近发生的新闻、体育赛事和高质量的娱乐节目。

其次，卫星可以突破起伏的地形、海洋的阻隔、恶劣的气候、现有媒介技术的限制以及财务原因等局限性，把信号传送到地面转播系统无法到达的地方。卫星的影响远不仅仅是降低了接收的成本，由于受海洋和其他地理因素的阻碍，一些地区的传输成本奇高，技术也很难达到，卫星为这些地区提供了电视节目服务。由于有了卫星传输的节目，有线电视迅速从一种地方性的、自我封闭的传输服务转变成内容丰富多彩、能够全国甚至全球联通无阻的基础设施。

最后，卫星不仅可以服务于国内市场，还可以把节目传往国外，因此提供了节目来源和竞争的多样化。

5．卫星技术的新发展

卫星电视接收装置的成本逐年下降，更为复杂、用途特殊的终端会随着大规模生产而缩减成本，提供商之间将降低接受盘和安装的费用作为竞争的手段，而这笔费用将被纳入月服务费。随着卫星功率和频率的提升，接受盘的规模不断变小，加上大众化生产所带来的规模经济，卫星的地面站点在规模和成本方面已经缩减。

卫星已经向电视台和有线运营商传输了多年模拟电视信号，现在开始为数字电视信号的传输提供服务。许多节目提供商发送的全部是数字信号，直播卫星服务和数字MMDS平台向用户保持了数字信号，绝大多数有线系统则在信号进入系统之前就把数字信号翻译成了传统的模拟形式。一些节目制作商选择采用数字传输服务，而不把信号本身数字化。

最初绝大多数的卫星电视都出现在接收不到有线电视的农村地区。在多年来消费者的频道选择非常有限的地区，中等功率的直接到户卫星（Direct to Home，DTH）和高功率的直播卫星（Direct Broadcast Satellite，DBS）用小巧廉价的接受盘和内容丰富的节目网打开了市场。

（1）直接到户的卫星电视

随着卫星通信技术的提高，碟形天线变得更小和更便宜，有线电视经营者发现一个自己制造出的可怕竞争者——通向家庭的直接广播卫星服务DTH。对于直接入户的卫星电视节目有两类服务：一类是广播卫星服务（BSS），以高频率在Ku波段播出；另一类是固定卫星服务（FSS），在Ku波段和C波段的中等功率播出。起初直接广播卫星的接收碟形天线很庞大，而且需要一定的安装技术。但自从20世纪90年代初，由于数字电视信号的质量不断提高，以及更强大的卫星传送器的引进，碟形天线被缩小到如同小号比萨盘，今后甚至会变得更小。

（2）直播卫星电视

直播卫星DBS的接收盘成本低、重量轻、易于安装，运营商发射的卫星光束可以把一个可用信号传输到半径为1米或更小的盘上。DBS采用数字技术使用户家中的电视画面更清晰，而数字压缩技术也使每个转发器的容量增大许多倍，从而为DBS传输商提供了几百个频道。其中MMDS平台是指卫星直播电视信号接收后，经调制混合后再通过宽带发射系统传输，该产品适用于乡、镇、村全向或扇区覆盖。尤其适用偏远农村及山区，实现村村通电视，也适用于定向或弱定向远距离信号传输，扩大信号传输距离。

（3）移动卫星服务

传统的地面通信系统发射单元较小、覆盖范围被限制在数百码之内，卫星覆盖的区域广泛得多，可以填补地面通信系统不存在或不能提供足够服务区域的空缺。常规的地球同步卫星可以为车载终端提供PCS服务，但由于同步卫星轨道高、功率低，不能为小型手持式收发器提供强大的信号。移动通信市场促进了低轨道卫星、中轨道卫星及斜角轨道卫星的使用。卫星通过廉价的小型地面接收站可有效地收发数据或进行远程会议。同时卫星也为高速接入因特网及其他信息源提供"虚拟宽带网络"。

虽然光纤电缆被视为"信息高速公路"的优先媒介，卫星似乎被降到次要地位。有线传输在某些方面优于无线传输，而且在运作中可以免除干扰，但是信息服务提供商无法通过光纤电缆为身处车上、船上、飞机上以及人烟稀少地区的用户提供服务，也无法通过改造网络轻易地增加和删减所服务的地区和用户。集成电路和微处理机的电子器件的微型化、更高功率的卫星、更敏感的接收盘以及卫星的轨道更接近于地球，使得形式的无线应用成为可能。如今新发射的卫星都具有数字传输能力，足以与地面光纤网络的传输能力相匹敌，卫星运行时的功率更高，从而减少了接收盘的尺寸，卫星系统生成的数字信号可以被压缩、编码、打包，传输到许多个用户。选择更多的地面站点提升了传输绩效，而且还能获取更多的频道。而在卫星宽大的覆盖范围下，简单地安装一个无线电收发两用机就可以增加一个新的服务点，整个过程迅速便捷，一般只需要几分钟。

二、卫星电视技术在我国的运用

1. 我国卫星电视技术的发展历程

(1) 20 世纪 70 年代

1976 年,苏联荧光屏卫星成为我国卫星爱好者的启明星。1977 年在日内瓦召开的国际电联 WARC-1977 大会上,我国争得了发展电视直播卫星所需的 BBS 频段的空间资源——3 个轨道位置 (62E80E92E)、35 个波束和 55 个频道。

(2) 20 世纪 80 年代

1980 年,为了能够看到刚恢复参加国际奥委会的我国运动员在莫斯科奥运会上的英姿,中国花巨资研制了卫星接收设备。714 卫星走进了卫星爱好者的视野,为了接收 714 卫星,很多星友开始了天线和接收机的制作,收看俄罗斯节目。1981~1984 年,当时市面上有一些专门销售卫星产品的店面,但以工程用为主,个人用得少。玩家也以一些专业媒体如成都电子报的读者群为主。

1984 年 4 月 8 日,中国成功发射了 331 "东方红 2 号" 试验通信卫星。1985 年,我国正式通过租用 "国际通信卫星" 向全国传送中央电视台的节目,开始了我国卫星广播电视应用的新纪元。8 月,我国租用 "国际通信卫星 (Intelsat) 5 号" 的一个 C 频段转发器,向全国传送中央电视台第一套节目。国务院向 16 个边远地区、少数民族地区和老革命根据地赠送了 53 个卫星电视接收站。以后又先后增传用于对中、小学师资的教育电视节目和中央电视台第二套节目。由于 "国际通信卫星 (Intelsat) 5 号" 的信号很低,民间很难收到,需要 3 米以上的大锅才有可能收到。随后,中卫天线开始进入中国,后来专门做亚洲一号卫星,慢慢发展出现在的规模。从 1986 年,中国政府开始运营地球同步卫星,通常称为中国卫星 (CHINASAT),官方称之为 "东方红" 卫星。20 世纪 80 年代中叶,我国邀请国外制造商对新的第三代、寿命更长的、更可靠的东方红卫星进行投标。

1988 年 3 月 7 日,我国 "东方红 2 号甲" (CHINASAT-2) 卫星发射成功,用于传送中央电视台第一、第二套节目。1989 年 2 月,新疆电视台节目通过 "东方红 2 号甲" 卫星传送,由此从根本上解决了地旷人稀这一边远自治区电视节目传送难的问题。11 月,西藏电视节目上星。

(3) 20 世纪 90 年代

1990 年,四川电视节目与西藏电视节目合上一个卫星转发器,时分传送。中央电视台第四套节目 (NTSC 制) 首先通过 "亚洲 1 号" 卫星向亚洲地区播出。1991 年 5 月,"亚洲 1 号" (ASIASAT-1) 卫星发射,云南、贵州电视节目也被批准上星,两省电视节目合用一个卫星转发器,每省隔天传送。7 月,我国租用了俄罗斯的 "静止 14 号" (ST-14) 卫星 C 频段转发器,向东南亚、中东、东欧地区传送中央电视台第四套节目,多用于我驻外使馆等团体单位。亚洲 1 号卫星的上天掀起了全国范围内的一个收星高潮。卫星中文、卫视体育、卫视音乐等 6 套香港地区节目让卫星接收者们趋之若鹜。当时亚洲 1 号的一套接收设备 2.5 米的玻璃钢天线,售价达到了 5000 元。

1992~1993 年,民间卫星爱好者开始收集、了解一些国外卫星电视的相关资料。1993 年 7 月,我国购进美国 "中星 5 号" (CHINASAT-5) 在轨卫星后,在 "东方红 2 号甲" 卫星上播出的电视节目转到 "中星 5 号" 卫星传送。之后,又有浙江、山东的电视节目被批准上星。同时,我国将 NICAM-728 技术 (准瞬时压扩音频复用数字调制系统) 引入到卫星电视传输中。

1994 年,我国发射 "东方红三号" 卫星,它排除了所有保持静止状态的燃料。中国航空航天集团和戴姆勒—奔驰公司（Daimler-Benz）合作，合资创建华德宇航技术有限公司（EurasSpace），以制造"中华卫星 1 号"（Sinosat-1）新卫星。中华卫星有 16 个低功率 C 波段转发器和 6 个高功率 Ka 波段转发器，覆盖包括中国香港、台湾地区在内的全中国。

1995 年 11 月，"亚洲 2 号"卫星发射，原广电部买断了其 3 个 Ku 频段转发器，租用了其 4 个 C 频段转发器。中央电视台第四套节目通过租用美国的"泛美 2 号"卫星向北美西部、大洋洲、东亚，用数字压缩的方式播出。1996 年 8 月，"亚太 1A"（APSAT-A）卫星发射成功。由于"中星 5 号"卫星的寿命快到了，而我国的"东方红 3 号"卫星的第一次发射未获成功，我国将原在"中星 5 号"卫星上的业务转到了"亚太 1A"卫星传送。随着数字卫星电视技术的应用，中央台和国际台声音广播节目以及各省的广播节目与电视节目一起，采用 DVB-S 数字标准发送。

1997 年元旦开始，辽宁、广东、广西、湖南、湖北、河南、青海、江西、福建、内蒙古、安徽、江苏、陕西、黑龙江、北京和山西的电视节目被批准陆续上星传送。9 月，中央电视台英语电视频道（第九套节目）开播。中央电视台通过"亚洲 2 号""亚洲 3S""泛美 8 号""泛美 9 号""银河 3R"和"热鸟 3 号"卫星等，将多套电视节目送到世界各地。1998 年 10 月，宁夏、重庆、上海、甘肃、河北、天津、吉林的电视相继上"亚太 1A"卫星、"亚洲 2 号"和"鑫诺 1 号"卫星传送。12 月，中央电视台和中广影视卫星有限公司使用"鑫诺 1 号"通信卫星 Ku 转发器，进行了中央电视和声音广播节目的直播到户（DTH）的"村村通"数字直播传输试验，并从 1999 年元旦开始试验广播。1999 年 10 月，海南的电视节目上"亚太 1A"卫星传送，标志着全国所有省级电视台全部通过通信卫星传送。10 月以后，国家广电总局又将"村村通"的电视卫星节目直播 DTH 平台扩大播出中央、省级电视和广播节目，以及境外监管平台节目。

（4）新世纪

2000 年，我国获得了 4 个轨道位置（62E \ 92.2E \ 122E \ 134E，其中 122E 是给香港和澳门特区使用的）和相应的频率等空间资源。"亚洲卫星 4 号"已使用东经 122E 轨位，而其他 3 个轨位均可用来建设我国大陆的专用卫星电视直播系统。国内的卫星数字电视技术逐步走向成熟，国内大陆地区免费机的热销彻底将模拟时代统治国内卫星市场的中国台湾地区及韩国厂商赶出了国内大陆地区市场。同时国内的卫星厂家也开始走出国门，参观世界各地的展览。一些国内卫星企业开始参加伦敦卫星展。

2001 年上半年，国家广电总局完成了《中国广播电视卫星直播系统可行性论证报告》。国家计委将 DBS 广播电视直播卫星系统列为"十五"重点实施的 12 项高科技工程项目之一。国家计委批准了广电总局的 VSAT（甚小孔径终端，又称小型双向地球站）系统项目。2001 年以后，卫星远程教育得到大力推广。2002 年，国家广电总局在"鑫诺 1 号"通信卫星的 3 个 Ku 转发器上建立了境外电视节目卫星平台，现有 30 多套境外电视节目，供三星级以上宾馆和涉外居住区等单位收视。2004 年，国家又批准国家级计划单列市广播电视节目上星。此时，深圳和厦门的广播电视节目已上星传送。

2005 年初，国际台与"泛美"卫星公司签协议，通过"泛美 8 号""泛美 9 号""泛美 10 号"3 颗卫星将其不同语种广播节目传送给全世界听众。我国开始了真正的直播电视广播的时代。2006 年，首发"鑫诺 2 号"电视直播卫星（DBS），"鑫诺 2 号"电视直播卫星在入轨时出现了技术故障，不能提供广播电视和通信服务。2007 年 8 月开始进行转星调整工作，将原在"亚洲 3 号"和"亚洲 6 号"卫星长传送的各套电视节目转到 6～7 月新发射的"鑫诺 3 号"和"中星 6B"卫星上传送。2008 年，我国第一颗卫星"中星 9 号"在西昌卫星发射中心用"长征三号乙"火箭发射升空。7 月，已通过该卫星为全国"村村通"工程传送

40多套电视和40多套广播节目。

我国拥有一个小型的东方红通信卫星群，同时显示了巨大的且正开发的卫星、卫星传播服务以及有线电视市场。除商业或酒店为外国人提供服务之外，我国禁止个人拥有TVRO，但是至少有100万的"民间"家庭蝶形天线存在。

2. 我国卫星电视的经营管理

（1）我国内地省级卫视的发展

省级电视频道的上星传播，直接导致了全国性电视市场的形成。全国卫星电视市场格局近年来出现了明显的差异化倾向，中央电视台第一套节目将在一定时期内保持第一的强势位置，而湖南卫视作为省级卫视中的佼佼者，和中央电视台的其他频道以及安徽卫视、浙江卫视、上海东方卫视、山东卫视等位居省级卫视前列的电视频道一起处于优势地位。可以说，卫星电视市场呈现出中央和地方、经济发达与欠发达地区的分割局面。在市场经济的催化下，出现了省级卫视之间覆盖、收视、广告的竞争。省级卫视的发展已成为区域媒介集团主要的营利模式和品牌延伸渠道，它们之间差异化的市场营销水平和市场要素资源的争夺，则直接导致生存市场的差异化格局形成。

（2）港澳台地区卫视的发展

① 香港地区。20世纪90年代初，卫星通信技术被广泛应用于电视传播领域。进入90年代后，香港的电视产业结构发生了重大的变化。一家家背景各异、实力不凡的卫星电视机构先后登场。由于香港本地市场狭小，生存和竞争的压力太大，必须从岛外获取资源补偿的来源，这是其卫视向周边国家和地区覆盖、辐射的强大动力。当时，香港卫视能覆盖亚太地区50多个国家，凤凰卫视、华娱电视、阳光卫视等都能覆盖亚太地区30个国家以上，从而使香港电视市场对周边国家和地区的辐射力有了更大的提高。下面对香港的主要电视台进行介绍。

第一是香港卫视。1991年5月，香港卫星电视台（Star TV，简称香港卫视）正式开播，由香港和记黄浦有限公司和李嘉诚家族控股的一家公司合资拥有，随着香港卫视的开播，香港电视对周边国家和地区的覆盖范围和辐射能力有了质的飞跃。该台的30余套各类节目除了华语外，还用英语、印地语、日语、闽南语、菲律宾语、阿拉伯语、朝鲜语、泰戈尔语等8种语言，通过亚洲一号卫星（Asia Sat1）、亚洲二号卫星（Asia Sat2）、亚洲三号卫星（Asia Sat3）及帕拉帕卫星C2（Palapa C2）从香港传向亚太地区、印度次大陆和中东地区的53个国家，接收户数近7600万，从而使香港卫视成为无与伦比的强势媒体。

1993年7月，媒介大鳄默多克的新闻集团花5.25亿美元如愿以偿购入了香港卫视63.6%的股权。1995年7月，又出资2.75亿美元购入余下股权。至此，香港卫视的实力和市场影响力迅速上扬，到2001年底，已积累起19000小时的原创节目，能用8种语言为53个国家约3亿观众供应31个电影、体育、娱乐、音乐、纪录片及新闻频道，ESPN体育频道、卫视体育频道、Channel［V］音乐频道、卫视国际电影频道、国家地理频道等都是其著名的品牌频道。

香港卫视以本土化作为市场开拓的利器，亚洲影响广泛的Channel［V］音乐频道由香港卫视和世界音乐巨头SMG（贝特斯曼音乐集团）、EMI（科艺百代）、Sony（索尼影业）和Time Warner（时代华纳）等合作的产物。Channel［V］的泰国版和澳大利亚版都是和当地电视广播或娱乐公司合营。原属传媒巨头迪斯尼的ESPN在1986年开始在亚洲拓展业务，到20世纪90年代中期与香港卫视旗下的Star Sports成为竞争对手，1996年，迪斯尼和新闻集团各占一半股份的ESPN Star Sports（简称ESS）成立，ESPN以更快的速度向亚洲其他国家拓展。由于新闻集团收购印度第二大有限网络Hathway26%的股份，所以香港卫视在印度成功开办Zee频道系列（Zee TV、Zee Cinema和Zee News）。

第二是传讯电视。1994年11月24日，香港"传媒王子"于品海开播了传讯电视（CTN）。这时全华语卫星电视网开设了两个全天候频道，提供新闻、文化娱乐信息的中天频道和提供生活信息的大地频道，可以覆盖整个亚太地区和北美洲。1997年，台湾的辜振甫家族和信集团注资57亿新台币（约14亿港元）购买了这家电视台。其后，象山集团以6亿元新台币（约1.5亿港元）的极低价格收购了长期亏损的传讯电视。

第三是华娱电视。1995年3月11日，香港华侨娱乐电视广播公司老板、新加坡籍华人蔡和平开办了华侨娱乐电视台（简称华娱电视），该台每天24小时全部用普通话向全球华人广播，节目坚持"三无"的原则（无色情、无暴力、无新闻），而且不加密，主要是综艺、体育、游戏、纪录片、影视剧，致力于传播中国的优秀文化，每天至少播出2小时介绍中国风土人情的节目，与中国内地的电视台等机构相处融洽，很快在亚太地区落地。1997年底，华娱在中国内地的覆盖面已超过3300万户。2001年8月，美国在线时代华纳公司出资1亿美元收购其85%的股份。2001年10月22日华娱卫视在广东省落地。

第四是凤凰卫视。1996年3月31日，由凤凰卫视控股有限公司开办凤凰卫视，凤凰卫视中文台只用了3年时间就基本实现了收支平衡，并由单一的中文频道发展为多频道平台，包括凤凰卫视中文台、凤凰卫视电影台、凤凰卫视欧洲台、凤凰卫视资讯台、凤凰卫视美洲台及凤凰卫视粤语台。

凤凰卫视增办欧洲台和美洲台后，2001年底又与日本中文产业株式会社签订协议，2002年初凤凰卫视资讯台通过旗下"乐乐中国"电视台的一个完整频道在相对封闭的日本电视市场落地。"乐乐中国"是日本第一家由华侨经营的中文电视台，拥有2个频道，通过日本Sky Perefc TV卫星转播平台覆盖全日本。

1998年8月28日，凤凰卫视电影台正式开播，这不仅是凤凰卫视由单一频道向多频道平台精英迈出的一大步，而且引入了收费电视的盈利模式。该台是加密卫星频道，全天候24小时播出，每月电影播放量超过280部。黄金时间播出的多是港台和内地产的优质电影或国际获奖电影。2000年和2001年，凤凰卫视欧洲台、凤凰卫视美洲台及凤凰卫视资讯台先后开播，这极大地扩大了凤凰卫视的覆盖面和影响力，覆盖亚太地区54个国家和欧洲、北美30个国家，促进了营利模式的多元化，有利于凤凰卫视的可持续发展。

由于凤凰卫视能够超越意识形态的羁绊，全面反映华人世界共同的利益和不同的声音以及世界的变化，所以很快受到全球华人的广泛认同。凤凰卫视是唯一在中国内地、香港地区、澳门地区、台湾地区同时落地的华语卫星电视频道。2001年中国广视索福瑞媒介研究（CSM）调查的44个在内地落地的中文卫星电视频道中，凤凰卫视中文台受欢迎的程度仅次于中央电视台第一套节目。

2000年3月至2001年3月，由内地和港台的企业家与文化知名人士开办的阳光卫视（Sun TV）、东风卫视（Asia Plus）、海华卫视（HWETV）、美视卫视（MBC）、美亚卫视（Meiya）纷纷在香港登场。香港的卫视电视市场出现了前所未有的繁荣和竞争。

第五是阳光卫视。阳光卫视由前中央电视台著名主持人杨澜和其夫吴征经营，推出亚太地区第一个中文的历史、人物及文化专题频道，创造了数项记录。仅用两个半月就建成了一个2800平方米的数码制作中心，拥有全中国最大的纪录片片库，累计已达5000多个小时，在香港、台湾有线网中整频道落地。2000年9月，在中国内地获得有限制落地许可，覆盖国内约2600万户电视观众。启播后8个月内取得一个收支平衡的季度成绩，2001年被世界权威财经杂志《福布斯》评为"世界300最佳小型企业"之一，并成为大中国区唯一入选"20个未来之星"的企业，2001年9月与全球最大的中文网站"新浪网"合并，实现了跨媒体经营。阳光卫视成功的主要因素：其一是个性化的服务，包括历史、文化主题的节目；其二是高超的资本运营技巧；其三是与内地市场联系紧密，以及与内地电视产业和文化政策的相融性。

目前，香港卫星市场上真正能够相互构成威胁的 4 家卫视分别是默多克全资拥有的香港卫视、刘长乐主导的凤凰卫视、杨澜控制的阳光卫视和美时华控股的华娱电视。但是，香港卫星电视市场并没有因为卫视经营者的增加而同步增长，因此，香港卫星电视市场的兴衰大部分取决于潜力无限的中国内地市场。

② 澳门地区。2000 年澳门五星卫视开播，2002 年 9 月，澳门传媒控股有限公司购入阳光卫视的澳门旅游台，目前全资拥有澳门卫视五星台，并拥有宇宙卫星电视有线公司（澳门卫视）16.7％的股份。澳门卫视传播中心设在澳门路环岛，拥有在国际上领先的全数码化多频道全自动播出控制平台，提供全天候 24 小时卫星电视广播服务，具备 DVB 卫星电视广播、IP/TV 广播、讯号锁码管理能力，播控平台可以扩展至上百个频道。讯号发射至亚洲二号卫星和亚洲三号卫星，讯号覆盖整个东南亚地区，北至俄罗斯，南到澳大利亚，东至日本，西到以色列，包括中国内地、中国香港、中国澳门、中国台湾在内的 30 多个国家和地区。澳门卫视目前有 8 个台，五星台以汽车及科技内容为主，并和香港有线电视签署了合作和转播意向书。旅游台重点介绍澳门的文化、时事、旅游、娱乐以及全球的博彩业信息。其中五星台、旅游台、澳亚台已经取得中国广电总局的"三星级以上涉外宾馆接受境外卫星电视"落地批文。澳门卫视每天播放 30 分钟的澳门新闻及专题，是目前内地唯一能收看澳门方面信息的电视台。

③ 台湾地区。我国台湾的电视产业起步于 20 世纪 60 年代初，商业电视一直占据着市场的主导地位。台湾电视产业的发展与台湾政治生态的变化密切相关，经历了三个阶段：20 世纪 60 年代至 80 年代中期，"解禁"前的三台（"台视""中视""华视"）垄断竞争阶段；80 年代中期至 90 年代初，"解禁"后的无序性自由发展阶段；90 年代中期至今的全面开放的法制化发展阶段。

台湾早在 1969 年就开始用通信卫星传输电视节目，岛内有十几家工厂生产碟式天线等接收卫星直播节目设备的工厂，但政府出于愚民心态一直禁止民间购买、安装和收看卫星电视节目。80 年代中期以后，城市居民中私自购买安装小型卫星电视天线越来越多。1988 年，台湾当局经权衡后决定开放民众接收直播卫星信号，继而开放经营者租购卫星转发器，后又开放卫星节目中继业务的转发器经营和地面站经营。

1993 年 8 月 11 日，《有线电视法》颁布，CNN、Discovery、HBO、ESPN、Disney 等著名电视机构和台湾的代理商签订了有关节目供应协议。1993 年 9 月 28 日，台湾的年代国际公司与香港无线电视台（TVB）联手合办台湾第一家卫星电视台——无线卫星电视台（TVBS），提供综合娱乐、体育、戏剧和新闻 4 个频道节目。

到 1996 年 9 月，在台注册或自台发射的卫星电视频道已有 59 个。台湾在 1998 年通过 TRW 公司发射了"中华卫星 1 号"（Rosat-1），从而进入卫星拥有者之列，用于物理、电信及海洋研究。这是一颗地球同步轨道卫星，成本超过 5 亿美元。2000 年发射了一颗 Ka 波段卫星"中华卫星 2 号"（Rosat-2）。

1999 年 11 月 15 日，台湾地区第一家直播卫星电视（DTH）——太平洋卫视开播，该台隶属于台湾的太平洋电线电缆集团，一开始可以提供 30 多个频道。用户购买一个小型碟型天线和一台解码器以及一张智能卡后，就可以在家收看自己感兴趣的电视频道。卫星直播电视的出现，对无线和有线电视业者都是一个严重的威胁。岛内卫星直播电视用户 3 年内达到了 60 万，至此，台湾电视产业市场上形成了无线电视、有线电视和卫星电视三足鼎立的态势。

1999年2月,台湾"立法院"首次颁布实施《卫星广播电视法》,对卫星电视的经营管理作了进一步的规范,并解除了跨媒体经营的限制。该法基本上取消了原先对卫星广播电视发展的所有限制,并将境外卫星频道商纳入卫星电视广播节目供应者范畴,同时将直播卫星广播电视服务经营者纳入业内管理。规定外资进入市场,外商直接持有的卫星电视公司股份不得超过50%。该法颁布后引发了岛内外电视媒体争夺卫星电视市场的狂潮,到2000年底,进入台湾的海外卫星电视公司已有15家之多,在台播出或自台发射的卫星电视频道的数量在不到一年的时间里翻了一番。台湾进入数字直播卫星电视时代。

台湾的东森电视集团经营灵活且内外兼顾,于2002年7月1日成功登录香港有线电视网,2002年8月1日又取得澳门卫星落地权。台湾的年代集团为了与东森竞争,已经与纽约证交所和纳斯达克证交所卫星连线,并在北京、香港、华盛顿、首尔、巴黎设立记者站。东森与旧金山无线电视台第26台、香港亚视(ATV)、重庆电视台结成战略联盟或姊妹台。在日益扩大的市场需求和开放性的法规政策背景下,一些独立有线电视系统为求发展,对转播卫星直播电视多频道节目寄予厚望。

3. 电视无国界

卫星具有跨越国界的特点以及许多不同于有线电视运营商和电视台的服务潜力。卫星传输者把节目打包后,零售商只需要从卫星上接收节目,然后传输到终端用户。新的卫星网络正逐渐把所有的通信都转换成数字比特流,而且新一代的卫星很可能具备某种处理能力,能够根据运营的需要把通信转换成与其他卫星相适应的下传波束或中继站。如今,卫星已作为信息高速公路的一部分来运作,卫星系统已经不仅仅是只能转播信号的简单的弯曲管道,而是复杂的光纤转换电信网络的空中系统。

有线电视渗透率在全球各地分布不均,在许多地区有线电视落后于卫星传播或传统的地面广播电视。阿根廷、以色列及日本都有很高的渗透率,在美国有66%的家庭订购,在比利时超过93%的家庭订购,预计有线电视会继续在世界其他地方迅速发展。然而,对于许多国家而言,卫星已成为与有线电视相对抗的公共设施,许多国家由于有线电视服务进入市场延迟和强有力的广播电视限制有线电视吸引力的法规强制实施,消费者逐渐偏重于卫星传播,大部分国家已经采用了占优势的卫星基础系统。卫星电视将来的趋势也已经渐渐明朗化,有线和无线的融合仍将继续进行,但新兴系统将是能够整合声音、数据和图像的宽带、数字式、能够真正互动的平台。

由于缺乏可供选择的广播电视,有线电视运营商只能购买卫星节目,这使许多国家的政府及其广播组织决定实施垄断的节目传播机制。对卫星的依赖很快导致国家政府管理新视频节目选择权和获得新收入渠道的机会减少了。

在欧洲,各个国家建立了一个合作机构——欧洲电信卫星公司(European Telecommunication Satellite Organization,Eutelsat),经营全欧洲的卫星群。Eutelsat系统主要服务于视频应用领域,消费者在长期忍受了广播电视节目选择性不多的条件下,表现出对视频节目的巨大需求,新的传统广播电视台和卫星传播的付费电视形式成为其新选择。

视频节目传播管理的自由化导致了对国外节目的更大需求和更多销路。为充分利用这些机会,节目制作商起初与地区服务进行合作,随后又在世界各地寻求市场。商业旅客希望酒店有卫星电视系统以提供吸引人的节目,包括来自CNN、NBC、BBC的国际"超级频道"的新闻,以及来自ESPN、Discovery、HBO和MTV的高品质的娱乐和体育节目。这些服务渐渐地不再是只有通过卫星共用电线电视才能收看,通过DTH/DBS和有线电视也能收看。

美国特纳广播公司（TBS）旗下的 CNN 从 1985 年开始为欧洲一些酒店提供服务，从而开始为国际市场服务。特纳广播公司（TBS）通过 18 颗不同的卫星向世界各地发布 CNN、特纳有线电视网以及卡通频道，有多种语言配音。CNN 国际新闻网为 210 个国家或地区提供新闻信息，其创作的节目来源于美国的华盛顿、纽约和中国的香港地区。

电视节目制作商已经逐步意识到，不能仅仅只通过几颗不同的卫星在世界各地的有线电视系统中联播一个节目。他们在目标市场中以特定的身份、品位以及人口特征来制定费用标准，并且随着市场的发展，他们通常会增加频道以带给客户更多的选择，并最大可能地占据所选卫星的闲置空间。例如，全球音乐电视台 MTV 和其中文频道（MTV Mandarin）都有不同的节目传播给北美、美国中部和南部、欧洲和亚太地区。探索频道（Discovery）有 9 种不同的国际节目传播给印度、非洲以及中东地区。

大多数主要电视系统的运营商在国外资产中拥有所有权权益。以转播美国 NBA 赛事而闻名的智慧体育在线（MSO）在节目制作和发布领域也有着广泛的国际股份。同样，时代华纳（Time Warner）也活跃在世界各地。美国西部大陆通信公司在阿根廷、澳大利亚和新加坡以及其他地区的系统中都持有部分所有权。美国电讯传播公司（TCI）在英国、日本、新西兰、波多黎各、法国、智利等 12 个国家拥有股份。

有时，一系列的有线电视或电信公司共同控股一家传媒公司。新西兰的天空网络有限公司由时代华纳、TCI、美国技术公司以及亚特兰大贝尔共同控股。MSO 在国际节目制作公司中有相似的股份。美国福克斯广播公司（FOX）与英国广播公司（BBC）、索尼旗下的幕宝电影公司（GEMS）都有关系。TCI 持有欧洲儿童频道 50.9％ 的股份、欧洲商业频道 15％ 的股份以及日本有线电视软件网 18％ 的股份。

虽然由于联盟的形成和老公司的破裂，这些股份发生了常规性的转移，但这已经明显地表明了一个趋势：逐渐全球化的媒体系统的发展时代的到来，即大型国际媒体公司发展时代的到来，而这正是快速发展的电视网络全球化的最佳体现。

思考题

1. 新媒体是什么？包括什么内容？它正在发生着并改变着什么？
2. 5G 通信技术带来的革命性影响是什么？它对传统的广播电视产生了怎样的冲击？
3. 电视媒体的优势地位会不会被取代？这样的拐点会发生在什么时候？
4. 欧美、日韩等国家的数字电视管理运营模式和管理规范对中国有什么启示？

下篇

广播电视业务

第七章 广播电视新闻

【本章要点】 本章聚焦广播电视节目的重要内容——广播电视新闻。首先根据广播电视传播特点归纳广播电视新闻文本特点及其发展,其中包括广播新闻文本和电视新闻文本的基本特点,以及广播电视新闻的节目编排特色。其次重点介绍分析了引起广泛关注的广播电视新闻深度报道和民生新闻,回顾了这两种报道的发展历程,分析了兴起原因、报道特色,并进行了一些反思,尤其对民生新闻进行了具体的问题剖析和出路分析。最后结合传播技术、传播过程和节目形式的发展,尤其是网络新媒体的发展环境,对广播电视新闻发展趋势进行了前瞻性归纳,总结了七大发展趋势。

广播电视新闻是广播电视台的重要节目内容,许多广播电视台以"新闻立台",将新闻制作能力视作扩大影响力、彰显核心竞争力、抢占话语权的重要指标。鉴于广播电视媒体的传播特性,广播电视新闻文本表现出不同于平面媒体的特点。同时近年来随着媒体技术的快速发展和新闻理念的革新,广播电视新闻的报道方式、节目形式也在经历一系列变革。

第一节 广播电视新闻文本的特点及其发展

广播电视新闻文本的特点与广播电视媒体的传播方式有密切关系,其传播特点决定了广播电视新闻文本与平面媒体的新闻文本具有非常鲜明的区别,对文本的生产提出了不同的要求。

一、广播新闻文本的特点

广播新闻的传播符号包括语言符号和非语言符号。语言符号分播音语言和现场语言——前者是指电视新闻播音员传播新闻内容的声音语言,后者是指新闻现场的语言声音,如记者的现场叙述、新闻人物的讲话,记者采访新闻人物的对话等。非语言符号则包括现场音响和音乐符号。

从传播符号可以显而易见,广播新闻的传播是通过听觉的单一通道完成的,并且以时间为轴呈现线形分布。缺乏视觉的帮助,信息过耳不留,这就决定了广播新闻的文本一切要为"适听"服务,因此,它具有以下几个基本特征。

(1) 篇幅短小精悍

由于广播新闻的线性传播,以及人们在解放了双眼后往往使得收听广播新闻处于"伴听"状态,人们无法反复咀嚼思考广播新闻的内容。篇幅过长、内容过于复杂的新闻报道会给听众的收听理解造成障碍,听众也会觉得厌烦。因此每天我们听到的广播新闻大量地以"短、平、快"的消息形式存在。一般短消息在 1 分 30 秒以内,长消息在 4 分钟之内,对人们起到"通风报信"的作用。这样的新闻往往主要事实突出,线索清晰,结构简单,很容易让受众一下抓住主要信息,一听就明白,并能记得住。

(2) 报道通俗易懂、形象生动

为了便于处于收听甚至"半收听"状态的受众理解记忆广播新闻信息,在语言运用上要符合人们"说话"的习惯。冗长的句子、复杂的句式、生僻的词语，都要避免在广播新闻中使用。就文化程度而言，广播新闻的门槛是比较低的。对于受众的文化水平，应该是"就低不就高"。同时为了让受众一听就明白，并且保持听得有兴趣，广播新闻应该取材具体，多让生动形象的素材呈现在人们面前，而不是充满空洞的概括，使人们觉得索然无味，从而失去收听的兴趣。哪怕是广播新闻评论，也总要让立论树立在具体的事实素材之上，而非抽象的议论。总之广播新闻既要让不识字的人和小孩子都能听懂，但同样也要能够让高端人群、社会精英听得有价值，听得有趣味。其实这对报道的要求就很高。

（3）语言朗朗上口

广播新闻的语言应该是书面语与口语的相结合，读来听来都应该朗朗上口，具有音韵美。一些听上去容易引起误解的词语和句式要避免运用，比如同音异义词、倒装句、被动句、没有约定俗成的缩略语和外来词等。元音字、双音节词、复音词等都能增加语音的美感，在广播新闻中运用较多。

（4）善用现场音响

除了这些让文字"适听"的基本特征，广播新闻还要善用声音的传播优势。声音也是有"表情"的，它可以让人浮想联翩，而现场的音响则更让人身临其境。因此广播新闻可以充分发挥音响的功效，提高对观众的感染力。一些现场感较强，现场音响较丰富的题材可以运用录音报道的方式。录音的素材可以是现场采访的同期声，也可以是现场实况音响，人声、物声、自然界的声音都可以收录。当然在使用时要注意后期的精选和编辑，要运用最有表现力、最能说明主题的素材，并要注意与报道叙述语言的合理穿插，保证信息的完整、逻辑的清晰和立意的提升。

例："ERA——时空之旅"全球首演

上广990新闻

各位听众，国庆期间申城舞台同样精彩，由上海文广新闻传媒集团、中国对外文化集团公司、上海杂技团上海马戏城全力打造的超级多媒体梦幻剧"ERA——时空之旅"昨晚在上海马戏城进行了全球首演。请听本台记者陆励行从现场发来的报道。

（衬：叫好声，音乐）"时空之旅"是伴着观众的叫好声开场的，仿佛一起头就预示着今晚的戏和以往的马戏城登场的演出都有所不同。开场时候做幕布用的亦真亦幻的"天之镜"已经吊足了观众的胃口，伴随着演出投射在幕布、地面上的外滩风光、水乡景色更是让人有目不暇接的感觉。

散场了，跟女儿一起来看演出的林老伯还是意犹未尽。林老伯的女儿在新加坡旅游的时候曾经见识过当地的多媒体演出，回来当作新鲜事说给了老林听，可光听听哪过得了瘾？今天倒好，全套的外国主创班底，加上原汁原味的中国元素，就在家门口上演，林老伯觉得做个上海人挺好。

［这么大一个城市，各种文化、各种内容都应该有，许多东西应该介绍过来，逐渐逐渐被社会接受。］

（音乐：衬）外行看热闹，内行看的就是门道，一样是传统的顶碗节目，演出的舞台从原来的小桌子换成了司南形状的小船，有了耳目一新的感觉，跳圈表演有了小小的失误，根据情节的需要，失误的演员顺势被罚做起了俯卧撑，让人不由得为主创人员的幽默感会心一笑。这些新鲜的点子，今天特地赶到上海来观摩同行演出的广州杂技团的贺先生都看在眼里。

［上海是中国第一大城市，文化应该跟它相适应，而且它的旅游人数很多，要适应这些旅游人口的文化消费，那杂技是一个很好的品种。现在杂技光是靠技巧很难有新鲜感，因为

中国的杂技技巧本来就很高,就要靠其他的艺术形式加进来,才能够有新面貌。]

来上海旅游的加拿大人唐纳德早就听说了"时空之旅"是中加两国艺术家合作创排的剧目,今天让唐纳德印象最深的是中国民乐和西洋乐曲同时穿插在演出中,对比鲜明却又水乳交融。

[英语:衬] 在加拿大有太阳马戏团,在多伦多还有其他几个演出剧团,所以每晚的演出都格外热闹。今天看来,上海也有很棒的演出。今后有朋友来上海旅游,我会介绍他们来看一看中西方的文化是怎样在这样的一台节目中完美地结合在一起的。]

这个录音报道就是用现场叫好声的音响引出了报道的叙述部分,十分自然,并且一下子就将听众带入到现场中去。之后对现场表演的描述、对采访对象的介绍和对观点的归纳,与采访的同期声音响有机穿插,恰到好处。其中有的叙述还以现场音乐为衬,全篇浑然一体,现场感十足。

二、电视新闻文本的基本特点

1. 传播符号丰富

电视新闻的符号系统较广播新闻更加非常丰富多元,其语言符号与非语言符号的系统组合比广播新闻更加复杂。

(1) 语言符号

电视新闻的语言符号可分为有声语言符号和文字语言符号。有声语言符号与广播新闻类似,包括播音语言和现场语言。但其文字语言符号则是广播新闻所不具有的,包括画内文字和屏幕文字。前者是指摄像画面内的文字,如活动横幅与标语等,具有新闻要素,要注意拍摄的完整性,以防产生歧义。后者则是指电视新闻后期制作时叠加到屏幕上的文字,通常表现为新闻内容提要式,用于提点新闻要义;插入行进式,不打断原有节目时在屏幕下方插入的一行行进式字幕,以简讯形式及时播报重要信息;整屏阅读式,整个屏幕展示文字,如果是较长的文稿,文字会缓缓向上移动。

(2) 非语言符号

电视新闻还存在着大量的非语言符号,除了与广播新闻类似的音响与音乐符号以外,还有着电视新闻独特的造型符号。造型符号是构成电视新闻图像的要素,是新闻内容形象化的过程。比较重要的造型符号有形体符号,通常通过拍摄的角度、光影、虚实和变形来体现;表情符号,用来表现新闻人物情感流露的细节;服饰符号,可以丰富现场的信息、增加现场气氛、传播情绪和意图;色彩符号,可以加强现场的现实感和感染力;空间符号,可以通过人物和事物之间的距离表现关系;新闻照片符号,可以增加口播新闻的信息量;节奏符号,通过连续画面的长短、镜头转换的快慢来渲染氛围,节奏慢则感觉舒缓、松弛,节奏快则紧张有动感。

2. 体裁丰富

电视新闻由于具有听觉和视觉两个传播通道,表现手段大大丰富起来。有声语言、文字、图片、活动图像等都可以运用其中,因此电视新闻的体裁也相对丰富。总体来看有以下几种体裁。

(1) 口播新闻

即播音语言为主体的报道,电视画面中只出现播音员播报新闻的镜头。虽然这种体裁不能最有效地体现电视声画结合的传播优势,但仍然在各电视台使用。主要是因为这种体裁灵活机动,不受图像限制,因而制作周期短,最能满足时效要求。因此在发生突发事件,需要立刻让受众知晓时,口播新闻就能够在最短时间内制作播出,发挥出其优势。比如在2008

年5月12日四川汶川于14时28分发生强地震后,中央电视台就在15时整点新闻中以头条口播的形式向全世界报道了这一重大的灾难消息。当然这种口播新闻不能大量使用,不然与广播新闻无异,就体现不了电视新闻的独特价值了。

(2) 图片新闻

图片新闻是电视新闻在多种媒体竞争的环境中,吸取报纸的长处,将新闻照片运用于电视报道中的做法。包括中央电视台《全球资讯榜》在内的很多栏目都经常会在软新闻中运用图片新闻体裁。一幅幅抓取动人瞬间的照片,给予人们视觉享受和冲击,再加上趣味十足的报道词,还是很有表现力的。

(3) 图像新闻

这是把活动图像与播音语言相结合的一种体裁,也是最能体现电视声画"并茂"的形式,因此在日常电视新闻报道中得到了广泛的应用,是最常见的体裁。由于摄像机镜头对准的是新闻现场,因此图像新闻较贴近真实事件,也能让人产生身临其境的感觉。但是需要注意图像与报道词的有机结合,发挥出信息的整体优势。要避免"看图说话"和"声画两张皮"的误区,尤其要避免画面的重复单调,影响图像新闻的现场感和真实感。

(4) 现场报道、现场直播

现场报道是指电视记者出现在新闻现场,直接对新闻事件和新闻人物进行描述和采访的一种体裁。这样报道词就不再是后期编辑叠加的播音语言,而是与画面同步的同期声。记者作为见证人、参与者、观察家和分析员在描述、观察、议论,因此即兴发挥的语言更加生动,画面更具有连续性,报道纪实性更强,也更有动态感。当麦莎台风登陆浙江,一些记者在大风大雨中进行了现场报道。镜头中记者为了不被狂风吹走,把自己用绳索系于树干上,但仍不免会跌跌撞撞,同时记者现场的讲话也几乎被风雨声所吞没。那种震撼直入人心,令观众记忆深刻。现场直播则跳出了录像播出的框架,在新闻现场把对事件的报道直接向观众播出,使得事件的发生、发展、记者的报道以及观众的接收能够同步进行。观众有如亲历现场直击事件的进行,感染力强,经常运用于重大事件的报道。2008年北京奥运会开幕式的直播报道就让亿万国人通过电视屏幕共同见证了那个伟大而美好的时刻。人们在电视机前坚守至深夜,就是为了同步感受整个开幕式过程。

(5) 字幕新闻

这是指通过电视屏幕上的字幕以简洁的文字向受众传递最新消息的电视新闻体裁。字幕新闻能够独立于电视画面,因此在不打断正在播出的节目的情况下,字幕新闻可以保证消息及时与观众见面。当然,在保证时效之外,字幕新闻的运用也进一步拓展了电视的资讯传播渠道,加大了信息传播量,满足了观众在关注画面之余想了解更多信息的需求。中央电视台国际频道在2003年3月20日至4月24日期间特别制作的"关注伊拉克战事"特别报道,飞字幕就达15000条次,保证了战事报道的时效性和信息量的最大化。

(6) 访谈新闻

这是指电视记者通过访问新闻人物传播新闻信息的报道体裁。通常访谈对象都是有关方面的关键人物,节目因此具有权威性和说服力。在欧美电视发达国家,电视新闻访谈是运用最广泛的电视新闻节目形态之一。比如CNN著名的《拉里·金现场》,主持人拉里·金会邀请名人、专家、新闻人物进行访谈,甚至邀请多人就某个新闻话题展开现场讨论。这档节目曾邀请过美国前总统里根、卡特、克林顿、老布什,英国前首相撒切尔夫人,俄罗斯总统普京等,令人印象深刻。我国央视的《东方之子》也采访过众多国宝级人物和重要新闻人物,季羡林、任继愈、费孝通、吴敬琏、厉以宁、陈忠实、萧乾、赵丽蓉等。央视另一档著名访谈节目《面对面》在SARS时期对钟南山的访谈、"神舟五号"升空后的杨利伟专访、多次对"水稻之父"袁隆平的访问,都令人印象深刻。访谈新闻要避免形式死板、内容枯燥,对主持人的功力要求很高。记者或是主持人如何以自己个性化的采访引出被访对象的精彩回答,同时能够保证信息结构完整、逻辑清晰、重点突出、具有实质性内容,需要记者或者主持人深厚的积淀、精心的准备和出色的临场发挥。

3. 声画有机结合

电视新闻作为兼具声音和画面的文本,如何充分发挥声音和画面的传播优势,并进行有机结合十分重要。电视新闻以画面取胜,给人们眼见为实的感觉和身临其境的享受。但声音可以强化画面的真实性和感染力,同时可以突破画面的现实空间,追溯过去,展望未来,加以深度的逻辑解剖和内涵的阐发,使信息更加丰富。目前来看,常用的声画关系主要有声画合一与声画对位两种。

(1) 声画合一

声画合一是指声音和画面高度统一,完全对应,二者同步发生发展。它可以是画内同期声与画内视觉形象的对应,即声音由画内形象发出;也可以是画外的播音语言与画面的统一,即报道词就是对画面内容的描述。

(2) 声画对位

声画对位是指声音和画面各自独立地表现不同信息,但又是有机围绕同一中心展开,形成 1+1>2 的丰富的信息叠加效应。深度报道对此运用较多,往往画面是新闻现场的内容,但解说词或在提供背景信息,或是对未来发展趋势展开预测,甚至是进行深度的剖析。比如黑龙江电视台一则获得中国新闻奖的《农机下乡了》,结尾处画面反映的是农机下乡的敲锣打鼓,车队浩荡,报道词却告诉人们,活动耗资 18 万元,历时 8 个小时,真正与农民见面的现场活动只有 1 个小时,除组织者特别安排的以外,没有卖出一台农机。画面与报道词提供的信息反差,形成了强烈的批评效果,"形式主义害死人"的新闻内涵被充分体现。

三、广播电视新闻节目编排

由于广播电视新闻节目的播出是以时间为轴、线性安排的,因此节目的编辑意图和新闻价值观通常通过新闻的及时性、安排顺序、时长以及新闻节目的时段和次数来体现。随着广播电视新闻的发展,我国的广播电视新闻节目编排目前总体有以下几个特点。

(1) 栏目化

我国的广播电视新闻编排具有栏目化的特点。有学者把电视新闻栏目化定义为把电视新闻节目分成多个专栏的编排方式或播出方式,并在电视媒体中普遍运用的一种现象和过程。1978 年《新闻联播》的开播是真正意义上电视新闻固定栏目的开始,之后各地都纷纷出现了类似的将消息类新闻组合汇编的集纳型栏目。随着新闻栏目的发展,我国又逐渐出现了更加丰富多元的栏目形式。杂志型新闻栏目的出现,如《新闻透视》《东方时空》《1/7》等,打破了原有栏目形式,若干板块的组合使得节目更加灵活,范围更广,并能够容纳集纳型栏目无法体现的深度内涵。我国广播电视深度报道的发展又促使专题型新闻栏目的产生,如《焦点访谈》和《新闻调查》,使得重大事件得以被聚焦和深入报道。谈话型新闻栏目也得到快速发展,如中央电视台的《新闻会客厅》等栏目。这类栏目因与观众的亲近感,赢得人们喜爱。广播电视新闻栏目可以满足不同受众的需求,有助于培养受众的收听收视习惯,培养较为固定的观众群。

(2) 大时段

随着人们对节目信息容量的需求,大时段节目成为广播电视新闻的发展趋势。当今国际著名新闻频道基本都采用大时段推进原则,即以小时为基本单位分割时段,基本单位为 1 小时，长的节目甚至可达 6 个小时。在我国，1992 年东方广播电台的改革较好地奠定了广播大时段新闻节目的模式，每天早晨 6 点到 9 点长达 3 小时的《东方新闻》板块成为标志性新闻节目。电视方面，《东方时空》是较早实验大时段新闻栏目的，曾经达到 2.5 小时。

但真正引起人们对大时段新闻节目进行关注的是南京地区的电视新闻大战。2002 年在 18:00～20:30 的时段，南京地区同时有 4 档大时段新闻栏目争夺受众，即南京电视台新闻综合频道 1.5 小时的《直播南京》、教育科技频道 1 小时的《法治现场》、江苏电视台城市频道 1 小时的《南京零距离》以及新闻综合频道 1 小时的《江苏新时空》。栏目的成功吸引了各地电视台纷纷效仿大时段直播的做法。2008 年重庆卫视推出的新闻频道也以大时段直播为重要特色，重点档新闻节目播出时间都在 1 小时以上，甚至达到 3 小时。6 档直播大时段为 9:00～10:00、11:30～12:30、14:00～15:00、17:00～18:00、21:30～22:00 这 5 个时间段的直播栏目《直播重庆》，以及 18:27～19:40 播出的直播栏目《天天 630》。随着信息社会人们信息需求的增加，大时段新闻栏目编排已成为普遍趋势。

（3）滚动播出

为增强新闻时效，目前滚动播出新闻的节目编排方式已基本为我国广播电视台普遍采用。这也是顺应世界新闻发展潮流的做法。当今全球各著名新闻频道都采用每整点和半点滚动新闻的固定模式。

上海东广新闻台于 2004 年率先在国内尝试滚动播出新闻。东广早新闻分 6 点档、7 点档和 8 点档滚动播出，三个时段的内容略有不同，遇到重大、突发新闻可随时插播。从 9 点开始，新闻台的全天版面以半个小时为单位，每个整点和半点播出 10 分钟的"东广整点新闻"或"东广半点新闻"，内容为新闻和气象。我国电视的滚动新闻也发展很快，除了央视新闻频道强调整点新闻滚动播出，以"新闻立台"的一些地方台，如东方卫视从 2003 年开播就通过密集的滚动新闻播出来和其他卫视展开错位竞争。7:00 的《看东方》注重新闻性和实用性相结合，10:00 开始的《东方快报》全天 8 档整点滚动播出国际国内重大新闻，18:30 的《城际连线》是全国范围内的城市新闻，19:00 的《环球新闻站》关注国际风云，21:00 的《直播上海》对全天上海新闻进行精选回顾，22:30 的《东方夜新闻》则对全天国际国内新闻进行整合梳理。可见滚动新闻的编排不仅能够及时更新信息，跟踪新闻发展，还能通过不同新闻板块在不同时间段上的组合满足不同受众的需求，并且使新闻素材的价值利用实现最大化的挖掘。

（4）节奏感受到重视

我国传统的新闻节目编排方式是遵循"倒金字塔"的原则，即重要在前，随着新闻重要性的递减，在时间上顺序安排。这是一种易于操作的方法，但往往会导致受众只注意前面几条新闻，不再收听收看后面的内容，这是对新闻资源的浪费。因此现在人们越来越重视对于新闻编排节奏感的掌握，要求在整个节目中制造多个"波峰"阶段，使人脑张弛有度，不断产生兴趣点。就好像收看好莱坞大片，通常 3 分钟一个剧情的小高潮，15 分钟一个剧情的大高潮，半小时一个比之前更大的剧情高潮，这样就能牢牢抓住观众的注意力。因此目前很多新闻栏目都注意在新闻编排时将长短新闻、软硬新闻以及不同体裁的新闻进行有机穿插。同时利用"对比法"造成反差，或者利用"排比法"造成声势。另外，播音的快慢、高低、强弱，播音员的人员搭配等，也都是营造节奏感可以运用的技巧。

第二节　广播电视新闻深度报道

深度报道要求新闻不仅提供动态的报道，更要通过系统的背景材料和客观的解释分析，全面深入地展示新闻内涵，要求对新闻事实的表述既有深度又有广度。从深度说，它不仅报道发生了一个什么新闻事件，而且还要阐明事件产生的前因后果、来龙去脉、内在规律及其重要意义；从广度说，它不仅要求报道事件本身，还要求提供与事件有关的信息。西方传播学则将之简明扼要地概括为"以今日之事态，核对昨日之背景，阐述明日之意义"。从新闻要素来看，深度报道不仅局限于"是什么（what）"，而更注重对"为什么（why）"和"怎么样（how）"的挖掘。深度报道从20世纪40年代开始从报纸兴起，并成为报纸新闻与广播电视新闻竞争的看家品种。随着广播电视的发展和影响的加深，深度报道也逐渐为广播电视新闻所重视，并结合其传播特点发挥出独特作用。

一、广播电视新闻深度报道的发展历程

美国哥伦比亚广播公司1951年将同年创办并表现突出的广播深度报道节目《现在请听》移植到了电视新闻，更名为《现在请看》，在电视新闻史上树立了许多个"第一"的记录，扩大了深度报道的影响。该节目大胆报道了许多当时颇具争议的社会问题，如种族隔离、麦卡锡主义等，在节目播出后，甚至使得麦卡锡的论调没有了市场。20世纪60年代和70年代是电视新闻深度报道蓬勃发展的时期，美国哥伦比亚公司以深度报道见长的电视新闻杂志节目《60分钟》应运而生。节目在内容与形式上都吸取新闻杂志的长处，扩大报道面，及时反映社会热点，推出后在很短时间内就创收视率最高纪录，从此奠定了其在世界上电视新闻杂志的鼻祖地位，为许多后来者效仿，如ABC的《20/20》等。

1980年7月，中央电视台开办了第一个述评的深度报道栏目《观察与思考》，进行了依照电视传播规律制播述评类节目的首次尝试，获得成功。1994年4月，中央电视台在晚间黄金时间开办评论类的深度报道栏目《焦点访谈》，同年中央人民广播电台开播深度报道栏目《新闻纵横》。以《焦点访谈》为代表的广播电视深度报道充分发挥了舆论监督的作用，得到了社会的首肯。1998年10月7日朱镕基为《焦点访谈》题词："舆论监督，群众喉舌，政府镜鉴，改革尖兵。"同时此类电视深度报道也在全国各地的电视台遍地开花，从节目类型看，也越来越呈现多样化特点。1996年5月，中央电视台又推出调查型深度报道栏目《新闻调查》。如今还有一些对重大新闻事件的大型现场直播，集新闻现场、背景资料和专家评说于一体，对深度报道又进行了创新。

二、广播电视新闻深度报道的兴起原因

（1）适应社会转型

广播电视媒体从客观报道向深度报道转型的发展，与社会转型期价值观的多元化、社会心态的迷惘、社会矛盾的突显有着密切关联。深度报道在西方起源之时正逢1929年经济危机，席卷全美的经济危机使整个金元帝国一片混乱，人们不明白世界怎么了。李普曼就当时的情况指出："各种新闻事件接连发生，而这些事件本身似乎是毫无意义的。于是，一个'为什么'变得与'是什么'同样重要的朝代开始了。"第二次世界大战结束后广播电视深度报道开始起步，到20世纪60~70年代逐渐成熟并发挥深刻影响。当时整个世界处于战后继续的动荡不安时期，冷战给人们带来对战争和威胁的恐惧——朝鲜战争、越南战争、核军备竞赛；美国内部则有民权运动、肯尼迪遇刺、水门事件；各种思潮充斥西方社会——妇女解放思想、嬉皮士、摇滚乐、"垮掉的一代"。原先被西方新闻界奉为金科玉律的"客观报道"方式已不能满足社会对深层信息的需求。

深度报道在中国20世纪80年代中期迅速崛起，主要是顺应了我国深化改革、扩大开放的新形势。改革开放的年代，生产力得到极大发展，思想得到大大解放，同时新事物、新问

题、新矛盾也层出不穷。中国应该向何处走？姓"社"还是姓"资"？衡量社会进步的价值标准是什么？这些复杂的经济、政治、社会的问题成为新闻媒体与社会公众互动的议题，光靠动态新闻增加信息量已无法解答，需要具有分析解释性、评论性、调查研究性的新闻报道去解决。同时相比后现代的西方而言，中国目前仍处在前现代社会向现代化艰难转型的过程中，社会流动加大，社会结构发生重大转变，社会迅速分化，整个社会心理呈现出多元化状态。随着社会转型，更多深层次的问题浮现出来，需要深度报道提供一个进行挖掘分析探讨的社会平台。

（2）满足受众需求

人类进入了信息社会，人们获取的信息数量和途径逐渐增多，同时社会的发展和社会知识水平的提升使得受众的整体层次也在提高。许多人不再满足于简单的信息，而是希望了解深层次的原因，并且在媒体全面、深入的报道基础上自己做出判断。浙江传媒学院曾在浙江省杭州、宁波、嘉兴、金华、温州五个城市展开了"新闻报道娱乐化倾向受众反应问卷调查"，认为重大时政新闻和民生新闻栏目受众喜爱度较高，受众呼吁新闻本质的回归，对高质量的硬新闻需求加大。国家教育部人文社会科学类科研项目《世纪之交中国城镇电视观众需求变化及其对策》则在全国范围内进行的跨地区的城市观众调研活动中发现，新闻评论与深度报道在24种节目类型中收视频度列为第4位，可见当前受众对"解惑"需求的增长。

当然这也是广播电视媒体满足受众知情权的需要。随着社会的民主法制建设不断完善，公民也要求享有更多的知情权。公众了解社会问题的主要渠道是媒体，最大限度地满足公众的知情权，将公众最想知道的信息告诉他们，是媒体公信力的重要表现。广播电视深度报道关注人们普遍关心的热点、难点、疑点问题，挖掘新闻背景，进行深度剖析，报道涉及面广、容量大，在受众中的影响也大，具有满足公众知情权的先天优势。

（3）发挥舆论监督的作用

中国广播电视深度报道的兴起，也是舆论监督对媒介新闻报道的深层次要求。在社会转型期，在改革过程中，各种矛盾问题日益显现，改革攻坚触及的疑难问题也日趋突出，并迅速成为舆论关注的热点、焦点。因此，江泽民在十四大报告中指出："重视传播媒介的舆论监督，逐步完善监督机制，使各级国家机关及其工作人员置于有效的监督之下。"舆论监督涉及的问题往往牵涉复杂的关系，需要揭示事物的内在矛盾和普遍联系，而深度报道的深入挖掘和分析正契合了媒介对社会环境进行舆论监督的需求。在这种情况下，《焦点访谈》应运而生。《焦点访谈》将内容定位在舆论监督、热点引导和典型报道方面，很快就形成了广泛的影响力。2004年，中央颁布《党内监督条例（试行）》，第一次在党的文件中确立了舆论监督的重要地位，我国广播电视深度报道的舆论监督也逐渐进一步走向成熟。

（4）符合市场逻辑

广播电视深度报道的勃兴彰显了媒体作为市场主体地位的确立。参照英美国家深度报道的历史轨迹，不难发现，深度报道与新闻业作为独立社会力量的存在息息相关，也与大众媒介的商业化和市场化密不可分。随着市场化的媒体转型，广播电视媒体的主体意识增强，开始具备商业营利的市场逻辑。媒体发现，从公众需求出发，立足于公众利益，推动社会公义的深度报道恰恰带来了最大的受众群，有助于提升媒体的影响力和美誉度，从而实现其商业利益。

（5）应对新媒体的挑战

在新媒体层出不穷的今天，网络媒体、移动媒体、微信、微博等，使得人们随时面对铺天而来的信息。信息无时不在，无处不在，其更新速度、海量的内容、多媒体的表现形式都给传统媒体带来了巨大的挑战。要与新媒体展开竞争，广播电视新闻更应该在深度上做文章，用权威性夯实媒体品牌。首先，网络、手机媒体等发布的信息往往是动态的、片段式的，强调第一落点在时效性；其次，在新媒体带来信息过剩的今天，受众面对庞杂的、良莠不齐的信息内容充满焦虑和不安，更需要权威的传播者帮助做出解释、判断和选择。广播电视媒体凭借其多年积累的资源、人员的专业素养、职业规范以及其影响力累加出的公信力，应该扮演提供新闻精品的权威角色，打造舆论领袖地位。

三、广播电视新闻深度报道的特点

（1）述评相结合

广播电视深度报道往往采用述评结合的模式。所谓"述"是指用广播电视声音或者画面叙述提供客观事实基础；"评"则是对事实展开分析说理。而广播电视深度报道往往将对新闻事实的报道和评论融于一身，在对事件进行横向纵向挖掘的同时，以夹叙夹议的方式适时进行分析评论。

对《焦点访谈》节目而言，"述评性"就是其最重要的一个特征。夹叙夹议的镜头语言占了13分钟节目的大部分时间。其经典结构模式正是：演播室主持人评论（1分钟左右）+新闻事实陈述及分析（10分钟左右）+演播室主持人评论（1分钟左右）。节目总是围绕某一问题进行，层层展现事实，对事件深入追踪；同时展开权威的背景解读、分析透视、趋势预测，并展现多方观点；在提供新闻信息的同时，促进价值判断。比如《焦点访谈》的一期"纪念诺曼底登陆六十周年"报道就没有沦为一般的庆典报道，而是在对诺曼底登陆六十周年纪念仪式进行充分报道的基础上，以历史眼光审视了这场伟大战役。大量历史资料镜头的运用，加上对其历史意义的透彻分析，节目真正揭示了这次庆典的重大意义，再次强调了人类和平的良好愿望和消灭一切法西斯势力的决心。

广播电视深度报道胜于一般的电视新闻，正是在把观众"带入"现场，使其被社会热点事件吸引后，引导观众进行质疑和深度追问，并进一步展示观点和立场，进而引发观众思考，让观众全身心地参与其中。当然广播电视深度报道追求的是一种主客观形式有机结合的过程。述与评两者相互补充，互为支撑。没有客观事实的基础，主观评述就是无本之木，空穴来风；过分地强调"述"，则很难体现出事物的本质和发展规律。

（2）调查方法的运用

调查手段是广播电视深度报道经常运用的方法，因为深度报道所涉情况的复杂性，广播电视记者往往需要展开独立的调查，以揭示被掩盖的事实真相，并将调查过程展现给受众，增强结论的可信度。中央电视台的《新闻调查》节目就是国内运用调查手段开展广播电视深度报道的主要代表。

调查手段在广播电视深度报道中的普遍运用与广播电视技术手段的发展密不可分。便携式摄像机的出现使得镜头可以跟随记者去往任何调查现场，记录取证的过程。而针孔摄像机等手段引入的偷拍偷录甚至使得受众好似跟随记者参与了一次隐秘的调查，过了一回侦探的瘾。

因此，广播电视调查的魅力在于调查者介入事件内部一步步获取真相的过程，而不是报道事件的发生过程。事件的发生是过去的，观众无法看到，媒体也无法再现的。记者的调查过程则是步步暴露于摄像机下的，一个现在进行时的过程。这是一个充满悬念，一步步抖"包袱"的过程，也是受众最为享受的过程。由此看来，有效展现获取事实的过程并让观众相信这一切，对于调查节目而言更为重要。这不仅是"用事实说话"，更是"用过程说话"。在这个过程中，记者作为主角，是事件的一部分而非旁观者。他通过深入的调查和采访多方求证，收集证据和观点，最终得出某一结论和判断。《新闻调查》栏目的策划、编导刘春如是说:"记者调查的过程是我们展示的重点,做好了会比事件本身的过程更精彩,因为事实是比较固定的,而我们的调查则可以成为一个很有魅力的过程。"

(3) 形象与逻辑的结合

与报纸杂志的深度报道不同,广播电视深度报道擅长运用具体的视听形象支撑并强化分析议论的内容,通过画面、音响、解说词的综合运用,在用形象冲击人们视线的同时,也使人们把握了问题的逻辑脉络和思想内涵。作为广播电视深度报道代表的《焦点访谈》就体现出在画面上吸引人、在情感上打动人、在道理上说服人的特质。

《焦点访谈》在《豪华墓地,毁林占田》的报道中,首先用镜头向人们展示了汕头市潮南区仙城镇东浮山村占地超大的豪华墓地,令人震惊。而后的特写画面聚焦了为建墓砍伐树林后残留的巨大树桩。推进的镜头展示了皮尺测量的树桩直径,让人们为毁林建坟痛心不已。在记者对村里为何未有效制止的追问下,画面转向了另一个更加超大超豪华的坟墓,并显示出坟墓正位于耕地中。随后记者通过对村民的采访揭示了坟墓系村支书所建的背后真相。该村无人阻止毁林占田建墓的原因随即浮出水面。村民愤愤地指责,墓旁黄泥被挖杂草丛生的原耕地和被墓地筑坝断流的水库,无不向人们展示了占田造墓的后果。当镜头再次对准村支书超出宅基地范围违规所建的豪华住宅,镇里有关部门面对镜头显得无可奈何,主持人的一句"违反殡葬管理规定,滥占耕地林地,违背村民意愿,滥用职权,败坏社会风气"的点评也就水到渠成。形象的画面、层层深入真相的逻辑力量与明确的说理相补充,使得整个节目浑然一体、更具真实性、可信性和说服力。

(4) 故事化

广播电视的深度报道往往使用故事化的手段帮助受众理解、吸引受众注意。《60分钟》的缔造者、执行制片人唐·休伊特所说:"我敢打赌,如果我们能使主题多样化,并采用个人新闻——不是处理事件,而是讲述故事;如果我们能像好莱坞包装小说那样包装事实,我担保我们能把收视率翻一倍。"的确,深度报道往往处理的是较为复杂的事物,故事化的叙事手段能帮助受众理清事物的脉络。同时不断演进向前发展的故事具有较强的连贯性,这就使得散落在真实生活中的片段生成逻辑联系,有机连在一起。

冲突的情节往往是故事化叙事最突出的要素。广播电视深度报道通过制造悬念与冲突引导受众对事实和问题步步深入探究,推动了事件的发展,展示了事件当中的人物形象和性格,并持久地吸引受众的注意力。《焦点访谈》节目的制片人甚至这样形容冲突的必要性,认为节目中每隔两三分钟就要有一个兴奋点。《新闻调查》节目也十分善于运用深度报道中的冲突元素。反映东北农村基层选举的《大官村里选村官》,节目策划就定位在顽固势力老村长与村里能人之间的较量上。同时节目在设置上也充分体现冲突和悬念,40分钟的节目被分成三至五个段落,用预告或倒叙方式强化悬念,每个段落都有矛盾和冲突发展的小高潮。

从媒体的传播特点来看,广播电视媒体既融汇语言叙事与文字叙事,又能通过图像和同期声现场同步地对事件进行记录,因此特别适合展开故事化的叙事,增强故事的表现力。比如广播电视媒体的视听符号就特别有利于故事人物形象的塑造,而人物则是表现一个好的故事必不可少的要素。《新闻调查·双城的创伤》中,伤心流泪的少年在无声中向大家传递出心灵极度受伤的人物形象。而电视所善于表现的场态信息,则通过对一个场面事件中行为动态的相互关系、形象、声音、环境、氛围、心态的记录,累积出一个可供受众进行心理体验的时空,使受众进入这个事件,一起跟着镜头追踪事实。《新闻调查·第二次生命》中,为女儿捐肾的母亲在女儿被推入病房时,请求别人把挡住视线的桌子挪开,然后关切地注视着仍在麻醉状态中沉睡的女儿。这种种细节综合营造出的现场,一下就让观众走进故事,走进人物的内心，甚至画面与声音的对立也能展现冲突。《豪华墓地，毁林占田》的报道中村支书对自建豪华墓地的矢口否认与墓碑上支书母亲姓名的赫然显现，结论在二者冲突中不言自明。

四、对于我国广播电视新闻深度报道的思考

广播电视深度报道，严格说来并不是一种新闻体裁的划分，而是一种报道方式，是一种体现发散思维和思辨思考的报道方式。这意味着报道突破了"一人一地一事一时"的一维思维模式，通过空间上多要素、多结构、多层次、多方位的思考和时间上向过去和未来的延伸形成立体的思维模式，从而抓住客观事物的内在属性、相互关系和发展规律。

但是，有的深度报道仅仅着重于报道形式和手段的运用，却忽略了挖掘事物本质的根本任务。一种表现是抓不住直击社会本质问题的"新闻热点"，在选题上或不加选择或迷恋于猎奇和可看性；另一种表现为迷恋于纪实手段，但是展现完大量事实后缺乏到位的提炼，思维弱势使得报道思想贫乏，有时导致节目一盘散沙、游离主题，甚至得出与事实不符的结论。因此，需要从提高采编人员的理性思辩入手学会深度报道的思维方式，让形式和手段为思维服务。

在进行深度报道时还需处理好广度和深度的关系。深度报道并不能等同于"穷尽式报道"，但深度的挖掘又离不开对事件或问题进行多方面、多角度的拓展，以及大量事实和细节的展现。关键在于能否展现更广阔的社会背景，以及在不同的角度和事实之间找到内在关联，进而挖掘出问题的本质，而不仅仅是不同角度事实的堆砌。

另外，要注意不能形成"深度报道即曝光"的思维定式。《焦点访谈》的成功引发国内电视界的"焦点"风潮，焦点类深度报道节目纷纷上马，集中于批评、曝光类的报道。这种曝光往往强调的是轰动效应的制造，偏离了深度报道引导人们对社会进行深层次思考的最终目的。尤其一些揭露式报道仅止于展现丑恶，却未能追问到其中的普遍社会意义和人文内涵，报道就变成为"审丑"而"审丑"，没有体现媒介应担负的社会责任，甚至沦为追求娱乐、满足窥探猎奇心理的报道，这就更加远离了深度报道的本质追求了。

习近平总书记在党的新闻舆论工作座谈会上指出："舆论监督和正面宣传是统一的。新闻媒体要直面工作中存在的问题，直面社会丑恶现象，激浊扬清、针砭时弊，同时发表批评性报道要事实准确、分析客观。……要抓住时机、把握节奏、讲究策略，从时度效着力，体现时度效要求。"习近平总书记的这些阐述，可以说是新闻舆论监督的纲领，为深度报道指出了发展方向。

第三节　广播电视民生新闻

民生新闻近年来在广播电视界异军突起，受到广大受众的喜爱。由于民生新闻在新闻理念、关注内容和表现手法上与我国传统的广播电视新闻有较大差别，同时也暴露出不少问题，因此民生新闻的发展之路一直吸引着人们的广泛关注。

一、民生新闻的概念

"民生新闻"这一概念，在受到业界和学界重视的同时也引发了不少争议。"民生"一词最早出现在《左传·宣公十二年》中，所谓"民生在勤，勤则不匮"，这里的"民"就是百姓的意思。而《辞海》中对于"民生"的解释是"人民的生计"，是一个带有人本思想和人文关怀的词语，话语语境中明显渗透着一种大众情怀。有学者认为民生新闻是一种以大众为

收视对象的新闻样式,也有观点认为民生新闻是具有中国本土特色的"大众化新闻"。孟建、刘华宾则将之视作一种电视新闻体裁,传播对象是本地区城市居民,传播范围是频道主要覆盖城市,讲的内容是市民日常经济、社会生活息息相关的新闻事件。不过也有很多人认为"民生新闻"不算是一个严格意义的有关新闻体裁样式的科学概念,因为对于民生新闻的界定是由多种标准共同作用的——比如从内容上看,民生新闻涉及的范畴与社会新闻大致相当,不过其主要关注的是普通老百姓的生存状态与生存空间;从表达方式上看,民生新闻则与西方新闻界的"软新闻"类似,强调百姓喜闻乐见的人文叙事手法等"软性"表达方式。

目前不少学者主张将民生新闻理解为一种价值取向,即报道核心从"事本"向"人本"移动——报道以人为本,渗透大众情怀,建构平民话语。民生新闻确立了从以传者为中心向以受众为中心转变的全新理念,媒体人也是作为市民的一分子来关注大众的生存状态,并为百姓提供说话的机会,注重将话语权交给广大的观众,给了公众发表真实言论的勇气与机会。"平民视角、民生内容、民本取向"正是民生新闻的基本特征。

二、广播电视民生新闻的兴起

广播电视民生新闻的兴起,一般都以 2002 年 1 月 1 日江苏电视台城市频道推出的《南京零距离》(现已更名为《零距离》)为标志。该节目被认为是开创了大时段城市民生新闻节目的先河。当时该节目开播一周就显示出强劲的竞争实力,节目播出的第二周就进入了 AC 尼尔森南京地区电视排行榜。从播出第 36 周开始,该节目长期名列 AC 尼尔森南京地区电视节目排行榜第一名,甚至超过电视剧。以 2004 年 7 月为例,《南京零距离》节目平均收视率为 8.3%,最高点收视率居然达到 17.7%,堪称奇迹。该节目的经济效益也很可观,2004 年其广告就以 1.088 亿元的价格被买断,而成为国内身价最高的电视新闻栏目。

于是,一股被业界称之为"民生新闻"的改革浪潮席卷南京地区,并很快蔓延至中国各地电视新闻媒体。无数电视同行争相学习、模仿,并大都收到连锁性轰动效应。南京当地继《南京零距离》之后陆续开播了《直播南京》《绝对现场》《法治现场》《标点》《服务到家》《1860 新闻眼》等民生新闻栏目。全国各地也竞相展开关注本地市民生活的大时段直播形式的城市新闻"大战"。比如在郑州有着河南版"零距离"之称的《民生大参考》与《新都市报道》《直播郑州》竞争激烈;杭州则呈现《阿六头说新闻》《1818 黄金眼》《新闻天天说》《我和你说》争夺收视的状况;合肥有《第一时间》与《直播合肥》竞争;在昆明则有《晚间关注》与《都市条形码》并驾齐驱。另外还有吉林的《守望都市》、上海的《新闻坊》、湖南的《都市一时间》、海南的《直播海南》、四川的《成都全接触》、福建的《现场》等。全国各省级非卫星频道和城市台不约而同都采取了打造本土特色的品牌民生新闻栏目的策略,取材相近、手法相似的民生新闻节目一时间遍地开花。

三、广播电视民生新闻兴起的原因

民生新闻热潮的兴起绝非偶然,它是社会政治、经济、文化发展的结果。

首先,"以人为本"的思想得到普遍认同,为民生新闻的出现提供了一个广大的政治文化背景。民本思想在中国根基深厚,流布广泛,亦是国家大政方针和舆论政策方向所在。党的十六届三中全会通过的《中共中央关于完善社会主义市场经济体制若干问题的决定》就提出:"坚持以人为本,树立全面、协调、可持续的发展观,促进经济社会和人的全面发展。"坚持以人为本,就是以实现人的全面发展为目标,从人民群众的根本利益出发,谋发展,促发展,不断满足人民群众日益增长的物质文化需要,切实保障人民群众的经济、政治和文化的权益,让发展的成果惠及全体人民。习近平总书记在党的新闻舆论工作座谈会上的重要讲话也专门强调,要贴近实际、贴近生活、贴近群众,增强新闻工作的党性、人民性、客观性和新闻可读性,提升新闻宣传的吸引力、感染力、影响力。民生新闻"以民为本"的取向可以说是与我国当下政治环境和社会心理保持了高度的一致。

其次,广播电视民生新闻的兴起与中国正在经历的"都市化"运动密不可分。1992年至今城市化快速发展,国家统计局统计数字显示,2018年末常住人口城镇化率达59.58%。2000年到2018年中等城市和大城市人口接近翻倍,超大城市人口增幅近三倍。摩根士丹利发布的蓝皮书报告《中国城市化2.0:超级都市圈》预测,到2030年中国的城市化率将升至75%,即增加2.2亿新市民。这就意味这一个庞大市民阶层的形成,为民生新闻节目提供了一个广阔的受众和信息消费市场。同时都市化进程是一个复杂的社会进程,涉及巨大的社会结构变动,利益冲突不可避免。经济发展、收入、职业、物价、住房、医疗、教育、社会保障、社会公平、生存空间等民生问题直逼到每一位市民的面前,与其切身利益直接相关,也是他们最关心的问题。广播电视传媒必须对此做出反应,当然这些问题的存在也为传媒提供了大量的新闻素材。

再次,受众民主意识的提升也是民生新闻发展的土壤。随着公民社会的觉悟和民本思想的普及,人民群众的民主意识在不断增强,开始重视自身的知情权与话语权,这进一步催生了广播电视民生新闻的兴起。人们不再满足于说教和指导式的新闻,希望了解与自己切身利益相关的事实真相,并要求获得平等的话语权,让自己的意见被社会了解。民生新闻正好提供了这样的一个信息平台,提供客观平实的信息,满足百姓的知情权需求,同时也反映百姓的诉求,代表他们的立场和观点。

最后,广播电视民生新闻的兴起直接受到目前媒体竞争的影响,这是在媒介市场发展的推动下地方媒体求生存求发展的一种选择。我国地方媒体在国际新闻与全国新闻方面无法与央视抗衡,同时省级卫视在挤压地面频道,地方上又存在省级频道与城市频道竞争激烈的现状。于是具有接近性和开采便利性的本土化新闻成为除了电视剧以外的另一种竞争激烈的资源。为避开与全国性大台比拼硬新闻的先天不足,从"软"性上做文章也是地方台的竞争出路。于是民生新闻应运而生,省级非卫星频道和城市台不约而同开始打造本土特色的品牌民生新闻栏目,争夺本省省会城市和省内经济重点城市的有价值受众群体。这是一种趋利避害、进行成本考量后的选择。比如在浙江省会城市杭州,杭州台的两档民生新闻栏目《阿六头说新闻》(西湖明珠频道)和《我和你说》(生活频道)的收视率就超过了省台的新闻节目。尤其是《阿六头说新闻》,这档民生新闻栏目不仅在新闻内容选择上贴近百姓生活和情感,还用杭州话方言播报新闻,得到本地观众的喜爱,开播不久就创出了11%~12%的高收视率。

四、广播电视民生新闻的节目特色

(1) 取材本土化

广播电视民生新闻的一个鲜明特色就是取材体现本土化追求,呈现显著的地方性和浓厚的地域色彩。摄像机对准的是本城的每个角落和本地的市民。胡智锋、刘春甚至认为:"因为民生电视的成长,中国才真正开始拥有了自己所谓的'本土化新闻'"。

中国过去的新闻变革往往从中央电视台开始,然后自上而下地推广开来,如《新闻联播》《东方时空》《焦点访谈》模式在全国的兴起就是这样的一个模式。但是地方台模仿中央台无疑会遭到资源方面的瓶颈,无法发挥优势。因此立足本地,从身边事做起,充分挖掘地方收视资源,才是可行的发展之道。

具体来看,本土的新闻素材具有丰富性和长期可供应性,而且地方电视台就地取材,有助于实现新闻节目的低成本运作。对受众而言，本土化的取材为本地受众带来了接受信息时地理和心理上的接近性。发生在身边的事与受众关系更紧密，更易受到其关注。一般来说，以所在地域为圆心，受众收视兴趣与半径跨度成反比。然而长期以来，国内外重大新闻的信息量和深度报道发展很快，但具有地方特色的本地新闻一直是一个收视空白。因此民生新闻的本土化取材无疑是我国新闻发展的一大突破。

以《南京零距离》为例，作为江苏电视台城市频道最早的民生新闻栏目，该节目覆盖范围为南京地区，节目取材聚焦南京百姓的大小事，直接针对南京市民，栏目还直接打出了"《南京零距离》见证南京变迁与发展的城市日记"这样的广告语。尽管与央视《新闻联播》播出时间撞车（《南京零距离》播出时段为18:55~20:00），但本地新闻的特色使其牢牢锁定本地观众，收视令人刮目相看。即使南京地区很快出现类似新闻栏目的激烈竞争，却都取得了不俗的收视率。本土化的取材使地方台的新闻节目化劣势为优势，并培养了市民收看本地新闻的收视习惯。民生新闻的本土化策略可以说实现了一次成功的收视资源开发。

（2）功能实用性

具有实用性的功能是民生新闻十分显著的另一个特点，社会上甚至现了"有困难，找媒体"的现象，与民生新闻强调服务的实用功能分不开。为老百姓提供实用资讯，帮助老百姓解决各方面的实际困难，对人民群众给予具体的社会生活指导，是广播电视民生新闻节目致力为百姓提供的贴心服务。比如《温州零距离》民生栏目在2006年进行改版后就提出了"关注民生，服务生活"的栏目定位，突出了服务大众的实用功能。比如"记者在线"板块现场处理市民投诉和求助，解决百姓日常难题；"资讯全搜索"板块则围绕百姓生活主题提供公共资讯；该节目甚至还将这种实用的服务功能延伸至社区服务，开展"左邻右里零距离"活动，把法律咨询、义诊、便民服务、文体活动等送到居民家门口，使得栏目服务百姓的品牌形象进一步深入人心。

（3）内容平民化

有专家认为，民生新闻栏目选择的报道内容已由一向专注于国家大事和国家行为转向对老百姓日常生活领域的深入挖掘，力图在新闻报道中勾勒出老百姓生活的全景。在"民生新闻"框架中，新闻的主体不再是政府官员和知名人士等社会精英，而是聚焦芸芸大众；报道的重点也不再是离百姓遥远的会议消息、政策传达或成就展示，而代之以关注普通百姓的生存空间；新闻取舍的标准由是否重大转变为是否满足了百姓需求；在具体报道过程中，"民生新闻"也注重以平民的视角发现、展示、解读新闻事件。因此"讲述老百姓自己的故事"是最大的内容特色，也是吸引广大受众的魅力所在。被人行道整修摔伤的老奶奶，市民醉酒的不文明行为，乃至被消防员救助的小猫都能进入新闻镜头。此外，许多民生新闻节目也非常关注弱势群体的存在，下岗职工、民工兄弟等都成为媒介呈现中的主体而不是被离间、被猎奇的形象。安徽电视台的《第一时间》就曾经针对民工工资被拖欠的问题进行为民工讨债的系列报道。这种切实关注百姓疾苦的内容选择深化了节目在群众中的影响力。

（4）表现亲近感

民生新闻节目从表现手法来看也摒弃了过去媒体高高在上，板着面孔说教的方式，一种走近大众，更有亲近感的表现方式被广泛运用。

从报道手法看，民生新闻的故事性被强调。通过情节的推动、细节的表现和现场气氛的营造，民生新闻的报道较适合百姓传统的欣赏习惯，也更能强化新闻传播的效果。报道的叙述角度也在发生变化，第二人称式的叙述逐渐代替了传统的客观化的第三人称的叙述角度。这意味着记者已成为受众的代表，带领观众经历事件的发生过程，报道视角也随之更微观，感觉更亲近。另外报道强调对现场的直接呈现，往往记者和解说词退于次要位置，带来视听冲击的是现场的生动画面，大量的同期声，鲜活的百姓形象和市井语言。这些都使媒体、事件与市民无限贴近。

从新闻播报和主持风格来看，民生新闻节目中轻松而又平易近人的"说新闻"方式普遍代替了字正腔圆、正襟危坐的"播新闻"。"说新闻"被认为是一种"亲昵体裁"，主持人进入一种"拟人际传播"状态，以"百姓朋友"的角色定位，通过真诚、平等的表达以及口语化的语言，使得新闻报道成为一种对话、交流和唠家常的过程，拉近了与受众的距离，引发观众的收视兴趣。此外主持人的个性魅力也被强调。在这个"拟人际传播"过程中，主持人带有个人特色的语言表达和肢体表现感染并影响着观众，直接吸引观众对节目的关注。《第七日》主持人元元曾在一期节目中提及有关管理部门的不负责任时，采用了个性化的俏皮方式，说管理部门"也没闲着，他们得开会，研究呀"，让人会心一笑之余也让观众加强了对她的"朋友身份"的认同感。

一些地区的方言民生新闻节目更将这种播报和主持风格发挥得淋漓尽致。在杭州电视台的《阿六头说新闻》节目中，主持人以民间故事说书人的形象出现，使用的语言就是杭州当地方言，当地老百姓听起来十分亲切。此外，阿六头的语言运用也十分鲜活，具有生活气息，大量使用地方俗语、口语、歇后语、比喻等，深得百姓喜爱，一些原来不说普通话也不看电视新闻的老人都被他深深吸引。另外，阿六头的包装也颇有本土的民族风。他身着唐装，场景中还配有八仙桌。这种个性化服饰和个性化主持现场，再加上阿六头招牌式的丰富表情和肢体语言，都紧紧抓住了当地观众，该节目也成为方言民生新闻节目中的领头羊。

（5）传播互动性

民生新闻的出现改变了传统电视新闻"你播我看"的单向传播局面。电视民生新闻常常通过网上留言、手机短信、热线电话等交流方式，让电视观众随时随地都可以参与到民生新闻节目中去。不少媒体还邀请受众爆料，提供新闻素材，甚至动员观众自拍新闻，让观众真正参与到节目制作中去，消除了节目的神秘感，调动了人们的积极性，催生了一批活跃的业余记者，扩大了新闻来源。湖南经视的《都市一时间》就在节目中广泛征集民间拍摄的DV新闻作品。这种做法能够弥补记者无法现身突发事件现场抓拍镜头的缺憾，有时还能产生独家新闻。还有的节目把原来的被采访对象变成了节目主持人，由当事人把发生在自己身上的新闻呈现给受众。陕西电视台"今晚播报"曾经推出"今天我主播"的小栏目，主持、外景采访以及新闻短片的制音全由当事人完成，让大众融入新闻制作的团队中来，令人耳目一新。

五、广播电视民生新闻存在的问题与发展方向

随着全国民生新闻节目的大量上马，其中也暴露出不少问题，最明显的有以下几个方面。

（1）选题琐碎化

即新闻节目将"民生"狭隘地理解为老百姓的生活琐事、市井的奇闻异事，结果导致搬上荧屏的都是鸡毛蒜皮小事，如打架、跳楼、纠纷、自杀等，一些与国计民生息息相关的时政新闻却被刻意排斥。曾有人统计，某民生节目一个月内涉及打架纠纷的新闻就占了11.26%。另外琐碎化的报道往往局限于事件表层，只讲述了事件的发展过程，不挖掘新闻本质，满足的仅仅是窥私欲和猎奇心理。这与民生新闻本质的价值取向已相去甚远。

（2）表现庸俗化

不少民生新闻节目立意不高，为追求娱乐效果抓住眼球，新闻表现有庸俗化趋势。比如一些节目热衷于报道凶杀、婚外情、第三者、同性恋等题材。报道时渲染暴力、色情细节，随意夸张戏谑，甚至以插科打诨、说段子的方式进行主持或点评，以博观众一笑，走上了媚俗道路。这无疑会传递出诸多不良的社会信息，误导大众，违背了媒体舆论导向的社会责任。

（3）受众的模糊化和部分缺失

随着中国社会的转型和民众的分层，民生新闻传播的受众定位就显得较为模糊了。尤其是在节目竞争激烈的今天，民生新闻栏目应该进一步细分受众，有所针对，才能使新闻资源效益最大化，办出自己的特色。鉴于目前民生新闻较多瞄准生活琐事，显然一部城市精英人群就不在其有效达到的受众范围内了。另外许多民生节目的关注对农村地区和农民的关照也明显不够，与民生新闻的本质追求仍有距离。

（4）节目同质化

过多的民生新闻节目跟风上马，导致节目模式、内容、风格严重雷同，以"直播""快报""零距离"冠名的新闻栏目就数不胜数，明显缺乏新的创意和突破。节目的同质化会导致观众注意力的分散、兴趣的逐渐丧失和对节目关注程度的下降，这对节目的持续发展将是致命的打击。尤其是在一些城市，同一时段就有好几档雷同的民生节目争夺当地有限的观众。这一方面是新闻资源的浪费，另一方面受众市场被恶性开采，广告资源被分摊，长此以往会对广播电视新闻事业的发展起到负面作用。

六、广播电视民生新闻的定位与发展策略

（1）视野的拓展

关注民生话题并不意味着不是简单堆砌生活中的琐碎事物，也绝不是有闻必录或者单纯地还原事实。有学者认为，民生新闻要跳出琐碎化的误区，有必要将新闻视角从"小民生"转入"大民生"，即不仅要关心百姓的个体生存状态，更要关心那些关乎百姓利益的更具社会普遍意义的问题，如就业、医疗、物价、住房、社会保障等。即便是时政新闻也可以进入"大民生"的视野。因为国计与民生必定息息相关，关键在于是否能从百姓角度去挖掘时政信息的意义，从"民本"视角来解读时政信息，从而把全局性的大问题与百姓切身体验的生存环境相联系，触动百姓对这些信息的敏感神经。如央视《生活》栏目就曾对股票市场、工资改革、住房贷款等重大社会问题进行深入阐释，获得了良好的收视效果和社会反响。

（2）加强深度报道

民生新闻在报道方式上的平民取向和强调亲近感，并不意味着对信息深度的放弃。目前民生新闻报道琐碎化、庸俗化的一大原因就是流于信息的表面。其实民生问题的背后是复杂的社会现实，民生问题往往折射出很多深层次的社会矛盾。因此，民生新闻应该尝试向纵深拓展，逐渐从以动态性新闻为主向深度报道延伸。对复杂的社会现象做深入透彻的解读，将民众生活中有代表性的"小事"与社会大背景相联系，挖掘其中具有普遍意义和深度价值的社会主题，当理性思辨的力度在深度中彰显，"小民生"也就完成了向"大民生"的转变。其实《南京零距离》已有了这样的尝试。该节目通过《调查》《纪录》《角色》等板块，将新闻报道引向深入，打破了以往动态、表象信息一统天下的局限，使民生新闻节目开始兼具厚重感，满足了人们深层次的需求。

（3）差异化、品牌化竞争

随着民生新闻节目的遍地开花，差异化、品牌化竞争就显得尤为重要。尤其是当同城存在多档民生节目时，面临着信息资源有限的问题，各家几乎不可能采集到独家新闻，面对的往往是相同的新闻信息。因此节目要胜出，就必须寻求差异化发展，从而形成区别于其他栏目的个性特色。

这种差异点的寻找可以体现在几个方面：首先面对相同的信息，节目可以体现差异化的解读。比如关于富士康"十连跳"的新闻，有的媒体谈的是企业环境问题，有的从员工心理角度切入，有的则从产业的高度来审视这一问题。其次就是个性化的主持。一些较受人们喜爱的民生新闻节目往往都离不开一个个性鲜明、魅力十足的主持。在民生新闻中较早崛起的《南京零距离》有幽默犀利的光头孟非，《第七日》有俏皮干脆的元元，《阿六头说新闻》中身着唐装的阿六头则热辣诙谐。这些主持人已成为节目的灵魂，是节目个性化特色的一部分。节目的表现方式也是体现差异化的重要方面。有的节目侧重纪实，有的节目侧重故事化情节，有的则全力打造对突发事件的直播。其他一些元素的运用也能够体现个性化和差异化，如FLASH的运用，表演、说唱的加入等。

当然，在差异点累加出一个清晰的节目形象后，民生新闻节目还需进行差异化的品牌运作，突显节目品牌特征，全面提高节目竞争力。节目可以在节目名称、节目标志、主持人、宣传口号等多个方面对栏目进行形象包装；运营上则需重视整合营销传播，如从栏目延伸出的活动和媒体之间的联动都有助于扩大节目的品牌影响。

当然最终节目要保持差异化的竞争力还需强调节目的创新，否则任何差异或个性都会死于竞争对手的跟进和节目的老化。

（4）向公共新闻的转型方向

许多学者认为，民生新闻只是媒介新闻发展到一定阶段的产物，与当下我国的国情、民情相适应。但要解决民生新闻潜在的危机，就必须完成价值理念的提升，完成从"民生新闻"到"公共新闻"的转型。"公共新闻"所面向的是公民，是理性的政治人。其责任是提高公众在获得新闻信息的基础上应对社会问题、解决公共事务的能力。这就意味着报道将不再简单地迎合作为消费者的大众，视线也将会投向更广阔的公众生活领域，并更多地引发深入思考和进一步的行动。这将有助于真正解决民生新闻琐碎化和低俗化的问题。同时"公众"的概念消除了平民和精英、城市居民和农民的壁垒，也就解决了民生新闻受众定位的问题。

第四节　广播电视新闻发展趋势

随着媒体技术的发展、广播电视新闻理念的提升以及社会大环境的变化，广播电视新闻也在经历着深刻变革，目前正体现出以下几种发展趋势。

一、直播化

直播的实时性可以最准确地表现出新闻的"新鲜"和"贴近"，直播化是新闻本质的最佳体现，也是最能展示广播电视新闻传播优势的做法。随着广播电视技术的发展，直播已越来越多地运用于新闻的传播。常见的直播形态是直播室与新闻现场相结合，并可以随时插入最新的、突发性的事件报道。自2003年以来，中国直播重大事件的比例大大增加。当年央视对伊拉克战争的快速反应和直播吸引了大量观众，央视四套直播的"关注伊拉克战事"节目的最高收视率和收视份额比以往提高了近28倍。之后重大事件的直播全面开花，印度洋海啸灾难、汶川地震、连宋大陆行、"天宫"与"神九"对接、纪念抗日战争胜利70周年大阅兵、十九大召开、国庆70周年庆典等，电视台都给出了大规模的电视直播。另外目前我国直播节目也正渐渐从专业报道（如体育赛事转播）、非凡报道（如国庆庆典转播）向常态报道转变，广播电视新闻的竞争将在很大程度上体现为直播能力的竞争。

许多媒体都意识到直播的重要性，努力朝这一方向努力。中央人民广播电台"中国之声"《直播中国》节目就将现场直播这一传播方式带入到日常播出的固定栏目之中。《南京零距离》也是以直播的节目形态问世的,这种做法进一步加强了民生新闻的纪实感和近距离感,一时间南京地区各档民生新闻节目都以大直播形式出现,拼抢地区收视率。

不过目前来看许多直播节目的规划预定性大于应急应变性,使直播现场的魅力打了折扣。非常明显的是,许多直播仍停留在能够事先策划和组织的事件类型,但对突发事件应对能力仍不足。而对于一些事先策划的直播来说,有时则会出现"策划过头"的问题,即策划太过完善,程式化严重,从而使观众失去了与镜头一起探索事件发展的期待感和悬念感,直播形式大于内容。

要真正实现广播电视新闻直播的常态化,我国广播电视新闻媒体一方面需要改进技术手段和设备,另一方面更重要的是要改变新闻理念,真正使直播回归新闻本质。

二、互动化

今天的传媒正迅速改变"传—受"的单向传播,互动化已是优势媒体的体现,广播电视新闻也必须朝着这个方向发展。

近年来不少广播电视新闻节目在有重大新闻事件发生时会在演播室现场开通热线电话、手机短信和网络平台等互动通道,随时呈现观众意见,以及回复观众提供的信息和提出的问题。中央人民广播电台"中国之声"《第一报告》和《新闻直播间》两个栏目中听众的收听反馈往往是在和主持人、记者以及嘉宾的访谈中互动穿插完成。这样有时听众可能将其身边的具有一定新闻价值的信息通过与主持人互动被主持人"即时整合"传递给其他听众,无形中也扮演了发布信息的角色。一些电台甚至还会让听众点播收听,体现了"受者中心"的思路。

随着数字电视在我国的推进,以及建立在数字平台上的广播电视与互联网及其他媒体的融合,新闻传播的交互性进一步增强。比如刚开始一些新闻资讯节目就开通网上 BBS,及时跟进受众对节目内容的评价、反馈和讨论,甚至把 BBS 变成一个召集组织热心受众开展活动的园地,使互动进一步延展。随着数字技术的发展,新闻节目或内容的查询、搜索及点播服务也成为可能,为受众提供很大的便利。

目前随着社交媒体的发展,广播电视新闻的互动化趋势愈演愈烈。2005 年 4 月 23 日,贾德·卡林姆在视频分享网站 YouTube 上发布了一条 19 秒的短视频"我的动物园",意味着视频分享去门槛化得以实现,人人都可以传播视频,人人都可以是记者,UGC(用户生产内容)视频逐渐成为突发事件、社会新闻的重要新闻源。CNN(美国有线电视网)是较早开始引入 UGC 内容的电视新闻机构,其网站专设了一个叫《iReport for CNN》的板块,收集全球网民上传的新闻视频,并供给用户浏览,同时这些素材也成为 CNN 在电视媒体上报道突发事件的第一手资料。为了保证真实性和权威性,CNN 会对用户上传的新闻素材进行审核,并做出"已核实"与"未核实"的标注[83]。

基于社交平台的视频分享增强了人们的互动,用户可以为视频新闻点赞、评论、转发,而转发功能能够使视频新闻得到几何级数的增量传播。以深度调查纪录片《穹顶之下》的传播为例,该视频除了在人民网、优酷网等网站播发,还在微博平台发布,之后韩寒、谢娜等大 V 转发推动话题的热度达到高峰。微信的社交传播也在其中发挥重要作用,iCTR 调研数据显示,《穹顶之下》的网民受众中,41%的被访网民是在微信上收看,比重最大。而且在《穹顶之下》的传播过程中,相关互动话题参与度也很高。iCTR 调研数据显示,看过《穹顶之下》的被访网民有 76%的受众参与了相关内容的讨论,其中,互动、社交类媒体是其讨论的主要阵地,以微信为首,微博次之。

三、立体化

广播电视新闻报道并不是声音信息或声画信息简单的线形组合，呈现形式单一的报道已远远不能满足受众的需求。只有通过调动和有机组合不同的表现手段及多元的节目元素，才能全面立体地呈现新闻事件。比如多点现场直播的运用，现场与演播室的结合，通过电话连线营造的演播室主持与前方记者报道的互动性结合，演播室中现场主持与嘉宾访谈结合，通过短信、网络等实时互动方式完成的新闻主持与受众反馈的结合，新闻事实与背景资料的结合，背景音乐、主题曲、片头片花的组合运用、主持人、嘉宾、听众及前方记者之间对信息进行分解与组合，形成多侧面、多角度、全方位的新闻解读。电视由于表现手段更多，能够糅合的元素就更丰富——照片、图表、动画、飞机航拍等。这些手段和元素的多元组合形成了一种立体化的报道，大大丰富了新闻报道的内容与形式，增加了新闻节目的饱满感。

四、多样化

随着受众获得信息的渠道不断增多，受众对信息的需求也呈多样化的发展趋势，因此广播电视新闻必须走多样化、个性化的发展道路，才能满足受众的不同需求。

其实，从广播电视新闻的发展历程来看，多样化的发展步子从来没有停止过，而且步伐只会越来越快。从节目样式形态来看，我国的广播电视新闻节目从最初的单一化样式发展为今天的多元化样式——消息类新闻栏目、专题类新闻栏目、评论类新闻栏目、杂志类新闻栏目是四大主干栏目，还有一些新颖的样式也在不断出现：读报新闻节目、谈话新闻节目、故事新闻节目、评书新闻节目等。从表现形式来看，原来单一的严肃播报正向多元化、个性化的新闻主持转变，可以"说新闻"，可以嬉笑怒骂评新闻，也可以表演新闻，说学逗唱都能进入主持内容。价值取向也日趋多元化，过去是单一的政治化取向，现在有了民本取向的加入和将来向公民取向的延伸。随着社会的进一步发展，针对的受众类型也将进一步多样化，原来的不分男女老幼"一网打尽"将向受众和市场细分进一步发展。

五、专业化

这里的专业化是指发展广播电视新闻节目的专门频道或频率，通常全天 24 小时滚动递进播出新闻。美国的有线电视新闻网（CNN）是最先在 20 世纪 80 年代初推出这种专业新闻频道的，它满足了受众对新闻的需求，获得了极大的成功。之后英国的 BBC、美国的 FOX 都推出了类似的 24 小时专业新闻频道，加剧了全球电视新闻竞争。中国的港台地区的新闻专业频道也发展很快。在台湾地区，东森、民视、TVBS、三立、真相新闻网等多家新闻频道展开激烈的竞争。凤凰卫视则从 2001 年 1 月 1 日起专设资讯台，全天 24 小时不停播出时事、财经新闻，是唯一能够覆盖海峡两地和香港澳门的华语资讯节目频道，从此完成了从娱乐立台到新闻立台、从创名牌新闻栏目到筹划准新闻频道的转型。中央电视台新闻频道也从 2003 年 5 月 1 日起试播，7 月 1 日起正式播出。我国广播新闻频率的设置则随着广播专业化运动全面展开。在上海，一向强调"新闻立台"的广播从 2002 年 7 月 15 日起推出全新的 10 套专业频率，其中新闻频率 24 小时滚动播出，有着覆盖长江三角洲的卫星广播网。

专业化的新闻频道或频率大大延伸了新闻传播时段，滚动播出强化了新闻时效性，并推动了现场直播的发展，而且在没有电视剧、综艺节目等有节目连续性要求的板块的情况下，随时插播突发新闻成为常态。这一切都满足了公众连续和完整地追踪、了解新闻事件过程的需求。但是要真正实现实时、滚动、连续播出和直播，新闻资源的整合机制就显得非常重要。这需要有整体的新闻频道或频率意识，统一策划选题、统一调度记者、统一协调各栏目对重大事件做连续跟进追踪报道,并且需要完善的新闻资源内部网和数据库。这才能保证一个高效运转、功能强大的新闻采集、制作与播出网络,真正发挥出新闻专业频道或频率的优势。

新闻专业频道或频率的发展有助于加强我国参与全球新闻竞争、抢占国际舆论高地的能力。"9·11"事件发生后,由于专业化新闻制作能力不足,导致我国广播电视媒体没有及时跟进这一重大事件,而凤凰卫视的实时、现场、全面的报道使其在华人地区大放异彩。伊拉克战争时央视四套"准专业新闻频道"的做法,使得中国加入了这场世界新闻大战行列,展示了中国的视角,发出了中国的声音。不过全世界的新闻专业频道都面临着在缺乏重大突发事件时如何维系受众收视习惯的问题,这无疑是对新闻专业频道的策划能力、资源整合能力提出了挑战。

六、短视频化

当下随着视频成为全新的移动互联网风口,短视频正在成为新闻内容生产的重要发展趋势。短视频顾名思义,最大的特征就是"短"。根据美国学者的研究,短视频中稍长的内容保持在2.08分钟最为合适,稍短的视频则在24秒左右。国内主要的短视频新闻发布平台"秒拍"则将普通用户发布时长限定在10秒内。

短视频首先在国外兴起。早在2012年,美国赫芬顿邮报联合创始人肯尼斯·莱尔(Kenneth Lerer)就创立了名为Now This News的移动新闻服务,主打短视频,内容简短有趣,节奏快速,内容的目标受众者是18~34岁的年轻人。2013年土耳其记者利用短视频应用Vine录制了美国驻土耳其大使馆外的一次自杀式爆炸袭击,视频长度只有短短6秒,但记录了所有的现场重要细节。2014年BBC推出了名为Instafax的短视频新闻服务。CNN则与Twitter合作推出了名为"Your 15 Seconds Morning"的短视频新闻资讯服务。短视频新闻生产与传播在全球移动社交媒体上已成为快速发展的传播模式[84]。

国内的短视频新闻服务近年来也迅速跟上。2013年新浪、腾讯先后推出短视频应用秒拍和微视,分别提供10秒和8秒的视频拍摄和上传功能。2014年阿里巴巴旗下社交平台"来往"宣布全面上线9秒短视频拍摄和分享功能。随后新版陌陌、美图、西瓜等都推出了短视频功能[85]。2015年今日头条开始进入短视频市场,每天有10亿次播放,成为今日头条最大的内容载体。其中93%的视频长度在10分钟以内,74%的视频长度在5分钟以内[86]。抖音、快手等近年崛起的小视频平台更是以短视频为主业,并迅速占领市场。

短视频新闻的传播力不容小觑。2016年11月21日梨视频以一条6分27秒的短视频新闻《实拍常熟童工产业:被榨尽的青春》引发舆论关注,10小时内转发量过万,3日内获得1700万播放量。该片虽然只有短短6分多钟,却清晰地呈现了一条"童工"的产业链,发人深省,引人关注[87]。

短视频也成为每年全国"两会"期间媒体报道的"新式"武器,及时生动的内容深受大众欢迎。2018年,央视发挥其优势,推出独家"两会"短视频,并联合微博推动传播,网民可以利用碎片化时间收看短视频报道,获取权威资讯。"两会"召开一周左右,@央视新闻及其矩阵账号共发布400余条短视频,播放量近5亿次。目前央视已孵化移动短视频内容品牌"央视新闻+",以移动直播和短视频为主要内容。上海电视台融媒体中心也开发了独立的移动短视频内容品牌"看看新闻Knews",布局网页端和移动应用端,除此之外还开通了微博和秒拍账号,布局社交媒体平台[88]。

在新媒体环境下,短视频新闻具有以下几个优势。

① 时长短,顺应碎片化信息消费需求 在移动媒体时代,人们往往是多任务同时进行,

信息浏览和消费通常是在多个应用之间频繁切换,时间被切割得非常零碎,因此信息消费都是碎片化的,人们在某个信息上集中注意力的时长很短。短视频长度大多在 1 分钟以内,符合人们碎片化浏览的需求,网民可以在最短的时间里获取视频资讯。

② 生产流程简单,制作门槛低,有利于 UGC 传播,方便突发事件的报道和传播 短视频摄制不需要非常复杂和精良的设备,往往手机和单反就能拍摄,一些简单易上手的视频编辑软件就能完成后期编辑,而且由于时长较短,制作起来也非常迅速。在人人都是发布者的今天,短视频的便捷使大众都能参与到视频新闻的生产中来,不仅发布者有了很好的用户体验,平台也获得更多的新闻素材。一旦发生突发新闻事件,身处现场的网民也可以用随身设备及时记录和传播,与记者赶到现场再进行报道相比,大大提升了突发事件的传播效率。

③ 在社交媒体时代,短视频天然具有社交性 短视频时长短,方便与其他信息,如文字、图片、语音等拼接,也方便及时拍摄及时分享在微博、微信等移动社交平台上。人们可以通过观看视频、分享视频以及点赞和评论视频来实现互动和沟通。目前很多短视频播放平台,如快手、抖音等都已经成为大众进行社交活动的场景,丰富了社交表达方式。

七、融合化

随着网络数字平台的构建,广播电视新闻将在媒介融合的趋势中发展,即采用多媒体手段进行新闻传播活动,并通过多种介质和渠道接触受众。在这种趋势下媒介壁垒被消除,传授格局进一步被打破,媒体间合作被拓展,新闻资源则被进一步整合和效益最大化。有学者将这种融合诠释为不同的媒体集中在同一个信息操作平台上,统一策划,互相协调,取长补短,根据各自媒体和受众的不同特点对信息分类加工,发挥各自媒介的传播优势,有针对性地把新闻信息传播给特定受众,从而提升新闻传播的影响力和竞争力。

总体来看,广播电视新闻的融合化发展趋势主要体现在以下几个方面。

(1) 媒介形式的融合

在媒介融合的数字平台上,各种媒介形式可以综合运用,视频、音频可以跟文字、图片等信息表现形式一起发挥 $1+1>2$ 的综合效应。在党的十九大报道中,中国国际广播电台不仅开通了 40 种语言融媒体微直播,还推出"这五年,你身边的这些变化"这类图解产品,用图示生动简洁地传递信息,该产品一举成为阅读量 4000 万次的"爆款"。此外国际广播电台还发布了视频《国际友人谈十九大》《多彩中国》以及 H5《学习大外交》等产品,受到广泛关注。综合的媒介形式提升了传播效果,该台十九大报道的新媒体阅览总量达到 1.14 亿次。博鳌亚洲论坛期间,央视、央广、国际台则在资源共享、选题策划、消息制作、直播推流等方面,推出三台融合制作。在这样的创新融合模式下,习近平主席的主旨演讲得到"央视快评"第一时间推送,《中国开放的大门只会越开越大》一文的阅读总量超过 420 万次。此外融合推送还利用 H5、图解等新型可视化产品帮助受众解读主旨演讲,比如《妙语连珠!一张图速览习近平 2018"博鳌金句"》就大受欢迎。这样的融合传播使得全平台阅览量迅速超过 5 亿次。

(2) 媒介技术的融合

媒体融合环境下广播电视新闻的发展是在技术融合的驱动下进行的。目前 H5 页面集合、移动直播、全景摄像、虚拟现实、人工智能技术等都发展迅速,加大了新闻融合呈现的表现力,拓展了融合传播的更多可能性。

交互式的 H5 技术目前经常会被嵌入视频新闻应用于手机端传播。2017、2018 年"两会"期间《央广女主播王小艺的朋友圈》系列大放异彩,H5 技术的应用使得视频元素融入大家喜闻乐见的微信朋友圈、群聊、私信等场景,主持人王小艺自己的微信场景成为新闻视角,以一种非常接地气的方式为网友讲解"两会"中的各类信息。

增强现实(AR)技术和虚拟现实(VR)技术现在也频频运用在视频新闻中。中央电视台尝试将 AR 技术应用于《南海仲裁案 FAQ》《故宫端门数字馆》《World Innovation》等节目制作中,生成逼真的视觉虚拟环境,实现人与环境的动态交互,图表、文字、数据信息等能够直接展示在真实空间。而在《World Innovation》节目中,AR 还与白板动画相结合,主持人与动画内容能够有机融合,形式新颖,形成创新的视觉传达。英国广播公司最近则制作了名为《Congo VR》的 VR 系列纪录片,将观众带入刚果民主共和国的核心地带,给观众带来身临刚果河的体验。2017 年 3 月,美国有线电视新闻网宣布正式成立名为"CNNVR"的虚拟现实新闻部门,专门打造 VR 新闻,制作每周一期的全景视频。此外 CNN 还不定期举行 VR 现场直播,让用户通过 VR 电视新闻产品"浸入"到全球大事中,享受全新的观看体验。

近两年发展得如火如荼的人工智能技术也已融入新闻生产。新华社已经发布中国第一个媒体人工智能平台——"媒体大脑",提供基于云计算、物联网、大数据、人工智能等技术的八大功能,覆盖报道线索、策划、采访、生产、分发、反馈等全新闻链路。新华社还发布了首条 MGC(机器生产内容)的视频新闻,时长 2 分 8 秒,由"媒体大脑"制作,计算耗时只有 10.3 秒。除了生产新闻内容,人工智能代替主持人播报新闻也成为可能。日本 NHK 电视台就启用了人工智能主播 Yomiko,在 NEWS CHECK 11 节目中每周播报一次约 5 分钟的新闻。新华社推出的 AI 合成女主播"新小萌"则在 2019 年全国"两会"正式"上岗",播发了包括《新小萌上两会 | 十三届全国人大二次会议准备就绪,京外代表团全部抵京》等在内的多篇融媒体报道。

数字技术、人工智能等高新技术目前发展迅速、日新月异,未来必将在极大程度上改变广播电视新闻的传播生态,并引发广播电视新闻的新一轮革命。

(3)传播平台的融合

融合新闻的传播往往是多个平台和渠道分发,因此多平台的联动和融合非常重要,最终达到立体化的传播效果。上海广播电视台融媒体中心在 2016 年推出的"看看新闻 Knews"这一融媒体新闻产品,就覆盖了东方卫视频道、BesTV 互联网电视平台、SMG 所属东方明珠新媒体公司的 IPTV、手机客户端等多种渠道,实现 24 小时不间断的电视新闻直播。这样的立体式覆盖使得"看看新闻 Knews"新浪微博的粉丝数一年内就上升至 220 万人,每天的视频浏览量在 5 千万次至 1 亿次,有效实现了媒介融合[89]。"看看新闻 Knews"还积极拓展在其他平台和渠道的内容分发与深度合作,已经展开合作的包括腾讯视频、今日头条、爱奇艺、企鹅、Bilibili、优酷、秒拍、WiFi 万能钥匙、ZAKER 等。

主流广播电视媒体在具体的报道过程中也往往会与新媒体资讯平台合作,扩大传播影响力。2018 年"两会"报道中,中央电视台就与微博充分合作,开展深度融合。大会期间,央视与微博联合推出了"两会"24 小时新闻频道,微博提供了快速剪辑生产分发视频、海量素材库、分发传播效果追踪及大数据分析三大核心功能,使得央视优质内容能够快速生产分发,并通过官方微博@央视新闻及其矩阵账号发布到微博。在微博的用户规模和传播能力的助力之下,央视扩大了报道覆盖面,提升了传播效果[90]。

(4)新闻与其他信息形式的融合

在互联网时代,用户体验至上,很多新闻内容也会和其他信息表现形式融合呈现,以喜闻乐见的方式走近观众。比如央视节目《改革在那里》创作了"众筹歌曲"《改革在哪里》,采用的是符合网络传播的说唱形式,并在网上发布了歌曲的 MV,通过这首网络歌曲大家唱,扩大了节目的新闻征集效果,也推广了节目本身[91]。央广新闻则制作说唱短视频《为新时代打CALL：这可能是最有科技感的一段freestyle》，以"90后"的"喊麦"新方式和网络化的语言，梳理我国砥砺奋进的五年所取得的巨大成就，歌唱美好新时代。该视频上线后仅半小时，点击量就突破百万人次，4个小时超过千万人次，并登上微博热搜。2018年"两会"期间，人民日报新媒体中心发起"中国很赞"众筹MV活动，引导网民上传手指舞短视频，一起为中国点赞，明星和网民们都加入线上挑战活动，活动阅读量、参与量迅速超10亿次[92]。

面对这样的发展趋势，广播电视媒体急需全能性的"融合"式记者——能拍片录音和剪辑，懂计算机网络，会在线新闻的制作，懂得如何提升用户体验，甚至能够开展多终端多平台运营等。此外，这也将是对编辑思路和经营管理的巨大挑战。如何以整合信息资源和渠道的概念策划编辑发布新闻，如何处理媒体与媒体、媒体与受众、媒体与社会的全新关系，都将对广播电视新闻的创新发展形成巨大考验。

思考题

1. 电视新闻文本与广播新闻文本相比有何异同之处？
2. 广播电视新闻深度报道具有哪些特点？报道时要注意哪些误区？
3. 如何理解"民生新闻"这一概念？其本质是什么？
4. 阐释广播电视民生新闻的发展瓶颈与转型趋势。
5. 请列举广播电视新闻发展的几大趋势。
6. 请谈谈媒介技术发展如何影响广播电视新闻的发展。

第八章 广播电视谈话节目

【本章要点】 从现代传播学的角度看，谈话节目仍然是受众喜爱的一种广播电视节目形态。本章着重阐述了广播电视谈话节目的发展历程、一般形态、基本特点、社会功能和发展趋势等，并就广播谈话节目和电视谈话节目制作中的几个重要问题进行扼要阐述。

第一节 广播电视谈话节目概述

一、广播电视谈话节目的兴起与发展

一般认为，广播电视谈话节目的源头可以追溯到美国的"脱口秀"（Talk Show）。在美国"脱口秀"的节目制作现场，主持人、嘉宾和观众坐在一起，就各种社会、政治、情感和人生的话题，展开充分交流，并以广播或电视作为媒介，与社会公众进行交流互动。谈话人一般不事先备稿，而是现场即兴交谈，脱口而出，因此这种节目也被港台翻译家们译为"脱口秀"。

美国"脱口秀"的雏形，最早出现在1921年。当时，马萨诸塞州斯普林斯菲尔德的WBZ电台播出了一档谈话节目，话题是为农村听众讲农场经营。不过，当时的谈话节目大都是"独角戏"，主要由专家对着听众讲话，缺少与听众的对话和互动，属于一种宣传教育类的节目。严格意义上来讲，这还不能称谈话节目。从1933年开始，美国的广播谈话节目迅速发展，听众有了更多的参与机会。电话参与节目的形式出现了，政治类的谈话节目尤其引人关注。最有名的就是美国罗斯福总统的《炉边谈话》。当时，美国经济正处于大萧条时期，谈话嘉宾又是国家总统，谈话内容与国计民生息息相关，因此这档节目很快就家喻户晓，备受关注。20世纪70年代，美国广播类的谈话节目与时俱进，在形式上不断创新变化，很多节目直接涉及社会焦点问题，节目的受欢迎程度明显增加。

随着电视的普及化程度不断提高，电视谈话节目在影响社会舆论方面的作用日益突出。一般认为，1954年NBC推出的《今夜》栏目，可以看作是最早的电视谈话类节目。20世纪80年代末，谈话节目已经成为最受人们欢迎的节目样式之一。在西方，谈话节目占据了30%以上的电视节目时间，也造就了拉里·金、奥普拉·温弗莉等一批大牌节目主持人。他们主持的广播电视谈话节目影响力非常之大。《拉里·金现场》自1985年开始播出以来，一直是CNN收视率最高的节目。拉里·金本人在美国民众中的知名度甚至胜过美国总统。节目主持人奥普拉涉及虐待儿童问题的一期节目，也引起了巨大的社会反响，直接推动了美国"国家儿童保护法案"的形成，以至于该法案被非正式地称为"奥普拉法案"（Oprah Bill）。

新中国成立特别是改革开放以后，广播电视事业迅速发展，广播电视谈话类节目也应运而生。早在20世纪50～60年代，一些广播节目中就出现了邀请专家和先进人物谈理想、谈人生、介绍先进事迹的形式，可以称之为中国广播谈话节目的雏形。

1987年5月，上海人民广播电台的《蔚兰信箱》节目开播，开创了早间谈话节目的先

河。1989年1月，天津人民广播电台的《悄悄话》栏目开播，成为夜间广播谈话节目的发端。这些广播谈话节目大多聚焦在谈人生、谈情感、谈婚恋，及时满足了社会转型期人们情感上的多种需求。

20世纪90年代初期，随着改革开放的进一步深入发展，广播电视事业发展再次迎来黄金期。采用嘉宾和电话参与的广播谈话节目开始出现，并随之广受欢迎。1992年上海人民广播电台的《市民与社会》节目，是上海广播史上第一个有听众参与的新闻谈话类直播节目。该节目每次都会邀请党政领导、专家学者与打进电话的市民进行直接对话，真正地在政府与市民、政府与社会之间架起了沟通的桥梁，引起了强烈的社会反响。

随着电视第一媒介地位的逐步确立，一些优秀的电视类谈话节目顺风顺水，牢牢吸引了社会观众的注意力。1993年，上海东方电视台开播《东方直播室》，虽然该节目仅限于上海地区，但采取直播的方式进行，一时成为全国各地竞相效仿的对象。但是，真正意义上的全国性谈话节目，一般公认为中央电视台的《实话实说》。1996年3月16日开播的这档节目，既有机智幽默的主持人，又有谈笑风生的嘉宾；有敲敲打打的乐队，还有一大批可以和主持人、嘉宾直接进行对话的现场观众。其形式让人耳目一新，而且观众参与感极强。从第一期节目《谁来保护消费者》开始，由崔永元担纲主持人的《实话实说》谈话节目正式上演，并在全国范围内引领风尚，掀起了谈话节目蓬勃发展的时代热潮。

据《南方周末》统计，以1993年上海东方电视台开办《东方直播室》为开端，以1996年中央电视台设立《实话实说》为新的里程碑，到2004年，国内大大小小的电视谈话节目已达180余种。除了《实话实说》之外，之后相继出现的比较著名的谈话节目还有央视的《对话》《相约夕阳红》《五环夜话》，湖南卫视的《玫瑰之约》《新青年》，凤凰卫视的《锵锵三人行》《一虎一席谈》，北京电视台的《国际双行线》，重庆电视台的《龙门阵》，浙江电视台钱江都市频道的《谈话》、民生休闲频道的《钱塘老娘舅》等。各种类型的谈话节目风格迥异，人才荟萃，话题涉及面广，观点渐趋多元，运作上开始市场化的探索。

无论是在美国还是中国，谈话类广播电视节目的迅速兴起，都打上了深深的时代烙印，在广播电视事业的传播发展史上占有重要位置，时至今日仍然值得深入研究和探讨。

二、广播电视谈话节目的主要类型

谈话节目按不同标准，可以分为不同类别。按照参与人员构成划分，有一对一（一个主持人对一个嘉宾）、一对多和多对一的谈话节目；按照节目规模，可以分为大型谈话节目与小型谈话节目；按照谈话节目受众对象，可分为青年、中年或女性谈话节目等；按照节目形式，可分为聊天式谈话节目、访谈式谈话节目、论辩式谈话节目和综合式谈话节目等；按照谈话节目的传播媒介，可分为广播谈话节目和电视谈话节目等。当然，以上划分并不是绝对的，各种类型之间互有交叉。

一般来说，我国现有谈话节目通常从内容上可分为三种基本类型。

（1）新闻信息类谈话节目

这类节目往往就新近发生的新闻事件对嘉宾进行采访，介绍事件的来龙去脉，分析事件的前因后果；或就某一局势动态邀请权威人士介绍相关背景和发展趋势，并探讨新闻事件对将来社会和大众生活的影响。这类节目是新闻节目的有力配合，话题往往覆盖社会的热点、难点和焦点问题。嘉宾也多为政府官员、专家学者、媒体工作者和新闻当事人，他们往往能够发布第一手的、准确的信息和富于导向性的见解，满足观众对信息的需求。

上海人民广播电台的《市民与社会》，是一档以政情民意沟通交流为主旨的新闻谈话节目，在每年讨论的200多个话题中，有70%以上都涉及对公共政策的探讨。比如有一期节目《质疑上海"二期课改"》探讨的是刚刚在上海实施两年的第二期课程改革这一公共政策。这次对话请到了上海市教委分管课程教学改革工作的副主任,直面矛盾焦点问题,把公众质疑摆在公共媒体的平台上,并与政府相关部门负责人面对面深入讨论,这是该访谈节目取得成功、引人关注的原因所在。

中央电视台的《新闻会客厅》是典型的新闻信息类谈话节目。它突出关注当日或近期国内发生的重大新闻事件中的人,强调开掘新闻事件中当事人和关联人的亲历、亲为、亲感,突出新闻中人性和新闻性的结合。例如2009年7月29日播出的《张海超:开胸验肺的自救之路》节目,讲述的是28岁的河南青年张海超6月22日在郑州大学第一附属医院自愿进行开胸手术,把肺组织切下来一块做病理化验,只为证明自己患上了职业病尘肺,推翻之前郑州市职业病防治所给出的"无尘肺0+期合并肺结核"这一鉴定结论。"新闻会客厅"请来新闻当事人,也让观众更加深入地了解到张海超维权之路的艰辛与无奈,引起了社会的极大关注。同类节目还有凤凰卫视的《时事开讲》《震海听风录》等。

（2）人际沟通类谈话节目

这类节目的话题常与普通百姓的日常生活密切相关,关注人的内心世界,具有较强的故事性,是最常见的一类谈话节目。谈话基本上在演播室进行,现场观众是不可缺少的组成部分,谈话氛围比较轻松。其特点是贴近生活、贴近百姓、参与性强,因而深受观众喜爱。其中,以婚姻、家庭、爱情、友情、亲情为主题的情感类谈话节目是一道亮丽的风景线。

在迅猛的时代发展变化中,人们通常会存在人际交往交流的一些困难,也渴望有交流意见、表达看法、互相倾诉的公众平台,从中获得一种自我的认知,获得信息的沟通、情感的慰藉。平民化是人际沟通类谈话节目的鲜明特征。此类谈话节目强调的不是谈话的权威感,而是大众参与,平等交流。

上海电台的《相伴到黎明》,在广播、电视、网络三个平台同步播出,是全国第一档直播谈话类栏目,每晚23:30到凌晨1:00之间播出,"讲述我的故事,分享我的心情;释放白天的激情,寻找夜晚的宁静;在电视里相见,在电波里相会。"

中央电视台的《实话实说》是典型的人际沟通类谈话节目,其话题设置的平民化、主持人的平民化、现场嘉宾的平民化,都充分体现了谈话节目的平民化特征。

（3）综艺娱乐类谈话节目

此类谈话节目以愉悦身心、休闲逗乐为主要目的,风格轻松活泼,深受公众喜爱。在日常生活中,人们需要一种人人都能参与,都能轻松获得愉悦和乐趣的节目,而从言语中直接获得娱乐和放松是一个简捷而有效的途径。综艺娱乐类谈话节目作为脱口秀类节目的延展,它以谈话为载体,借助即兴表演活动充分展现话语中的幽默,达到戏剧化的效果,以娱人耳目。

美国的《大卫·莱特曼深夜节目》及中国的台湾中视的《非常男女》、湖南台的《玫瑰之约》、中央台的《艺术人生》等谈话节目是对电视观众这种需求的另类满足。《艺术人生》本着"聚集国内外最著名的演艺明星,谈话与表演实况再现,观众与嘉宾倾情交流"的创作初衷,切合了广大观众的收视心理。心理学相关研究表明,大多数人心目中都会有着明星梦,但很少有人能实现这个梦想。关注明星的星路历程成为关注此类谈话节目的心理动因。

三、广播电视谈话节目的基本要求

（1）主持人要素质过硬

主持人是谈话节目的灵魂。谈话节目能否顺利、精彩地进行,很大程度上取决于主持人。要看其综合素质是否过硬、主持能力是否强大,看其能否穿针引线、有效组织好谈话现场的交流互动。主持人是嘉宾和观众沟通的桥梁，如果没有良好的沟通能力，不能通过独到而有效的沟通方式，迅速在谈话现场营造一种氛围，建立一种关系，促进嘉宾和观众的精彩互动，那就很难保证会做出精彩的谈话节目。

美国电视界在选择谈话节目主持人时，最看重的不是个人的容貌和仪表，而是学识、经验和幽默感，因为这些内在的素质和涵养，往往随着时间推移，不但不会轻易消逝，反而会有所增强。换言之，谈话节目的主持人可以不漂亮，但不能没有内涵；可以很漂亮，但更需要有内涵。在"形式大于内容"和"内容大于形式"之间，更多人选择的会是后者，而不是前者。

（2）嘉宾要平等交流

在现代社会，人们之所以喜欢收听或者收看谈话节目，主要是因为在这些节目中，无论是政府官员，还是商界精英，或者专家学者，都是平等参与谈话交流的个体，一般情况下都可以做到畅所欲言，"公说公有理，婆说婆有理"。即便有些谈话节目在制作前就已经确定了"宣传"的基调，但这种宣传的效果，也必须在嘉宾与观众的平等交流、相互对话中逐步实现，而不是像有些节目那样，必须先入为主，无可争辩。在谈话节目现场，即便有的嘉宾自身一下子不能适应这种氛围，主持人也必须想办法让他们做到这一点。至少在谈话节目的受众看来情况必须如此。在崔永元主持的谈话节目中，无论是《实话实说》还是《小崔说事》，所有的嘉宾，包括一些省部级的主要领导干部，也必须顺应小崔，适应现场，平心静气地与观众进行交流。

（3）受众要积极参与

谈话节目的最大魅力，在于谈话现场或者场外的受众，都能够随着节目的进行，及时地参与其中，部分地但却是有代表性地进行互动。谈话节目制作的现场，特别是电视谈话节目的现场，应该有一定数量的社会公众，从而与嘉宾和主持人等共同构成一个"虚拟"的对话平台，给现场之外更多的传媒受众一种身临其境的参与感。

在这方面，无论是广播谈话节目还是电视谈话节目，所设置的各种"热线电话""短信平台""网络留言"，都是受众积极参与的主要途径。在20世纪80~90年代，能够在节目进行的过程中"打通"或者"接入"热线电话的是"幸运儿"；但是，最近20年来，人类已经进入网络时代，无论是录播还是直播的谈话类节目进程中，主持人和嘉宾都可以通过融媒体平台，随时看到观众即时表达的意见、观点、感受，及时与他们进行互动交流，这更加有利于增强"受众"积极参与的热情。强烈的表达和倾诉的需要是我们这个时代的重要特征，也是谈话类节目之所以受到欢迎、长盛不衰的一个重要原因。

（4）话题要让人兴奋

谈话节目能否成功，最主要的还在于话题选取是否"抓人"，是否最大限度照顾到了社会公众的感受。一个平淡无聊的话题，是不可能引起广泛关注的。选对了话题，谈话节目就成功了一半。《实话实说》选取的话题，大多不是天下大事，但却是人人有话想讲、人人有话可讲、让人兴奋的话题。比如高考的问题、养老的问题，都是社会高度关注的问题，也是《实话实说》节目重点关注的话题。在话题选取方面，凤凰卫视的《一虎一席谈》也做得很成功。一个富有张力、让人兴奋的话题，必然会吸引嘉宾，吸引观众，吸引社会的注意力，使他们自然而然地认为：这个谈话节目关注着我们所关注的，所以我们应该关注它。

四、广播电视谈话节目的重要特征

（1）互动性

谈话节目以谈为主，重在开展思想碰撞，促进情感交流，为观点表达与展示提供平台，不以报道或反映事实为主要目的。因此，成功的谈话节目，必须是充分互动的节目，是主持人与嘉宾、嘉宾与嘉宾、嘉宾与观众、主持人与观众、场内与场外共同完成的。没有互动，谈话节目就没有生命力，也不可能有很高的收视率。《实话实说》《一虎一席谈》等谈话节目，在调动场内气氛、加强互动交流方面，各有特色，风格不同，但都处理得非常成功，堪为典范。

（2）平民性

曾经的《实话实说》和崔永元的成功，就在于其显著的平民性（大众性）。无论是话题的选取，还是嘉宾与现场观众的选择，或是主持人的形象设计，该节目都别出心裁，可圈可点。崔永元很有名的一句话是：我把自己当作一个大萝卜，一片一片地削给大家吃。他在谈及自己成功的经验时说："谈话节目主持人其实非常简单，几乎每一个平民都能胜任，因为你的首要任务不是说，而是听，是耐下心来倾听别人说些什么，听懂，是第一位；其次才是你说什么或者怎么说，当你听懂以后，你的说就变成一个非常简单的事儿，你点一下头，也是你的表述，你听懂了；你摇摇头，表示你没听懂，就这么简单；你甚至可以说，什么意思，我没听懂，您再说得通俗一点。"学会倾听，是新闻记者的基本素质；学会倾听，也是谈话节目主持人的成功秘诀。崔永元是在讲谈话艺术，但也是在强调主持人角色转型的问题，在强调谈话节目的功能定位问题。

（3）真实性

围绕一个话题，真人真事，即兴提问，即兴作答，有话则长，无话则短，现场发挥，脱口而出，这是谈话节目引人入胜的一个特点。成功的谈话节目，必然是现场嘉宾与观众、当然也包括主持人在内妙语连珠、精彩纷呈的节目，是"经典话语"层出不穷的节目。那些呆板的说教、有准备的演讲、有目的的宣传，人们已经看得够多了，听得也厌烦了。更多的时候，社会公众渴望多听几句真话、实话、心里话，听鲜活的、生动的、群众性的话。以浙江电视台6频道《钱塘老娘舅》为代表的"老娘舅"类谈话节目，之所以长期保持很高的收视率，很大的一个原因，就是主持人把谈话现场，从录播室搬到了群众家里，搬到了街头巷尾，参与谈话的观众也是问题发生的当事人、关联人。在面对镜头谈论备受困扰的生活问题时，当事人没有事前排练，只有临场发挥，不说假话，不说空话，必须一是一、二是二，真实地反映情况、说明道理。对节目观众来说，在真实审视当事人一言一行、一举一动的过程中，也能够最大限度地理解生活、了解现实，同时也举一反三，明白了道理，接受了教育。

第二节　广播谈话节目

谈话类节目的出现极大丰富了广播节目的整体层次。与制作其他广播节目相比，广播谈话节目不依赖于复杂的摄录设备，不需要较高的活动费用，制作周期较短，经济成本较低，但所涉及的题材却非常广泛，国家大事生活小事都可以作为话题，随意尽兴，无所不及，因此深受欢迎。

一、广播谈话节目的特点

（1）话题面广

广播谈话节目的内容涉及方方面面，大到国际争端，小到邻里琐事，都可以通过谈话的方式在节目中展开讨论。在国内很多城市，对于驾车族、上班族、旅游休闲族等人群而言，趁着交通拥挤等碎片时间，及时打开收音机，参与新鲜话题，分享时尚流行，显然是一种自然不过的选择。这种情况下，电台主持人和节目制作人开动脑筋，在广播谈话节目中，不仅即时报道交通信息状况，还时不时地讲讲笑话，讨论时事，有的主持人甚至无所不谈，在插科打诨中赢得了良好口碑，获得了听众支持，树立了节目品牌。

（2）时效性强

无线电波使得广播谈话节目几乎不受地域、位置和地理结构等外在因素影响。谈话内容可以在电波所及的范围内及时迅速传播到听众耳中。因此，关于任何可能引起社会关注的重要新闻、重要话题，广播谈话节目主持人都可以第一时间发起话题，组织嘉宾、组织听众，参与讨论，进行交流。广播的这种即时性传播优势，对谈话节目来说是一种天然的、独特的优势。

（3）成本较低

相对而言，广播谈话节目的制作成本比较低廉。借助于无线电技术，广播节目的制作、播出，以及节目传输和接收，其成本都比其他媒体低得多，可以用较少的投入，取得相对较大的收益。这种低投入、高产出的传媒运作，在市场经济条件下具有十分明显的竞争优势。一般情况下，只要有演播室，有主持人与嘉宾，有可供听众参与交流的"热线电话"，广播谈话节目的制作就可以顺利进行。热心的听众，无论身处何时何地、乘船坐车，只要乐意，都可以参与节目讨论，与主持人及嘉宾进行对话交流。

（4）传播迅速

在较短的时间内提供较多的信息，这是广播无可替代的优势。广播谈话节目利用声音进行传播，声音符号的产生较之图像符号和文字符号来说，更易于操作。在广播谈话节目播出时段内，电话、手机短信、网络信息等内容也可穿插其中，随时播报。因此，传播效率高、信息容量大，是广播谈话节目的一大优势。

（5）风险易控

由于只出声音、不出镜头，坐在演播室里的谈话节目主持人可以随时调整节目内容，随时调整谈话节奏，而密切关注演播室和场外听众的导播，作为广播谈话节目的第一个"把关人"，也可以随时决定节目取舍，过滤无关内容，防止错误出现，保证节目安全，大大有效地控制和降低了节目播出的政治风险、社会风险和技术风险。

二、广播谈话节目的话题

话题是吸引听众收听节目的主要因素。我国的广播谈话节目发展到今天，已经逐步走向细分化、"窄播化"的道路，新闻类、情感类和娱乐类等节目，都有各自的关注面，话题的选择也更加讲究。

上海人民广播电台的谈话节目《市民与社会》，是上海市第一个有听众参与的广播新闻谈话类直播节目。该节目自1992年正式开播以来，平均每年探讨大约250个话题，每次邀请嘉宾和听众，就一个新近发生的新闻事件或公共政策，通过电话和手机短信展开讨论，内容涉及政治、经济、文化、教育、城市建设、环境保护等公共事务的方方面面，上海市历任的大部分市领导，国内近80位省部级领导，以及曾经到访中国的时任美国总统克林顿，都曾应邀到直播室担任嘉宾，吸引了大量的市民听众参与其中。该节目的基本定位，可以归纳为：信息交流的渠道，官民对话的桥梁，公众意见的论坛。其所选的话题，大致可以分为三类。

（1）官民对话，政要访谈

这是最能体现《市民与社会》节目特点的内容。近30年来，《市民与社会》发起主办了诸多系列访谈节目，包括"区县长热线""华东省市长热线""中西部省区领导热线""华东省市委领导国企改革与发展系列谈""新机构访谈录"以及制度化播出的"市长热线"等。

邀请各级政府领导到直播室，就当时的社会热点问题和群众关心的话题为广大听众提供了一个直接与政府高级官员对话、交流的平台，同时也使各级领导得以直接倾听群众的意见、呼声和对各项工作的建议。

（2）关注经济，聚焦发展

聚焦经济和社会事业的发展，是《市民与社会》节目的重心所在，也是节目谈及最多的话题。当前，我国的经济体制改革正处于攻坚阶段，转型过程中避免不了会有困惑、失落与矛盾。就业问题、社保问题、素质教育问题、全球化背景下的挑战与机遇等，这些话题并不一定由某个新闻事件所引发，但却是各个阶段人们关心的重点、热点和难点问题。从广义上讲，对这类问题的探讨具有新闻性。

（3）品味生活，探究人性

世界是五彩缤纷的，人与人之间在生活方式、价值观念上的个性化和差异性，是生活的魅力所在，是人际沟通、人际交往的价值所在，也正是谈话类节目得以存在的社会现实基础。上海的《市民与社会》节目，在与现实生活紧密接触方面，进行了大量卓有成效的探索和尝试。著名节目主持人左安龙在谈及主持《市民与社会》的体会时认为："我的节目当中没有禁区"。作为一档午间热门谈话节目的主持人，其话题涉猎极为广泛，节目收到了很好的社会效果。

由此看来，广播谈话节目在把握话题的原则上，应遵循以下原则：一是针对性。广播谈话节目的选题首先必须紧扣时代的脉搏，抓住社会热点、难点和焦点问题作为谈论的话题，这样话题才具有针对性，才能够引起更多的社会关注。二是引导性。新闻媒体是引导社会舆论最重要的媒介，同时也是构建和谐社会的重要工具。广播谈话节目要坚持正确的导向，反映积极进步的价值观、健康向上的人生态度和主流文化。现代社会日趋复杂，广播作为大众媒体在反映和关注社会生活的过程中，既要客观真实，又不能陷入自然主义，把不健康的东西加以渲染扩大。

三、广播谈话节目的嘉宾

嘉宾对谈话节目的促进作用，充分表现在其与主持人协调融洽的交流过程中。在这个过程中，活力迸发的嘉宾，绝对不会满足于简单机械地回答主持人的问题，而是能够共同搭台，及时补台，既有对主持人的充分回应，也有对主持人的适度激发，从而让节目进展顺利，立体而饱满。

广播谈话节目中嘉宾的作用主要有三：一是嘉宾本身如果是当事人的话，谈话节目就容易引起公众的共鸣，从而增加节目的真实性、现场感；二是专家权威型的嘉宾能够提供专业知识的解答，他们对事情的看法和观点往往具有思想观念的超前性、引领性、鼓动性，可以有效地影响听众的立场；三是广播谈话节目中设置嘉宾，能够创造一种和谐的谈话氛围，使谈话的形式和内容得到丰富。

嘉宾是广播谈话节目的灵魂。很多时候，到场的嘉宾是谁，直接决定着节目的成败。从受众心理学的角度看，这是一种趋同的心理定势在起作用。

一般来说，广播谈话节目的嘉宾选择，应考虑以下因素。

（1）公正性

嘉宾一般是有超然立场的专业人士。由于超越事件的利害关系，通常可以发表比较客观的意见，可以让公众了解新闻事件所处的社会氛围，使公众信服。当然，邀请事件的当事人作为嘉宾更容易受到关注。不过要注意邀请事件各方利益的当事人参加，能够集中反映不同侧面不同层次声音的人，以免偏听偏信。

(2) 专业性

嘉宾应该是与话题有关的领域内的专家、学者或具有某种丰富经验和专业特长的人。他们往往能在谈话节目进行过程中对所涉及的问题提出独到的见解、权威的论断，而这些论断往往是节目的关键所在。

(3) 权威性

广播谈话节目的嘉宾要找最有发言权的人，能够提纲挈领地把一件事情说清楚。比如说某项工作的具体负责人，使广大听众能够从整体上了解事实的原貌。

四、广播谈话节目的导播

广播谈话节目的导播，也称"电话编辑"，在广播谈话节目中作为节目主持人的得力助手，负责接听听众打来的热线电话，初步了解他们希望表达的内容，经过筛选、编辑之后将电话切入直播室。

对于成功的广播谈话节目来说，导播的作用至关重要。导播不仅是听众与主持人之间的桥梁，也是影响节目质量高低的一个重要环节。导播协调主持人控制着节目节奏，选取有价值的电话，全面推进节目。导播的业务水平直接影响节目能否成功播出。

在广播谈话节目中，导播主要起着以下作用。

(1) 对热线电话进行筛选和编辑

对于广播媒体来说，广播节目的第一个"把关人"就是导播。当热线电话一个接一个地打来，内容涉及方方面面，哪些电话能接，哪些不能接，哪些要先接，哪些要缓接，都是对导播新闻敏感和政治素养的考验。只有导播的过滤和筛选工作做好了，才能保证节目的安全、不间断和高质量地播出。

一般来讲，有这样几种电话是要过滤掉的：有明显错误政治倾向的；反映的问题与主题无关的；缺乏表达能力，讲不清基本情况或者语言偏激、不文明的；电话信号不清晰或环境嘈杂影响播出效果的。

(2) 恰当安排听众参与的先后顺序

导播作为节目中最早与听众接触对话的人，既要对打进电话的听众礼貌对待，又要科学合理地对他们的电话进行先后排序。

一个称职的导播要具有良好的沟通和协调能力。在接通听众的电话后，要明确告知听众讲述事件要语言清楚、简明扼要。在接电话的过程中，导播也需要不断地和主持人沟通协调，告知主持人听众的语言特点、讲述事件的关键内容或者能引起其他听众关注的亮点，还有后面电话的多少，方便主持人把握节奏。

(3) 做好引导与反馈工作

导播在决定把电话切入直播室前，应向听众介绍目前有关节目的要求、内容、进展等，使听众能迅速进入角色，圆满完成与节目主持人的交流。有时，听众只是想表达对节目进行过程中某一问题的看法，并不希望将电话切入直播室直接交流，导播应适时把这种反馈意见传递给节目主持人。

关于导播的重要作用，历史上曾经发生过的"LG事件"，很能说明问题：

2003年2月25日凌晨0点16分，某省人民广播电台经济频道主持人LG正在主持一期谈话节目，导播示意下一个电话是一位自称是日本人的听众，想与主持人谈谈有关人际交往的话题。电话接进，对方自称小原劲太郎，说有一篇文章想在广播中朗读（后来查明这是一个假日本人）。主持人同意并"保证"在3分钟时间内不打断他。

此后，在7分半钟左右的时间里，这名假日本人开始了对中华民族的大肆攻击。在节目进行的这7分半钟时间里,一直在监听的经济频道当班领导两次(分别是节目进行到2分多钟和5分多钟的时候)电话指示导播和主持人立即中断这个电话,但没有得到执行。

节目播出后,当晚该电台所在市的"110"热线几乎被打爆了,200多个听众的电话打到"110",打到政府部门,要求严惩"小日本";部分高校的学生们在校园里贴出了标语,要上街游行,有的学生还扬言要砸当地一家日资企业。这种强烈的愤怒情绪,如果没有有关方面的控制和疏导,完全有可能以一种极端的方式爆发。公安部门、国家安全部门和宣传管理部门立即开展了调查,对群情激奋的听众和大中专学生做了大量的疏导说服工作,避免了事态的进一步恶化。

2月26日晚9时30分左右,公安机关将假冒日本人的犯罪嫌疑人梁某抓获。有关部门认定,"2·25事故"是一起严重的政治播出事故。主持人LG和导播既没有采取果断措施及时停播节目,又拒不执行当班领导的明确指示,客观上为侮华、反华言论提供了宣传舆论阵地,造成了不良的严重后果,对这起事故负有不可推卸的责任。有关部门决定,对主持人和导播给予开除处分,对频道总监和主管副总监给予免职处分,对主管副台长给予警告处分,对频道给予黄牌警告并罚款10000元。

五、广播谈话节目的主持

主持人的素质对广播谈话类节目的质量有着至关重要的影响。主持人要有较高的思想理论和政策水平、广博的文化知识、敏锐的判断力、独立的思考能力以及出众的语言沟通能力。

在制作每一档谈话节目前,主持人应认真做好准备工作,包括前期的选题和策划工作以及在节目具体实施过程中的一系列工作。除了文字的背景材料外,主持人还必须对嘉宾进行直接或间接的了解。因为谈话节目的话题选择面较为广泛,内容复杂,谈话的嘉宾也经常在变换。大多数情况下,嘉宾的工作领域往往超出主持人的经验范畴。尤其是一些专家权威和政要人物,主持人更应该做好案头的准备工作,根据嘉宾的身份、学术背景等信息来进行合理的问题设计,寻求与他们对话的平台,才能保证谈话的顺利进行。

作为听众的良朋益友,主持人还应该在节目中重视引导和调动嘉宾,以确保谈话的正常进行。主持人是谈话节目的灵魂,但不是谈话节目的主体,他的责任是在节目关键时刻引导话题,把气氛推向高潮。主持人不能喧宾夺主、急于表现自己,而要有较强的驾驭能力,随时控制把握好谈话方向、节奏和时间,同时巧妙地调节现场的气氛等。

第三节 电视谈话节目

电视谈话节目在中国起步虽晚,发展却极为迅速。近30年来,无论是港台,还是内地,凡是有名气的电视台都要想方设法办至少一档谈话节目,以至于有一段时间,只要在晚上的黄金时段打开电视,依次翻去,到处可见的都是谈话节目。当然,目前谈话节目的总体质量和水平还需要进一步提高,有特色、受欢迎、响当当的谈话节目还不是很多。比较著名的有中央电视台的《实话实说》《对话》《新闻会客厅》,凤凰卫视的《一虎一席谈》,以及北京电视台的《国际双行线》、湖南卫视的《新青年》等。这些节目定位比较明确,风格比较成熟,有相对稳定的受众群,所发挥的社会影响力也比较大。

一、电视谈话节目的特点

分析电视谈话节目的特点,既要看到谈话节目的一般特性,也要顾及电视作为传媒手段的特质所在。一般说来，电视谈话节目具有以下几个特点。

（1）交流充分

以往的传播媒介，使人际的对话交流功能没有能够得到充分发挥。由于技术条件的限制，印刷媒介只能以对话录的形式将交谈加以抽象化；广播媒介虽然开创了谈话节目这一形态，却因为对听觉的单感官满足，仍然限制了人际传播的效果。在电子和数字技术的保障下，电视谈话节目具有最符合电视本质的传播状态。它能够以人自身作为传播符号，将谈话的完整状态加以保留、物化、传递，以人际交流的即时互动构成节目内容，满足并延伸了人们面对面交谈的愿望，而且将人际传播和大众传播良好地结合在一起，经由电视媒介的放大，创造了一种广域的人际传播空间，极大地拓宽了人与人、人与世界建立联系充分沟通的渠道。当然，经由互联网进行传输的谈话节目，互动交流更加充分而精彩。

（2）现场感强

保留谈话的完整性和动态性，以强烈的现场感引发观众身临其中、参与其中，这是电视谈话节目无可比拟的优势。通常情况下，参与谈话节目的人们对话交流的过程包含了语言、表情、姿态、动作、心态、氛围等多种要素。制作完成的谈话节目，则以整体传播的方式，便于观众对所传播的信息进行"全盘吸纳"，从而最大限度地满足了观众观赏节目和参与交流的愿望。

（3）个性张扬

在当代中国，无论是城市还是农村，电视仍然占据了一部分社会群体的大量业余生活时间，其地位之重要不言而喻。很多人每天都在看电视，在接受大量的信息，在按照自己的理解方式思考问题，对自己关注的话题产生"我想说话"的意识和愿望也与日俱增。电视谈话节目则为满足观众"我想说话"的愿望提供了广阔空间，搭建了互动平台。平民化的主持，平民化的选题，平民化的嘉宾，使得个性张扬在电视谈话节目中成为可能、成为特征、成为规则。在电视谈话节目中，围绕同一个话题出现不同的声音，这是一种常态。在这里，信息是个人发布的，观点会比较偏颇，但那是"我"的声音，而不是事先假定的"我们"。这种基于个性张扬基础上的强烈真实性往往会引起电视机前观众的广泛认同。

（4）手段多样

现代传播技术的发展极大地改善和丰富了电视谈话节目的表达手段。在谈话现场，借助多画面，叠加字幕、图表、三维动画、数码合成等手段，利用大屏幕插入图像、文字，利用电脑引入场外信息和见解，参与现场讨论等，这些手段的运用，使得主持人在调控现场气氛、调整谈话节奏等方面如虎添翼，同时也满足了观众更多的信息需求。

二、电视谈话节目的选题

在美国，有研究表明，尽管谈话节目主持人的吸引力也很重要，但话题仍然是决定美国人是否收看电视谈话节目的最重要因素。

根据学者的统计分析，近年来，在美国富有代表性的三档电视谈话节目是 Kunahue Show、Oprah Show 和 Gabrielle Show，其热门选题有七类：一是婚姻关系类；二是社会问题类；三是个人生活观类；四是医疗保健类；五是休闲娱乐类；六是奇闻轶事类；七是其他类[93]。

在我国，电视谈话节目的选题也大都集中在社会热点问题上，主要有：政治和社会事务话题、经济消费话题、教育问题、娱乐话题、生活方式话题、社会问题和公共道德话题、婚姻家庭话题、法律法规话题、环境保护话题、体育和其他话题。

以下是凤凰卫视谈话节目《一虎一席谈》自 2017 年上半年 6 个月时间内 25 次节目的话

题清单：
  2017 年 1 月 7 日，奥巴马驱俄批以，是否打脸特朗普；
  2017 年 1 月 14 日，中国航母穿越"第一岛链"能否敲美震台；
  2017 年 1 月 21 日，特朗普会不会成为中美关系的绊脚石；
  2017 年 1 月 28 日，春节特别节目——2016 四大"黑天鹅事件"盘点；
  2017 年 2 月 4 日，选举大战能否给国民党带来一线生机；
  2017 年 2 月 11 日，安倍献大礼，联美抗中能否得逞；
  2017 年 2 月 18 日，特朗普移民禁令惹众怒，全球恐袭会不会升级；
  2017 年 2 月 25 日，金正男遇刺，谁布下惊天棋局；
  2017 年 3 月 4 日，美韩军演萨德加速，半岛局势是否告急；
  2017 年 3 月 11 日，"两会"特别节目——如何助力中国实体经济；
  2017 年 3 月 18 日，"两会"特别节目——鼓励生育是否刻不容缓；
  2017 年 3 月 25 日，蒂勒森东亚行，是否对朝鲜"下战书"；
  2017 年 4 月 1 日，中国能否成为亚太自由贸易引领者；
  2017 年 4 月 8 日，"刺杀辱母者"是否有罪；
  2017 年 4 月 15 日，最严限购能否阻止房价涨涨涨；
  2017 年 4 月 22 日，第二次朝鲜战争是否爆发；
  2017 年 4 月 29 日，国产航母下水能否打乱美国亚太布局；
  2017 年 5 月 6 日，韩国大选能否打破中韩僵局；
  2017 年 5 月 13 日，"一带一路"如何打造国际命运共同体；
  2017 年 5 月 20 日，特朗普另类外交路线能否化解危机；
  2017 年 5 月 27 日，吴敦义能否带领国民党东山再起；
  2017 年 6 月 3 日，美国搅局南海，是否意欲"重返亚太"；
  2017 年 6 月 10 日，大国博弈，朝鲜半岛能否走出安全困境；
  2017 年 6 月 17 日，起诉特朗普，逼宫特雷莎梅，美英主导世界时代是否结束；
  2017 年 6 月 24 日，欧亚难破恐袭魔咒，全球反恐是否失灵。

《一虎一席谈》从 2006 年 4 月 29 日开播以来，一直在凤凰卫视收视率最高的几个栏目中名列前茅，开播当年就被《新周刊》评为"最佳谈话节目"，近几年来一直受到学界追捧，甚至被视为开辟了中国电视谈话节目"群口时代"的重要代表。《一虎一席谈》取得巨大成功，原因是多方面的。从选题的角度看，至少可以给我们以下几点启示。

  （1）紧扣时政热点
  谈话节目不同于新闻节目，但也有一个时效性的问题。新闻类的谈话节目尤其如此。某些热点新闻可能引发社会广泛关注时，谈话节目应当及时跟上。某些社会问题长期存在，引发公众广泛关注时，谈话节目也不能缺席。关注公众所关注的才可能被公众所关注，这是谈话节目选题的首要法则。2017 年上半年 6 个月时间内，《一虎一席谈》所选择的话题，绝大多数都是该时段内的国际时政热点问题，比如中美关系问题、中日关系问题、朝鲜半岛问题，同时也顾及生育问题等社会热点问题。关注国际国内社会热点问题，引发观众思考层层深入，受到启发开拓，这是《一虎一席谈》选题成功的关键所在。

  （2）便于公众参与
  谈话节目选择的话题，应当是公共性的话题，是大众化、通俗化的话题，不应当是小众化、专业性的话题；应当是开放性、便于公众参与的话题，不应当是封闭式、限制公众思维的话题。细心观察不难发现，《一虎一席谈》所设置的话题，大多采用了"是否""能否"

"如何"等诸如此类的表述模式。这种开放式的话题设置，本身就是为社会公众积极参与提供了广阔空间，是富有张力、引人入胜、吸引眼球、激发智慧的话题，因此也必然是成功的话题。

（3）符合节目定位

《一虎一席谈》的节目定位非常明确，就是要着力打造一个百家争鸣的公共话语空间。用胡一虎本人的说法，就是"挑拨离间"："挑，是挑起，挑起在这个谈话语境中每一个人想说心里话的欲望。拨（播），是像散播一颗种子一样学会倾听，在争辩时不忘听听别人的声音，因为只有在倾听的时候才会学会尊重。离，是离弃，现在要离弃中国人过去'人前不说话，背后放冷话'的怯弱性格。间，是最美好的空间，但强调同中有异，异中求同，我不认同你的看法，但是认同你话语思想的空间。"从《一虎一席谈》的节目选题看，基本上都是在努力做"挑拨（播）离间"的工作，他们所选的话题都非常符合"挑拨（播）离间"的节目定位。首先，具有很强的新闻时效性，是对近期公众密切关注新闻事件的一种深度解读；其次，也有强烈的公共性，使得各方面的人都感同身受，有话可说；再次，还有鲜明的冲突性，每个话题背后，都包含着多元的价值判断，为具有不同见解的人们，在激烈的谈话交锋中预留空间，使得他们能够在激烈的思想碰撞之中，迸发出思想的火花，升腾起智慧的火焰，带给现场和电视机前所有观众以精神的享受。"一个社会的开放和宽容程度，决定于它对言论的开放程度。而言论开放，包括对正确言论和不完全正确甚至错误言论的容忍度。只有经过公开透明的辩论甚至争吵，才能让真理更明；只有透过不断地学习和演练，公众的辨识能力和社会智慧才能得到无限制的交流和提升。"在话题选择与节目定位的高度统一方面，《一虎一席谈》已经达到了相当高的水准，可以称之为电视谈话节目的楷模。

三、电视谈话节目的主持

毫无疑问，制作一期电视谈话节目，事前也必须做大量扎实有效的准备工作，事后也可以适度剪辑、有所取舍。但是，总的来说，电视谈话节目的制作效果如何，成功还是失败，关键要看主持人现场主持的情况。了解瓷器制作程序的人都知道，这是个手艺活儿，在把半成品放到烤炉之前，瓷器的样子已经基本成型，东西好坏就取决于临场发挥时的手上功夫。

与播音主持、晚会主持、新闻主播一样，谈话节目也要求主持人要有良好的形象、特殊的气质和丰富的内涵，但更重要的是特别擅长语言表达，要有特别优秀的人际沟通能力，要有卓越的现场驾驭能力。尤其是电视谈话节目，与电台谈话节目相比，对于主持人现场驾驭能力等方面的要求更高一些。中外电视谈话节目的大量事实表明，一档精彩成功的电视谈话节目背后，必然有一个十分优秀杰出的创作团队，但没有十分杰出优秀的主持人也不可能成就一档精彩成功的电视谈话节目。电视谈话节目的主持人，既是节目总体形象代言人，也是节目制作现场总指挥，其权力大，责任也大，要求更高。

一般来说，在电视谈话节目的主持现场，主持人要着力把握好谈话内容、谈话氛围、谈话节奏三个关键环节。

（1）在谈话内容把握上，要努力做到谈而不淡，深而不奥

谈话节目以谈为主，它不是相声，不是小品，不能在谈话形式上着力太多，更不能无谓地耍嘴皮子，否则容易走偏，淡而无味。内涵的丰富性和思想的深刻性，是电视谈话节目最根本的要求。无论是主持人、嘉宾，还是场内场外的观众，在综合素质上要有一定的水准，对所谈话题的理解和把握上要有一定深度，在语言表达上要力求言简意赅、出口不凡、语能惊人。谈话节目是有内涵的节目，之所以吸引人、启发人，关键还是要在内容上能取胜。好的谈话节目未必高官满座，但肯定要高人满座，而且也一定会吸引更多的高人，四方攒集，

各抒高见。久而久之，会形成良性互动、良性循环。

当然，电视毕竟是大众化的传播媒体，谈话节目也不是专题讲座，不可以长篇大论，不能过于专业。电视谈话节目必须照顾到大众的欣赏口味，使尽可能多的电视大众看得懂、听得懂，愿意看、愿意听。因此，电视谈话节目的内容必须以尽可能大众化、口语化、通俗化的方式，借助嘉宾、主持和现场观众的口表达出来。做不到这一点，谈话节目就不可能取得成功。从这个角度讲，有人认为谈话节目不完全是"Talk Show"，而应当是"Talk Program"，这是有道理的。

（2）在谈话氛围的营造上，要努力做到谈而不闷，活而不乱

电视谈话节目有评论的成分，但毕竟不是电视评论，既不能长篇大论，也不必一本正经。从这个角度来讲，中央电视台的《焦点访谈》尽管也会邀请嘉宾，在演播室就新近发生的事情进行谈话交流，但这档节目不能归属为电视谈话类节目，而是电视评论、电视访谈类节目。凤凰卫视的《锵锵三人行》，基本上都是主持人和两名嘉宾坐在一起，谈天说地，评东点西，嬉笑怒骂，但一般都认为是属于谈话类节目。谈话节目的平民性、大众化特征，决定其谈话氛围必须是生动活泼的，而不是严肃庄重的，是"你说我说"的，而不是"你说我听"的。对于现场的观众而言是这样的，对于场外的电视观众来说，在虚拟心理上也应当如此。因此，对于谈话节目的现场主持人来说，必须尽可能努力地调控好谈话现场的氛围，既要用有声的语言，也要用无声的表情、手势、动作等身段语言，调动其所有嘉宾和观众积极参与谈话、认真倾听谈话的积极性，同时也要把握好度，始终使谈话现场处于可控范围、处于可控状态。这种度的把握水平，正体现着主持人的水平高低。

凤凰卫视《一虎一席谈》栏目曾经播过一期《中国楼市是否会重蹈日本楼市覆辙》的节目，讨论的是中国房地产经济的大问题，邀请的嘉宾和发言的现场观众，有房地产开发商，有资深的房地产投资人，有中国房地产业协会的负责人，有中国社科院房地产问题的研究专家，也有发起民间"不买房运动"的社会活动者，有一时买不起房的"80后""90后"，他们分别是不同社会阶层、不同利益群体的代言人，个个能言善辩，见解不凡。节目组有意将他们大致分成两类，使谈话论辩本身具有一种内在的张力，具体展开时就充满了活力。整个谈话节目不到一个小时，参与发言讨论的嘉宾和现场观众十几个，讨论到的相关延伸问题10多个，包括房价高不高的问题、宏观调控该不该的问题、楼市有没有泡沫的问题、现在要不要买房的问题、中国与日本房地产经济是否有可比性的问题，以及中央政府和地方政府的权力分配关系问题、房地产商的社会责任问题、房地产业是经济问题还是民生问题等。双方唇枪舌剑，你来我往，气氛始终十分热烈、十分紧张，但大家都举止得体、收放有度，有情绪有气氛，但也有思想有修养，无形当中提升了节目的档次和质量。所有这一切，都从根本上离不开主持人胡一虎，离不开这个大合唱的总指挥。

（3）在谈话节奏的掌控上，要努力做到谈而不止，稳而不滞

电视谈话节目的现场是一个舞台，谈话节目的逐渐深入推进却是一种时间的艺术，必须掌握好谈话节奏，展现出自身独有的韵律。对于成熟成功的谈话节目主持人来说，一个话题的逐渐展开一定不是平铺直叙、一望到底的，应当有一个节奏，有一些波澜，有一点快慢，有一种悬念。相声艺术中有一种"抖包袱"的技巧，写小说也讲究情节的曲折性，电视谈话节目的现场主持也有这种内在的需要。"Talk Show"一词中的"Show"，本身就包含了这样的意味。电视谈话节目的这种节奏，与节目本身的定位和主持人的风格特点是浑然一体的。《实话实说》的节奏是平实而欢快、轻松而幽默的；《锵锵三人行》的节奏是闲散而自由、诙谐而幽默的；《一虎一席谈》的节奏则是时时急弦繁板、处处金戈铁马，让人在紧张激烈的"头脑风暴"之余，常常发出会心机智的一笑[94]。

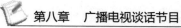

四、电视谈话节目的未来展望

"一切形式的传播都是紧紧交织于人类传播系统的结构之中,而不能在我们的文化中彼此独立存在。每当一种新的形式出现和发展的时候,它就会长年累月地和程度不同地影响一切其他现存形式的发展。共同演进与共同生存,而不是相继进化和取代[95]。"回顾电视谈话节目的发展历程,深入剖析电视谈话节目的内在特性,我们欣喜地看到,电视谈话节目的一些优势和特长已经日渐一日地渗透到其他电视节目的形态发展之中,同时,电视谈话节目本身也在越来越多地吸收、借鉴其他节目形态甚至其他媒介形态的有益元素,不同节目形态之间的边界似乎显得越来越模糊,但这丝毫也不影响电视观众日益浓厚的参与兴趣。"谈话"节目尤其是电视谈话节目的兴盛,是中国社会民主进程中的必然产物,是中国电视传媒开明开放的重要体现,代表着未来电视传媒的一种发展方向。

近年来,我国从上到下高度重视网络文化现象,重视互联网的作用发挥,他们积极主动参与互联网生活,与网友直接进行对话交流,形成一股网上对话热潮。相信不久的将来,随着"三网合一"进程的加快,电视谈话节目将如虎添翼,其互动性、大众性、公共性特征和社会影响力将进一步强化,也必将迎来一个新的发展的春天。

思考题

1. 什么是广播电视谈话节目?谈话节目有哪些类型?
2. 广播谈话节目有何特点?
3. 电视谈话节目的选题有何要求?
4. 谈一谈谈话类节目发展的条件。
5. 谈话类节目对于话题和参与者的要求哪些?
6. 谈话类节目如何掌控?

第九章 广播电视文艺节目

【本章要点】 广播电视文艺节目一直深受大众的喜爱。广播文艺节目在传统无线电广播的基础上,拓展出网络广播这一新态势。电视文艺类节目涵盖了电视屏幕上的一切电视文艺样式,它是以电视独特的表现手法和先进的电子技术为传播手段,运用艺术的审美思维,把握和表现客观世界,通过塑造鲜明的屏幕艺术形象,达到以情感人的目的,并给观众以艺术审美享受。本章主要介绍广播及电视文艺节目的概念、特点及其几种主要形式。

第一节 广播电视文艺节目概述

一、广播电视文艺节目的基本特点

广播电视文艺节目可以说是一直以来我国广播电视台播出的主要节目形态,它包含的种类繁多,以不同的形态形成各具特色的声音或声画结合的表达方式,从而满足广大受众的精神需求。广播电视文艺节目之所以能长久地吸引受众,跟它自身所特有的一些性质是分不开的。

1. 以声、画元素为基础

广播是以声音来吸引听众的,听觉元素是听众在收听广播节目时接收的唯一信息。尽管对于听众来说,不少广播文艺节目中的听觉信息可以直接对应于相关的文字,但是比之文字的阅读,仍然是完全不同的体验。看一部小说连载和听一部小说连载,前者是一种更为纯粹的认知体验,对于文字的接收更大程度上依赖于阅读者的想象,相比而言,这是一种干扰程度最小的信息接收。而对于后者,即便小说的播讲者的语言在听众脑中的直接反映是相应的字符,但是播讲者的语气、语调、语速等都会影响到收听者的理解和感受,形成一种比之阅读更为复杂的信息接收。

电视文艺节目则是以声画艺术造型为其基本表现特色,声音和画面构成了它艺术表现的基本要素。电视艺术表现的声音大体上可以分为三类:人声、音乐和音响,三者有机配合,构成了电视艺术的声音系统。需要指出的是,人声、音乐、音响在电视艺术作品中都不是独立起作用的,而是根据作品内容的需要有机配合,构成一个整体的艺术氛围。电视艺术表现的画面系统主要包括画面和字幕两部分。对于电视画面来说,包含有构图、光效、色彩、影调等元素,这些元素相互衬托,才构成了电视画面的丰富多彩。从拍摄角度讲,电视画面既有景别的不同,也有拍摄方法的不同。

在现实生活中,一般来说,约有80%的信息来自视觉,只有约20%的信息来自于听觉。看起来,人们获取的信息似乎只有少部分来自听觉,但是在没有视觉因素影响情况下对听觉信息的接收,往往给予接受者内心更深的触动。但同时,也不可否认,人们更喜欢也更依赖于视觉感受,因此,电视文艺节目更广泛地受到观众的喜爱,尤其在整个社会节奏日趋快速的情况下,人们更依赖于电视文艺节目获得放松和休闲。

2. 复合多种技术艺术形式

广播文艺节目看起来只是声音的纯粹的艺术，它不像电视节目是视频和音频信号的合成，但即便是这样简单的听觉元素，在听众收听到这些节目时，还是体现了其复合的特性。

一方面，广播文艺节目是技术和内容的复合体。广播高度依赖于无线电技术，比之电视，虽然看起来似乎传输的信息要少，但也需要频率发射机、天线、录制间配套设备、直播间配套设备等的硬件支撑。随着调频技术的不断提高，听众对音质等要求越来越高了，好的文艺节目需要有好的技术支撑才能完成。此外，有了好的技术还要有好的内容吸引人，特别是能长久吸引人的节目才是生存之道。因此，广播文艺节目技术和内容相结合的特点可谓日益凸显。

另一方面，广播文艺节目是复合编导的艺术。广播文艺节目一定程度上甚至被称为是编导的艺术，编导对节目起重要作用。可以说广播节目的核心——内容，是由编导所决定的。"广播媒介的复合性，使节目系统的构成呈不同层次：一层表现为作为结构要素的符码系统，即语言、音乐与效果音响；一层表现为节目文本的形态及节目的集合类型，如音乐节目、文学节目、戏曲节目或编排节目、专题节目、综艺节目等。"现在的广播文艺节目编导，比以前有了更高的要求。编导不仅仅要对一个节目如何办有自己的思考，还要在整个台的高度上考虑节目和台的关系。很多时候，他们要做的是一种体现了高度复合性的编导的工作。

电视文艺节目更是包罗万象的一种艺术形式，它既可以集音乐、舞蹈、戏剧、猜谜、问答、笑话、故事、相声、小品、杂技、魔术、游戏于一身，又可以选择其中数项，根据内容需要，加以自由灵活的编排、组合。然后，运用电视的光色效果、时空变化、独特造型，构成供观众从事艺术鉴赏的电视节目。

电视文艺节目的内容丰富、形式多样，其综合性的特点包括了三方面的内容：一是吸取众家艺术之长，不仅包括通常意义上有较高艺术性和审美价值、以欣赏性为主的艺术形式（如音乐、舞蹈、戏曲、小品、相声等），还融进了有较强娱乐性、参与性和通俗性的亚艺术类品种（如游戏、猜谜、武术、杂技、魔术等）；二是不同类别、不同流派的艺术形式搭配组合，或非文艺性活动与文艺节目"嫁接"而成的"杂交型"节目让人耳目一新；三是充分发挥电视本身的艺术特色，运用电视的高新技术手段和设备，组合出"新、奇、特"并具有很高审美价值的节目。

3. 创新竞争性强

在很多人的印象中，广播文艺节目只不过是把很多文艺节目念出来给大家听而已，但实际上，无论从文字的原初形态充实为基于听觉因素的广播形态，还是从电视、电影等视音频融合的形态压缩为只有听觉的扁平形态，其中都体现了广播文艺工作者大量的创新性劳动。广播文艺节目包含的种类很多，且不说广播剧、音乐故事、文艺录音报道等这类有着显著电台自创特色的节目，需要极强的创新意识和创新精神。就连广播小说连播、戏曲演唱、音乐欣赏等看似只是复制的节目环节，也需要在曲目的选择、曲目的安排以及前后中间的串接上花费心思，这其中也需要不少创新性的思维。在电台林立的环境中，创新性的节目无疑是各个电台的能够立足发展的法宝。

视觉冲击感更强的电视文艺节目，其高度的娱乐竞争性也越来越受到观众的喜爱。为了使电视文艺节目更具可视性，更加吸引观众，电视工作者将竞赛性和竞技性引入节目之中，使文艺节目增添了娱乐的色彩，满足了现代人在竞争观念下的特殊审美娱乐心理。这种竞技性调动了演员演出的积极性，使其在最佳的竞技状态下，将自己最拿手的节目，以最高的表演水平，奉献给电视观众；电视观众也是处于竞技的心态下，对屏幕上的竞技者加以品评、比较，并急于探知竞技结果，分清孰胜孰负。参加竞技节目的竞技者和观赏竞技节目的电视观众，始终都处于一种紧张、激动的心境之中，这种心境本身就是一种娱乐情绪，一种特殊的娱乐心态。

4. 高度强调互动

广播文艺节目看似不存在高度的互动性，在人们的印象中，这是一种以"输出"声音为主的传播媒介。但实际上，一直以来，广播文艺节目都很注重跟观众的互动。在解放战争时期及至新中国成立后，我国的广播电台一直以服务人民为理念。1986年广东珠江经济电台的建立，更是明确树立了"听众是广播的主人"的观念。随着时代的发展，为听众服务的理念在广播界可谓深入人心。

一方面，广播要和传统媒介的另外两个（报纸和电视）激烈竞争，报纸越办越厚，电视台的频道也越来越多，很多人都感慨在电视面前广播似乎变成了弱势媒介。另一方面，互联网的出现更是吸引了许多年轻人的目光，广播这种传播媒介如何在信息高度发达的时代里获得自己理想的市场份额呢？因此，比之以前只是把节目播给听众朋友听不同，现在的广播节目大多非常强调和听众的互动。除了可以点播音乐、歌曲乃至戏剧外，不少电台还纷纷采用了邀请听众来唱的广播卡拉OK的形式，除此之外，服务型的节目也大量涌现，比如支持当地戏迷的一个现场演唱会，给一些弱势群体带去文艺演出等服务社会的节目等，互动性日益成为广播文艺节目的一个重要特征。

电视文艺节目也十分重视观众的参与，电视观众的参与分为两个层面，即心理参与和亲身参与，电视机前观众的参与和现场观众的参与。

观众的心理参与是第一位的，文艺节目的感染力不仅要波及在场的观众，同样要让电视机前的观众产生现场参与感，似乎被带入演播现场，身临其境，情不自禁地介入节目。

现场参与包括邀请现场观众参与竞猜或游戏、与演员同台表演、采访现场观众等，有时还有外景队在观众家里或其他场合同期采访的直播。通过这些，使观众不再成为被动的接受者，而在某种程度上以传播者身份出现在传播过程中，主动地表达自己的意见和心愿，使其表达欲、表现欲得到释放和满足。

二、广播电视文艺节目的类型划分

1. 广播文艺节目的类型划分

广播文艺节目，顾名思义就是广播中播出的文艺节目。广义上讲，广播文艺节目包含广播电台中播出的一切文艺节目。狭义上讲，广播文艺节目则是指广播电台独有的经过广播化艺术处理的文艺节目，比如广播剧、广播小说、广播小品、电影录音剪辑、音乐故事、配乐散文、文艺录音报道等[96]。

广播文艺节目包含的种类很多，可以从不同的角度对这些节目进行分类。中国传媒大学王雪梅教授将广播文艺节目从节目所含的艺术形式、节目制作方式以及节目的社会功能三个方面进行了分类[97]。

（1）按节目所含艺术形式分类

这是广播文艺节目通常采用的分类方法。

① 文学节目。属于文学节目范畴的节目形式比较多，因而它的听众面也比较广，比如长篇小说连续广播、电影录音剪辑、话剧录音剪辑、广播小说、广播小品、阅读与欣赏、配乐散文和报告文学等都归于文学节目范畴。

② 音乐节目。音乐是无国界的，因此音乐节目在广播文艺节目中往往占有举足轻重的地位。音乐节目中，大量播出的是中外各类声乐、器乐曲、音乐知识和音乐教育专题节目，同时还播出精彩的歌剧和舞剧的音乐录音剪辑、选取及音乐故事等。随着调频立体声技术的

发展，音乐节目更显示出其优势。

③ 戏曲节目。戏曲是中国特有的戏剧艺术形式。中央台的戏曲节目以京、评、豫、越四大剧种为主，各地方台会根据听众的需要适当突出当地的地方剧种。电台的戏曲节目除播送传统的剧目以外，也播送新编历史剧和现代戏，同时也向听众介绍戏曲知识，评介一些优秀剧目、音乐唱腔和演员。

④ 曲艺节目。曲艺是各种说唱艺术的总称。我国曲艺历史悠久，全国各民族各地区有三百多个曲艺品种。曲艺节目多数以叙事为主、代言为辅，具有"一人多角"的特点，其主要艺术手段是说和唱，因此非常适合广播的播出。曲艺节目在以往常常被称为"文艺轻骑兵"。

(2) 按节目制作方式分类

① 直播类节目。"直播"，顾名思义就是节目没有经过录音和复制，是演员在演出时直接播出。这种"直接"，有的是在演播室直接播出，有的是剧场实况转播。现在演播室的直播基本上已经不用，而剧场实况转播还是听众比较喜欢的一种节目形式。

② 剪辑类节目。这类节目是我国广播工作者的独创。电影录音剪辑、话剧录音剪辑，以及戏剧、歌剧、舞剧等的录音剪辑，都是广播电台文艺编辑的特殊业务。实践证明，这种节目形式至今仍很受听众朋友的欢迎。历史上，电影录音剪辑曾是中央台十大名牌节目之一。

③ 编排类节目。编排类文艺节目，是根据编辑的艺术构思和这个时期的宣传意图，把各类文艺节目编排在一起，实行"一条龙"式的播出。它类似报纸的版面安排，各类节目编排是否恰当、顺畅，不仅直接影响文艺节目的播出效果，也直接关系到整个电台全天的播出质量。

④ 专题类节目。依据编辑意图，专题类文艺节目可以分为分析鉴赏类、知识介绍类、报道类、评论类等。此类节目以文艺作品的录音为素材，以编辑对其作品的文学解说、介绍和评述为重要内容组合复制而成，目的多是向听众普及文艺知识，评介中外知名度高的作家、作品、演艺圈人物，也报道文学艺术界的重要动态或文艺花絮。

(3) 按节目的社会功能分类

① 欣赏性节目。这是广播电台文艺节目的主体，在整个文艺广播节目中占有相当大的比重。节目的主要功能是向听众提供娱乐和欣赏。其节目来源分为两种：一种取自社会上（包括专为电台创作）的文艺作品、文艺演出或请艺术家特为电台演播，比如歌曲、相声、小说、散文、戏曲选段以及电影录音剪辑，话剧、歌剧、舞剧的录音剪辑等。另一种是广播本身创立的新的文艺种类，比如最有代表性的广播剧，以及广播小说、广播小品、音乐故事、音响小品等。

② 知识性节目。这类节目以传授、导读、普及文艺作品及文艺基础知识为目的，或讲解某种文艺知识以指导欣赏。如介绍作家、艺术家及其作品，或介绍一个时期、一个地区文学艺术特征等。知识性节目不同于广播教学中的知识讲授，它是知识性、欣赏性的巧妙结合，以此来提高听众的分析、比较、鉴赏能力。一般文化知识介绍，只要采取生动活泼的形式，也可以归为文艺节目中的知识性节目。

③ 评论、赏析性节目。广播评论也是社会评论中的一个颇有影响的阵地。不过，广播文艺节目中的评论一般要求短小活泼。此类节目主要是评介文学艺术作品、作家、表演艺术家和演员，往往聘请相关专家撰稿，文字富有感染力，深入浅出，融赏析与评论、评价之中，颇受听众欢迎，比如中央台的《阅读与欣赏》一直为听众所称道。

④ 报道性节目。以报道当前文艺动态、文艺界新人新事的信息为目的，通常使用通信、专访、录音报道等新闻体裁。但它与新闻节目有所不同，它报道的内容固然有一定的新闻

性，但对内容的新闻价值要求不高，它注重选择引人入胜的内容，富有趣味性、新鲜性和一定的欣赏价值。如"摄影棚内外""某某剧在排练中"等，这些内容"时效性""重要性"都不一定能达到新闻所要求的程度，但内容是富有意义的，形式要求生动活泼、声情并茂。

⑤ 服务性节目。在文艺方面为听众服务，可开展的项目较多。广播文艺节目中的教唱歌、教唱戏、教弹电子琴等都属于服务性节目范畴。现在有的电台设立"有偿点播"节目，也保留"无偿点播"节目，这些也是服务性的节目。这类节目有很强的实用性、趣味性和听众参与性。

⑥ 综艺性节目。这种节目形式是由文学、戏曲、音乐和曲艺等多种文艺形式的节目组合起来的，也可以由其中部分节目形式组合而成。它可以是全由欣赏性节目组合，也可以由欣赏性、娱乐性、报道性、服务性节目共同组合而成。综合性文艺节目在广播界一般公认有两种类型：栏目型——《周末文艺》《空中大舞台》《广播剧和小说连播》等；晚会型——《欢乐共此时》《中秋文艺晚会》等。

2. 电视文艺节目的类型划分

在我国传统分法中，电视文艺类节目一直和新闻类、社教类节目一起，被视为电视荧屏的三大支柱。电视文艺节目在电视市场中的市场占有率是最高的，因此，它是文化市场上最有生命力的知识产品。

电视文艺从创办、发展到繁荣，电视传媒本身的特点和各种文学艺术门类相互融合，产生了品种丰富的电视文艺品种，既具有文艺审美价值，同时又符合电视传播的特点。电视文艺节目的分类纷繁多样，综合各家的分类标准，我们将其划分为：电视晚会节目、电视娱乐节目、电视文艺专题节目、电视音乐节目、电视戏曲节目、电视舞蹈节目、电视剧、电影等门类。

三、广播电视文艺节目的发展状况

1. 广播文艺节目的发展状况

我国的广播文艺事业真正兴起于1940年，按照时间脉络大致可以分为四个时期：初步发展期、挫折低谷期、复苏完善期、蓬勃发展期。

（1）初步发展期（1940～1965年）

1940年12月30日晚，中国共产党领导下的解放区第一座广播电台——延安新华广播电台开始正式播音，呼号为XNCR，发射功率约300瓦，波长为28米。当时由于国民党政府的严密封锁，电台缺乏很多起码的物质条件，但即便在那样艰苦的环境中，电台工作人员仍然自办了一些文艺类节目，比如歌曲《五月的鲜花》《游击队歌》《黄河大合唱》《大刀进行曲》《延安颂》等。此外，还播送过郭沫若的话剧《屈原》《棠棣之花》片段，还有少量由梅兰芳、马连良等京剧名家演唱的京剧唱片。1943年春，电台因机器发生严重故障暂停了播音。

1945年9月5日，延安新华广播电台恢复了广播。同年10月6日起，延安新华台每星期六举办一次周末文艺节目，请解放区各文艺团体来演出，例如曾经请鲁艺文工团演出了歌曲《东方红》《庆祝胜利》《有吃有穿》和秧歌剧《兄妹开荒》。在当时简陋的条件下，延安新华台还播出了延安平剧院新编历史剧《逼上梁山》和《三打祝家庄》等演出规模较大的文艺节目。

1947年3月14日，延安新华广播电台从延安转移到瓦窑堡继续播音，3月20日起改名为陕北新华广播电台，随后又转移到太行山区、平山等地播音。1949年3月25日，中共中央由西柏坡迁进北平，陕北新华广播电台也由平山搬迁到北平，同时改名为北平新华广播电台。同年的 12 月 5 日，改名为中央人民广播电台。

伴随着新中国的成立，中国的广播事业不断发展，广播文艺节目也开始逐渐丰富和完善，出现了新中国文艺广播史上的多个第一，比如第一个电影录音剪辑《白衣战士》，第一个长篇小说连续广播节目《林海雪原》等。此外，也涌现出许多名牌节目，比如《每周一歌》《世界著名歌剧剪辑》《对学龄前儿童广播——小喇叭》《长篇小说连续广播》等。

1954 年，中央电台录制的音乐和戏曲节目达到 7300 多分钟，相当于上一年库存全部文艺节目的 2.4 倍，文艺节目在广播节目中的比重上升到 55%。

1958 年，中央电台文艺节目的库存磁带高达 8 万盘（包括原版、复版及合成节目），相当于 1954 年的 100 多倍。到 1959 年，我国的广播电台已经向 40 多个国家输送了将近 3 万分钟的文艺节目。

截至 1965 年底，全国已有县级有线广播站 2365 座，比 1949 年的 8 座增加了约 300 倍，有线广播喇叭达到了 8725 万只，比 1949 年的 500 只增加了近 2 万倍。尽管 1958 年以后，受到"左"的思潮影响，我国的广播文艺节目出现了下滑的趋势，但是整体来看，在 1940 年至 1966 年这 20 多年时间里，我国的广播文艺节目还是取得了较好的发展。

（2）挫折低谷期（1966～1976 年）

1966 年 5 月至 1976 年 10 月这十年里我国的广播文化事业遭受了打击。

中央电台库存中很多优秀文艺节目的录音带被消磁，共消去节目 16414 个，录音带 15722 盘。在 1966 年 7 月到 10 月的清理工作中，将近 90% 的库存外国音乐带被消磁，仅留下约 10% 的各国革命内容的作品。大量世界经典节目被作为"大、洋、古"处理掉了，文学节目和戏曲节目也惨遭劫难，纷纷被消磁处理。

当时可以播出的文艺节目被反复清洗筛选，最后剩下的数量已是屈指可数，主要有：八首革命歌曲、八个样板戏和《地道战》《地雷战》《南征北战》三部电影录音剪辑等。

这一时期的广播文艺节目全面萎缩和后退，除了规定可以播出的少得可怜的文艺节目外，广播里没有其他可以播出的文艺节目，而且省、市电台也被通知停止播出自办的文艺节目，一律转播中央台节目，整个中华大地陷入一片文化的荒地。

（3）复苏完善期（1977～1985 年）

1976 年 10 月，广播文艺节目也和国家一样慢慢地开始复苏。1978 年党的十一届三中全会的召开，是祖国春回大地的一声号角，广播文艺节目也终于迎来了充满希望的春天。

从 1978 年下半年开始，前段时间禁止播出的一些文艺专栏节目，如《星期音乐会》《音乐厅》《银幕上的歌声》《京剧选段》《地方戏选段》《听众点播的音乐节目》《小说连续广播》《阅读和欣赏》等开始逐步恢复。

与此同时，音乐广播、戏曲广播、曲艺广播和文学广播也全面恢复。

音乐广播方面，将国内外的优秀音乐节目陆续介绍给听众，获得了高度共鸣。1980 年的广播歌曲评选活动，从全国 20 多万件来信当中评出《祝酒歌》《我们的生活充满阳光》《泉水叮咚响》《太阳岛上》等 15 首优秀歌曲，在全社会范围内引起了巨大反响。

戏曲广播方面，恢复播出了大量优秀的传统戏、现代戏和新编历史戏。先后播出了现代豫剧《朝阳沟》，京剧《杨门女将》《野猪林》，越剧《红楼梦》。此外，还播出了大量优秀的现代戏和新编历史剧，比如：《四姑娘》《八品官》《红灯照》《司马迁》《明镜记》等。

曲艺广播方面，以相声为主要形式的曲艺节目深受人们的喜爱。其间涌现出不少脍炙人口的相声作品。比如姜昆和李文华创作表演的相声《如此照相》等。新中国成立后录制的一些优秀节目，比如张寿臣的单口相声《贼说话》，刘宝瑞的单口相声《连升三级》，侯宝林、郭启儒合说的相声《卖布头》等，都取得了很好的社会反响。

文学广播方面，大量的文学作品以广播特有的形式呈现给听众。这一时期，最受听众喜爱的文学广播节目是小说连续广播节目。《红岩》《青春之歌》《野火春风斗古城》《铁道游击队》《骆驼祥子》《牛虻》《钢铁是怎样炼成的》等国内外的名著名篇，通过电波传达到更广泛的人群中，形成了轰动一时的"小说连播"热。

此外，广播剧、电影、话剧录音剪辑节目在这一时期也逐渐活跃起来。总之，从文化的荒漠里走出来的中国人像久旱的禾苗一样，尽情地吸收着这些文化的甘露。

（4）蓬勃发展期（1986年至今）

随着改革开放的不断深入，1986年12月，珠江经济电台的开播引领了一种崭新的广播模式，仅仅用了3个月的时间就将广东台和香港台的收听比率从原来的3∶7扭转到7.8∶2.2，珠江经济电台的成功可谓轰动一时。不少省、市、区电台纷纷上门取经，迈开了我国电台新一轮蓬勃发展的步伐。总体来看，这一时期的文艺节目大致呈现出以下特征。

① 小众化播出成为潮流。无论是报纸、电视还是广播，这一时期在世界范围内开始向小众化的传播模式转变。一方面，随着技术的不断进步，人们的交流越来越频繁，对信息的需求前所未有地增加；另一方面，人们更需要专业的传媒机构能有针对性地满足他们的不同需求，因此，小众化的、专门的信息传播日益受到人们的青睐。广播也在历史的潮流中做出了从"广播"向"窄播"的转变。珠江经济电台、上海东方广播电台、北京广播电台等都在专业化的尝试上迈出了可喜的一步，其他省、市电台也迅速从中吸取经验，纷纷成立经济台、新闻台、文艺台，有的还增设了音乐台、教育台、交通台等。

② 地域性的优势尤其凸显。比之以前，全国人民收听中央人民广播电台文艺节目的盛况，文化生活日益丰富起来的人们有了更多的选择。进入21世纪，互联网也逐渐走进人们的生活，广播再也无法像改革开放之前一样，成为许多家庭首选的传播媒介，地域性的信息往往更有吸引力。因此，许多地方电台都纷纷推出有着鲜明地域特色的节目来吸引听众，例如上海人民广播电台的《说说唱唱》节目、浙江电台交通之声《阿宝路路通》节目等，结合当地地域文化特点的这类节目都深受听众喜爱。

③ 主持人的核心作用日益加强。创建于1992年10月28日的上海东方广播电台伊始就实行了节目主持人中心制。以前，一个广播节目往往是交给一位编辑，由编辑组织两三个人策划，然后再请一个主持人。主持人中心制则转变了这种传统的节目制作方法，改为先确定主持人，再由主持人去聘请编辑及其他策划人员，主持人的作用日益凸显。如果说以前常常是一档节目成就某几个主持人的话，如今更多的是名主持人带动了一档栏目，甚至是一个电台。比如浙江人民广播电台文艺台《伊甸园信箱》节目的主持人万峰，就以其独特的个性将一档比较枯燥的午夜谈性节目常年保持在较高的收听率，他也因此成为省内乃至国内的名人。此外，安峰、阿宝也成为杭州人喜爱的节目主持人，他们同样提升了相应节目的知名度。

2．电视文艺节目的发展状况

电视文艺节目作为我国电视事业发展的一部分，既与电视事业一起经历了风风雨雨，又具有它自身的特征，展示出发展嬗变过程中的独有风貌，而这些特征又与我国社会的发展变化密切相关。总的来说，我国的电视文艺节目可以划分为创建与停滞期、恢复与探索期、繁荣与多元发展期几个阶段。

（1）创建与停滞期（1958～1976年）

1958年5月1日，北京电视台（中央电视台前身）首次试播，它标志着我国电视事业的开始。当天播出的内容，除时政新闻外，就是文艺节目，主要是由中央广播实验剧团表演的诗朗诵《工厂里来的三个姑娘》，北京舞蹈学校表演的舞蹈《四小天鹅舞》《牧童和村姑》

《春江花月夜》。节目虽然简单，却是我国电视文艺迈出的第一步。

1958年6月15日播出了我国第一部电视剧《一口菜饼子》。在早期的电视文艺节目中，专门为电视而准备的节目极少，主要的节目形态是剧场转播。1958年6月26日，北京电视台进行了第一次剧场转播，内容是革命残疾军人演出的文艺节目，但它却让观众在第一时间内看到了剧场演出的现场实况。此后，文艺节目转播了大量的传统戏曲，观众通过电视屏幕领略到了梅兰芳、周信芳、尚小云、马连良、张君秋等一大批戏曲大师的精彩表演。同时，新戏剧如话剧《七十二家房客》《雷雨》，歌剧《刘三姐》《洪湖赤卫队》《江姐》，京剧《红灯记》，评剧《祥林嫂》等也都在电视屏幕上与观众见面。

1959年国庆十周年时，北京电视台转播了天安门广场文艺晚会的实况，这是北京电视台首次转播规模比较大的文艺演出。在国庆期间，还转播了苏联芭蕾舞团表演的《天鹅湖》、乌克诺娃主演的《吉塞尔》和《海峡》的片段。此后，每年的"五一"国际劳动节和国庆节，北京电视台都要转播文艺晚会，且规模越来越大。

1960年，北京电视台还举办了春节文艺晚会，有诗朗诵、相声、戏曲、歌舞等节目，奠定了后来文艺晚会的基本形态。每逢重大节日举办文艺晚会，逐步成为电视文艺节目的传统。在这类节目中，节日的喜庆氛围与政治宣传有机地融合在一起，充分发挥了电视的教育功能，使观众在审美娱乐过程中接受思想教育，成为我国电视文艺节目的特色。

值得注意的是1961年8月3日、1962年1月20日和9月30日播出的以"笑"为主题的三台专题晚会。这三次晚会本着"有益无害"的原则，节目内容以相声和小品为主，探索喜剧娱乐性节目的艺术规律，进行大胆尝试，试图突破当时教条思想的束缚，为丰富电视文艺节目的表现形式积累了有益的经验。

早期的电视文艺工作者在运用电视思维、丰富电视的表现手法方面也做出了可贵的探索。1960年北京电视台建起了600平方米的演播室，使演播条件和艺术加工能力大大提高。在这里演出的小提琴协奏曲《梁山伯与祝英台》，在解说词处理、镜头组接和穿插戏曲影片片段方面都做了有益的尝试。此外像舞蹈《赵青独舞》、甬剧《半把剪刀》等都努力探索用电视的手段对艺术作品进行再创造。这些探索使文艺节目向电视化方面迈出了坚实的步伐，对后来文艺节目的发展和繁荣起到了探路先锋的作用。

1964年12月底，北京电视台利用黑白录像机录制了常香玉主演的豫剧《朝阳沟》第二场和京剧《红灯记》中《智斗鸠山》一场，并在1965年元旦文艺晚会中播出。这是我国电视第一次用录像播出的文艺节目，从此，我国的电视文艺节目开始从实况直播转向录像播出。演出与播出的分离使得文艺节目能够得以保留下来，也为节目质量的提高提供了技术保证，一条电视文艺迅猛发展的康庄大道已经呈现在人们的面前。但从1966年开始，电视文艺节目进入了停滞时期。

（2）恢复与探索期（1977～1991年）

1976年后，电视文艺呈现出欣欣向荣的新气象。

1976年12月21日，北京电视台直播了《诗刊》编辑部主办的诗歌朗诵音乐会实况，一批艺术家王昆、郭兰英、王玉珍、常香玉等登台表演，纵情歌唱正义的胜利。一批革命歌曲《绣金匾》《洪湖水浪打浪》《兄妹开荒》《夫妻识字》等重新响起，震撼了全场观众的心。尤其是郭兰英演唱的《绣金匾》，把最后一段歌词改为"三绣周总理，人民的好总理，鞠躬尽瘁为革命，我们热爱您"。郭兰英唱到这里，泪水夺眶而出，观众也热泪盈眶，把晚会的气氛推向了高潮。此后，北京电视台转播了大批此类节目，像专题文艺节目《我们永远怀念你啊，敬爱的周总理》、纪念周总理逝世一周年文艺演唱会和诗歌朗诵会、鲁迅和郭沫若诗歌朗诵会等。思想的解放使原来被禁止的文艺节目和艺术样式也都恢复了播出，像湖南花鼓戏《十五贯》、京剧《闹天宫》和《打渔杀家》、昆曲《大破天门阵》等。同时，外国的影视剧也开始播放，1977年11月29日，北京电视台播放了南斯拉夫电视剧《巧入敌后》。1978年1月27日，又播放了英国广播公司出口的电视连续剧《安娜·卡列尼娜》。随后又播出了日本故事片《望乡》和《追捕》等。

1978年春节，北京电视台举办的春节联欢晚会，杨沫、李苦禅、李瑛、于蓝、王晓棠、马季等文艺界著名人士出席并表演了节目，它标志着我国电视文艺开始恢复生机。

其实，早在1977年5月，北京电视台就开办了《文化生活》栏目，虽然当时它还不太引人注目，却显示出了融艺术性、知识性、欣赏性与趣味性于一体的特色，更为重要的是它标志着电视文艺自制节目的新起点。

1979年，中央电视台又开办了《外国文艺》栏目，介绍外国各种优秀文艺节目，开阔了观众的视野。

1982年，中央台《舞台与银幕》栏目开播。这个栏目改变了以往以剧场转播为主的制作方式，以自办节目为主，开始了电视文艺节目栏目化的探索。自办节目，使电视台可以控制节目的长度，把不同的节目按照一定顺序进行编排，并在固定的时间内播出，有利于培养观众的收视习惯，发挥电视传播的优势。从此，各类电视文艺节目都先后走上了探索自办节目、栏目化发展的道路。

1981年元旦，广东电视台开办了杂志型文艺栏目《万紫千红》，它以丰富多彩的内容、活泼新鲜的形式和主持人的精彩串联让观众耳目一新，因此一出台就受到了观众的欢迎。随后，广东台又开办了《百花园》，以优秀的保留节目为素材，经过重新编辑加工，给人以新的审美享受。广东台的这种做法在电视界引起了巨大反响，各电视台都纷纷开办了自己的文艺栏目。

1984年，上海台开办了《大舞台》和《大世界》栏目。中央台推出的栏目更多，既有以加工地方台选送节目为主的《艺苑之花》，也有自己编导的《音乐与格言》《歌与花》，还有在舞台演出实况基础上加工制作的《音乐与舞蹈》等。从1985年到1988年，中央台又推出了《戏曲欣赏》、改版后的地方电视台节目介绍《百花园》、以剪辑社会文艺演出录像为主的《电视剧场》，还有《文艺天地》《旋转舞台》《短剧与小品》等。在这段时间内，地方电视台也开办了一批各有特色的文艺栏目，如北京台的《五彩缤纷》，上海台的《笑一笑》，天津台的《画中画》《戏曲之花》，吉林台的《艺林漫步》，湖南台的《星期文艺》，安徽台的《舞台精英》，陕西台的《秦之声》，广东台的《南粤戏曲》，等。这些栏目的出现，使电视文艺节目的面貌大为改观，真正显示了文艺节目丰富多彩、生动活泼的特征。更为重要的是，这些栏目改变了以往文艺节目播出的无序现象，实现了节目的栏目化。由于各栏目分工明确，个性鲜明，制作规范，播出时间固定，既有利于观众的节目选择，也有利于培养电视文艺的专业人才，从而使电视文艺节目呈现出了群花争妍的局面。

在新的电视文艺栏目纷纷出现的同时，也反映出一些问题：这些栏目大多是按照艺术门类设置的，因而在内容和形式上显得比较单调。为了在一个时间段里满足不同年龄、不同层次、不同爱好的观众的需要，综合性文艺节目（综艺节目）已经成为呼之欲出的必然。1990年，中央台的综艺节目《综艺大观》和《正大综艺》应运而生。1990年3月，《综艺大观》开播，它以节目短、节奏快、内容精、手法巧、现场感和参与感强为突出特点；同年4月，《正大综艺》开播，它是中央台与泰国正大集团联合制作的节目，通过猜谜的形式向观众介绍世界各地的风光、名胜、习俗。这两个栏目受到了观众的热烈欢迎，很快成为知名栏目。

1991年，中央台《旋转舞台》改版，以欣赏性为主，兼有知识、趣味性。与此同时，地方台也开办了一批综艺栏目，如上海台的《今夜星辰》、江西台的《相聚今宵》、浙江台的

《调色板》等。一时之间，综艺节目蔚然成风，成为电视文艺节目的重要表现形态。综艺节目以综合性为其鲜明特色，内容广泛，既有艺术性、知识性的歌舞和文化，又有娱乐性、观赏性的杂技和魔术等，满足了观众对文艺节目的多元需求。尤其值得一提的是春节联欢晚会的举办。

1983年春节，中央电视台第一次举办了大型春节联欢晚会，现场直播的形式、精彩的节目内容赢得了观众的广泛好评，从此，春节联欢晚会作为欢度春节的一个特定节目形式被确定下来。作为综合性的文艺晚会，春节联欢晚会与中国观众传统的节庆心理相融合，以团结、欢乐、祥和为主题，把音乐、歌曲、舞蹈、戏剧、曲艺、小品等文艺形式组合在一起，通过节目主持人的串联使晚会充满热烈、欢快、万民同乐的气氛，获得了广泛的社会影响，形成了一种特有的文化现象——"春节晚会现象"。有学者指出："自从1983年、1984年两次春节联欢晚会以后，人们就改变了过春节的老习俗。千百年来都是由吃饺子、放鞭炮来庆祝春节，现在则变成吃饺子、看电视、放鞭炮三大活动了。"从春节联欢晚会开办至今，已经30余届，虽然近年来观众对它多有不满，但它依然是最受观众欢迎的文艺节目，从中央电视台节目收视率排行中可以清楚地看到这一点。除春节联欢晚会外，中央台每年还举办元宵晚会，各省级电视台也都举办自己的地方色彩浓郁的春节晚会，每逢重大节日、纪念日，如元旦、"五一"、"七一"、"八一"、中秋、国庆等，也都举办综艺晚会。综艺晚会的形式已经为广大观众认可和接受，成为综艺节目的一个重要形式。

电视文艺节目经过20世纪70年代末的短暂复苏，在整个80年代到90年代初进行了全方位的探索，实现了节目的栏目化，节目形式日益活泼，节目内容日益广泛，以自己的实绩宣告了文艺节目繁荣期的到来。

（3）繁荣与多元发展期（1992年至今）

以邓小平南巡讲话和党的十四大为标志，我国电视文艺节目进入了成熟期。在这段时期内，不但文艺节目栏目化的趋势进一步发展，不同的文艺节目都追求自身的特色，以特定的内容、形式、风格来培养较为稳定的收视群体，而且不同类型文艺频道的开办使文艺节目的传播更有针对性，出现了"窄播化"的趋势。各类文艺节目相互竞争又协同发展，从而使电视文艺节目的百花园里更加多姿多彩。

中央电视台以《东西南北中》的创办为标志，《文艺广角》《音乐电视城》《中国音乐电视》《人与自然》《电视书场》《美术星空》等一批新的栏目先后出现。另外，《综艺大观》《正大综艺》《曲苑杂坛》《旋转舞台》等名牌栏目也不断地调整、改版，花样翻新，继续保持了自身的特点。

在新栏目大量涌出的同时，专业的文艺频道也开办起来，如原来第三套节目的戏曲、音乐频道和原来第八套节目的文艺频道都以电视文艺节目为主。

到1996年，中央电视台的文艺栏目已达47个，每周播出时间达318.7小时。

到1999年，这两个频道进行调整，第三套节目改为综艺频道，第八套节目改为电视剧频道，使特色更加鲜明、突出。

2001年7月，中央电视台又开设了戏曲频道，以弘扬和发展我国优秀戏曲艺术、满足戏迷审美要求为宗旨，内容以欣赏性为主，加强知识性、趣味性、参与性、服务性，强化戏曲艺术与中华民族深厚文化底蕴的渊源关系，受到了众多戏曲爱好者的喜爱。

2004年3月，音乐频道开播，以播出中外古典音乐和世界各民族音乐为主要内容，大力弘扬中国民族音乐，既有欣赏性节目又有普及性节目，在欣赏性的基础上加大普及音乐知识的力度，从而为电视观众搭建了一个了解、欣赏、认知音乐的平台。

20世纪90年代在大型文艺晚会的探索方面也取得了显著成果，可谓是异彩纷呈、好戏连台。1992年，中央电视台举办了《丰收大地》和《中秋月正圆》两台大型文艺晚会，在内容和形式上均体现了此后文艺晚会的基本走向：一是内景剧场式的晚会，规模从数百人的演播厅向上千人的现代化剧场乃至上万人的大会堂发展，成为国家级的庆典仪式化的盛大节目，如《光明赞》《回归颂》均属此类；二是外景广场式晚会，观众与演员众多，显露出宏大的规模和磅礴的气势，如《黄河魂》《欢庆香港回归》等。春节联欢晚会在20世纪90年代以来已经成为每年春节的电视大餐，受到社会各方面的广泛关注。

1993年，春节联欢晚会的筹办引入了竞争机制，面向全社会开门办晚会，又将春节晚会一分为三，中央电视台在三套节目中同时推出春节联欢晚会、春节戏曲晚会、春节音乐晚会，形成三台晚会并举的格局，得到了广大观众的认可，成为电视文艺最具代表性的保留节目。1993年起，我国的音乐电视（MTV）也开始起步。从这一年开始，中央电视台每年都举办中国音乐电视大赛，这种新的艺术形式使音乐与电视有机结合，既繁荣了歌曲创作，又丰富了电视屏幕。1993年3月，《东西南北中》栏目开播，它以播出音乐电视为主，使来自西方的MTV体裁与风格中国化，极大地推动了我国音乐电视的发展。单是1993年，我国就拍摄了400部以上的MTV作品。中央电视台与地方电视台合作拍摄了一批具有导向性的MTV作品，像董文华演唱的《长城长》、李丹阳演唱的《穿军装的川妹子》、张海迪演唱的《轮椅上的歌声》、蒂姆演唱的《我是中国人》等都成为大江南北传唱的著名歌曲。这些作品的出现奠定了我国鲜明的中国特色，以其民族化的音乐与画面风格成为引领时尚、叱咤荧屏的时代宠儿。

20世纪90年代末，随着人们生活节奏的加快和社会竞争的加剧，旨在舒缓人们紧张情绪、减轻压力、消除疲劳的娱乐节目应运而生。1998年湖南电视台开办了《快乐大本营》、湖南经济台开办《幸运1998》，以其轻松活泼的节目内容赢得了观众的喜爱，由此引发了娱乐节目的风潮。随后，各电视台都纷纷开办娱乐节目，如安徽电视台的《超级大赢家》、北京有线台的《欢乐总动员》、中央台的《开心辞典》《幸运52》《非常6+1》等，一时之间以娱乐性、参与性、竞争性强为主要特色的电视文艺节目风靡大江南北。娱乐节目的火爆反映了观众对于娱乐的心理需求，为电视文艺节目的发展开拓了巨大的空间。

第二节 广播文艺节目的制作特色

广播文艺节目由于其自身技术艺术相结合的特点，以及主要为满足人民群众休闲娱乐为目的，在节目形态及制作方面呈现其自身的一些显著特色。

一、广播文艺节目的中国特色

1. 坚定的党性原则

党性原则在不同时期有不同的论述，它的基本内容包括为人民服务的宗旨，执行百花齐放、百家争鸣，推陈出新、古为今用、洋为中用的方针，坚持四项基本原则、革命的政治内容和尽可能完美的艺术形式的统一，加强精神文明建设、高扬主旋律、繁荣社会主义文化等。我国的新闻媒介一直以来对党性的要求都很高。在很长的时间里，不是党员几乎都没有机会进入到媒体单位。如今随着时代的发展，这一要求不像以前那么显著，但是广播作为媒介的一种，其"党和人民的喉舌"的作用还是毋庸置疑的。

2008年1月22日，胡锦涛在北京同全国宣传思想工作会议代表座谈时强调：要牢牢掌握宣传思想工作的领导权和主动权，高举伟大旗帜，唱响奋进凯歌，振奋民族精神，服务人民大众，以更深刻的认识、更开阔的思路、更有效的政策、更得力的措施着力建设社会主义核心价值体系，着力巩固壮大主流思想舆论，着力推进改革创新，推动社会主义文化大发展大繁荣，提高国家文化软实力，为继续解放思想、坚持改革开放、推动科学发展、促进社会和谐营造良好氛围，为夺取全面建设小康社会新胜利、开创中国特色社会主义事业新局面提供强大思想文化保证。这是新时期我国宣传思想工作党性原则的总体要求。

2. 鲜明的民族性

中华民族是一个勤劳智慧的民族，五千年的文明史造就了我们鲜明的民族性格。广播文艺节目也毫无疑问体现了强烈的民族性。广播文艺节目的民族性主要包含三层含义：一是历史积淀下来的独特的民族个性的展现；二是对外来文化的具有民族性的理解；三是众多少数民族对民族文化的有益的补充。

从 1940 年中国共产党领导下的解放区第一座广播电台——延安新华广播电台成立以来，我国的广播文艺节目一直以来都体现了中华民族自强不息、奋斗向上的民族精神。比之国外的文艺节目，我国的文艺节目总是凸显了内敛深沉、意蕴悠长的文化特色。传统文化中的入世的精神、宽容的精神、融合的精神都深深地融合在各类节目中，造就了一大批优秀的广播文艺节目。此外，对于外来的文化，我们对之的理解也常常带有民族的特性。比如对国外的文学、音乐、戏剧的选择和介绍，都大量选取了能够和自己民族特性高度共鸣的作品，这些在听众中都能取得很好的反响。另外，我国是一个 56 个民族的大家庭，少数民族中也有丰富的文艺形态，比如藏族歌曲、维吾尔族歌曲一直都深受听众的喜爱；藏戏、布依戏、壮剧、苗剧、白剧等少数民族戏剧也常常给听众朋友们带来新意。

3. 显著的地域性

和报纸、电视这两种媒介一样，广播的地域特点也越来越明显。广播文艺节目的地域性一方面表现在广播文艺节目包含了大量有着鲜明地域特色的作品，另一方面，广播文艺节目越来越形成基于地域的一些聚集。

在改革开放以前，可以说是中央人民广播电台一家独大的局面。作为一个覆盖全国的广播电台，播出的文艺节目必要考虑全国各地区人民的需求。再加上我国地方戏剧、曲艺等品种丰富，因而各类节目的地域性特点也是非常突出的。比如戏剧就有京剧、豫剧、越剧、黄梅戏等诸多品种。曲艺等也有二人转、评弹等多种形式。不同地域的文化形态一直以来是广播文艺节目取之不尽、用之不竭的文化宝库。

改革开放以后，各省市的电台也迅速发展，地方台学中央、仿中央的现象也发生了改变，有了更多的选择，听众们发现家门口的电台节目越来越好听了。特别是经济比较发达的沿海省市，甚至都特别设立了省市一级的文艺广播电台，专门加强播出有本地文化特色的各类文艺节目。比如浙江省最受听众喜爱的剧种是越剧，浙江文艺广播电台就在这方面更多地满足听众的需求，一些经典的越剧选段更是一放再放，听众们仍然百听不厌。

二、广播文艺节目的编辑制作

正如报纸出版前需要编辑、电视节目播出前也需要编辑一样，广播文艺节目播出前也需要经过编辑。广播文艺节目编辑主要负责节目的选编和制作，包括编排、编创和制作。

1. 广播文艺节目的编排

编排，简单地说，就是编辑对文艺节目的选择和安排。总体节目编排考虑较多的是节目之间的和谐统一，这一点跟报纸版面的编辑比较相似。对于广播节目而言，编排是一种发言，它表明广播电台的立场和观点，体现节目方针和编辑意图；编排本身又是一种艺术，一种创造性的劳动，编排的好坏对节目总体收听效果影响极大，所以广播文艺编辑应该认真研究节目编排。

广播文艺节目的编排要遵循一些基本的原则，其中最重要的就是政治原则和社会效益原则。在编排节目的时候，编辑首先要考虑节目是否符合党和国家的方针政策，其次还要考虑节目能否获得听众朋友的认可，取得较好的社会反响和社会美誉度，让节目能真正为广大人民群众服务。

在具体编排的环节，广播文艺节目也常常采用报纸的一些版面编辑的方法，比如用归类同一的方法找到各个节目的一些相同点，然后把这些节目串接到一起，形成共性明显的节目集合；或者用对比参照的方法将不同的节目编排在一起，形成对比鲜明的节目集合；再或者用综合演绎的方法选取有代表性的一些节目，形成内容丰富的节目集合等。

2. 广播文艺节目的编创

广播文艺节目的编创，就是广播文艺节目的编辑按照广播文艺规律进行构思、创作，靠他们创造性的思维形成符合广播播出特色的、有一定专业水准和要求的广播文艺作品。一般来说，广播文艺节目的编创主要包含四个环节：选材、构思、演播设计和写稿。

① 选材。它是一切创作的基础。广播文艺节目的选材来源于生活，反映生活又高于生活。中华五千年的历史积淀为广播文艺节目的选材打下了厚实的基础，古代、近代、现代的海量文学和文艺作品都是广播文艺节目选材的源泉。此外，大量国外的文学著作、名曲名剧也丰富了广播文艺节目的选材空间。在对这些材料进行选择时，要考虑适合广播的特性，也就是说要选择适合广播播出的内容。

② 构思。这是在选材的基础上对其进一步提升和完善的思考。在此阶段，编辑要考虑节目的整体效果，从总体上把握节目的方向和需要表达出来的具体内容，并对节目的结构做出艺术的安排。

③ 演播设计。这是对节目如何录制进行的演播设想，在此环节，编辑要假想这个节目在播出的状态，需要怎样的节目情调、节目节奏、节目风格以及录音场次和环境的安排等。

④ 写稿。看起来广播文艺节目只需要声音，但是大部分时候声音和文字是密切相连的，作为编辑，许多节目都需要用语言串联，有的节目本身也包含了大量文字形态（比如评介赏析等），所以写稿也是编辑能力的体现，对于广播的语言也有一些专业性的要求。

3. 广播文艺节目的制作

广播文艺节目的制作是节目播出前的最后一个环节，需要广播编辑在编创的工作之后，把各类材料（包括广播文稿、音响、音乐等）进行加工制作，形成声情并茂、适合广播播出的节目。

在此环节，首先要进行录音，这是广播文艺节目制作的重要一环。为了保证录音效果，通常演播人员都需要多次排练，才能达到良好的录音效果。其次是复制合成，这是广播文艺节目制作的后期工作，主要包括整理与剪辑音响、配乐、合成节目以及审听节目。经过这些流程，最后在节目卡上写上节目名称、节目长度、播出时间以及制作人员姓名等相关信息，一个完整的广播文艺节目就制作完成了。

三、在线广播文艺节目的制作新趋势

近些年来随着信息技术的持续发展，传统广播电台受到前所未有的冲击。面对人们精神文化需求的日益多样化，广播电台急需抓住网络时代的特点进行创新，由此，在线广播文艺节目应运而生。随着多年的发展，其制作呈现出新的趋势。

1. 运营主体更加多元

在线广播的主要平台既有喜马拉雅 FM（图 9.1），蜻蜓 FM（图 9.2）等网络专业电台 APP，同时也有网易云音乐、酷狗音乐等音乐 APP，投放平台的多样化使得运营主体也呈现多元化趋势。21 世纪初，传统主流广播电台面临新兴媒体的挑战，也开始利用网络优势，

第九章　广播电视文艺节目

图 9.1　喜马拉雅 FM 1

图 9.2　蜻蜓 FM

与手机等电子设备应用商合作成为新趋势。目前，中央与各地方主流媒体在收听量及覆盖范围上仍然占据主导地位。然而，网络使得人人都可以成为发声者，在手机应用上的直接体现就是在线广播电台运营门槛的降低，个人电台、组织电台等大量涌现。尤其是在音乐 APP 上，因为没有地方媒体的入驻，基本是个人电台的舞台与博弈场。

2. 节目类型更加丰富

根据中国广视索福瑞媒介研究（CSM）提供的数据，2017 年 36 城市近 500 个电台频率可以归类为新闻综合、交通、音乐等八个类别。交通类广播频率的收听比重最高，达到 28.1%，较 2016 年增长 4.6 个百分点，历年收听之冠的新闻综合类广播频率的收听份额降低到 2017 年的 24.6%，音乐类广播的收听份额从往年的不足 18% 大幅度提升到 2017 年的 21%。随着生活水平的提高，人们审美的高要求与丰富性，在一定程度上催生了广播节目类型的多样化与细分，尤其是包罗万象的文艺节目。查看下面三张分别来自酷狗音乐、网易云音乐、喜马拉雅 FM 三个应用软件的截图（图 9.3~图 9.5），虽然每个 APP 受众倾向不同，分类标准略有区别，但是我们依旧可以更加直观地观察到在线广播文艺节目的丰富性以及其细分化的趋势。网易云音乐和酷狗音乐所分大类近二十种，甚至在某一大类里也进行了细分，而喜马拉雅 FM，广播只是其运营板块中的一小部分，所以分类略粗，但也有十几种类型。类型的丰富、市场的细分不仅有助于实现广播的精准营销，也在一定程度上推动了电台节目的差异化投放，进一步满足了听众个性化的需求。

3. 节目内容更加充实

广播文艺节目内容的充实性主要体现在节目策划、编排以及语言表达等方方面面。相比以往，广播在全媒体时代对于电台工作者的专业性要求更高，因此在制作过程中节目流程更加复杂，策划内容更加专业，这是在数字化、快节奏时代提高节目质量并给观众带来良好收听感受的策略之一。另外，为提高广播节目的整体收听率，在进行文艺节目编排设计时，各电台都会做好节目风格的协调以及各节目间的配合与补充，以此来发挥整体效应。目前，广播领域已形成一套较为科学的编排原则与方法，比如树立为听众服务的理念，力主节目内容的丰富性、形式的多样性，对于质量的严格把关等，同时采用对比法、同一法、

图 9.3　酷狗音乐

图 9.4　网易云音乐

图 9.5　喜马拉雅 FM 2

拼盘法等编排方法[98]。至于语言方面，广播节目大量运用生活化及通俗化的语言，避免空话、套话的出现，进一步增强语言的活力，发掘语言的魅力及趣味性。在文学或音乐节目中，除了文学作品或音乐的引用，也会加入主播的精评，使得节目寓教于乐，同时符合受众心理。

4. 节目风格更加多样

制作一档老少皆宜的节目，最大限度吸引受众一直是媒体人们所追求的。但是，在分众化趋势日益明显的今天，这一目标已经很难实现了。如今，适应特定听众需求、明确节目定位成为广播节目的制作思路。因此，针对不同群体，广播文艺节目风格也呈现出多样化趋势。近些年来，节目风格最大的变化就是更加亲民、贴近群众生活。比如众多文艺节目都会在早晚节目中加大天气、交通等民生内容的比重。文学类节目中也"舍雅求俗"，试图让观众听明白、好理解，甚至产生共鸣。

另外，电台将大量文学类、音乐类、对话类节目受众定位在高压忙碌状态下的白领等人群，因此在节目中会针对性地放缓节目节奏，所配音乐也更加减压，主播的声音与语速亲切、知心，整个节目呈现舒缓、闲适的风格。与此同时，风趣、搞笑的娱乐化风格的节目也具有很高的收听率。小品、相声、评书等也是精彩纷呈，在广播文艺节目中大放异彩。

最后，值得一提的是广播文艺节目中对于本土化内容的重视，打造一个具有本土风格，或是开发一个针对特定地域听众的节目，是很有发展前景的创新之路。比如在蜻蜓FM中有一个"怀集音乐之声"（怀集隶属于广东肇庆）的节目，听众达到1168.72万人，在整个APP中音乐类电台排名第一，且超过了很多文艺类节目。因此，特定的节目风格、特定的节目定位往往可以使得节目成功事半功倍。

5. 更重视节目的包装

包装是现代市场经济的重要营销手段和策略，广播文艺节目也更加重视对于自身的包装，并积极探索美化和宣传自己的方式。首先一个明显的特点是，在文艺节目中音乐的比重大大增加。在广播文艺节目中，音乐的主要表现形式是"配乐"，它不仅起到陪衬、烘托、渲染的作用，还可以营造典型环境，表现情绪感情等。而且，独特的音乐可以给听众留下深刻的印象，成为节目的特色及标志。

包装完备的在线广播也必须要靠宣传得以进一步的推广。在各大社交媒体，线上线下的宣传都是塑造节目自身形象的有力手段。值得注意的是，在新时期节目的呈现不再只局限于声音表现，主播也开始走向大众视野，展现自己的风采，把主播个体与节目联系在一起，比如开通个人微博，甚至开通网络直播等，扩大节目的宣传效果同时打造主播的多种形象。

对于中央和地方电台来说，认识到品牌在宣传过程中的重要性之后，打造一个较为著名的广播品牌也成为一个新的潮流。它们不单只宣传单个节目，而是注重整体形象的塑造，寻找旗下节目的共同点，使其成为一个公司主打特色，来加强对于受众的吸引力。

6. 尤其强调与听众的互动

相比传统广播，在线广播一个巨大的优势在于节目可以下载，听众可以随时进入直播间互动，而且可以在线分享至微信、QQ、微博等，这样就充分调动起了听众的耳朵、眼睛和手，使听众的参与度得到扩大。另外，如今各社交平台上都有各广播节目发表的文章、微博话题等，听众可以留言、提意见也可以与主播直接交流，听众与主播之间渐渐形成了平等对话的状态。"过去单一的'主持人—听众'的互动模式转换成了'听众—听众、听众—主持人'的多维度互动模式……借助于新媒体的互动手段，传统广播'听众'这一概念已经不足以概括当下广播接受者的属性特征，从群体性特征表现来看，它更接近于'用户'这一说法。……'用户'的主动性大大超过'听众'，他们不仅有选择收听内容的自由，以及反馈、监督的权利，还可以通过众多自媒体社交工具实现对广播内容的二度创作[99]。"由此可见，在线广播文艺节目的制作开始转变为以听众为中心的模式，在各媒体都强调与听众的互动时，听众在广播节目中的能动作用也大大加强了。

第三节 广播剧与电视剧

1922年5月28日，英国伦敦广播电台开创了广播中播出戏剧艺术的先河，将莎士比亚的《第十二夜》进行了广播化的处理加工后录制播出，当晚就获得了热烈的反响，但此时的《第十二夜》还不是真正意义上的广播剧。到1924年1月，伦敦广播电台播出了理查德·休斯的广播剧《煤矿之中》（或译《危险》），这被认为是世界上第一部专为广播电台编写的广播剧。《煤矿之中》这部剧中所使用的语言、音响、音乐，是艺术史上所前所未有的。虽然它模仿的是戏剧的台词表演手法,但又有所不同,引发了一种新的艺术形式的诞生。广播剧由此在世界范围传播开来,我国的广播剧也在之后不到十年的时间就产生了。

一、我国广播剧的发展概况

1933 年 7 月,上海广播电台录制并播放了我国历史上的第一部广播剧《恐怖回忆》,从此开始了我国广播剧的发展历程。根据广播剧在我国的发展状况,跳开 1966~1976 年这十年,我们可以把这个历程分为三个阶段[100]:

1. 发展期

广播剧的发展初期是指 1933~1952 年,这一时期的广播剧都是采用直播的形式,无论剧作观念,表现手段都有很大的局限性,它在转场和演绎方式上采用的都是舞台剧的表现形式,并不能算是真正的广播剧。

这一时期的广播剧分属于当时大环境下错综复杂的若干阵营之中,例如国民党统治区,解放区,还有日伪统治区等。在这个时期广播剧的发展是非常迅速的,在 20 世纪 40~50 年代初的时候,广播剧已经有了作为特殊的戏剧形式的特征,逐渐脱离了舞台剧的形态。这一时期的代表作有解放区的广播剧《黎明前的黑暗》《红军回来》《潘秀芝》(播出时改名《妇女自由歌》)等。此外,其他电台的广播剧,在 30 年代主要有《苦儿流亡记》《一去不还》《米蛀虫》《七·二八的那一天》《以身许国》等;40 年代代表性的有《银光》《西山脚下》《夫妻之间》《流水寄情》等。

广播剧发展初期,它的作品内容大多是围绕表现社会价值、反映现实现状、宣扬爱国主义情怀、激发人民革命热情等,好的广播剧主要都与抗日战争、解放战争有关。

2. 成熟期

1952~1966 年是广播剧走向成熟的时期,随着科学技术的不断发展,这一时期的广播剧摆脱了直播的束缚,进入了现代技术录制的阶段。现代录制技术使广播剧的声音艺术脱离原来比较呆板拘束的状态,在连接剪辑制作上更加灵活,并且随着音响和音效的使用,大大增强了声音的表现力。

可以说正因为现代录制技术的出现,才能使广播剧真正成为一种独立的戏剧形式。

这一时期的作品还带有浓烈的延安广播电台的风格和传统,多以歌颂新人新事新时代、歌颂革命英雄的内容为主。在制作上越来越多地使用音乐音效和声音剪辑技术,把广播剧的语言艺术发挥到了一个新的层次,显示了广播剧艺术的独特性。而且这一时期的广播剧逐渐摆脱舞台剧外部冲突强烈的特征而转向对剧中人物内心世界的刻画上,这也是广播剧发展的一个重大突破。

代表作有广播剧《三月雪》《长长流水》《杜十娘》,以及儿童广播剧《卓娅》《检验工叶英》《刘文学》等。当时上海台录制的广播剧《两幅油画》《红岩》等更是得到了听众的好评。

3. 繁荣期

广播剧自 1976 年发展至今,已经进入了一个巅峰时期,同时也是一个相当艰难的时期。随着电视的出现,电视剧抢夺了大量广播剧的听众,因此广播剧必须要不断突破才能在这个时期寻求更好的发展。

这一时期的广播剧仍然延续了我国广播剧的传统,时代气息强烈,内容深刻,题材广泛,以展现新时期人民生活新风新貌为主,有积极向上的社会意义。在这个时期传统广播剧的结构制作已经日趋完善,新的广播剧形式和制作理念也在不断地突破发展,例如《珊瑚岛上的死光》是我国第一部科幻题材作品,其中对于音乐、音效的使用就很有独创性。

广播连续剧在这个时期也得到了很好的发展，例如上海台的《刑警803》、广东台的《关西人家》等，以每天固定连续播出的方式，凭借极强的故事性和趣味性受到了听众的欢迎。

在20世纪80年代，广播剧已经突破了地方广播电台的限制，加强了全国性的经验、作品交流，并且走上了国际化的道路，例如1987年我国的广播剧《减去十岁》就获得了联邦德国（西德）授予的广播剧"未来奖"。90年代后，广播剧更是被纳入精神文明建设"五个一工程"评奖，这标志着广播剧发展的一个新突破和前进的新动力。

二、广播剧的特性及其构成要素

1. 广播剧的特性

广播剧又称"播音话剧""播音剧""无线电戏剧"。而所有这些称呼的核心都在一个"剧"字，它强调了广播剧艺术形式的本质是戏剧，是通过声音来演绎，通过广播，如今也通过网络来传播的戏剧。

广播剧的本质是戏剧，而广播剧的前提是广播，是由于广播这种特殊的传播方式而产生的一种戏剧形式。广播是不借助其他任何可视化传播手段来传递信息的一种媒介，也就是只能听不能看，这也决定了广播剧唯一的物化形态是声音，这是有别于其他戏剧艺术表现形式的，是广播剧所独有的。

我们在研究广播剧的特性的时候，一般会从声音的角度和想象的角度进行研究，但无论从哪个角度进行研究都必须要跟它的本质联系到一起，也就是"剧"。声音和想象都应该达到戏剧的效果才能形成一部完整的广播剧。

因此，在我们探索它的特性的时候，必须清楚明白，我们研究的是戏剧艺术的一种特殊形式，而不是别的艺术。

（1）广播剧是声音的艺术

人的五感分为味觉、视觉、听觉、嗅觉和触觉，并通过这五感来感知复杂的立体多维空间。随着媒体的不断发展，媒介呈现出多元化的变化趋势，我们可以同时看到、听到甚至触摸到一个信息内容的全部真实。

而广播剧唯一可以被听众所感知到的是听觉，它全凭声音手段来塑造时间、空间、形象，表现人物、主题、情节。声音是构成广播剧的物质材料，因此广播剧是"声音的艺术"（或"听觉的艺术"）。

广播剧中所运用的声音的元素，包括语言、音乐、音效。这些声音产生独特的艺术表现力。首先在于它能够做到极致的细腻，它不仅能刻画出人物的一颦一笑、一举一动，还能刻画出人物内心世界的微妙的变化，欢快的音乐突然低沉起来，由远及近的脚步声等都能让听众自然而然地联想到剧情的转变。声音的这种传神细致的描绘在广播剧中表现得尤为充分。

其次，声音是可以横向叠加融合的，通过录音合成技术把本不在一个时空的声音元素剪辑组合到一起，就可以形成与之前完全不同的奇妙效果。例如两个夫妻在吵架，吵得很厉害，这个时候如果突然加上盘子砸碎在地上的声音，那么这个矛盾就立刻升级了，听众会联想到他们动手了，而夫妻吵架和盘子砸碎实际上并不是在一个时空发生的。中国传媒大学的王雪梅教授在《广播剧史论》一书中，将这称为"声音蒙太奇"效果。

（2）广播剧是演绎内心世界的艺术

由于广播剧物化形态的特殊性，必然会影响到它的内容构成，什么可以表达，什么无法表达。事实上，声音无法直接表现很多视觉上一目了然的现象，因此广播剧把对外在形象、外部矛盾冲突的追求转向了内在的表达，也就是对人物内心世界的刻画，这是舞台剧所无法做到的，因为我们的眼睛只能看见外在的东西，而内心独白和语言对话在舞台剧上不可能永远同时进行，而广播剧却可以很轻易地做到这一点，所以说，广播剧是演绎内心世界的艺术。

广播剧《何以笙箫默》讲述的是大学中的一对恋人之间爱情的冲突摩擦，终究因为误解而分别，女主角赵默笙远走国外很多年后突然回国，两人再度相遇后所发生的故事，里面也运用了大量的心里独白来渲染气氛，升华情感。

过了几天，赵默笙找到何以琛，将照片给他。（解说词）

赵默笙：你看你看，我第一次把光影效果处理得这么好呢！你看到阳光穿过树叶了吗？（对话）

何以琛抬头看她，（内心独白：我在她的脸上看到了跳跃着的阳光，那样蛮不讲理，连个招呼都不打地穿过重重阴霾照进心底，我甚至来不及拒绝。）

从这一段我们可以看出，广播剧虽然不能表现出何以琛看着赵默笙，却能通过这段独白让听众联想到何以琛是如何"深刻"地凝视着赵默笙，而这种"深刻"甚至是视觉画面所不能展现的，而且何以琛的这段独白也很好地展现了两个人迥然不同的个性特征，使这两个人都陡然鲜活了起来，我们仿佛能看到跳跃在赵默笙脸上的阳光。

广播剧着重于表现人物内心情感波澜，可以说一部广播剧外在的主线是矛盾冲突的变化，而实际上真正的主线是广播剧中人物的内心变化。在广播剧中，我们时常会听到大量人物的内心独白，或者是音效，音响对人物情绪的烘托，而这些又被我们带入到对整个剧情发展的理解中，所以广播剧对于人物内心世界的刻画才是影响剧情内容的决定性因素。

广播剧作为演绎内心世界的艺术，它所塑造的人物"神"重于"形"，我们更直接地感受到剧中人物的人格魅力和性格特征，而不是依赖视觉元素轻易获得的外在形象。内心的直接传达，是广播剧的重要特性。而广播剧的这一特性也赋予了它不同于其他戏剧艺术形式的独特魅力。

（3）广播剧是想象的艺术

广播剧是想象的艺术，它通过强化听众的听觉，仅仅用声音的元素构建出一个超出声音本身所能表达的意境和空间层次，尤其是对人物心理的刻画和描绘比其他的感官方式更有魅力和感染力。

美国理论家R·M·小巴斯费尔在《剧作家的四种媒介》一书中提出："出现了广播这一媒介，从而出现了想象中的戏剧。20世纪的集体观众终于分解成了单个的观众，他们的头脑变成了剧作家的舞台；而音乐、语言、音响变成了剧作家的刺激物。剧作家发明了新的技巧来把剧中的行动和人物输送给人们的听觉。"

正因为广播剧完全地排除了一切可视的形象，这反而给了听众一个更大、更富于变化的舞台，广播剧的主观能动性远远大于其他戏剧形式，在每个人想象能力的基础上，可以构建出很多不尽相同的故事。戏剧家曹禺先生在谈广播剧时，充满深情地说："我喜欢在静静的夜晚，独自欣赏这样的艺术。它确有一种特殊的魅力，能触动人的情感深处，使人心驰神飞，使我们的世界在闭目静听中，化出万千生动的面貌[101]。"

充分地运用、激发听众的想象力可以使广播剧本身所构建的舞台在脑海中无限制地扩张，最终塑造出一个对想象力主体而言最完美、最具有美感的场景和人物，这也就能够带给听众最高的享受。当我们运用的多媒体元素越是丰富，留给受众的想象空间就越匮乏，众口难调，我们能够呈现的永远不能满足所有人的需求和喜好，而广播剧在这一点上就能比其他的艺术形式更具有优势，因为它只有一种物化形式，那就是声音。

广播剧的这种特性也决定了它在创作时就要求编剧写的剧本就是能听见的剧本，并且想尽一切办法引发出听众的想象，而最好的能让人产生联想的东西都是源自我们生活中的，因此广播剧是想象的艺术，也是现实的艺术，就和很多的戏剧形式一样。

2. 广播剧的构成要素

广播剧是一种很特殊的戏剧形式，因为它的物化形式只有声音，因此广播剧的构成元素自然也和声音息息相关。广播剧中有来自人物的声音，有来自大自然的声音，有来自周围世界细微变化的声音，有烘托气氛的声音……我们将这些声音分为语言、音响、音乐三个要素。

（1）语言

广播剧中语言是最重要的构成元素，也是广播剧中最难运用的一种元素，因为它是最变化多端的，比任何可视的画面都要富于变化，小小的波动都可以带给听众不同的感受。高尔基《剧本论》中曾经说过："剧本（悲剧和喜剧）是最难运用的一种文学形式，之所以难，是因为剧本要求每个剧中人物用自己的语言和行动来表现自己的特征，而不用作者提示。"这个思想在广播剧中显得尤为重要，因为广播剧可以依附的表现手段只有声音而已。

广播剧的语言主要包括对话、独白和旁白、解说词这三种形式。

① 对话。在广播剧中，对话是最常见的语言形式。由于广播剧是声音的艺术，听众只闻其声，不见其人，所以广播剧对人物的对话的要求比其他的戏剧形式都要高，它要求每个角色都能凸显他的语言不同于其他人的独特之处。

广播剧的对话中，每个人都必须要有极强的个性特征。一个年迈体弱的人说话就应该是低沉缓慢的，而不应该是中气十足的；一个市井无赖说话就应该是肆意妄为的，而不应该像个绅士一般彬彬有礼或是像个文人文绉绉的。对每个人物的语言特色的塑造都应该符合剧情的需要，与这个人物身份地位的定位匹配，同时也应该使这个人物符合听众传统印象中的典型形象，这样才有助于引发听众的联想，让这个人物饱满起来。有时候一些极具个性特征的口头禅也有助于人物的塑造。

例如苏联广播剧《埋伏》中克留柯夫，他的话里总透着狡黠，再与他所特有的奸诈而颇有些歇斯底里的笑声相配合，人物的脾气秉性马上就显现出来了。

在传统广播剧中，广播剧的对话是接近西方戏剧的语言形式的，带有浓烈的抒情色彩和夸张的表达，书面化比较严重，而现在越来越多的广播剧所使用的语言却越来越接近我们的生活，越来越口语化，这一点在网络广播剧中表现得尤为明显。

此外，广播剧每个单集的时间都不长，因此要求广播剧中的矛盾冲突集中，这也就等于广播剧中每个人说的每句话都必须要有戏，要能够有效地推动情节的发展，所有废话或无意义的话都应该修剪删除。德国著名哲学家黑格尔认为："戏剧的动作在本质上须是引起冲突的，而真正的动作整体性只能以完整的运动过程为基础，在这个运动过程中，按照具体的情境、人物性格和目的的特性，这种冲突既要以符合人物性格和目的的方式产生出来，又要使它的矛盾得以解决[102]。"

② 独白和旁白。所谓独白就是剧中的人物把自己内心的心理活动过程用语言描述出来，让听众产生一种听到了人物心声的错觉，并通过独白更好地理解剧情的发展和矛盾冲突的变化。因为广播剧是演绎内心世界的艺术，所以独白可以说是一部广播剧最闪亮的地方，它占的比重远远没有对话多，但是它的作用却是不可忽视的。

黑格尔《美学》指出："在独白里剧中人物在动作情节的特殊情况之下把自己的内心活动对自己表白出来。所以，独白特别在下述情况中获得真正的戏剧地位：人物在内心里回顾此前已发生的那些事情，返躬内省，衡量自己和其他人物的差异和冲突或是自己内心斗争，或是深思熟虑地决策，或是立即做出决定，采取下一个步骤。"

人物的独白在剧中主要起着两个作用：一是让听众深刻地体会理解人物的思想变化和其中盘根错节的关系；二是促进剧情的发展，具有暗示、揭示、埋伏笔等功能。

但是也不能大段大段的都是独白，独白要言简意赅，短小精悍，在剧情发展过程中起到至关重要的画龙点睛的作用。

在广播剧中，所谓旁白是指在对话中或对话暂时停止时，人物以自言自语的方式吐露的心里话。旁白在广播剧中的使用是较为普遍的。

在前文提到的广播剧《何以笙箫默》中，就有这样一处旁白：

何以琛收回钱包，一脸平静。（解说）

何以玫（何以琛的妹妹）（旁白：他神色平静，一如那年赵默笙刚刚走时。我却在此刻恍然大悟了他这种表情的含义。平静是因为已经有所决定。决定了要等下去。）

何以琛："你以后会明白，如果世界上曾经有那个人出现过，其他人都会变成将就。我不愿意将就。"（对话）

这段旁白以旁观者的角度向听众讲述了妹妹看到的何以琛的表情神态，再加上她自己对此的思考，让听众对解说中的"一脸平静"有了新的理解，并为接下来何以琛的对话的展开做好了铺垫。

③ 解说词。解说词是将听众迅速地带入到广播剧场景中的最简练精辟的语言。

匈牙利著名电影理论家巴拉兹·贝拉是这样高度评价广播剧的解说词的："广播剧如果没有解说、没有场面描述，就无法演出。""在迫不得已时，人们也许会通过各种鸟兽的声音来表现一座农场。但是听的人却很难分辨这些鸡鸣狗叫、马嘶牛哞是代表一座农场呢，还是代表一个家畜市场。即使是可以识别的声音也只能说明它们所代表的各种事物的共性。但是，一切形象艺术的活力却来自对事物个性的具体而确切的表现。……因此，广播剧常常用各种方法来描述那些我们本来应该看到的东西，而各种音响只是在解说一个场面时的有声穿插而已[103]。"

在广播剧中的解说词根据解说人立场的不同可以分为两种：一种是剧中人自己来解说；另一种是旁观者进行解说，例如古典名著广播剧《陈妙常》中的解说就是以知情旁观者的身份进行解说的。如果根据解说人不同的态度语气，也可以分为两类：第一类是中性的，客观地以平缓的语气介绍事实；第二类则是带有强烈的主观色彩，把自己的想法强加在了事实之上。

解说词的重要作用在于它能够瞬间消除听众对于广播剧场景的陌生感，快速地融入故事情节中，同时它还有营造氛围、刻画人物活动、转换场景等作用。不过随着音响音效录制技术的发展，解说词的作用也渐渐地被音响音效所代替。

（2）音响

音响是广播剧中仅次于语言的第二大构成要素。随着20世纪70年代BBC广播公司播出的《复仇》等纯音响广播剧的诞生，音响在广播剧中的地位越来越不可小觑。

在广播剧中，除了人物语言和音乐以外所有声音效果都是音响。广播剧中的音响效果必须要做到主观的真实，因为广播剧是声音的艺术、想象的艺术，如果音响不真实就不能让人产生最直接的联想，甚至产生厌烦和虚假的感觉，因此音响对广播剧来说是至关重要的，同时也是致命的。之所以说是主观的真实，是因为我们对于音响的选择和制造是建立在剧情需要上的，在不影响真实的情况下，我们可以删繁就简，选择这个场景中最具有代表性的音响，这比多重音效混合最后模糊不清要好得多，能够突出要让观众感知的重点。这一点在其他艺术形式上是如此，在广播剧上更是如此。

音响的作用最突出的自然是营造构建现场环境。不同的音响营造出的现场环境是截然不同的，例如房门打开、关上，发出"吱呀"的声音，我们就明白这是个木头房子，而且比较老旧；如果发出金属碰撞的声音，我们就会想到这是一个金属门。

音响同时也具有暗喻与烘托的作用，这一点也带有很强的主观色彩，音响要产生暗喻与烘托的作用是建立在我们传统习惯和观念的基础上，我们听到喜鹊的叫声就会想到有好事，心情愉悦，而听到乌鸦的叫声就会很烦躁不安，似乎有不好的事情即将发生。广播剧中音响正是利用这一点来为剧情的发展做铺垫。

此外，音响也具有解说词所具有的解说功能。音响成组的运用使得每一个音响不再是单独的个体，而赋予了它们其他新的意义，例如摩托车开来的声音、摩托车停下的声音、摩托车关闭的声音、有人走路的声音，这一组的音响能让听众似乎看到一个人骑着摩托车来然后下车走远的场景，完全不需要解说来帮助理解，反而比解说词更让人身临其境，似乎自己躲在现场的哪个角落正观察着这整个过程。

（3）音乐

周传基曾说："音乐是最抽象的艺术。……这门抽象艺术所表达的思想（乐思）不可能像对话和自然音响等那些与具体声源有着直接而有机的联系，以及像视觉因素那样具体准确地来表现客观的表象。然而它在激起人的心理反应，亦即感情和情绪方面却又是最准确和细腻的，这种能力是其他任何艺术所不能及的。在这方面，它也超过了文字语言[104]。"

广播剧是想象的艺术这一特性，决定了它能够给人们比其他艺术形式更多的想象空间，而这一点和音乐是不谋而合的。音乐是广播剧中使听众亲身体验到剧中人物的内心情感的最有效的催化剂。

广播剧音乐的作用主要有两个。第一是烘托气氛，抒发情感。例如苏联广播剧《埋伏》的最后，耶里谢耶夫政委在弥留之际出现幻觉，仿佛看见了已经去世的妻子丽扎，这时背景响起了悠扬低缓让人心碎的音乐，伴随着他的缓缓倾诉："啊，啊，这是你吗？丽扎，丽扎。你别睁开眼睛，别睁开，睡吧，该轮到我了，你听见吗，丽扎？儿子，儿子，基木卡，我走了，走了，我走了。"在音乐的烘托下很容易让听众潸然落泪。第二是衔接过渡，也就是转场的作用，让听众明白剧情发展的方向。与电视这种视听结合的传播媒介相比较，广播无法直接通过画面的切换完成空间的过渡，因此，在一些空间发生改变时常常借用一些音乐。比如广播剧《嫁给中国》中，女主人公詹妮·伦特回忆在中国的日子时总是先响起一段中国民乐二胡的曲子，而回忆奥地利维也纳故乡也总是依靠一段西洋乐器小提琴的曲子来过渡。

音乐在广播剧中起到的作用看似没有音效明显，它似乎总是默默地在背后铺垫一些情绪，或者渲染一些气氛，但很多时候音乐的合理运用会使广播剧增色不少，反之，缺乏对音乐的细致考量的音乐剧会显得制作不够精良，难以更好地吸引听众。

总体来看，广播剧是一种广播特有的文艺节目形态，它具备很多自身独特的优势。但是随着电视的普及，广播剧受追捧的程度日益降低也是一个不争的事实。现在即使有些电台播出广播剧，也大多取自于流行的同名小说，实际上是靠小说的名气来推出广播剧。这一方面符合了现代社会信息获取越便捷越好的大量网民的需求，因为对他们来说看小说也觉得累了，能够听小说也是不错的选择。另一方面，电台也难以像以前一样，花大力气去制作和推出一部专门为广播而做的广播剧。

广播剧看起来似乎越来越不受人追捧，但是一个值得关注的现象是，随着网络技术的发展，视频制作和发布的技术渐渐被一般大众所掌握，更不用说比之更简单的音频制作和发布技术了。因此在网络环境中，小众化的广播剧制作逐渐呈现出流行的趋势，但这些主要是网民们私下的交流和制作为主，由于缺乏必要的引导和规范，因此，这类网民自制的广播剧选择的题材大多比较边缘，涉及同性爱等小众的领域，不能得到一般受众的认同，而且制作也比较粗糙，显得比较随意。相信随着广播和网络的融合日益密切，将来会有更多的广播专业人士加入网络广播剧的制作中去，通过网络进一步扩大广播剧的影响，同时也提升电台本身的实力和影响力。

三、我国电视剧的发展历程

我国电视剧起源于20世纪50年代末，其发展大致可分为四个历史阶段。

1. 初创阶段（1958～1965年）

1958年6月15日，在北京电视台（中央电视台前身）开始试播后的一个月，我国第一部电视剧《一口菜饼子》诞生了，它由中央广播电视实验剧团演播。当时在只有50平方米的演播室里，搭建了唯一的布景——一个破烂的窝棚，导演按事先分好的镜头台本切换，现场通过电缆传送出去；少量的全家逃荒镜头，事先用电影胶片在外景地拍好，然后插入播出。《一口菜饼子》虽然因为当时没有录像设备而没有留下痕迹，但这是中国电视剧艺术的开端，在电视剧史上写下了难忘的一页。

1958年9月4日，北京电视台又播出了电视剧《党救活了他》，这是专门为电视创作的剧本，在结构布局和场景衔接上电视特点更加鲜明。随后上海、广东、黑龙江、吉林、天津等地方电视台也在当时开始了电视剧的制作播出，如当时播出的《红色的火焰》（上海）、《谁是姑爷》（广东）、《生活的赞歌》（黑龙江）、《三月雪》（吉林、黑龙江）、《搬家》（天津）等，当时电视剧都是由演员在演播室里直接表演，电视台现场合成直接播出的。

1960年以后，北京电视台新建的600平方米的演播室投入使用，可以在室内搭建多堂布景，电视剧的演播有了较大的活动余地。电视剧工作者利用这些有利条件，不断地钻研、创作和实践，使电视剧由单场景发展为多场景、由短剧发展到长剧，数量和质量都不断提高。1960～1966年，北京电视台创作播出了70多部电视剧，平均年产10部以上。这些电视剧的题材比较广泛，在体裁和风格的多样化上也做了一些尝试，除了正剧之外，喜剧、小品等形式也相继出现。地方电视台制作的电视剧也有所发展。

到1966年之前，上海、广东、吉林、黑龙江等地方电视台等都播出了一些电视剧，在创作实践中积累了一些经验。如广东电视台播出的大型电视剧《像他那样生活》，有300多个镜头，音乐和效果拟音60多处，全剧长100多分钟，在3次直播中没有一个环节出现失误，是相当难能可贵的。

初期的电视剧，由于受技术条件和直播形式的制约，在时空的表现上不能自如，场景必须相对集中，播出必须一气呵成。当时电视剧的特点是：内景、近景为主，更多地运用对话或旁白来交代情节、刻画人物。这些可以概括为：一条主线、两三个场景、四五个人物、七八场戏、六十分钟、二百个镜头。尽管如此，电视剧还是显示了自己的特点，特别是由于它传播手段先进、制作周期短、反映生活快，这些优势预示着电视剧有广阔的发展前景。

2. 停滞阶段（1966～1976年）

1966～1976年间的十年，使电视剧的发展处于停顿状态，如上海电视台，这十年间仅制作了一部电视剧。全国各地的情况基本相同，不仅电视剧的制作数量上空前滑坡，而且在表现手法、艺术形式上也没有更多的尝试。

3. 复苏与探索阶段（1977～1989年）

1977年以后，电视事业进入了复苏和积极探索的新阶段。电视剧题材广泛，样式新颖，针砭时弊，大胆地触及了生活的方方面面，在对普通人日常生活的描写中表现了汹涌的时代大潮，在艺术上也有诸多探索。

轻便式手提摄像机和录像机的引进，为制作电视剧提供了新的技术手段，直播带来的时空的局限被突破。电视剧在艺术表现手法方面有了质的飞跃,把反映社会生活的艺术触角伸延到各个方面。

1978 年是电视剧开始恢复的一年。5 月 20 日,中央电视台播出了电视剧《三家亲》,由中央电视台和中央广播电视剧团联合录制。这一年中央电视台还创作了《窗口》《教授和他的女儿》等电视剧。

1979 年,为了加速发展电视剧,在第一次全国电视节目会议上,中央广播事业局领导建议各地电视台凡有条件的都可以制作电视剧,此后,各地电视台和中国广播电视剧团都加强了电视剧创作。如上海台在 1979 年制作了我国第一部侦破电视剧《玫瑰香奇案》,这是根据一个真实的案件改编的电视剧,播出后受到各方面的好评,当时法国一家电视台还为此拍摄了一个纪录片,在法国播放,认为"中国能拍这种题材的电视剧,说明中国真的开放了"。

1980 年,是中国电视剧发展史上有重要意义的一年,中央电视台播出电视剧 103 部,比 1979 年增长了 5 倍,艺术质量也有提高,涌现了一批思想性强、人物真实可信、富有艺术感染力的作品,标志着中国电视剧已经复苏,即将进入发展的新阶段。

在此之后,中国电视剧的生产逐步走向繁荣,制作播出了大量的优秀作品,在表现手法、艺术形式上都有了明显的进步。

① 电视剧数量成倍增长,题材更加广泛,品种日趋丰富,质量不断提高。电视剧中很大一部分是以现实生活为题材,反映了变革中的社会生活和时代的脉搏,先进人物事迹、部队生活、民族团结等方面的主题也都得到及时的反映。此外,对于道德情操、家庭伦理、社会风尚等问题也有广泛的反映。

② 涌现了一大批优秀剧目。从 1980 年开始,每年举办的全国优秀电视剧评选中,涌现出一大批优秀电视剧。从电视剧的品种看,不仅有单本剧、多集剧、报道剧、电视小品、电视短剧、电视小说,还有连续剧和系列剧,其中包括正剧、喜剧、悲剧、历史剧、儿童剧和神话剧等。尤其是电视连续剧的诞生,拓宽了电视剧发展道路。1980 年中央电视台和上海电视台分别拍摄了中国电视最早的电视连续剧《敌营十八年》和《海啸》,在连续剧的创作风格上做出了有益的尝试和探索。电视连续剧的容量大,连续播出的结构形式与中国传统艺术中的章回小说、连台本戏有相似之处,符合中国人民的艺术欣赏习惯。它也适宜于电视的传播方式,播出时间相对固定,便于连续收看。之后,我国产生了大量的电视连续剧,其中有很多作品具有广泛的社会影响力和艺术质量上的成就,如电视连续剧《蹉跎岁月》《武松》《高山下的花环》《今夜有暴风雪》《鲁迅》《少帅传奇》《向警予》等优秀剧目。其中还诞生了戏曲电视连续剧这一连续剧中的新品种,电视编导以人民群众喜闻乐见的戏曲拍摄成连续剧,不仅发挥了戏曲的情节引人入胜、唱腔和表演欣赏性强的特点,而且丰富了它的表现力,深受观众喜爱,如反映周璇生涯的沪剧连续剧《璇子》、京剧连续剧《红楼十二官》、越剧连续剧《孟丽君》等。电视报道剧、纪实剧运用新闻题材和艺术手法,是真实、迅捷地反映现实生活的尖兵。20 世纪 80 年代以来出现了一批优秀剧目,如上海电视台根据上海三户人家失火后得到全市和全国群众热情支援的新闻通信录制了电视报道剧《火热的心》,歌颂了人民群众的共产主义风格,使电视剧具有纪录片式的真实风格,成为电视剧的一种新形式。短小精悍的电视小品系列剧也不断出现。电视小品和电视短剧短小精悍,富于哲理,耐人寻味,是电视艺术的轻骑兵,从不同侧面反映了多彩多姿的生活,塑造了众多使人们感到亲近可信的普通人形象。编成小品集的有《多棱镜》(中国广播艺术团电视剧团)、《电视塔下》《人与人》(广东电视台)、《浪花集》(黑龙江电视台)等,这些系列小品集篇幅不长,情节也不复杂,但触及人们的日常生活,以小见大,贬丑褒美,能引起观众的思考。还有以固定的人物串联全剧而每一集的故事独立成篇的系列电视短剧也受到了观众的喜爱,这些电

视短剧多以幽默、轻喜剧的特色讲述平凡人的故事，在引人发笑的同时，也能给人一定的思考。

③ 电视剧创作队伍茁壮成长。在电视剧的发展过程中，形成了一支初具规模、有一定水平的创作队伍，包括编、导、演、摄、录、美、音、化、服、道等各个门类的专业人才队伍。经过多年的实践，电视剧制作队伍中各方面的工作人员都对电视剧的特点和规律做了探索，积累了经验，有一些导演和演员在全国优秀电视剧评比中获奖。电视剧制作机构不断增加，除了电视台能制作电视剧，大部分电影制片厂也成立电视剧部，社会文艺团体、独立的电视剧制作机构也积极参加电视剧的录制，并且制作出了不少好作品。电视剧的评论和理论研究工作也在逐步开展，同海外同行的交流也不断增加，并从其他艺术门类中广泛吸收营养，促进电视剧事业的发展。

④ 国外电视剧作为新的电视节目来源，已成为电视剧的重要组成部分。1979年起，中央电视台为丰富电视节目内容，开始从国外购进一些电视剧，组织专门人员进行译制。中央电视台陆续译制、播放了《巧入敌后》《居里夫人》《娜拉》《大西洋底来的人》《鲁滨逊漂流记》《老古玩店》《黑名单上的人》等外国电视剧。这些电视剧丰富了电视文艺节目的内容，促进了中外文化交流，很受电视观众的欢迎。地方电视台也开展了译制工作，如广东电视台译制了《血疑》（日本），北京台译制了《女奴》（巴西），上海台译制了《姿三四郎》（日本）、《加里森敢死队》（美国）等，在当时都曾引起过轰动效应。

⑤ 为丰富电视节目内容，中国港台地区的电视剧也成为电视荧屏上的一道风景线，如《上海滩》（香港地区）、《霍元甲》（香港地区）、《星星知我心》（台湾地区）等。

4. 多元化发展阶段（1990年至今）

进入20世纪90年代以来，我国电视剧呈现出多元追求、百花齐放的大好局面，以创作的实绩宣告了电视剧进入成熟期。成熟期的中国电视剧，以其强烈的时代精神、深沉的思想意蕴和不断创新的艺术形式令人刮目相看。

与上一阶段相比，20世纪90年代以来的电视剧具有以下特点。

（1）电视剧开始走向市场

随着我国市场经济的建立与逐步走向成熟，我国电视剧在生产和经营方式上也走向了市场化。1993年，央视以350万元购买了连续剧《爱你没商量》的首播权，虽然有人认为这是一次"盲目的市场行为"，但它却标志着我国电视剧开始了商业化运营。此后，许多电视剧的运营都采用了商业化的模式。而四大电视交易网的建立与完善则为市场化发展提供了必要的保证，市场化成为不可逆转的潮流。

（2）生产主体的多元化和创作规模的扩大

在市场化的带动下，电视剧的生产单位除原有的电视台和电影厂之外，各部委的宣传机关、文艺团体也开始了电视剧的摄制，同时，在一夜之间兴起的影视广告公司也成为电视剧生产的重要力量。生产主体的多元化使电视剧的生产由以往以国家投资为主、企业赞助为辅的方式变成以国家投资和社会投资并行的方式，促进了电视剧生产规模的扩大，电视剧产量剧增。

1990年，我国电视剧的产量为2300多部（集），1991年则激增到5300多部（集），到20世纪90年代中期，达到每年1万部（集）左右，此后一直保持在这一水平上下。如此庞大的生产规模为电视剧的繁荣提供了数量上的保证。

（3）电视剧的种类、风格更加多样

从电视剧的种类来说，在原来单本剧、连续剧的基础上，电视系列剧（如《编辑部的故事》）情景喜剧（如《我爱我家》《东北一家人》《闲人马大姐》）、电视AB剧等品种相继出现。这些新出现的品种以其鲜明的特色丰富了电视屏幕。

从电视剧的风格上来说,既有现实主义的扛鼎之作(如《苍天在上》《牵手》《红色康乃馨》),又有历史传奇演义(如《雍正王朝》《康熙大帝》《一代廉吏于成龙》);既有大气磅礴的宏伟画卷(如《太平天国》《成吉思汗》),又有小桥流水与儿女情长(如《贫嘴张大民的幸福生活》《空镜子》)。这些不同的风格构成了我国电视剧五彩斑斓的艺术画卷。

(4)题材进一步拓展,艺术水平进一步提高

从20世纪90年代以来,电视剧作品在艺术形式上以连续剧为主流,它不以先锋、前卫取胜,而以通俗作为自身的品性,这反映出电视剧作为大众艺术的本体自觉。不管在题材还是在主题上,都切合老百姓的审美习惯与欣赏口味,从而使自身成为最受观众欢迎的电视艺术种类。

1990年,我国第一部长篇室内剧《渴望》的播出,标志着我国电视剧的一个重大突破。它以戏剧化的叙事、伦理化的内容,演绎了北京一户普通人家的生活,成功塑造了刘惠芳这一文静善良、忍辱负重、善解人意、拥有博大无边的母爱情怀和集传统美德于一身的女性形象。虽然这一人物身上带有封建性的烙印,但她更符合观众的审美心理,一曲《好人一生平安》唱遍大江南北,表达出在观众中普遍存在的"好人"情结,刘慧芳的形象也成为当代电视剧中最光彩的女性形象之一,形成了我国电视剧的第一次"轰动效应"。同时《渴望》作为一部室内剧,以内景拍摄为主,采用了"多机拍摄,同期录音,现场切换"的基地化生产模式,使演员的表演向生活化迈进了一大步,开创了有别于电影摄制的新的制作方式。

1991年,我国第一部情景喜剧《编辑部的故事》播映。它不仅以令人耳目一新的幽默风格满足了观众审美的愉悦心理,而且以触及时弊的现实生活题材引发人们的理性思考。该剧以人物的喜剧性格为基础,具有浓郁地方色彩的调侃型语言风格,既把握了真实原则,又增加了思想含量,在娱乐化探索上达到了一定的深度与高度。后来的情景喜剧《我爱我家》《候车大厅》等都是这一类型的发展。

1995年出现的《苍天在上》揭开了"反腐倡廉"的主题,作品以直面现实的勇气勇于揭露现实矛盾,以其大胆、尖锐和深刻震撼了亿万观众的心弦,不但再次引发"轰动效应",而且带动起了20世纪90年代后半期至今热浪不衰的"反腐剧"潮流。

在成功拍摄《红楼梦》和《西游记》的基础上,1994年、1997年又把《三国演义》和《水浒传》推上了电视屏幕,至此,我国四大古典文学名著全部被改编为电视剧,对古代优秀文学名著的普及起到了前所未有的作用。特别是《三国演义》中有大量宏大的战争场面,著名的如官渡之战、赤壁之战、夷陵之战等,对以小场面见长的电视剧无疑是一个挑战。创作人员经过周密设计,以虚实结合、远近景结合、地面拍摄与空中拍摄结合,创造性地运用了长镜头语言,把火光遍地、杀声震天的古代战争场面形象地展示在观众面前,同时也在大场面的把握、调度和镜头运用方面积累了成功的经验,标志着电视剧已经有了和电影一样的表现力,进一步确立了电视剧艺术的独特品位。《三国演义》的收视率达到了46.7%,约有5亿人收看这部电视剧。

在《戏说乾隆》《宰相刘罗锅》等戏说剧的基础上,20世纪90年代末《还珠格格》再次掀起收视热潮。该剧以平民性、娱乐化为特色,把高高在上的帝王显贵拉回到普通老百姓的视角,以完整的故事性和传奇性的情节赢得了观众的喜爱。小燕子天真烂漫的调皮形象不但切合了青少年的行为特点,而且传达出真情、纯真、善良、正义等人类共有的良好道德,给人以轻松、娱乐的享受。这类电视剧的风行,也反映出电视剧大众化、娱乐化的审美特征。

跨入21世纪以后,以《长征》《延安颂》为代表的革命历史题材电视剧取得了丰硕成

果。特别是电视剧《长征》，成功地塑造了毛泽东、周恩来、朱德、张闻天、博古等老一辈无产阶级革命家的形象，人物性格鲜明、各具风采，同时也真实地展示出长征过程中血战湘江、遵义会议、四渡赤水、巧渡金沙江、飞夺泸定桥、爬雪山、过草地的悲壮场面，成为艺术上有重大突破的史诗性作品。

四、电视剧的界定及其艺术特性

我国电视剧经过30多年的发展，其自身经历了从戏剧观念、电影观念到电视剧本体观念的嬗变。在这一嬗变过程中，电视剧的题材不断扩大，创作观念不断更新，最终确立起了自身的审美本质与本体特征，成为一门独立的、有巨大影响力的艺术样式。

"电视剧"这一称呼，是我国的电视艺术工作者自己拟定的。在英国，它被称为"电视戏剧"；在美国，把按照戏剧方式结构的电视片称为"电视戏剧"，把按照电影方式制作的电视片称为"电视电影"；在苏联，称之为"电视故事片"；在日本，又统称为"电视小说"。我国的电视艺术工作者在这种新的艺术形式初创时期，经过商讨，将其定名为"电视剧"，这一称呼遂沿用至今，已为观众所广泛接受。我国电视剧自诞生至今，已经走过60多年的风雨历程。而电视剧的真正发展不过是改革开放以来30多年的事情，但就其规模和影响而言，它已经占据了电视文艺节目的半壁江山，成为一种独立的电视艺术样式。

在电视文艺节目中，电视剧是独具特色的艺术门类。它发挥了电视技术的优势，吸收了戏剧的艺术营养，借鉴了电影的镜头语言，是一门年轻而富有生命力的艺术。

电视剧的特点是快、活、新、广，即制作周期短，反映现实生活快；篇幅可长可短，表现手法灵活；能充分运用先进的电子技术，融合各种艺术形式，富于创新能力；拥有最广泛的观众。电视剧的这些特点，使它具有广阔的创作天地和发展前景。

1. 大众化的审美特征

电视剧在观众生活中的重要地位和巨大影响力，使其将自身定位于大众审美文化的位置上。这种创作与观赏上的世俗化倾向，与我国社会发生的深刻转型相呼应，使电视剧逐步确立起了自身大众化的审美本质。

从社会现实来说，电视剧是一种家庭观赏的艺术，而改革开放以来我国社会发生的变化使人们不再以行政和政治关系来作为协调人际关系的杠杆，对政治的疏离使人们长期被压抑和淡化的情感被凸显出来。人们越来越重视自我存在的状态，重视自己在生活中获得的乐趣，平平淡淡才是真，因而，关注普通人的生活与情感，表现他们的喜怒哀乐，以此来满足大众的审美需求，就成为电视剧重要的审美特征。

大众化，意味着尽可能地贴近普通百姓的心理，从百姓的视角自下向上看，表现百姓的家长里短，表达百姓的喜怒哀乐，并以他们的是非标准做出价值判断。当我们用这一视角来观照世界的时候，许多价值观念都进行了翻转。

仅以题材而论，从现代到古代，从农村到城市，从国家大事到家长里短，所有这一切在电视剧这个万花筒中被熔为一炉，但这些都是从底层的视角来观照的，笼罩上民间的浓郁色彩，有时甚至显得荒唐可笑、不伦不类，然而正是这种荒唐，才显露出民间性的智慧与幽默，才惹人开心一笑。

在主题处理上，许多电视剧往往采用一种简单化的方式，不追求主题的宏大与壮阔，而是将其还原为是与非、善与恶、美与丑、先进与落后的二元对立，这种简单化具有类型化的某些特征，以故事的曲折复杂打动人心，通过善恶分明的思维方式为自身塑像。但这种简单化并不意味着浅薄，在那些看似简单的二元对立中又往往蕴含着深刻的理性，寄寓着深沉博大的人文关怀，表达出深切而有普遍意义的人生体验。

2. 娱乐性

如果说对人类苦难和不幸的深刻体验导致了悲剧的诞生的话，那么喜剧就是对这种苦难和不幸的轻松超越。电视剧正是如此。在笑乐中将人生的苦难与焦虑淡化，以一种达观的态度去直面人生，正是电视剧的审美特征所在。

当今的时代是一个辞旧迎新的时代，社会的每一个角落都传达着变革的信息。这一变革深刻地改变着社会中每个人的生活，它使人感到机遇与危机并存，希望、憧憬与焦灼、压抑相互交织，当代人的心理仿佛被撕裂为两半，始终处于一种不平衡的动态之中。电视剧以乐观超越的人生态度笑看一切，在一个个曲折的故事背后凝聚着我们民族对自然、对社会、对自身独特的观照方式，也表达出对自由的向往。它使人们构建了一个虚幻的世界，进入到乌托邦的自由王国，并在其中获得身心的自由和解放，人回到了人自身，求得了人的尊严与价值。尽管这一虚幻的世界给人的只是暂时的慰藉、昙花一现的精神自由，但它却是对于束缚人的道德和意识的胜利，对于使人压抑、焦虑的现实社会的暂时摆脱。20多年来电视剧的发展都有着强烈的现实指向性，以当代观众的心理超越为旨归，因而引起了观众特别的爱好。对于大多数普通观众来说，经过了一天的劳累，在缺乏更多的娱乐方式的情况下，看电视成为他们主要的消闲方式，以此来解除白天工作的紧张和疲劳，缓解心理压力。而电视剧既指向现实又超越现实，把生活中的各种艰难和辛酸化为轻松的笑声，这就暗合了观众的心理期待。在电视剧中观众总能发现现实的影子，而其最终的解决方式和结局又为观众提供了一个健康向上的心理环境，使他们以乐观的态度来看待现实。虽然它仅仅是一种心理的、暂时的超越，但它毕竟是一种视角，满足了观众的心理需求。马斯洛曾经指出人的需求是多层次的，既有诸如生理、安全这类低层次的生存需要，也有爱与归属、尊重、自我实现这类高层次的精神需要，电视剧对现实的超越正是心理上的自我实现，这种乐观态度在社会急剧变化的今天，对于平衡人们的心理显得尤其重要，这也体现着电视剧独特的审美价值。

3. 独特的影像特征

电视剧说到底是在屏幕上进行演剧的艺术。它以图像和声音为基本载体，以剧中角色的动作和语言为基本表演手段，通过矛盾冲突去展开戏剧情节，塑造生动的人物形象，以此来感染、打动观众。这种视听艺术特性构成了电视剧逼真性、运动性、时空自由性的影像艺术特征。

（1）逼真性

电视剧中出现的影像绝大部分是由演员扮演的或是现实生活中的场景，这种影像虽然不是触手可感的真实景象，但却能够被观众认可，原因就在于它符合观众心理认定中的真实，我们把这种现象称为逼真性。它已经成为观众长期的影视欣赏中的一种心理积淀，制约着影视艺术的画面表现。

影像的逼真性可以给观众造成强烈的真实感。这种真实感给人一种赏心悦目的美感享受，这种悦目来源于逼真性所造成的视觉冲击力，也成为检验一部电视剧是否达到上乘水平的标准。电视剧影像艺术的逼真性是通过画面来达到的，同时我们又很清楚地知道，摄像机的镜头所能够拍摄下来的仅仅是现实场景的一部分，中间要经过艺术取舍。那么，拍什么、不拍什么，如何拍，都直接影响着影像的逼真性。有时候本来拍的是真实的东西，却给人以虚假的感觉，这里面就存在着如何达成逼真性的问题。

随便举一个例子。画面上的人物纵马驰骋，如果用一个大远景来表现，马匹和人物在画面中所占的比例很小，即使跑得很快，也难以让观众感到一种飞奔的气势，这就属于真实的东西却无法给人以真实感。相反，如果用一系列特写镜头——翻飞的马蹄、奋力前奔的马的头部、人物凝视前方的紧张眼神、辽阔的前方、两旁向后飞驰的景物等，这些画面通过蒙太奇快切，哪怕是人物坐在一条木凳上拍出的画面，也会给人以强烈的真实感。这些充分体现出艺术表现的作用。由以上的例子可以看出，逼真性不是我们现实生活中所理解的真实，而是通过艺术创造获得的一种心理上的真实感觉，而如何营造这种感觉则体现了电视艺术工作者的创造能力。

（2）运动性

电视剧的影像是以连续运动的方式展示给观众的，不断变化的画面表现运动着的人和事物。这种运动包含两层意义：一是表现对象的运动，如人或物的运动；二是镜头的运动，如景别的变化、焦距的变化、摄像方式的变化、摄像角度的变化以及灯光、色彩的变化等。所有这些构成了电视剧影像的运动性。如在电视剧《三国演义》官渡之战的拍摄中，为了营造宏伟的战争场面，就动用了一个师的兵力，一万多人次，单是服装的发放就花了四个多小时。其中决战的场面，因为需要烧掉营寨，结果稻草就用了几万公斤，柴油用去了几十吨。而整个拍摄过程，不但有地面拍摄，还有空中拍摄，各种拍摄方法的综合运用，才使这场戏显得气势壮观。

在电视剧中，人物的运动不仅仅是他们活动的记录，更为重要的是表现了人物的个性，从而升华作品的主题。在电视剧《省委书记》中，省委书记贡开宸的形象就是在他不停地运动之中展现出来的。在剧中，作为省委书记的贡开宸极少有在会议室开会或在办公桌前办公的静态画面，不管出现在什么场合，他总是步履匆匆，甚至听汇报、作指示也都是在行走之中进行的。他的这种活动展现出一位高级干部忙碌的工作情形和雷厉风行的工作作风，使这一形象与某些官僚作风判然有别。而在《刘老根》续集中，刘老根因为被骗而精神失常，感觉浑身长金丝，用一把剪刀不停地在身上乱剪，这一富有个性的活动形象地展示了一心为公的刘老根被骗后那种焦虑的心情，使这一形象显得真实、感人。电视镜头的运动不仅记录了被拍摄主体的运动，而且能产生多变的景别和角度、多维度的空间和层次，从而形成多变的画面构图与审美效果。它使不动的物体和景物发生运动和位置的变换，表现出人们在生活中流动的视点和视向，使电视剧成为更加逼近生活、逼近真实的艺术。在电视剧《凤凰琴》中有一场张老师在课堂上念作文的戏，作文是一个女学生讲述自己的母亲起早贪黑采摘中药、赚钱为山村小学凑集办学经费的动人故事，画面以写这篇作文的眼含泪水的女学生为起幅，镜头略带仰角地向教室对面的屋檐推去，一直推到屋檐上成串的雨水滴落下来这样一个近景画面。这个推镜头的运用把人物的心理和当时的气氛淋漓尽致地表现了出来，使雨滴这样一个极不重要的背景因素变成一个重要的戏剧元素和抒情元素，具有了深刻的寓意和表现力量。

（3）时空自由性

电视剧的时空自由性不仅指电视剧的传播突破了时空制约，播出与接受同步进行，更重要的是指电视剧的结构不受现实生活中时间和空间的限制，既可以根据剧情的需要表现现在，也可以表现过去和未来，既可以表现一个空间内发生的事件，也可以表现多个空间内发生的事件，一句话，电视剧的时空可以是现实的时空，也可以是虚拟的时空，不同的时空之间可以自由转换。同一个时空可以被拉长、放大，也可以被缩短、缩小，从而改变事件过程的客观时间，使电视剧容纳更为广阔的内容。

电视剧的时空自由性有时能够深入到人物的内心深处，表现人物自身意识不到的潜意识内容。如在电视剧《水浒传》"风雪山神庙"一集中，小说中这样描写道："林冲把枪和酒葫芦放在纸堆上，将那条絮被放开，先取下毡笠子，把身上雪都抖了，把上盖白布衫脱将下来，早有五分湿了，和毡笠放在供桌上，把被扯来，盖了半截下身。却把葫芦冷酒提来慢慢地吃，就将怀中牛肉下酒。正吃时，只听得外面哔哔剥剥地爆响。林冲跳起身来，就壁缝里看时，只见草料场里火起，刮刮杂杂地烧着。"到了电视剧中，则改为林冲蒙眬睡去，梦见丫鬟端着灯来照看妻子，却发现妻子吊死在房梁上，身体还在摆动，丫鬟大叫一声，手中的灯掉在地下，把身旁的布幔点燃，大火冲天而起，这时，林冲"啊"的一声醒来，抬头向外看时，草料场的大火正熊熊燃烧。这个情节的设计运用梦境的形式，把林冲发配沧州后对妻子的挂念之情表现得淋漓尽致，同时也表现了他心理上的潜意识活动。因为梦境往往和现实形成一种对应关系，即使这些不能被做梦者清醒地意识到，在梦中却能够将它们联系起来。在剧中，林冲被草料场的火光所映照，于是就形成了妻子吊死、家中起火的梦境，而这个梦又将他惊醒，发现了草料场的大火。这种时空的转换把林冲的潜意识心理活动生动地展现了出来，收到了极强的艺术效果。

在新时期，中国电视剧的本体意识逐渐走向成熟。电视剧开始主动向市场经济靠拢，一方面高奏时代的"主旋律"，记录改革开放和现代化建设的时代大潮，另一方面则走向通俗化，各种题材、样式、风格的电视剧竞相争妍，电视剧自身在不断地拓展着艺术表现领域和表现方式，电视剧独特的艺术特征和审美优势逐渐得到确认。

第四节 电视娱乐节目

电视娱乐节目本来隶属于电视文艺节目中的综艺节目类型，是电视文艺节目中娱乐性的一个重要方面，但从20世纪90年代末以湖南卫视《快乐大本营》为标志，在两三年之内娱乐节目迅速火爆起来，其节目形态已经突破了原先节目的范畴，呈现出一些新的特征。因此，这一节将对电视娱乐节目的发展流变、基本特征、存在的问题与走向进行简要介绍。

一、电视娱乐节目的发展概况

1. 综艺娱乐阶段

从我国电视文艺节目诞生之日起，娱乐就是这类节目的一个重要方面。从20世纪60年代初期的"春节电视晚会"和三台"笑的晚会"就本着"有益无害"的原则，开始在"寓教于乐"宗旨之内进行探索。

20世纪80年代初期，随着改革开放的逐步深入，中央电视台举办的春节联欢晚会受到了观众的极大欢迎，而其中让人捧腹大笑的相声、小品成为真正的大众娱乐形式。但它们更多的是作为晚会的一个组成部分而出现，没有形成一种独立的娱乐节目形态。娱乐节目作为一种全新的节目形态，则是在80年代中期以后的事情，这种形态就是综艺节目。

我国内地最早的综艺娱乐节目当推1985年黄阿原主持的《金银场》，随后有山西电视台的《场院游戏》，北京电视台的《午夜娱乐城》《蚂蚁啃骨头》《黄金乐园》等。由于当时文化条件尚不够成熟，它们都像流星一样瞬间闪亮，不久以后就从荧屏上消失了。

直到1990年4月，中央电视台推出了经过长期筹备的《正大综艺》，这是我国第一个比较成熟的、完整意义上的综艺节目。随后，中央台又先后推出了《综艺大观》与《曲苑杂坛》。这三个节目以主持人的全新面貌、轻松活泼的形式使观众耳目一新，得到了观众的认可与喜爱，成为中央电视台的名牌栏目。这三个栏目的成功，引发了全国各地方电视台开办综艺节目的热潮，直到《东方时空》《焦点访谈》等深度报道类的新闻节目兴起，综艺节目的势头才稍有减弱。

从内容上来看，以《正大综艺》为代表的综艺节目内容比较庞杂，如相声、舞蹈、歌曲、杂技等各种艺术形式都可以从中看到，娱乐仅仅表现为其中的一个方面。因此，这个时期娱乐节目还没有从综艺节目中分离出来，只是表现出一种娱乐化追求的趋势。但综艺节目在节目形态构成方面所进行的探索却给后来的娱乐节目提供了有益的启示。娱乐节目的明星主持模式，就是从综艺节目中借鉴而来的。

从节目形式来看，综艺节目大多采用演播室演播的形式，注重观众的参与性。这种新的形式改变了以往电视节目高高在上的严肃面孔，具有较强的亲和力和浓厚的平民色彩，使观众能够从心理上打破生活与舞台的界限，真正参与到节目当中来。这种形式也被后来的娱乐节目所吸收，并在这一基础上又向前推进了一步。

从20世纪80年代中期到90年代中期的综艺节目浪潮所呈现的娱乐化追求，在各方面对娱乐节目的出现奠定了基础，也昭示出未来娱乐节目的基本走向，因而可以视作娱乐节目发展的第一个阶段。

2. 游戏娱乐阶段

1997年7月，湖南卫视的《快乐大本营》开播。它以劲歌劲舞、火爆的游戏形成热闹欢快的场面，迅速引起观众的关注。在不到一年的时间里，就成为在全国有巨大影响力的栏目，收视率一路上升，广告价位直逼中央电视台黄金时间的广告价位。《快乐大本营》的崛起在全国范围内刮起了一股强劲的娱乐旋风，70多家地方电视台前去取经，先后出现了40多个娱乐栏目。像北京台的《欢乐总动员》《同乐园》、福建东南台的《开心100》《银河之星大擂台》、浙江台的《假日总动员》、江苏台的《超级震撼》、安徽台的《超级大赢家》、天津台的《卫视娱乐城》、上海台的《智力大冲浪》《相约星期六》、江西台的《非常快乐》、山东台的《快乐星期天》等栏目，都在这段时间前后纷纷亮相。这些栏目大都以娱乐为明确的目的，一改过去综艺节目文质彬彬、赏心悦目的风格，以肢体游戏为主，疯狂的打闹和强烈的形体动作显示出娱乐节目的鲜明特征。

在这些娱乐节目中，内容简单、情节单纯、规则易懂是其突出特征，其目的在于调动普通观众的参与热情。从节目内容来看，游戏是节目的重要内容，在游戏过程中强调冒险和竞争，强调刺激性，如有的游戏节目让参与者坐在疾行的滑车上回答问题，答错了就要掉进水中；有的节目玩"虎口脱险"，观众在限定时间内回答不出问题就要从虎口中跌下去；有的节目则强调竞争性，在参赛双方的竞争过程中制造出紧张热烈的气氛。在富有趣味的游戏当中，观众忘记了自己而全心全意投入到节目中，以一种完全放松的心态去体会嬉闹和竞技的快乐。这种游戏化使娱乐节目的文艺性淡化，突出了娱乐性，从而使其具有了大众文化的品格。

20世纪90年代末期出现的娱乐节目，以游戏娱乐为主要内容，构成了娱乐节目发展的第二阶段。与上一时期综艺型的娱乐节目有着相当大的分野，青春亮丽是其突出特征，将收视对象由原来的老少咸宜逐渐转向青年，从而使节目定位更加明确，显示出了娱乐的本体特征。

但同时这类节目形式大都是海外、港台同类节目的翻版，存在着与传统文化结合不够的通病，一味地模仿使节目可能风光一时，终究缺乏长久的生命力，因而这类节目出现不久就遭到了不少非议，出现了"娱乐节目将走向何方""娱乐节目还能火多久"的疑问。同时，这类节目的大量"克隆"，缺乏自己的个性，也使观众感到厌烦，不少游戏类的娱乐节目在风光一阵之后也都销声匿迹。

3. 益智博彩阶段

在广大观众与一些学者对游戏类娱乐节目不满的同时，一种新的益智博彩类的娱乐节目出现了，其典型代表就是中央台1999年开播的《幸运52》和2000年开播的《开心辞典》。

这类节目首先淡化了名人效应，节目中明星不再成为主角，增加了普通大众参与的机会，通过内容的趣味性来吸引观众。其次是增加了节目竞技的知识性，将知识教育类节目与娱乐节目结合起来，注重节目内容的智力竞争，不去讲究过分的现场阵容和装饰，节目从纯粹的娱乐搞笑向知识性方面转化。

《开心辞典》就主要通过一系列的知识问答来决定比赛的胜负，整个节目过程没有任何搞笑、逗乐的成分，充满智力和竞技的色彩。随着节目的不断调整，《开心辞典》更加贴近生活，逐步向经济类益智节目转化，一些经济知识、消费理念、时尚信息等概念性极强，甚至有些枯燥的内容被生动鲜活而又不失分寸感地演绎成一种娱乐化、游戏化和竞赛化的环节，并成为节目的有机构成。而观众在各种艺术化的节目元素所营造出来的热烈气氛和愉悦情绪中接受了那些专业性很强的信息。这些都反映了对游戏类娱乐节目的一种超越。

此外，增强了节目的参与性。这种参与性一方面体现为打破娱乐类、知识竞赛类节目的界限，将游戏与知识普及融为一体，知识性、游戏性与竞赛性并重，以场内外互动的方式调动观众参与的热情；另一方面邀请普通百姓担当选手，在智力比拼中获胜的选手会获得丰厚的实物奖品，如《幸运52》的比赛奖品往往都是高档的家用电器和一些有纪念意义的物品，在场内选手激烈角逐的同时，场外观众也可以通过热线电话及时地参与到节目中来，并获得相应的奖励。这种具有博彩性质的节目组织形式吸引了相当一批观众参与到节目之中，使观众感到一种平视的态度，节目走上了平民化的道路。

益智博彩类娱乐节目是娱乐节目发展的第三个阶段。在这一阶段中，娱乐节目由游戏类节目单纯向海外模仿转向通过娱乐传播知识，从某种意义上说是"寓教于乐"的一种回归，也体现出娱乐节目不断探索前进的历程。

4. 真人秀阶段

2003年中央电视台推出一档新的娱乐节目《非常6+1》，刚开始并没有引起多大的轰动，但不到半年时间它就成为观众耳熟能详的名牌栏目。《非常6+1》属于真人秀节目，其突出特点就是让平民走到了观众的面前，而且成为明星，它强调大众的参与，电视屏幕之外的人是真人秀参与者的亲戚、朋友，甚至拥护者、认同者、反对者，他们通过投票参与整个进程。"告诉我你的梦想，告诉我你梦想的理由，也许，你就有机会和李咏互动，圆你一个真实的梦。"帮普通人圆一个明星梦成了整个节目的宗旨，更成了该节目的最大亮点。从节目板块来看，最引人瞩目的是六天专业水准的选手包装过程、准明星式才艺展示和"金蛋银蛋"与场外观众的电话互动。在这几个板块中，用给明星包装的手法包装普通人，展示了"造星"的过程，有着强烈的视觉冲击力，又圆了普通人的明星梦。而普通人的出演给看惯了明星脸的电视观众换了换口味，增添了一种新颖与别致。节目在每个选手表演之后又安排了一个为场外观众圆梦的机会，而金蛋银蛋的选择则是对圆梦可能性的选择，增添了节目的刺激性，也成为节目扩大影响力、提高收视率的手段之一。

从整体上说，《非常6+1》以平民化的视点，圆普通人的明星梦，给平民提供了一个实现梦想的平台，使普通人不再刻意模仿明星，而是作为一个有个性的、独立的人去演绎，放大普通人身上细微的个性，同时又满足了普通人的明星情结。这种做法体现了对普通人的关注，在节目样式上不再是对海外节目的克隆与翻版，而是通过对传统的"真人秀"和"模仿秀"节目的改良、对各种娱乐节目的整合，从而使其具有了自身的特点。

2004年5月，湖南卫视推出"声乐比赛选秀"节目《超级女声》，将许多观众牢牢锁定在电视机前。至2005年，《超级女声》的同时段收视率仅次于中央一套的节目，成为红遍全国的娱乐节目。它采用国外最流行的"真实电视"模式，奉行"不论年龄、不问地域、不限身份，真正无门槛选拔"的宗旨，通过海选、梯级淘汰、家庭舞台、女声夏令营等环节强调大众性和亲民性，以大众投票的方式决定选手去留，将一切权利交给大众。这种独特的表现形式融合了预赛阶段的超强互动参与性与百态情趣，复赛阶段的残酷淘汰性，使节目更富刺激。而节目所倡导的"想唱就唱、秀出自己"的理念，更吸引了数以万计的高中、大学女生，在明星梦的指引下寻找快乐，消解了各种传统歌手大赛的严肃面孔，展示了青春梦想的释放。

如果说《非常6+1》圆了大众明星梦的话，《超级女声》则将这个梦变为现实。"超女"人人都可以参与的新颖形式与参赛人员水平参差不齐的新鲜感使其具有了"草根阶层的狂欢"性质，"起点公平、机会均等"更体现出对人的尊重，拉近了与普通人的距离，使电视真正贴近观众，成为大众实现梦想的舞台。尽管《非常6+1》和《超级女声》还存在着诸多不尽人意的地方，它本身也处于不断地调整发展之中，但它所代表的平民化倾向却指示了电视娱乐节目一个新阶段的来临，因而我们将它看作娱乐节目发展的第四阶段。

二、电视娱乐节目的特征

1. 娱乐性

20世纪80年代以来我国社会所发生的深刻转型一方面使人们的生活节奏加快，生活压力增大，另一方面是可供人们自由支配的时间增多，人们可以拥有更多的私人空间。但由于社会观念和经济条件的限制，相当一部分人还不能把自己的业余时间投入到外出旅游一类高消费的活动之中去，看电视就成为他们相对廉价的一种打发时间、调整心态的方式。因此，娱乐消遣是观众看电视的重要动机，正是在这种背景下，电视娱乐节目才兴盛起来，对娱乐性的追求也成为娱乐节目的首要特征。

轻松搞笑的娱乐节目之所以成为广大观众消遣的首要选择，除了其惠而不费的特点之外，还在于电视这种家用商品的特征，它是观众日常生活的一部分，与家庭生活紧密相连。有学者指出：电视也是我们融入消费文化的一种方式，通过它既构造了我们的家庭生活，也展现了我们的家庭生活……家是被构造出来的。它是个地方但不只是一处空间。这个地方或多或少地聚集了强烈的情感。我们属于这个地方。然而这种归属感并不限定为一栋屋子或者一片花园。家可以是任何物，从国家到一个小帐篷或者是邻里之间。家，不管是物质的还是非物质的，固定的还是变化的，单一的或多元的，它取决于我们怎么构造它。在家庭观赏的环境中，家庭成员围坐在电视机前，时而哈哈大笑，时而对节目的内容发表自己的意见，甚至相互争论起来，这一切构成一种特定的氛围，使观众能够体味到家庭的温馨，从而获得一种安全感和归属感。就娱乐节目本身而言，尤其是一些游戏节目，具有紧张刺激的特点，其结果对观众来说总是具有一种不可预料性，总能让人发现其中的惊喜与情趣，在不知不觉中忘记工作与生活中的种种不快，获得情感上和思想上的快感。

2. 参与性

要想让观众始终保持轻松亢奋的状态，就必须在最短的时间内调动参与者的积极性，煽起观众的参与热情。观众的参与是电视娱乐节目能够受到欢迎的重要原因，也是其自身的突出特征。

参与性包含几个层次的内容：一是现场参与；二是电视机前的观众与节目的互动参与；三是观众的心理参与。

娱乐节目能否吸引观众，一个重要的因素就在于现场气氛是否热烈，而这种热烈的气氛在很大程度上来源于节目现场参与者的投入程度。一些娱乐节目常常邀请明星、名人参与节目，利用明星、名人效应来提高节目的收视率，刺激大众的参与兴趣。这种做法有它的优势,但也存在不少问题,如花费太大、手续太烦琐、明星数量有限等。在这种情况下,让普通人参与到节目之中,既节约了费用开支,又拓展了节目的内容形式。像中央台的《神州大舞台》就围绕着普通人做文章,每次选出三个家庭,让每个家庭根据要求表演自选的节目,最后由观众进行打分,选出获胜家庭。这种方式让普通家庭走上舞台,"人人参与,机会均等"的原则充分调动了参与者的积极性,使现场每一位观众都参与其中,形成热烈紧张的现场气氛,从而使这一节目具有很高的收视率。江苏电视台的《非常周末》也十分重视现场观众的参与,这个栏目开播以来已有方阵500多个,各类获奖观众及参与节目者1000多人,5万多人直接参与过节目,其收视率最高达42.6%,创江苏省综艺节目的最高收视纪录,这样的成绩与观众的参与有很大关系。

除观众的现场参与外,电视机前观众与节目的互动参与也是提高收视率的一条重要途径,通过一定的物质奖励吸引观众来参与电视节目。仍以《非常周末》为例,它在充分利用了现场内外的参与互动来刺激大众的参与热情。每期节目除了设计几个游艺项目外,还有一个在现场直播室外寻找幸运观众的环节:主持人拨动标有区域名称的转盘,寻找出一个目标区域,接着等候在外的直播车和室外主持人一起直奔该区域,敲开一位正在收看该节目的幸运观众的家门,将其邀请到演播现场参与节目并接受奖品。这个环节引起了观众的极大兴趣,也成为该节目最激动人心的时刻,观众都坐在电视机前等候着幸运之神的降临。

中央台《非常6+1》中"金蛋银蛋"这个板块则通过与场外观众的电话联系,让场外观众进行选择,也同样是通过观众与节目的互动来吸引场外观众的参与。这种内外互动的方式给场外的观众提供了更多的参与机会,也增加了节目的吸引力。

而湖南卫视的《超级女声》更是把观众的参与推到了首要位置,观众投票成为决定选手去留的关键因素。观众的心理参与是最为广泛的一种形式。如何让娱乐节目吸引住观众、让他们盯在电视机前取决于娱乐节目的内容。这首先要求节目现场的热烈,而这种热烈程度又和前两种参与紧密相关,除此之外,节目内容的安排要富有平民性,各种游戏和话题要贴近普通观众的生活,体现出对观众的尊重,同时要为主持人提供充分的表演空间,让主持人以充分个性化的表演提升节目的娱乐品质和娱乐含量。唯有如此,节目才能好看,观众也才能以专注的心态投入到电视节目中来。

我们常说观众是上帝,电视娱乐节目只有把观众放在上帝的位置,了解观众的爱好、兴趣、心理,并根据他们的爱好、兴趣来筹划节目,才能吸引观众真正参与到节目之中来。

3. 竞争性

竞争,意味着结果的不确定性,对于胜负结果的期待和为获得奖励的不断努力使娱乐节目充满了紧张的竞争气氛。这种竞争性成为节目吸引观众、刺激收视的一个重要因素。好的娱乐节目都十分注重强化节目中的竞争色彩。在每一项游艺智力测试中,参赛双方都力图在有限的时间内胜出,这不仅仅是为了获得物质上的奖励,更是为了获得精神上的满足。

其实,整个节目过程实际上就是一个展示竞技的过程,选题时的深思熟虑、抢答时的分秒必争、不解时的答非所问、胜利时的语无伦次,这一切都制造了一种紧张的气氛。这种竞争的氛围无疑是积极的、向上的,它体现在选手们的参与热情中,更体现在看台上众多参与嘉宾们的欢呼和呐喊中。这种气氛不仅宣扬了一种高涨、竞争的比赛情绪,更树立了一种"胜不骄、败不馁""友谊第一,比赛第二"的竞赛风范。从而,竞争性成为电视娱乐节目的又一重要特征。

在当代社会中,竞争无处不在,它已经转化为人们的一种潜意识,制约着人们的思维和行动,而娱乐节目的最根本的目的是放松、消遣。从表面看来二者处于不相容的矛盾状态,实际上二者是一种相辅相成的关系。人们不可能脱离竞争，即便是在娱乐的心境之下，竞争就像一张无形的大网，随时都笼罩在人们的心理深处。但在娱乐节目之中，观众可以体验竞争的激烈性以及这种激烈性所带来的快感，而不必承担竞争过程的后果，也就是说，观众可以用一种超功利的审美态度来对待竞争。康德在进行审美分析时曾经提出了审美无利害的观点，认为"人们把艺术看作仿佛是一种游戏，这本身就是愉快的一种事情，达到了这一点，就算是符合目的。"对于电视娱乐节目来说，也可作如是观。

生命是内部生理关系对外部关系的适应，电视娱乐节目正是其中的一种适应方式，但它不是一种对社会中处处存在的竞争的一种实践性的关系，而是一种精神上、心理上的体验。在娱乐、游戏过程中，观众体验到了那种紧张，并在这种体验中对自身的价值予以确认，人的聪明才智和创造力量得以发挥，但其过程却有一种虚拟性、假定性，甚至可以说，在娱乐节目中，观众专心致志地投入到一个虚拟世界中，从而获得一种心理的补偿和替代作用。

竞争和冒险是人的天性之一，在任何事物中只要具有竞争和冒险的因素，总能够引起人们的兴趣。电视娱乐节目正是摸准了这一点，瞄准观众新的需求脉搏和社会的新潮时尚，增强了节目的对抗性、竞争性、刺激性，以其竞争和冒险过程来吸引观众，从而引起观众对娱乐节目的巨大热情。

如央视的《正大综艺》，其主要内容是旅游，每期节目一般做一个风景名胜区或世界著名的一个旅游城市，通过放映旅游短片让观众了解外面的精彩世界，奇特的风土人情满足了观众对了解外部世界的心理渴求。在每个短片结束之后安排有竞猜节目，要求现场的明星嘉宾和现场观众对节目中各种各样奇形怪状的器物功用进行回答，这就大大激发了观众的好奇心，让观众参与到节目之中来。在这里，关键在于问题的惊奇性。一般来说，惯常性的问题由于熟悉无法引起观众的兴趣，而一旦超出了观众日常生活的范围，具有了猎奇的性质，观众的好奇心就被激发起来，不自觉地开始了精神的冒险游历。

现在不少娱乐节目开始从智力型向体力型转移，要求参赛者富有动作性，如爬山、投球、搬运东西等，这些无疑增加了竞争的激烈性，使娱乐节目更富有速度感和悬念感。随着节目的进行，观众也被引入了游戏的语境，与竞赛者分担紧张、焦灼的情绪，进入到狂欢的境界之中。

4. 知识性

娱乐节目都需要千方百计寻找、设计、制造笑料，以赢得观众的笑声，但仅以博得笑声为标准是远远不够的，有些嘉宾的出丑、怪态也许能博得观众的笑，但傻笑、讪笑或者应酬一笑绝不能称为快乐。

娱乐节目的快乐在于给人以轻松、给人以自由，从而给人以快乐。快乐作为人的一种享受不仅是感官的，更是心理的，并不是轻易就可以获得，廉价就可换取。发自内心的轻松和愉悦同样需要承载一定的意义内涵，需要凝聚人的智慧、提升人的灵魂。从这个角度而言，知识性是保证娱乐节目质量的一个重要指标。

从20世纪90年代末一些品位低下的娱乐节目一哄而上旋即又一哄而下和益智类娱乐节目饱受欢迎的不同际遇中，我们可以看出知识性对娱乐节目的制约作用。从严格意义上讲，知识的传播具有严肃性、系统性的特点，诉求点比较单一，难以构成娱乐节目的主要内容。但在娱乐节目中，知识不是作为娱乐的主要内容，而是作为娱乐的一个环节，和其他内容相结合，成为娱乐节目的一个有机组成部分。知识与游戏的结合，将知识题改为游戏、杂耍或技艺展示，从而使节目现场气氛大为活跃热闹，而竞争性和奖金刺激的核心元素得到保留，北京台的《梦想成真》就是这样一档节目。它每期寻找三个家庭，分别给出一个技艺性的题目，要求在一周之内进行演练，然后在节目现场表演，成功者即获得大奖。这些题目涉及方方面面，如给垒起来的酒杯倒满酒而酒杯不倒，用鼻子吸起铅笔等。甚至还让一个不会弹吉他的人在一周内学会一首乐曲，现场弹奏时由音乐行家"监听"，只要每个音符都正确，即算成功。题目都尽量富有趣味性，同时还增加了外拍，展示寻找参赛家庭、选手演练的过程。知识与真人秀节目相结合，节目中的每组参赛者既是伙伴又是竞争对手，既参与答题又相互评判，每一关淘汰一个参赛者。因而每个选手在答题过程中既不能显得太弱又不能太锋芒毕露，以免被过早淘汰。这种设置充分展示了"生存"的残酷性，而最后获胜的往往并非是相关知识最丰富的，而是将知识与人际竞争技巧结合得最好的。国外的一些益智类娱乐节目如《最弱一环》《谁想成为百万富翁》等都采用了这种方式。

思考题

1. 广播文艺节目的编辑制作包括哪些流程？
2. 广播剧有哪些特点？
3. 广播剧有哪些构成要素？
4. 概述声画元素在广播电视文艺节目中的运用。
5. 分析当前某一部热播电视剧的艺术特征。

第十章　电视纪录片

【本章要点】　电视纪录片作为电视节目的一种类型，是对人类生存状态和生存方式的记录，是对人与社会、人与自然、人与人之间关系的深刻关照和认识，它在我国电视发展史上占有重要的地位，被视为衡量一个电视媒体综合实力的重要标志。本章重点介绍电视纪录片的基本概念、基本特征，电视纪录片的分类以及分类依据，电视纪录片的发展历程和制作过程。

第一节　电视纪录片的概念及其发展

国际影视界公认的第一部具有完整意义的纪录片是美国人罗伯特·弗拉哈迪在1922年拍摄的《北方的纳努克》，距今已有近90多年的历史。中国第一部电视纪录片是1958年由孔令铎、庞一农主创的《英雄的信阳人民》，纵观世界电视纪录片近一个世纪的发展历程，整体地讲，呈现出曲折但积极健康的发展态势。

一、电视纪录片的概念

"纪录片"对应的英文单词是"Documentary"，意思是"文献的"或"具有文献资料价值的"，最早由英国人约翰·格里尔逊提出。格里尔逊提出这一概念，是为了与"剧情片"相区别。格里尔逊认为，剧情片是虚构的、想象的和导演的，目的是娱乐大众；而纪录片是"对现实的创造性处理"，是后人了解和研究当时社会的珍贵资料。

在纪录片近百年的发展历史中，人们一直试图给它下一个准确、全面的定义，但由于纪录片内容复杂、外延广泛，到现在还没有一个大家公认的定义。下面，我们罗列一些具有代表性的观点和论述，以便我们进一步理解"纪录片"的内涵与特点。

法国《电影词典》：具有文献资料性质的，以文献资料为基础制作的影片，称为纪录电影。

美国《电影术语汇编》：纪录片是一种非虚构的影片，它具有一个有说服力的主题或观点，但它取材于现实生活，并且运用编辑和音响来增进其观念的发展。

荷兰纪录片导演尤里斯·伊文思：纪录片是把现在的事记录下来，就成为将来的历史。

《中国应用电视学》：纪录片是影视艺术中对某一事实或事件作纪实报道的非虚构节目，直接从生活中取材，以生活的自身形态来表现生活、真实环境时间中的真人真事。

中国传媒大学钟大年教授：通过非虚构的艺术手法，直接从现实生活中获取图像和音响素材，真实地表现客观事物以及创作者对这一事物的认识与评价的纪实性电视片。

复旦大学吕新雨教授：纪录片是以影像媒介的纪实方式，在多视野的文化价值坐标中寻找立足点，对社会环境、自然环境与人的生存关系进行视察和描述，以实现对人的生存意义的探寻和关怀的文体形式。

综合以上观点，我们认为，纪录片是使用非虚构的纪实手法真实而艺术地再现和表现现实或历史人物、事件和自然景物以及创作者的认识与评价的电视节目类型。它具有三个基本要素：一是纪录片是非虚构的影视作品，是创作者根据现实生活中的真人、真事、真实的时空创作的。二是纪录片是创作者通过观察、分析、选择后的产品，体现着创作者的主观意图，具有一定的艺术感染力。三是纪录片各部分之间有一定的逻辑关联，使观众能够按照一定的思路进行思考和想象。

按载体不同，纪录片划分为纪录电影和电视纪录片。早期的纪录片以电影为载体，主要在影院放映，称之为纪录电影或纪录影片。电视普及后，纪录片在荧屏上得到迅速发展，于是出现了电视纪录片，并逐渐成为电视节目的一种类型。随着专门在影院放映的纪录片的减少，目前的纪录片创作主要指电视纪录片。

二、电视纪录片的基本特征

真实性是电视纪录片最基本属性，是纪录片的生命。纪实性是电视纪录片的表现方法和审美风格。

1. 真实性

电视纪录片与剧情片等其他类型的电视节目最根本的区别是内容的真实性。剧情片的内容可以是虚构的、可以有演员表演，目的是让观众享受视听大餐，从而达到愉悦；而电视纪录片的内容是非虚构的，是对真实环境、真实时空里发生的真人、真事的记录，是以提供真实信息为目的。电视纪录片失去了真实性也就失去了存在的价值和意义。

电视纪录片和电视新闻片虽然在真实性上有共同之处，但也存在诸多差异：电视新闻片讲究时效性，它告诉我们在某个时间、某个地点发生了什么事情，是反映事件的"横剖面"。新闻讲究用事实说话，一般不直接表达创作者的思想和观点。电视纪录片对时效性要求不高，注重交代事件的整个过程，是反映事件的"纵剖面"。电视纪录片可以通过对素材的选择、结构的安排、镜头的处理等手段把创作者的观点直接或非直接地表达出来。"纪录片和新闻片虽然都反映真实世界，它们的方法是不一样的。后者以一种简短的和中立的方式来表现所谓引起普遍兴趣的时事，而纪录片则出于各种不同的目的来处理自然素材，结果可以各个不同，从表现任何态度的画面报道，直到具有强烈社会性的作品[105]"。

2. 纪实性

纪实性，就是对客观物质现实的复原，"是一种达到真实的手段[106]"，是电视纪录片的表现手法。在早期电视纪录片创作中，由于电视摄录设备笨重、灵敏度低，对拍摄环境要求比较高，纪实手法受到一定的限制。随着电子技术的进步，电视摄录设备变得越来越轻巧灵活，声画同步录制成为可能，纪实性手法在电视纪录片创作中逐渐得以充分发挥。

纪实性要求客观、真实地记录现实生活，但绝不能认为纪实性只是对现实生活简单、机械的记录。在我国电视纪录片发展中，纪实性曾一度被人片面地理解为就是长时间的跟拍、跟拍、再跟拍，拍摄的画面冗长、摇晃，内容单一、嘈杂，剪辑出的片子是一些生活场景琐碎的、无意义的堆砌，导致了电视纪录片创作的简单化、肤浅化。这不是真正意义上的纪实，正确的纪实应该是创作者在观察、思考的基础上对现实生活进行提炼、选择，加以艺术性的表现。

三、中国电视纪录片的发展

中国电视纪录片的发展受到诸多因素的影响。外因，受到特定时期政治、经济、文化等客观环境的影响，电视纪录片的每一次重大变革都折射出当时社会的变革；内因，纪录片自身特殊的发展规律会对纪录片的创作产生重大影响。据此，我们把中国电视纪录片的发展分为起步时期、夹缝中生长时期、发展时期、繁荣时期、低迷时期、多元化发展时期等六个阶段。

1. 起步时期（1958～1966年）

1958年到"文化大革命"前夕这一阶段是中国电视纪录片起步时期，也是健康成长时期。这一时期中国电视纪录片处于探索阶段，无论在选题范围、创作理念、创作风格以及管理方式、创作队伍等方面都是之前的新闻纪录电影的延续，电视的特点并不明显。当时电视纪录片的制作队伍主要由原来的电影厂的纪录片摄制人员组成，其创作观念是典型的纪录电影的观念。早期的电视纪录片与电视新闻片在本质上没有明显区别，只是时间更长、报道更详细全面、时效性更弱。

这一阶段，中国正处于社会主义建设初期，政治思想建设是当时的重要任务。另外，当时苏联是社会主义国家的老大哥，其"形象化政论"观念对中国电视纪录片创作影响很深，解说词和蒙太奇剪辑是主要的创作手法，解说词的作用凌驾于画面之上。因此，我国早期的电视纪录片以宣传、报道为己任，主要宣传党和政府的重大方针政策，报道社会主义建设中涌现出的新鲜事物和重大成就。作品缺少人性色彩和人文精神。

尽管这一时期电视纪录片以模仿为主，缺乏自身的特点，但在发展后期电视纪录片创作者在实践中逐渐发现了电视的特性，开始注重题材的真实自然和对细节的刻画，创作出了一批优秀作品：《芦笛岩》《长江行》《快乐的新疆》《周恩来访问亚非14国》《战斗中的越南》《收租院》等。1965年由陈汉元、朱宏、王元洪拍摄的纪录片《收租院》首次突破了"报道型"新闻纪录电影的僵化模式，开创了以文学性见长的散文体电视纪录片，在完成政治宣传任务的同时，也使观众得到了艺术层面的享受，被誉为"一部难能可贵的艺术化教材"。

2. 夹缝中生长时期（1967～1978年）

这段时期，中国电视纪录片的创作受到重重阻碍：题材受到限制，只能拍摄较为重要的活动或重大外交事件；创作理念受到约束，形成了公式化、概念化的模式；创作形式也规定了很多条条框框，不可逾越。电视纪录片的创作一度处于停滞状态。值得庆幸的是，由于电视纪录片的非时效性，保护了它在夹缝中顽强的生长。

这段时期，电视纪录片创作者们转换思路，深入生活、深入群众，创作出了一批以普通人为题材、反映那个时代生活的优秀电视纪录片，如《太行山下新愚公》《深山养路工》《三口大锅闹革命》《种花生的哲学》《下课以后》《放鹿》等。这些作品着眼于对典型情节和生活细节的描写，将真实自然、朴实无华的生活展现在观众面前。与同时代的其他作品相比，这些电视纪录片格调轻松、自然。

3. 发展时期（1979～1989年）

这段时期，中国处于改革开放时期，经历着从传统社会向现代社会、从计划经济向市场经济、从封闭文化到开放文化的转变。在这样的社会语境下，电视纪录片创作从题材和表现形式上都有所突破，中国电视纪录片进入初步繁荣时期。

这一时期电视纪录片题材广泛，人文、历史、自然科学等领域都有所涉及，涌现出一大批优秀作品。有反映社会主义建设新面貌和赞美建设者的《说凤阳》《金溪女将》《攀枝花》《雕塑家刘焕章》《周总理的办公室》等；有歌颂我军光荣历史的电视纪录片《话说长征路》《大别山，我的故乡》《井冈抒怀》等；有赞美祖国大好河山，激发人们爱国热情的《庐山散记》《黄山奇观》《千里嘉陵》等；有展现祖国五千年灿烂文化和历史的《丝绸之路》《黄河》《黄帝陵》《孔庙》等；还有探索大自然奥秘的《探索冰川奥秘》《植物王国访问记》等。

电视纪录片题材的扩展、内容的丰富，也带来了体裁形式的多样化。自电视纪录片诞生以来，我国电视纪录片一直是单本片，1979年6月，中日联合制作了我国第一部大型电视系列纪录片《丝绸之路》15集。在这之后出现了一批大型系列电视纪录片，如《话说长江》25集、《话说运河》35集、《让历史告诉未来》12集等。这些大型系列电视纪录片制作精良，篇幅宏大，以其浩瀚的气势、求实的内容、广博的思想深深吸引着观众。

电视纪录片栏目化播出也是这一时期的显著特点。自从《丝绸之路》播出后，电视纪录片在全国受到普遍的关注，中央电视台趁势相继开办了《祖国各地》《神州风采》《人民子弟兵》《动物世界》《地方台50分》（1990年改为《地方台30分》），这些栏目为电视纪录片提供了专门的播出窗口，不仅扩大了电视纪录片的社会影响力，也拓展了电视纪录片的社会服务功能。

受格里尔逊模式的影响，这一时期的作品具有强烈的宣传意识和浓郁的政论色彩，创作者把电视纪录片作为宣传教育的工具。

4. 繁荣时期（1990～1995年）

1990～1995年是中国电视纪录片的繁荣时期。在大众文化和纪实主义兴起的背景下，形成了"记录过程、再现原生、声画并重"的创作理念，中国电视纪录片开始走上纪实主义的道路。1989年中日联合摄制的《望长城》采用设置主持人、大量使用同期声、跟踪拍摄、声画合一等纪实手法，打破了"画面加解说词"的创作模式，改变了以往电视纪录片主观意识过强、说教味较浓的局面，成为中国电视纪录片发展史上的重要里程碑。

这一时期，国际交流日益频繁，一些外国优秀纪录片被介绍到中国，外国一些纪录片创作者也来到中国拍摄纪录片，其独特的观察力和拍摄手法启发了中国电视纪录片创作者。我国各地形成了风格迥异的多个创作群体，产生了多种创作模式、创作流派。有以中央电视台军事部和《生活空间》栏目为代表的京派电视纪录片、以上海电视台《纪录片编辑室》栏目为依托的海派电视纪录片和以西部电视台编导创作的西部派电视纪录片。

1991年，电视纪录片《沙与海》获得亚洲广播电视联合会纪录片大奖，开启了中国电视纪录片走向世界之门。随后中国电视纪录片纷纷在国际电影电视节获奖，引起世人对中国电视纪录片的关注。这期间我国电视纪录片向两个方向发展：一是以高收视率为目标的大众文化电视纪录片；二是以获奖为目标的精英文化电视纪录片。大众文化电视纪录片是指以记录普通人生活为主要任务的纪录片，其创作风格纯朴、自然，以广大电视观众为收视对象。精英文化电视纪录片是指"以人文主义精神为宗旨，试图在社会主义市场经济的背景下建构一种具有'现代化'精神的文化价值观，以推进核心文化价值观的建立的纪录片[107]"。其创作风格讲究高水准、高境界，以专业人士为收视对象，不刻意追求高收视率。

这一时期电视纪录片逐步从其他节目形态中分离出来，开始走向成熟。各级电视台纷纷开办电视纪录片栏目，在原有纪录片栏目基础上，又开办了《生活空间》《纪录片编辑室》《纪录片之窗》《人与社会》等栏目。同时也涌现出大批优秀作品，如《望长城》《藏北人家》《沙与海》《最后的山神》《毛泽东》《香港沧桑》《德兴坊》《十五岁的初中生》《谢晋和他的孩子》《普吉和他的情人们》等。

5. 低迷时期（20世纪90年代中后期）

20世纪90年代中后期，中国步入消费社会，人们的价值观、生活方式逐步趋于世俗化、实用化。在这大环境下，中国的电视纪录片开始走下坡路，进入了发展道路中的低迷阶段。这其中受诸多因素的影响：于外，电视事业百花齐放，益智类节目、综艺类节目、电视剧等多种形式的电视节目活跃于荧屏，以其娱乐性、趣味性赢得观众的喜爱；于内，各级电视台把纪录片作为衡量其综合实力的一个重要标志，鼓励创作者参加国内外各种大赛，很多电视台设专人、专款支持电视纪录片创作。在这种情况下，电视纪录片创作者过分追求画面的精致、风格的创新，而忽视了观众的收视需求，导致人们收看电视纪录片的热情下降，各地电视台的电视纪录片栏目因收视率大幅降低而纷纷下马，电视纪录片创作进入萎缩状态。

中国电视纪录片一直深受西方纪录片创作理念和创作风格的影响，这一时期，受美国

"直接电影"的影响,纪实风格被演绎到极致。在电视纪录片创作中,一味地跟拍,无目的地大量使用长镜头,使不少作品停留在记录生活原生态的表面层次上,题材雷同、内容贫乏、手法单一。"中国目前电视纪录片发展存在的问题是新的模式化和僵化,使纪实主义的美学风格日益成为一面空洞的旗帜,来掩盖作品内容的贫乏和苍白,选题狭窄,千人一面……作为对世界进行思考的一种方式,模式化使纪录片丧失了这种原动力,从而也使得纪实主义的美学因为一种消耗性的使用而日益枯竭,很多人产生了一种身处围城渴望突破的焦虑[108]"。

当然这期间仍涌现出一批优秀作品,如《英与白》《神鹿啊,我们的神鹿》《三节草》《北京的风很大》《回到祖先的土地》《阴阳》《江湖》《老头》《婚事》《八廊南街16号》《远去的村庄》等。

6. 多元化发展时期(20世纪90年代末至今)

经过低迷阶段,电视纪录片创作者开始反思,对主观表现重新进行思考,积极探寻新的纪录风格,一些新的创作理念、创作模式不断涌现,中国电视纪录片进入多元化发展时期。

随着中国综合国力的不断提升,民族文化影响力逐渐增强,在这种环境下,大型历史类电视纪录片再次蓬勃发展,代表作品有《大国崛起》《故宫》《颐和园》《新丝绸之路》《敦煌》《外滩》《台北故宫》等。这些电视纪录片借鉴"新纪录电影"的创作理念,依赖高科技手段,大投入、大制作,把三维动画、现实模拟和情景再现巧妙融为一体,"不但维护了纪录片的文献价值,还在一定程度上弥补了历史性镜头缺损的遗憾,保持了叙事的情节化和悬念性,增强了纪录片的娱乐性[109]"。

在这期间,独立制片人(即体制外的纪录片创作队伍)异军突起,为中国纪录片打开了一条希望之路。独立制片人不在国家电视台体制内,没有国家拨款,基本靠自筹资金或争取国内外基金的资助。早期的独立纪录片有吴文光拍摄的《流浪北京》、蒋樾拍摄的《彼岸》。进入21世纪以来,数码技术快速发展,小型数码摄像机和非线性剪辑软件逐渐普及,出现了一批DV爱好者,为独立制片人队伍注入了新的力量。他们拍摄的纪录片频频在国际电影电视节中获奖,奠定了中国纪录片在国际上的地位。比较有影响的独立纪录片人有吴文光、蒋樾、杜海滨、蒋志、王兵、陈为军、丛峰、周浩、冯艳、范立欣等,代表作品有《流浪北京》《江湖》《北京的风很大》《1428》《铁西区》《幸福时光》《高三》《铁路沿线》《姐妹》《厚街》《马大夫的诊所》《好死不如赖活着》《老头》《秉爱》《颍州的孩子》《归途列车》等。

虽然中国电视纪录片在国际电影电视节上频频获奖,但整体来讲,中国的电视纪录片仍然不成气候。独立纪录片主要以参赛为目的,很少能在国内电视台播出。体制内制作的纪录片也因收视率存在播出渠道少、播出时间被推迟到深夜等问题。当然中国正在这方面做积极的努力,中国教育电视台3频道、上海电视台纪实频道、湖南电视台金鹰纪实频道、深圳电视台DV生活频道等为电视纪录片提供播出平台。各级政府和协会也在为我国电视纪录片走向市场、走出国门做积极的探索,比如,中国(广州)国际纪录片大会、四川电视节、上海电视节等为把中国纪录片推向世界、把国外优秀纪录片引进中国提供了交流的平台。2006年上海纪实频道推出"真实中国·导演计划"(2010年发展成"MIDA导演计划")是一项支持中国乃至亚洲地区纪录片创作的长期发展计划,该计划每年资助20部纪录片的调研、拍摄和制作。

第二节 电视纪录片的分类

随着社会的发展和科学技术的进步,电视纪录片的题材越来越丰富,创作理念、创作风格也在不断地发生变化，在繁荣了电视纪录片的同时也给其分类带来了困难。多年来，不少专家、学者对电视纪录片进行了分类，具有代表性的有：按表现手法分为纪实型电视纪录片、写意型电视纪录片、政论型电视纪录片；按表现对象分为人物电视纪录片、历史电视纪录片、风光电视纪录片；从文化角度考察分为主流电视纪录片、精英电视纪录片、大众电视纪录片、边缘电视纪录片等。本节依据题材内容和风格样式的划分标准对电视纪录片进行分类，这种分类具有内涵的相对完整性和标准的相对统一性。

一、按题材内容分

1. 新闻类电视纪录片

新闻类电视纪录片是我国最早的纪录片形式。从1958年到20世纪80年代的20多年间，一直是新闻类电视纪录片兴盛时期，这一时期也被称作"新闻纪录片时代"。

新闻类电视纪录片兼具新闻和纪录片两者的一些基本要素。新闻是对新近发生的事实的报道，要求具有一定的新闻价值和时效性；纪录片是对事件全面、深入的反映，不仅注重结果，更注重对事件过程的记录。因此，新闻类纪录片就是以记录的手法，对某些新近发生的事实进行较全面、系统的及时报道。由于纪录片本体的特殊性，与电视新闻相比新闻类电视纪录片的时效性往往具有一定的滞后性。新闻类电视纪录片不是告诉观众"今天"或"昨天"发生了什么事，而是关注一个事件发生一段时间后在社会上产生什么影响。

电视类新闻纪录片要在有限的屏幕时空内传递尽可能多的信息，因此在创作中非常注重同期声和解说词等声音元素的应用，依靠画面和声音的结合共同完成叙事功能。

新闻类电视纪录片的代表作品有《邓小平访问日本》《跨世纪的握手——江泽民主席访美纪行》《唐山地震二十年祭》《香港沧桑》《大江截流》《挥师三江》等。

2. 历史类电视纪录片

历史类电视纪录片是指利用影像形态对历史遗迹、文物器皿、文化景观的记录和表达，来折射当代人对民族历史和文化的深刻认识、体验和反思。历史类电视纪录片题材广泛、系统完整、具有深厚的历史意蕴和较高的审美价值。

历史类电视纪录片在创作时大都有自己的特点，在结构上按照某一历史遗迹或时间顺序进行拍摄，比如：一条江、一条路、一处历史遗迹、一座座城市从古到今；在主题思想上沿着民族文化展开，反映特定的历史文化和社会变迁。中国五千年的辉煌历史为历史类电视纪录片提供了丰富的创作题材，20世纪80年代到90年代初，是中国历史类电视纪录片蓬勃发展时期，这期间拍摄了一批具有影响力的作品，如《丝绸之路》《话说长江》《望长城》《黄河》等。

历史类纪录片旨在对历史文化进行深刻的透视，具有明显的主观意识。解说词在历史类电视纪录片中具有重要的叙事功能。解说词使逝去的历史和抽象的文化以及创作者的主体意识都能够得到比较恰当和精彩的表现。

历史类电视纪录片代表作品有《丝绸之路》《望长城》《话说长江》《中华文明》《史前部落的最后瞬间》《大国崛起》《故宫》《外滩》《敦煌》《新丝绸之路》等。

3. 文献类电视纪录片

文献类电视纪录片最早是由苏联的艾瑟·苏勃在20世纪20年代确立的一个纪录片片种，它的代表作是《罗曼诺夫王朝的颠覆》。20世纪80年代，美国利用新闻资料片编辑了两部史诗规模的纪录片《鉴赏的眼睛》和《越南：电视上的历史》，引起人们对文献类纪录片的关注。文献类纪录片在我国发展迅速，并成为最具中国特色的纪录片片种。文献类纪录片是"利用以往拍摄的新闻片、纪录片、影片素材以及相关的真实文件档案、照片、实物等作为素材进行创作，或加以采访当事人或与当时人物和事件有联系的人，来客观叙述某一历史时期、历史事件、历史人物的纪录片[110]"。

中国文献类电视纪录片创作理念经历了从政论到纪实、从传播观念到传播信息的转变过程。早期的文献类电视纪录片更注重观念的传播，内容空洞、风格单一、缺少吸引力。其创作模式固定化，一般是片子一开始先表明某一种观点，然后是相关事例的画面再加主观意识较浓的解说词来印证观点，最后以高调、空洞的口号结束。从《让历史告诉未来》开始，文献类电视纪录片开始采用纪实的手法，在创作中更加注重信息的传播，加强对文献的挖掘，揭秘一些鲜为人知的信息，吸引观众的注意，使观众在接受新的信息的同时也接受了创作者的观点。

2009年由中宣部、中央文献研究室等单位联合摄制了大型文献电视纪录片《辉煌60年》，该片以全景式、大跨度、多领域的视角，全面反映了新中国成立以来中国革命、建设和改革的光辉历程、伟大成就和成功经验，在社会上产生了强烈反响。文献类纪录片代表作品还有《新中国的诞生》《敬爱的周恩来总理永垂不朽》《让历史告诉未来》《邓小平》《毛泽东》《百年巴金》《马寅初与人口论》等。

4. 社会类电视纪录片

社会类电视纪录片是最常见的纪录片片种，它以社会现实和普通人为拍摄对象，记录和反映社会各阶层人群的生活状态和内心世界，具有时代的鲜活性和受众的接近性。

关注现实社会始终是社会类电视纪录片的第一主题。20世纪90年代以前，中国社会类电视纪录片主要关注的对象是主流群体，比如工人阶级、农民兄弟等。90年代以后，电视纪录片创作者把目光投向普通人，开始关注现实社会普通人的生活。"讲述老百姓自己的故事"是社会类电视纪录片的核心内涵所在。

社会类电视纪录片强调客观记录，但并不排斥理性思维，作品应该体现出创作者的思想和对社会的看法。《归途列车》《十五岁的初中生》《姐妹》等绝不是毫无目的的表现，而是创作者试图通过对个体生活状态的记录，展现社会变革下的现实矛盾，超越个体来反映社会的进程。《归途列车》就是通过对农民工张哥一家生活的记录，反映农民工在中国经济甚至全球经济复苏过程中所付出的代价，以及农民工这一群体的未来到底在哪里。

社会类电视纪录片的代表作品有《村民的选择》《土地忧思录》《德兴坊》《半个世纪的乡恋》《姐妹》《三峡移民》《下山》《幼儿园》《江湖》《红跑道》《归途列车》等。

5. 人类学电视纪录片

人类学电视纪录片源于1922年罗伯特·弗拉哈迪拍摄的《北方的纳努克》，片子通过对生活在北极的爱斯基摩人纳努克一家如何与大自然抗衡与共存的记录来展现人与自然的关系。1985年加拿大学者埃森·巴列克西访问中国，把人类学纪录片的概念介绍给中国。中国地域辽阔、多民族和谐共存，为人类学纪录片提供了丰富的创作资源。在中国的西部、北部、南部等区域，人类学纪录片几乎同时崛起，在短短的时间里涌现出一批佳作。1991年，由康健宁和高国栋拍摄的《沙与海》首次获亚广联大奖，随后《藏北人家》《最后的马帮》《深山船家》《神鹿啊，我们的神鹿》《桃坪羌寨我的家》等人类学电视纪录片连续在国际电影电视节上摘得奖项。

人类学电视纪录片是最具国际化的一个纪录片片种，是用影视手段进行人类学研究的一种方式，人类学是其内容，纪录片是其形式。人类学电视纪录片中的"人类"，与我们通常所理解的"人类"概念有一定的区别，这里通常指"民族"，特别是"少数民族"。人类学电视纪录片通过对不同民族的生存状态、生活方式和心路历程的记录，"探讨人类文明渗透于各民族文化不同状态中的历史性差异和不同民族在同一时空下的相互碰撞"。人类学电视纪录片不仅仅是展示不同民族奇异风俗和独特文化,更重要的是反映这背后更为深刻的东西。不仅仅让观众惊奇,更要让观众感动,这是人类学电视纪录片创作的目的。

我国早期的人类学纪录片主要以少数民族为记录对象,《最后的山神》《藏北人家》《三节草》《寻找楼兰王国》《敖鲁古雅、敖鲁古雅》等。20世纪90年代开始,创作者开始关注汉族的生活状态,拍摄出了《阴阳》《远去的村庄》《山里日子》等优秀作品。

6. 自然科技类电视纪录片

自然科技类电视纪录片是以自然环境、生物和科学技术为拍摄对象,反映大自然的神奇、科学技术的奥秘为目的的一个纪录片片种。一般来讲,这类电视纪录片投入大、制作周期长、对设备要求高,需要团队合作。

自然科技类电视纪录片在我国是最薄弱的片种,从事自然科技类电视纪录片创作的人屈指可数,作品数量少、质量也不尽人意。而且,题材主要偏重于相对来讲投入少、易于制作的自然风光。1978年中央电视台创办了《祖国各地》栏目,播出的节目基本以介绍各地自然风光为主要内容。国外则比较重视这类题材的创作,国家地理频道、探索频道、英国的BBC均投入大量的人力、财力制作了不少有影响力的自然科技类电视纪录片,如《微观世界》《迁徙的鸟》《帝企鹅日记》《植物的秘密——行走》等。法国导演雅克·贝汉导演的《迁徙的鸟》公映后取得巨大成功,这部片子投资4000多万美元,组织了5个摄制组,动用了400多名工作人员,其中包括50多名飞行师和50多名鸟类专家,采用了高科技空中拍摄系统摄制,全程追踪候鸟南迁北徙路径,历时3年,穿越40多个国家。片子展现了鸟的生活、诠释了它们的故事,整个片子充满了对生命的关爱和崇敬。

地球环境的日趋恶化在世界范围引起普遍关注,中国纪录片创作者也开始用手中的摄像机反映人与自然、人与环境的关系,呼吁人们保护环境,善待我们共同居住的地球。21世纪以来中国相继拍摄了一批反映生态环境的电视纪录片,如《森林之歌》《水问》《我和藏羚羊》《峨眉藏猕猴》《海边有片红树林》《新疆生态环境启示录》《西寻沙尘暴》等。中央电视台《见证》栏目制片人陈晓卿摄制的《森林之歌》共11集,投资1000万元,历时4年完成,被誉为中国首部自然科技类纪录片大作。"中国自然类纪录片填补空白之作,全景展现中国森林的多样和神秘,让世界了解中国真实的生态文明。"

二、按风格样式分

电视纪录片的创作风格往往受到电视摄录技术的制约和社会审美思潮的影响。依据风格样式的不同,电视纪录片可分为解说式、观察式、参与式和自省式四种类型。

1. 解说式电视纪录片

"画面加解说词"是解说式纪录片的创作模式,这一模式起源于英国的约翰·格里尔逊,因此也称格里尔逊模式。解说式是我国20世纪80年代以前电视纪录片创作的主要模式。这是一种主观色彩较强的纪录片样式,在创作中首先确定主题,根据主题撰写解说词和分镜头脚本,再严格按照既定的方案进行采访、拍摄和后期剪辑合成。

20世纪80年代,我国电视纪录片的解说词通常都是找知名作家撰写,解说词常常是完整的政论文或优美的散文,在片中占主导地位。这类电视纪录片以权威的解说词直接表明观点,给观众明确的指示和价值判断,但说教味较浓、很难给观众留下想象的空间,曾有一段时间解说式电视纪录片被人们所摒弃。对于解说式电视纪录片应该客观地看待,它有其可取之处,这种模式能够在短时间内传递大量的信息,具有鲜明的立场和高度概括性,易于表现一些抽象的思想和观念,适合拍摄意识形态指向比较明确的题材。目前西方国家的一些电视台,如国家地理频道、探索频道,以及我国中央电视台的《探索·发现》《人与自然》等栏目播出的节目都在采用这一模式。

2. 观察式电视纪录片

科学技术的进步为电视纪录片的创作风格带来了革命性的变化。ENG 电子采集技术的出现使得跟踪拍摄和声画同步录制成为可能，于是出现了观察式电视纪录片。

观察式电视纪录片起源于美国，在 20 世纪 60 年代有较大的影响，这一流派具有影响的人物是美国的费里德里克·怀斯曼。观察式电视纪录片是对"格里尔逊模式"的颠覆，它追求客观真实的效果，要求创作者以观察者的身份去观察、倾听、记录，强调捕捉生活本身出人意料的戏剧性和美妙瞬间。观察式纪录片拒绝一切可能破坏生活原生态因素的主观介入，片子没有采访、没有解说、没有评论，剪辑点不能有主观的痕迹等，其拍摄手法主要是等拍、抢拍，注重隐蔽拍摄。

观察式纪录片的创作者虽然只是默默的记录者，但他必须通过对事实的选择、镜头的处理、剪辑方法等来隐喻其对社会、人生的思考。观察式纪录片如果不能上升到隐喻的层次，作品将失去生命力。观察式电视纪录片选题有一定的局限性，不适合拍摄内容抽象、复杂深刻的题材。

3. 参与式电视纪录片

参与式电视纪录片起源于法国人让·鲁什和艾德加·莫兰的"真实电影"流派。1961年，让·鲁什和艾德加·莫兰合拍了影片《夏日纪事》，他们在巴黎的一条林荫路上采访一个个路人，问他们："你认为自己幸福吗？"在镜头里，有人不予理睬、有人站住思考、有人百感交集流下眼泪。最后他们又把这些路人召集在一起观看拍摄的内容、进行讨论，并把这些场景也作为影片的一部分。参与式电视纪录片流派认为：在摄像机面前，人们要比在其他情况下做出更加忠实于自己性格的行为。在拍摄时创作者应该积极"介入"到事件中以获取客观真实的效果，创作者可以出现在影像中，与被摄对象进行对话、互动。

参与式电视纪录片与观察式电视纪录片一样，都依赖于 NEC 电子设备作为技术支持。但两者有明显的区别：观察式电视纪录片不干涉事件，创作者以旁观者的身份在事件外采取"等、挑、抢"的手法纪录事件发生发展的过程，认为事件的真实可以被记录下来；参与式电视纪录片是创作者介入到事件中促成一些非常事件的发生，认为营造出的环境能够触动拍摄对象，使隐蔽的真实浮现出来。

4. 自省式电视纪录片

自省式电视纪录片起源于 20 世纪 80 年代后期的美国。自省式电视纪录片"把评述和采访、导演的画外音与画面上的插入字幕混杂在一起，从而明白无误地证明了纪录片向来是只限于再现，而不是向'现实'敞开明亮的窗户，导演向来只是参与者——目击者，是主动制造意义和电影化表述的人，而不是一个像在真实生活中那样中立的、无所不知的报道者[111]"。自省式电视纪录片以全新的视角来理解拍摄者、被摄者与观众三者之间的关系，尤其注意尊重观众的自主观影意识。

在自省式电视纪录片中，创作者不再只是一个默默的旁观者，而是片子的构成元素。创作者出现在片中，将其看到的、想到的、感悟到的传递给观众，双方在一种平等的地位上进行交流。近年来，自省式电视纪录片在我国备受关注，《我们的河流》《天池人家》等一些优秀的作品明显地呈现出对"自省式"的模仿和借鉴。

第三节 电视纪录片创作

电视纪录片的创作是一个漫长而艰苦的工作，一般分三个阶段：前期准备、中期拍摄和后期制作。这三个阶段相互联系、相互制约,任何一个环节出现问题,都将会影响到整个片子的完成和质量。

一、前期准备

电视纪录片的创作过程和我们平时写文章的过程是相似的。我们在动手写文章之前首先要进行调研,收集资料、了解情况,在此基础上进行构思、打腹稿,最后才开始正式的写作。电视纪录片的创作也是一样,首先要进行前期的准备,确定合适的题材,收集相关资料,考查拍摄对象和拍摄现场是否适合拍摄,最后再确定具体的拍摄计划。前期工作考虑周全、各项工作准备到位,才能确保后续工作顺利进行。

1. 选择拍摄题材

电视纪录片的选题范围非常广泛,世界上的万事万物都可以成为我们的拍摄对象。但并不是所有的内容都适合拍摄成电视纪录片,我们必须对拍摄的内容进行选择。那么怎样的内容才是好的选题呢?"纪录片应该充满强烈的感情色彩,它的目的不在于一般地表现事实和事件,而应将焦点定在最能感动人的实例之上[112]。"现实生活中会发生许多事情,只有那些能感动我们、引起我们思考的人和事才能成为电视纪录片的创作题材。

电视纪录片的题材来源主要有两方面。一是由电视台或政府相关部门指定的题材,这类题材往往政治性较强,内容重大,能够在政治、经济、文化等方面产生深远影响,如《望长城》《毛泽东》《让历史告诉未来》《辉煌60年》等。这一来源的题材在人员、设备和资金上都会有保证,并且有专门的播出平台,但是创作者受到的限制较多,很少有自由发挥的空间。二是创作者自己挖掘的题材,主要涉及两个方面:一方面是紧跟时代脚步,关注重大社会变革引发的现实矛盾或具有普遍意义的重大事件,如《三峡移民》《世纪之患——新型毒品》《归途列车》等;另一方面是关注普通人的生活和他们面临的现实问题,从平凡的生活中挖掘被人们忽视或遗忘的故事,让观众有所触动、有所深思。创作者只有热爱生活、关注社会、善于观察和思考才能发现和挖掘出好的题材,如《幼儿园》《舟舟的世界》《江湖》《红跑道》等。

题材的选择在电视纪录片创作中具有非常重要的意义,有些专家认为:一个好的选题,等于成功了一半。在确定选题上多下功夫,能起到事半功倍的作用。

2. 调研、前期采访

拍摄题材确定后,就进入调研和前期采访阶段。在拍摄之前创作人员要查阅大量资料、走访相关人员、了解被拍摄人物或事件的个性特点等,对拍摄的题材有一个大致的了解,做到心中有数。

在前期采访中,创作人员要与被摄对象进行交流沟通,确定其是否合适拍摄。一般来讲,面对摄像机和陌生的创作人员,大部分被摄对象都会紧张拘束,无法达到平时正常的行为水平。只有让被摄对象习惯摄像机,与创作者建立起良好的信任关系,甚至成为了朋友,被摄对象才能进入自然状态。在电视纪录片《龙脊》创作中,创作人员与山里的孩子同吃同住70多天,和他们成了无话不说的朋友,才创作出真实、感人的优秀作品。范立欣导演的《归途列车》获荷兰阿姆斯特丹国际纪录片电影节最佳纪录长片奖。在谈到拍摄经历时,范立欣说,为了能够记录工人们真实、自然的工作和生活状态,创作人员每天和工人一起上下班、和主人公张哥夫妇一起到火车站排队买车票、春节一起挤火车回家,他们之间已经不仅仅是拍摄与被拍摄的关系,而成为了有感情、互相信任的朋友。范立欣说,到最后工厂老板给工人发工资都不避讳摄像机的存在了。

另外,在前期采访时创作人员还要与被摄对象商定拍摄内容、确定拍摄时间。同时观察、熟悉拍摄现场，了解当地的气候、风土人情等客观因素，考查拍摄的可能性。

3. 撰写策划书

在调研、前期采访结束后，创作人员已经对片子有了初步的构思：片子的关注点是什么？要表现什么内容？片子如何架构？形成什么样的风格等。在此基础上创作人员要撰写策划书，争取相关部门的批准或争取社会基金的资助。策划书就是把电视纪录片的策划构思用文字的形式表达出来，形成一份可操作、供审批的文案。策划书一般包括六个部分。

① 目的意义：介绍这部片子的拍摄背景、拍摄主题。

② 内容形式：这是策划书的关键部分。内容包括题材、主题思想、背景材料等相关内容；形式包括片子的类型、长度、表现手法、制作技巧、技术手段以及包装推介等。

③ 组织机构：创作人员的组成，具体的分工安排。

④ 拍摄计划实施程序：制定具体的时间表，明确创作过程中各阶段的时间安排和任务。

⑤ 经费预算：包括调研费、拍摄费、后期制作费等。

⑥ 效果预测：预测节目播出或销售后产生的效果，如收视率、社会反响、节目销售预测等。

二、中期拍摄

中期拍摄是电视纪录片创作中的重要环节，它起着承上启下的作用。在拍摄过程中，既要按照前期拟定的拍摄计划实施，又不能照搬硬套，要根据拍摄现场的实际情况对拍摄计划进行适当的调整、修改。

1. 人员协调

电视纪录片的拍摄一般有两种组织方式：一是多人参与的团队合作拍摄；二是导演独立完成。导演独立完成拍摄，这种方式比较容易操作，导演在拍摄过程中根据预定的拍摄计划和现场的实际情况以及突发的灵感，及时调整拍摄内容和拍摄方式。团队合作拍摄，涉及导演、摄像师、录音师、灯光师等多人协同工作，拍摄现场纷乱、复杂，要求导演有较强的掌控能力、沟通能力和应变能力。

拍摄前，导演要撰写导演阐述，告知创作人员拍摄的目的、内容、形式、风格以及分工，统一大家思想。在拍摄现场，创作人员必须精神高度集中，不能游离于拍摄场景之外，只有这样才能对事物的发展有一定的预见性，捕捉到精彩片段，保证准确完整地记录下事物发生的过程。这不仅需要创作人员有扎实的专业技术，还要有较强的洞察能力、判断能力和敬业精神。

2. 现场拍摄

电视纪录片的拍摄不同于剧情片拍摄。剧情片事先有详细的剧本，演员和摄像师按照剧本一个场景一个场景地表演和拍摄。电视纪录片完全不同，拍摄现场是复杂多变的，并且有许多不可预测、不可控制的因素。最重要的是，电视纪录片是对现实生活的真实记录，拍摄内容大都是瞬间即逝，不可重复，拍摄中任何一个重大的失误都可能无法弥补，直接影响着整部片子的质量。从某种意义上讲，摄像师决定着电视纪录片的质量。在拍摄现场，摄像师不能见到什么就拍摄什么、有事必录，而是要在理解了导演创作意图的基础上，对拍摄内容进行选择、提炼，选择那些带有本质意义的生活片段与事实进行拍摄。

长镜头是电视纪录片常用的拍摄手法。长镜头是指在一段时间连续拍摄，在画面内保持时空连续性、统一性。长镜头具有模拟人在现场亲眼看见事物的发生发展过程的效果，能给人亲切、真实的感受，在展现生活流程和完整段落方面有其独特的优越性。在长镜头的拍摄中要注意综合镜头的运用，如果缺少适当的场面调度和丰富的信息量，画面会显得单调、拖沓、缺少感染力。《望长城》《沙与海》《回家》《铁西区》等作品中都有让人称道的长镜头。

早期的电视纪录片追求画面的唯美精致和解说词的权威性，如今电视纪录片更加注重对原生态的客观记录，不再会为追求画面的完美而破坏画面的真实性和感染力。但是也不能因此而忽视或放弃对画面质量的要求，这其实给摄像师提出了更高的要求，要在保证真实的基础上，尽可能拍摄出高质量的画面。

20世纪80年代后期，电视纪录片中对声音越来越重视，在制作精良的电视纪录片中，往往配备专业的录音师来保证现场声音拾取的质量。电视纪录片拍摄中的声音包括同期声和音响。同期声指的是拍摄对象的讲话、创作者的提问评论等，它们传达各种信息、记录事态发展，具有叙事、描写和文献作用。音响是指拍摄现场的环境声音，比如风声、雨声、马路上的汽车声、周围人说话的嘈杂声等，起到真实、立体展现环境的作用。在声音的拾取中要注意声音的完整性和连贯性，还要注意声音的音量控制，防止因爆音而失真或声音太小听不清楚。

三、后期制作

后期制作是电视纪录片真正成型的阶段，中期拍摄的素材必须经过后期的再度创作才能成为有生命的作品。同样的素材，经过不同的剪辑处理，可以传达出不同的观点和情感。

拍摄素材时长与成片时长的比值称为片比，比如10∶1、100∶1等。10∶1就是拍摄10分钟的素材，编辑成1分钟的电视纪录片。电视纪录片片比具体是多少，要根据题材内容和导演的创作习惯而定。睢安奇编导的《北京的风很大》片比是1∶1，王小平编导的《远去的村庄》片比是110∶1。

从拍摄现场带回来的是一堆凌乱的素材，后期剪辑的首要工作就是要删掉脱离主题的素材。这往往是一个痛苦的过程，在拍摄中每一个镜头都凝聚了创作者的激情和心血，特别是一些很精彩但又游离了主题的情节和场景。一定要理智地处理这些镜头，如果不舍得放弃，把这些镜头留在片子里，就会使片子各部分之间缺少逻辑关系，导致片子主题不突出、节奏拖沓，影响整个片子的质量。

电视纪录片后期剪辑工作一般分为审看素材、纸上剪辑、初剪和最后精剪四个过程。

1. 审看素材

审看素材是后期剪辑的第一步工作，通过观看素材，对所拍摄的内容有一个整体的把握。审看素材时需要做的工作：一是做场记，对前期拍摄的每一个镜头都有所了解，包括镜头的内容、景别、镜头运动方式（即固定画面、运动画面）、录像带序号、时间码等，做到心中有数，方便后期剪辑。二是整理同期声，对于有采访的素材，要把采访内容记录下来，方便剪辑时使用，这是一项比较费时、枯燥的工作。

另外，审看素材时可能会激发各种灵感，要及时记录下来，有些灵感瞬间即逝，也许正是这些灵感成就一部好的作品。

2. 纸上剪辑

我们写文章，在收集好素材后，要根据素材内容和创作者的意图搭建文章的框架，这可以帮助我们理清思路，对文章有整体的把握。电视纪录片创作也是一样，在正式剪辑之前，应该先进行纸上剪辑，搭建片子的框架结构。虽然在电视纪录片前期创作中已经对片子的框架结构做了初步设计，但是这种设计是不稳定的。在实际拍摄中，常常会出现许多意想不到的事件，干扰或改变原定的拍摄计划，在后期编辑时就需要对原定的结构重新进行梳理和修改。

纸上剪辑具体做法是：把一些重要的情节、重要的采访分别写在小纸片上，按照脑子里构思的结构摆放小纸片，帮助理清思路，寻找灵感。在这过程中，可以根据思路随时调整纸片的顺序，这样操作方便、直观，同时也节省时间和人力。纸上剪辑目的是对片子的整体格局有一定的清醒的了解，所以不必过于精细，只考虑片子的大体结构就可以了。

有些电视纪录片题材具有一定的戏剧性、故事性，具备了人物、事件、矛盾、冲突等引人入胜的元素，这类题材内容一环扣一环，结构比较清晰，容易架构。如《半个世纪的乡恋》这部片子就是以李天英回国探亲这一线索进行叙事，结构简单清楚。但是大部分电视纪录片的题材本身不具有很强的故事性，只是一些零散的情节，如何将这些素材组织好、吸引观众，这里面凝聚着创作者的心血和匠心。常用的做法是，创作者设定几种编辑方案，先进行纸上剪辑，反复对比调整，找出最满意的结构方式。杨荔钠导演的《老头》跟踪拍摄了两年半，剪辑用了半年时间。在谈到创作经历时杨荔钠介绍，片子出场的人物有十多位，主要的人物也有七八位，刚开始时面对近 200 个小时的素材和多头线索，无从下手，不知如何讲述，经过多次的架构、修改，才找到合适的表达方式。

3. 初剪

纸上剪辑毕竟是纸上谈兵，初剪是按照纸上剪辑的思路在剪辑机上具体操作，将纸上的设计方案落实为具体的影像作品。这时的剪辑可以是很粗糙的，初剪后的片子还是一个"半成品"，每个镜头之间的连接不一定顺畅，镜头的长度也可放长一些。初剪重点考虑的是片子结构是否合理、叙事是否清楚、情节是否完整、是否达到创作者预期的目的。

初剪后的片子已经可以体现整体效果，创作人员要一起反复观看，各抒己见，找出片子的毛病和问题，再进行调整和修改。

4. 精剪

精剪就是对初剪的片子进行精雕细刻，经过精细的打磨，最终成为有生命的作品与观众见面。初剪主要考虑的是片子的整体效果，初剪后的片子通常结构松散拖沓、剪辑粗糙。精剪要注意各种细节：镜头长度是否合适、画面组接是否流畅、转场是否合理、声画是否协调、色彩影调是否匹配等问题。另外，精剪时还要考虑片子的节奏，优秀的作品应该张弛得当、自然流畅，形成一定的节奏曲线，引人入胜。2006 年中央电视台播出的《大国崛起》获得观众的好评，中国纪录片学会副会长康建宁分析其"好看"的原因："剪辑节奏的控制尤其关键。历史容易表现得刻板凝滞，镜头的转化速度在这里很重要。片子的每一集都很难产生疲劳倦怠，镜头剪辑做得好。这同时要求拍摄者与剪辑者的水准，并需要大量的镜头素材，加大了工作量[113]。"

电视纪录片是一种以综合艺术手段为表现样式的文本，解说词、音乐、字幕是电视纪录片的构成元素。解说词是对画面的补充，帮助观众看懂画面，增强观众对事件的理解。电视纪录片的解说词与一般的文章不同，它往往不是一篇完整的文章，不能脱离画面而独立存在。解说词要与画面相互配合、相互完善，避免重复，充分发挥其言简意赅、高度概括的作用。音乐在电视纪录片中起着揭示主题、渲染气氛、增强感染力的作用。电视纪录片中音乐的配置需与题材内容、创作风格相一致，片中的音乐并非多多益善，应少而精，与其他声音元素相互配合、相互补充，使得纪录片主题更加鲜明、节奏更加流畅。与画面相比，字幕具有更加清晰明确的表意功能，当画面表意不清或事实没有画面可配时，可用字幕传情达意。电视纪录片中的画面、声音、字幕共同构筑了屏幕空间和屏幕形象，在叙事、传情、表意等方面起着不可或缺的作用。

中国一百多年翻天覆地的变化，使得中国电视纪录片有着世界上最独特的优势，境外媒体非常看重中国市场，国家地理频道、探索频道、澳大利亚的 LIC 有限公司、新西兰自然历史频道纷纷登陆中国市场。它们不仅在中国电视台播出它们制作的节目，还以资金和设备支持的方式购买中国电视纪录片创意。如探索频道在中国实施的"新锐导演计划",中国青年导演策划选题并具体拍摄,探索频道提供资金和设备支持,作品参与探索频道评奖,但探索频道拥有作品的剪辑权和版权。面对境外媒体的竞争,如何既保持生存又不失对纪录片品质的追求,是中国电视纪录片创作者面临的难题。

第四节　网络纪录片

随着互联网传播技术与拍摄技术的提升,一种新的纪录片生产传播模式应运而生:通过对多种新媒体技术的综合运用,与网络等新媒体平台多维度融合,打破原有叙事模式、编辑技术,使得故事更富吸引力,强化观众的参与体验,直接或间接参与纪录片生产。这类纪录片被称为"网络纪录片",它是"蕴含互联网基因,并适合新媒体制作和发行方式,符合网络传播规律并针对互联网与用户,专供新媒体平台(网页、手机、移动数字终端、触媒等)宣传和播出的纪录片样式[114]。"

一、网络纪录片的概念及其基本特征

1. 网络纪录片的概念

作为新生事物和新的视频记录形态,网络纪录片尚未有明确的学术定义。

有人认为网络纪录片是主流视频网站影响下产生的"互联网+纪录片"新形态[115]。

有人认为网络纪录片是随着互联网的发展而出现的新形态的纪录片,通过对各类多媒体技术的综合运用,视频不再是唯一的叙事主体,线性编辑被打破,叙事更加灵活、生动、富有吸引力。这种双向的、互动的生产模式让传统纪录片的生产更具有融合性、更强的传播能力和更为新颖的叙事手段[116]。

我们认为:借助互联网技术,生产、制作、发行、传播符合新媒体传播规律的记录影像都可被视为网络纪录片。

2. 网络纪录片的基本特征

相比传统纪录片,网络纪录片的生产与传播流程呈现出新的特质。

(1) 生活化与个人化

网络纪录片,尤其是自制纪录片在主题和内容上更接地气,传达的内容更具有生活气息,但价值观的建构和精英式的拷问也逐渐消解,更多展现创作者对生活的娓娓道来以及对普通个体生活的关注,反思日常生活。如《我在故宫修文物》聚焦于故宫文物修复师们,他们的工作非常琐碎,也没有数以千计的作品,在镜头聚焦前,他们仅仅是故宫博物院工作室里面埋头工作的匠人,与故宫每日数以万计的游客仿佛身处平行世界。但正是他们的匠人精神,把故宫中一件又一件稀世珍宝加以修缮与修复,呈现于世人眼前。平凡人的平凡生活,展现不平凡的痕迹,加深了观众的共鸣和感触,呈现导演价值的同时,也让更多的文化传承色彩得以保留。《了不起的匠人》更是在优酷平台斩获6500万次播放量,其中单集播放量超过300万次,创造了优酷纪录片播放量最高。

个人化的呈现叙事也是互联网纪录片的新特质,这使作品内容更为浅显与直白,传统纪录片中精英化的叙事话语与意识形态进一步减少。超常规的表现形态、自拍形式、边缘化的题材也逐渐进入创作范畴,如优酷纪录片《去个地方 Go》拍摄视频都较为短小,没有明显的台词与脚本,兴之所至地记录了拍摄者的游览经历。另外《这!就是舞者》(第二季)第三期《好强俩 Dancer》记录了出演者商场购物的生活化场景,晃动的镜头、生活化或网络化的表述方式也没有呈现一个较为明显的传统主题,仅是制作者个人倾向于爱好更为纯粹的

表达。《造猫记》第一期《中国熊猫异国恋》通过拟人化的表述与滤镜色彩的展现，也突破了常规纪录片的表现形式。

（2）多元创作主体与高互动性

借助不断革新的拍摄技术与设备，互联网纪录片给予更多创作主题更低的进入门槛。以个体为单位，或非专业性的创制团队的入场降低了网络纪录片的技术难度。便携式摄录设备、无人机拍摄、Go-Pro、手机等多种拍摄设备的普及，让生产者随时随地都可以记载生活的多元方面。SMG东方卫视出品的全国首档全景式警务纪录片《巡逻现场实录》中就有大量来自执法记录仪的视频片段。草根性、多元性和随时性的记录促使网络纪录片涵盖了生活的多维度多方面。今日头条等新闻聚合器平台、流媒体网站的高速发展为所有纪录片爱好者开辟了多种渠道，让艺术成为生活，生活艺术化。

互联网时代的一个重要特征便是高互动性和融合性。这一点也反映在网络纪录片的社交传播中，甚至影响到创作团队的产制环节。弹幕文化的融入即刻反映了受众对内容的态度，影响了生产者对于内容的选择。《航拍中国》与《一百年很长吗？》等高话题的网络纪录片都实现了与创制团队、受众的互动，优酷视频的《侣行》更实现了邀请网友参与纪录片拍摄的高融合性特质。

网络纪录片的高融合性还反映在与其他类型产品的界限的不断模糊上，或者可以称为泛纪录化。在真人秀等综艺形态中，加入更多"纪录"或"直播"要素，满足观众对"真实"或"无脚本"的新追求。

（3）片段式呈现

互联网时代使得用户碎片化的收视习惯得到更进一步的强调与重视。网络纪录片，尤其是平台和用户的自制纪录片更呈现出移动化、碎片化的收视特性和创制属性。类似《日食记》等美食制作类的自制纪录片大多时长不超过10分钟，内容具有独立性，符合随时观看与随时抽离的收视特点。优酷平台在纪录片频道专门设置了"短纪录"板块，将人文历史军事短片进行二次加工，生成不足3分钟短视频，配以疑问式标题，让观众在短时间内获得有关某一个事务的解答。在网络纪录片的传播中，为了吸引更多受众进入平台观看，传统型纪录片会被剪辑成符合手机或其他移动平台收视特点的短视频，例如杭州文化广播集团的手机客户端"杭州之家"将《美丽杭州》拆分成若干时长在3分钟以内的短视频，一片一景，更好地实现了传播效果，也供用户快速选择和观看。再如今日头条将纪录片整体拆分成无数精彩片段，按主题归类到健康、科学、美食等专栏中，在2～7分钟的时间内只播放其最核心、高潮部分，使这些内容以碎片化的形式高效精准地传递给不同需求的用户。澎湃新闻则通过"纪录湃"板块上传了各类时长不超过5分钟的社会生活主题类短纪录视频，每个视频均可收获上百次甚至数千个互动留言，《球鞋江湖：鞋贩月入十万学生排队抽签》等题材因具有高度生活性与话题性，介绍了特定社会群体，引发了受众的高参与度。

（4）浸润式与体验式的收视新体验

VR、全新投影等技术发展等让受众对纪录片的参与超越了平面化的参与和互动，通过浸润式体验、可视化的交互式视频技术，可以建构观众对故事的理解和组织信息的新体验。例如澳大利亚SBS纪录片节目，通过纪录片视频、互动调查和交互地图三种主要模式，借助大量资料收集、屏幕技术和可视化数据报道形式，将历史素材和研究成果融入纪录片视频中，观众可以多角度观看视频，甚至在不同的节点可以点击查看悬窗提示的资料，体验感和自主探索感更为丰富。而同台播出的"逃离澳大利亚"（Asylum：Exit Australia）则作为角色扮演型的互动游戏，让用户以假象身份融入一个模拟真实的求生环境，体验寻求安定生活的人们的痛苦，不同的选择带来的不同境遇，互动式的体验让受众对节目主旨的理解更为深刻，参与表达或生产的意识更为鲜明，群体归属感和身份认同获得新的定义[116]。

（5）商业化运作

网络纪录片的新特质离不开商业化的运作。IP开发、产业链打造、品牌化经营、多屏互动等多种模式，让网络纪录片不仅仅停留在网络端的开发。如《侣行》的线下高校演讲和同名图书发行；《我在故宫修文物》的多屏互动和导演品牌打造；《舌尖上的中国》在视频平台上形成了巨大的话题和点播流量后，更带动了地方旅游产业和饮食产业，促进了地方经济。

（6）跨文化传播与教育性的拓展

在互联网形态下，纪录片的跨文化传播属性得到进一步巩固。更多的海外纪录片通过视频平台引入国内，成为平台的独家播放内容。不受时空约束、碎片化的记录影像视频通过低成本、高素质的信息传达方式，不断提升观众的媒介素养，影响日常生活与行为，成为话语交流和意识形态交流的重要方式。

如优酷平台的纪录片频道收录了大量来自BBC、Discovery、美国国家地理、美国历史频道、北京电视台、上海纪实频道等海内外多家媒介机构的纪录片；《塞伦盖蒂》通过拟人化的视角描述了塞伦盖蒂大草原的动物生活；《印度：女性的危险国家》则呈现英籍印度裔女记者眼中印度女性的真实处境和舆论环境。哔哩哔哩动画平台的纪录片平台通过合作和收录的形式涵盖了大量来自海内外的纪录片资源。其中，与外部制片机构合作，讲述平民美食和市井传奇的深夜美食纪录片《人生一串》自开播以来获得了较高的口碑（9.8分）以及6100万次的播放量，在收割市场、传播中国饮食文化等方面实现了经济和价值的双丰收；《历史那些事》则将传统纪录片与脱口秀、MV等多种节目类型相融合，旨在用年轻、创新的形式传播中国历史文化。近年来BBC以中国社会历史文化为背景制作的《中国故事》《中华的故事》《中国新年系列》《美丽中国》《你所不知道的中国》等一系列纪录片经过社交媒体传播和视频平台播放后，在中国观众和网民中成了热门搜索和高热度话题；《中国春节——全球最大的节日》也获得了近40万次播放量，以域外视角进一步解读和传播中华文化；《中式学校》将中英教育放在同一个时空中进行比较试验，展现了教育文化冲突，引发了全社会的反思。

3. 网络纪录片的发展历程

早在2009年，搜狐就推出了首家高清纪录片频道，并实现了用户点击量日均千万次的惊人流量。与此同时，凤凰视频、优酷视频、中国网络电视台、腾讯视频、爱奇艺等门户网站和流媒体视频网站相继开设纪录片频道，为纪录片市场的大量拓展奠定了基础。用户可以自行选择节目类型与风格，并借助弹幕等互动形式完成新的大众文化生产。

2010年国家新闻出版广电总局（现为国家广播电视总局）出台了《关于加快纪录片产业发展的若干意见》，将纪录片产业化发展提上国家议程，直接推动了纪录片产业的新媒体化跨越式发展[117]。

2014年起，各类民间制作团队和用户生产的纪录片短片成了互联网纪录片的生产主力军[118]。网络纪录片的发展更趋于精品化、类型化、规范化[119]。

进入2016年，网络纪录片的发展更进入到百花齐放的状态，大量互联网团队和工作室涌入纪录片市场，形成了如生活服务、旅行探险、人文社科、纪实综艺等各种类型的纪录片。如二更视频、一条APP等大小互联网工作室，通过短小精悍的纪录短片，推介产品与生活方式，推进网络纪录片不断成为日常视频节目的一种类型。

4. 网络纪录片的分类

（1）从生产来源地划分

按照纪录片的生产主体和来源划分，可以分为三类。

① 网络自制纪录片。生产主体为互联网上活跃的个人、组织或视频网站本身。

2010年11月12日，国家广电总局下发《广播影视知识产权战略实施意见》，集中清理网络盗版剧集。为规避风险、吸引广告商以及增加市场份额，视频网站着力打造独家和原创内容，以期获得稳定的受众群体。在此背景下，各个视频网站在开发原创剧集、综艺节目的基础上，着力开发优质纪录片或者追逐知名纪录片的网络独播权或首播权。仅2013年，搜狐视频内容采购总费用便增加了30%～40%。囿于稀缺的优质纪录片资源和不断高涨的版权价格，自制纪录片（PGC）成为视频网站获取纪录片的另一种模式：基于自主选题制作、委托或外包、来料加工、合资合拍等形态完成自制网络纪录片的生产。例如爱奇艺专门设置"爱奇艺出品"频道，上线自制综艺或本集团出品的纪录片，针对VIP用户单独设立小众优质纪录片；2010年腾讯推出自制社会纪实类访谈节目《某某某》；优酷自制微纪录片《日食记》实现年点击量超3000万次。

日益细分化和团队化的纪录片生产模式催生了视频网站的纪录片孵化计划得以付诸。2016年起，爱奇艺开始开展《互联网＋微纪录片》选题征集图画活动，旨在发掘和培养对纪录片创作抱有热情的青年人才，孵化培育其具有创意的专题使之成为完整的作品，通过成熟的产业链运作，提升获奖和传播的机会，为本平台蓄积了更多的纪录片人才，由此实现多赢，在降低成本、人才储备的同时丰富片库。经过一年的打磨筹备，成功孵化7部作品。

用户生产内容（UGC）的纪录片内容良莠不齐，热度也大相径庭。例如优酷《行旅天下》注重利用ASMR视频技术（Autonomous Sensory Meridian Response，自发性知觉经络反应，又称耳音）开发纪录片。这类作品存在主题单一、节目间同质化较高等问题。用户自制的记录影像内容在差异化营销和长尾受众关注上具有不可小觑的功能。

② 域内合作产制纪录片。主流视频网站纪录片频道会通过购买成片、利用自身片库、建立项目合作伙伴等方式整合纪录片原材料。中国网络电视台纪实频道拥有了央视独家大片库；搜狐视频纪录片频道和国内许多制作公司、独立制片人建立了合作关系；爱奇艺纪录频道与中国国际电视总公司、中央新影集团等发行方和片方都建立合作关系；一些视频网站的纪录片频道同民营纪录片产销机构建立了合作关系，购买或合作经营版权纪录片的制作、发行和播放[115]。

③ 埠外引进纪录片。生产主体为域外纪录片制作团队，通过视频网站或其他网络主体购买网络播映权后进行播出的纪录片。例如优酷平台上映的《直击追捕现场》；咪咕视频专门开设BBC和Discovery频道播出其出品的纪录片。

（2）从内容主题划分

按照纪录片关涉的题材与内容，可以分为以下几大类，共同的特点在于主要来源日常生活、历史创作或服务类资讯。借助日益普及化的视频创作设备和开放鼓励的政策，创作主体呈现多元化的趋势。

① 新闻纪录类。以新闻热点和人物为切口，强调新闻价值的典型性、代表性和时效性，以集中而连续呈现信息的方式呈现作品，将信息转化为意见或态度，形成社会热点的二次传播或历史价值传承。如腾讯视频《焦点人物》以新闻人物为核心，选取每周具有代表性的新闻人物，以人见事；人民日报中央厨房制作出品的《20年，香港正青春》作为人民日报首部系列微纪录片，适逢香港回归20周年之际讲述回归20年岁月里香港地区的人

与事。

② 生活服务类。介绍日常资讯或市肆餐饮信息，如《日食记》。

③ 旅行探险类。介绍各国风情以及满足极限运动的收视心理，如《跟着贝爷走天下》。

④ 人文科教类。介绍人文历史知识，注重文化传承，如《了不起的匠人》。

⑤ 纪实综艺类。重在生活影像记录，如《我们十五个》。

在多元主体参与和新技术不断革新的前提下，互联网纪录片的主题内涵不断发展，为受众带来了更多的收视体验。

（3）从时长和节目形态来分

尽管基于时长和节目形态的划分标准没有科学化的规范，但网络纪录片大致可以分为以下两类。

① 5～10分钟或5～30分钟的栏目化微纪录片[115]。而近两年来，随着短视频生产日益被受众接受，小于5分钟，或2分钟以内的纪录片也逐渐增多。这部分纪录片占据了主流视频网站的大部分资源，对于时长在10～30分钟的记录影像，爱奇艺将其细分为短纪录；小于10分钟的成为微纪录；超过30分钟的但又区别于传统电影形式的称为长纪录。

② 标准电影长度的纪录电影，如优酷与多家影视公司合作出品的《生活万岁》时长为95分钟。

二、网络纪录片的策划与艺术化

1. 历史与人文关怀

纪录片以其人文关怀作为重要的核心价值和作者意识形态的表达，充分体现了作品本身的传播价值和思想文化价值，以及在社会传播中能产生的社会影响力。在社交媒体辅佐的新环境下，纪录片的社会思想文化价值往往能发挥巨大效能，如《航拍中国》与《风味人间》等传统纪录片，在弘扬中国文化传统、自然地理风貌时，传播正能量和建设激情、民族自豪感与认同。互联网作为一个更平民化、草根化的媒介介质平台，为制作者提供了较低的进入门槛，拥抱了更多的观众和网民。作为新传播环境下的纪录片，在新的平台基础上，必然要提供对人和社会的人文关怀，否则就会离观众越来越远，失去核心竞争力和价值要点。对人性和情感的关注、对文化传承的情怀都是网络纪录片与策划要素。

今天是明天的历史。"只有契合时代精神，顺应网络生存特点，纪录片发展才能根深叶茂，获得成功[120]"对于社会热点的关注也应着力反映对社会和人性的关怀，呈现纪录片本身蕴含的意识形态传达和现实精神的铸就[121]。爱奇艺《把脉》通过记录东北乡村中医和东三省农民问医求药的艰辛之路，全方位展现中国农村中医药的生存现状；《北漂》则讲述了赴京谋生的年轻人十年间的生活与梦想变迁；描述后组建家庭的《永成的秘密》呈现了一个特殊性格的孩子寻求关爱的心路历程；《我们的时代，十年敢想录》用十部微纪录展现了十位经营者的所思所感；《我的诗篇》讲述了十位特殊工人的生命诗篇。这些用了历史—现状—未来对话的题材与思考方式，将微观个体命运通过影像纪录与宏观时代变迁勾连在一起，将本土与微观的叙事变成历史的和全球的，形成人们自主探究历史的观看体验，在观看中获得看待与思考社会的新方式。

2. "讲好中国故事"

"讲好中国故事"不仅是网络纪录片的要求，也是当代所有媒介产品的要求，这就是说，在题材和要素选择上，要注重挖掘富有中华文化要素、符合中国主题且展现中国地理资源、传统文化、民族风情的资源。

讲述中国历史并非意味着主题的沉重与难以展开，符合当下社会经济动态的民生百态也可以是中国故事的新篇章。"小成本、大情怀、正能量"的纪实影像正越来越多地出现在视频网站与社交媒体上。《造物集》《日食记》《空腹》等微纪录主题单一，更适合业余个人和团队进入创作，内容的真实呈现、朴实的信息让中国故事为境内外观众所接受。如《解码中国》系列微纪录片通过走访的形式，见证了中国的变化与劳动者的勤劳；《网红》把镜头对准互联网快速发展下的"网红"和"网红经济"[122]；《辉煌中国》《超级工程》《大国外交》等描述中华文化传统、外交主张、自然地理，观看者心中的家国天下，民族情怀在小故事、新场景中得以展现。

3. 符合网络传播的形式和叙事

碎片化的接受方式催生了片段化的网络纪录片更为短平快的形式和叙事[122]，更呈现了短视频简明、浅显、直观生动、轻松有趣的特质，适合通过社交媒体进行发酵[123]。因而网络纪录片或微纪录片的创作自然走了短小、浅显、多维的叙事结构。

相对于传统纪录片，网络纪录片通常要求制作者寻求一个更小的切口，在时长上制作10分钟，一般不超过25分钟[124]的作品，但在实际传播中，10分钟以内，甚至是5分钟以内的微纪录片更受到受众关注，单一的主题和叙事结构更适合网络时代和短视频的碎片化信息处理。如优酷平台《大国利器》作为自媒体生产内容，每集均只有2分钟，结合新闻热点或军事热点，讲述一个历史知识点或军事人物故事、军工知识；《川味》通过每次20分钟的视频讲述一种菜品的历史渊源与制作过程，视角相对聚焦，微观反映了社会心态和时代变迁，契合了人们的收视习惯，更实现了情感上的共鸣。

浅显是网络纪录片另一个重要策划方向。一方面，短小精悍的纪录片要求创作者平铺直叙讲故事，单刀直入切入主题或重要的故事要素，通过旁白解说或文字字幕辅助镜头语言，快速推进故事，真实性与纪实性的要素尤为突显，另一方面，浅显与平直的叙事模式的缺憾是无法呈现更多的艺术化手法，空镜头与娓娓道来的缓慢节奏的呈现难度加大。

镜头穿插的多维叙事结构也是策划与艺术化处理中需要考量的内容。网络纪录片通常呈现一个主题或者一个系列的形式，如优酷平台《直击追捕现场》作为一档档案类纪录片，呈现了美国6个城市武装警察执勤和案件调查的过程，观众可以完全透明的方式实时观看案件发生及演进过程。为了避免主题的单一性，每集均设立了一个主题，有吸毒、枪击、家庭暴力等，围绕主题，将城市案件设立为小故事，呈现不同的操作方式和不同地区的法律规范。在大叙事框架和小场景切换中，观众可以感受到乐趣以及观赏的流畅性。哔哩哔哩平台上播放量达到214万次的《生命时速·紧急救护》也是通过平行时间轴的方式让观众体悟到同一个生命主题。

另外，互动共融可以吸纳更多的受众和团队进入生产流程，进入产业化发展，推动纪录片的大众化时代发展。

4. 技术优化与创新

摄影摄像技术的长足发展也让近年来的纪录片佳作涌现，更让许多业余人士进入到记录影像生产当中。

新拍摄技术促使拍摄视角增多且更为优化创新。2017年起网络纪录片和传统纪录片在总体方案、文案、拍摄手法和音效等方法都有了长足进步。《航拍中国》的航拍技术第一次全方位启用，让观众可以从天空这个新视角纵览中国。4K技术被运用在《了不起的匠人》中，催生了更加精美的画面和精巧的剪辑手法。让观众有了更好的收视体验。多景别、多角度蒙太奇手法的运用改变了视听语言的故事化表达方式。《造物集》的清新唯美拍摄手法让观众在微景拍摄中感受生活的艺术。

5. 多屏产制与推广

传统屏幕、电影院大屏幕、互联网端、移动端联动推广，已经成为2017年以来许多网络纪录片的选择，市场数据也进一步证明了产制策略的成功之处。据美兰德咨询的数据统计，2017年全国上星频道在播纪录片共433部，累计网络视频点击量达7.16亿次[125]。"网络重镇"爱奇艺纪录片平台上，2017年国产纪录片以35%的数量收获超过52%的流量，而在付费纪录片中，占12%的国产纪录片却产生了44%的收益[126]。《我在故宫修文物》的跨屏幕成功实践足以证明纪录片在IP开发中能产生的强大市场潜力；优酷的《进藏》更是为投资商MINI汽车做了植入宣传；《梦回滇缅》《重返风沙线》《七天》等用户定制模式也形成了跨界传播和纪录片商业价值的再开发。

网络纪录片，尤其是自制纪录片在现实发展中的确存在一些亟待解决的问题：如频道资源的同质化，用户自制记录影像品质良莠不齐，无法通过稳定的片源确立盈利模式，品牌价值和营销链条仍有巨大的拓展空间，但是，网络纪录片已经在社会影响和生产方式、艺术价值等层面形成了巨大的发展前景。

思考题

1. 如何理解电视纪录片是一个不断发展的概念？
2. 电视纪录片的类型有哪些？
3. 《舌尖上的中国》对中国电视纪录片的发展具有什么意义？
4. 如何认识纪录片的"真实性"？
5. 电视纪录片创作前期准备工作包括哪些内容？
6. 简述纪录片对国家形象与软实力传播的作用？
7. 简述纪录片的中国化发展路径？

第十一章 广播电视事业管理

【本章要点】 本章介绍广播电视事业的宏观管理制度，重点阐述我国广播电视管理政策和法规体系，解析《广播电视管理条例》，追溯中国广播电视管理法制化进程，探讨中国广播电视管理法制化进程中的重要问题。

广播电视事业管理，是指利用广播电视技术设备和传媒规制，把各种类型的音像节目有效地播放出去而进行的计划、组织、协调和控制的过程。广播电视活动涉及各行各业，影响千家万户。广播电视事业管理是以法律、规章、政策、行政手段等方式对广播电视进行制度管理的总和，是一项复杂的系统工程。

第一节 我国广播电视的管理体制和法规体系

一、我国广播电视的管理体制

广播电视管理制度，也称广播电视管理体制，是一个国家广播电视事业存在和发展的基础，主要涉及国家、政府或政党与广播电视媒介的关系、广播电视管理经营的所有权问题等。它的具体内容包括：制定事业发展的政策、规划，机构设置，人员配备，考核与培训，资金的筹集与使用，设备购置与使用维护，协调节目制作与播出，检查播出效果与改进等。还包括为保证事业发展而进行的有关科研生产、工程设计、制定广播电视技术政策和技术标准，以及建立广播电视法律、法规等一系列的宏观管理措施等。

从管理体制上讲，由于各个国家和地区的历史、政治、经济、文化和社会情况有所不同，广播电视事业的管理体制也有着很大的差异。总体分析，世界各国广播电视制度大体可以分为几种类型。

① 国营制度。这是由国家控制广播电视事业的一种制度。广播电视的所有权归全民所有，由国家提供广播电视事业的经费，并对广播电视的机构、人事、节目内容实施全面管理。我国的各级广播电台、电视台（港澳台地区除外）都属于国营制度型，分别由中央或地方的广播电视管理部门直接领导。

② 公共制度。这是把广播电视事业作为公共事业的制度。国家不直接出面管理，也不由商业集团控制，而是由那些不以营利为目的的社会团体来管理。它们在国家法律规定的范围内进行传播活动，其经费主要靠收取"收视费"和少量的广告费。英国的BBC、日本的NHK等都属于这种类型。

③ 商业制度。这是一种私营管理制度。由商业财团控制广播电视机构的管理，但须国家政府审批，并发放营业执照，才可以经营，其目的是营利性的。这种类型以美国的广播电视机构最为典型。

随着广播电视事业的发展，为了扩大经费的来源，也逐渐产生了国营制度与商业制度兼容，转型为公私合营的制度形式。尽管各国和各地区的管理体制有所不同，但对广播电视活动均实行比较严格的管理，不许任意设立电台、电视台，同时设立相应的管理机构，管理广播电视机构播出的节目内容。其制度管理较平面传媒的管理更严。

我国实行的是由国家控制广播电视事业的国营管理制度。这一制度的主要内容可以概括为：党委政治领导，政府依法管理，行业规范协调。以宣传为中心的整体管理格局，是我国广播电视管理的重要特点之一。这是由我国广播电视事业的上层建筑的本质所决定的。

在我国，从中央到地方的各级广播电视机构的性质，首先是新闻舆论机构，须把"正确引导舆论"的工作放在首位。宣传工作、技术工作和行政工作是保障广播电视活动正常运行的重要组成部分，缺一不可，但这并不等于三个方面的工作是并列的，可以各自为政，而是应以宣传工作为中心，制定与当前形势相适应的各种宣传政策。

政策，是国家或政党为了实现一定历史时期的路线和任务而制定的国家机关或政党组织的行动准则，它是一个有目的的活动过程。其表现形式有法律、规章、行政命令、政府首脑的书面或口头声明和指示以及行动计划与策略等。

广播电视管理包括两个方面：一是依据党和政府的相关政策、法规，对社会上的广播电视和相关部门进行归口管理；二是通过一定的管理体制，对从中央到地方的各级广播电视机构进行本系统的内部管理，如播出机构的设置、频道的规划、节目的制作、引进和播出等，这是广播电视行业管理的主体部分。

宣传管理是我国广播电视行政管理的核心和支柱。根据新闻机构的性质，广播电视的各项工作都要纳入以宣传为中心的轨道上来。中共中央宣传部负责宣传工作的指导方针和政治思想方面的领导，通过党的政策文件领导广播电视媒介，实现思想宣传及舆论导向的作用。

目前，我国广播电视事业管理的最高行政部门是国家广播电影电视总局（1986年，广播电视与电影事业管理机构合并以后，有许多法规和规范性文件同时涉及广播电视和电影的管理，本章只提取广播电视部分的内容，对电影管理的法规与文件不做涉及）。国家广播电影电视总局是由国务院主管的负责全国广播电视宣传和广播电视事业的职能部门。它最早是1949年新中国成立前设立的中央广播事业管理处，中华人民共和国成立时改组为中央广播事业管理局。改革开放后的1986年，成立广播电影电视部。1998年又改组为国家广播电影电视总局（正部级），列入国务院直属机构序列。国家广播电影电视总局负责全国广播电视媒体传播活动的领导与管理，既是新闻宣传机关，又是广播电视事业的管理机构。

长期以来，我国广播电视管理体制经历了一个"条块结合，以条为主"到"条块结合，以块为主"的转变过程。20世纪50年代，我国的广播电视事业规模较小，实行"以条为主，条块结合"的管理体制，即地方广播事业受中央广播事业管理机构和地方政府双重领导，以中央广播事业管理机构为主的管理体制。随着广播电视事业规模的扩大，总结30多年的实践经验，到20世纪80年代初，我国广播电视的纵向管理体制转变为现行的"条块结合，以块为主"的管理体制，即国家广电总局统一领导和管理全国的广播电视事业，各省、自治区、直辖市广播电视厅（局）受该省、自治区、直辖市政府和广播电视总局的双重领导，以同级政府领导为主。地方广播电视厅（局）分别直接领导各该级广播电台和电视台，同时领导所属地方的广播电视事业。

行业规范协调，也是对广播电视进行管理的一种形式。主要是通过中华全国新闻工作者协会、中国广播电视协会等相关行业组织的软性管理。另外，1998年设立的国家信息产业部，又于2008年与国家经济委员会等机构合并组建了国家工业和信息化部，间接参与了对广播电视事业的管理。例如，2010年初，国家工业和信息化部就推进电信网、广播电视网、互联网三网融合相关工作时规定：符合条件的国有电信企业在有关部门的监管下，可以从事除时政类节目之外的广播电视节目生产制作、互联网视听节目信号传输、转播时政类新闻视听节目服务等业务。

二、我国广播电视的法规体系

党的十七大提出"全面落实依法治国基本方略，加快建设社会主义法治国家。依法治国是社会主义民主政治的基本要求。要坚持科学立法、民主立法，完善中国特色社会主义法律体系。"

广播电视法规是"规定广播电视活动的社会关系，体现国家意志，以国家强制力保证广播电视事业正常发展的行为规范的总称"。广播电视立法是我国社会主义法律体系中不可分割的组成部分。广播电视事业所处的法制环境，除了媒介管理的法规之外，还涉及宪法及民法、刑法、行政法等各部门法的内容，不同层次、不同领域的法律法规构成我国比较完整的广播电视事业法规体系。例如：2008年5月开始施行的《中华人民共和国政府信息公开条例》，就是广播电视新闻宣传必须遵守的法规。

我国广播电视事业的法制化建设，围绕改革与发展的大局，至今已经走过30多年的历程。在坚持法制工作与政府职能转变相协调，坚持法制工作与改革决策相结合的原则，提高立法质量和水平等方面，努力建立和完善广播电视法律法规架构，建立公平合理、规范有序、符合广播电视发展规律、富有活力的广播电视行政体制和运行机制。

广播电视立法的含义，应该是建立一个以根本法即宪法为依据，以基本法即广播电视法为主体，包括不同层次法律、法规的比较完整的法律体系。虽然目前我国还没有专门的《广播电视法》，但已经形成了以《广播电视管理条例》为龙头，以其他的广播电视专项行政法律、规章及规范性文件为骨干的广播电视法律体系，颁布了一系列与广播电视相关的法律和规章。它们大致可以分为这样几个层次：一是散见于《中华人民共和国宪法》《中华人民共和国民法》《中华人民共和国刑法》等基本法律中的有关广播电视的条文；二是国家行政主管部门制定的监管广播电视活动的法规；三是省、地市州与县级广播电视主管部门制定的有关规定和章程。这些都是地方广播电视局政策制定与执法管理的依据。

从严格的法学意义而言，我国法律渊源仅有宪法、行政法规、地方性法规和其他规范性的法律文件、民族自治地方的自治条例和单行条例、特别行政区的法律和规范性法律文件及我国同外国缔结或加入的国际条约等七项，由国务院各主管部门制定的部门规章并不属于法律渊源的范畴。广义地讲，法律不仅包括法律的制定和实施，还包括国家的各级机构以及各个管理系统制定和实施的各种具有法律性质的规范性文件。《中华人民共和国行政法》规定，在法律、法规适用时，须参照国务院各部委、地方政府制定的规范性文件，即规章，对广播电视的传播内容进行规范和约束。

广播电视管理的法规体制中涉及的法规很多，根据法规调控、规范广播电视管理的不同方面。一般来讲，广播电视法规体系主要包括以下几个方面的内容。

（1）新闻工作的基本方针和原则

新闻工作的基本方针和原则主要由宪法中有关新闻宣传活动的总纲性条文所规定，有第二十二条、第三十五条、第五十一条、第五十三条等；另外包括其他法规、政策中对于广播电视或新闻宣传事业的性质、作用以及新闻工作中一些具体事情的有关规定。例如，与全国新闻媒体和新闻从业人员密切相关的《新闻记者证管理办法》（新闻出版总署令第44号），进行修订以后，于2009年10月15日起施行。管理办法进一步加强了对新闻记者职业规范的要求，强调新闻采访活动应当遵守法律规定和新闻职业道德，确保新闻报道真实、全面、客观、公正，不得编发虚假报道，不得刊发虚假新闻，不得徇私隐匿应报道的新闻事实。

（2）保护合法权利的有关内容

有关内容包括广播电视媒介及受众合法权利的保护两个方面。前者对破坏广播电视正常传播秩序的行为加以限制和制裁，主要法规有《广播电视设施保护条例》《广播电视管理条例》中关于广播电视设施保护的规定，《中华人民共和国刑法》中也对严重破坏广播电视设施的犯罪行为定罪处罚。后者则是针对新闻媒体侵犯、损害受众合法利益的行为而言，有关条文散见于民法及有关单行法律、规定之中。

（3）著作权保护

著作权保护除著作权法及实施细则以外，还包括民法、继承法、其他行政规章，以及我国所缔结或加入的国际条约中关于著作权保护、稿酬支付的相关规定。

（4）广告经营管理

《中华人民共和国广告法》是约束广告经营活动的最重要的法规，还包括《中华人民共和国消费者权益保护法》《中华人民共和国反不正当竞争法》以及烟酒、医药用品等特殊产品或服务广告的单行法规、规章或规范性文件中有关广播电视广告管理的规定。

（5）对广播电视的传播内容进行规范和约束的法规

这方面的内容相对比较详细。

① 保密法规。包括《中华人民共和国保守国家机密法》及其实施细则、《中华人民共和国军事设施保护法》、《中华人民共和国统计法》等法规中的相关内容，以及主管部门的有关规范性文件。

② 禁载法规。有关法律、规范及政策严禁广播电视媒体刊播含有反动、淫秽等严重有悖于社会公德和社会风俗，或侵犯他人合法权益的内容的节目内容。

③ 对广播电视播出以下特殊事件的新闻报道的一些相关规定。a. 重大、突发事件新闻的报道；b. 领袖人物、领导人重要活动的新闻报道；c. 疫情、地震等重大灾难的预报和新闻发布；d. 司法报道；e. 军事报道；f. 关于未成年人、残障者等弱势群体的报道；g. 关于少数民族及宗教事务的报道；h. 对外（含我国港澳台地区）或涉外报道；i. 舆论监督和批评报道；j. 内参报道；k. 援引境外新闻机构消息的报道；l. 其他需要加以规范的新闻报道。

④ 关于广播电视媒体播出境外制作、发行的广播电视节目的规定。

⑤ 关于广播电视媒体使用的规范化语言文字、标点符号等规定。

（6）广播电视事业管理综合性法律

目前法律效力最高的广播电视管理法规是由国务院颁布实行的《广播电视管理条例》（1997）、《卫星电视广播地面接收设施管理规定》（2007）、《卫星传输广播电视节目管理办法》、《有线电视管理条例》及实施细则等。

在广播电视管理的法规体系中，还包括对境外广播电视机构在我国活动的有关规定、广播电视行业职业道德规范、互联网的管理等内容。如 2000 年出台的《互联网信息服务管理办法》、2006 年出台的《信息网络传播权保护条例》。

第二节　《广播电视管理条例》的基本内容

《广播电视管理条例》是我国第一部全面规范广播电视活动的行政法规，是现行的具有最高法律效力的广播电视管理法规。经 1997 年 8 月 1 日国务院常务会议通过，8 月 11 日中华人民共和国国务院第 228 号令发布，并于当年 9 月 1 日起正式施行。

这个《广播电视管理条例》是基于中国特色社会主义国情制定的，体现了党中央、国务院有关广播电视发展的方针、政策，总结了新中国成立以来广播电视发展和管理的成功经验,明确了广播电视管理发展、繁荣的关系,肯定了广播电视宣传、事业建设、行业管理"三位一体"的具有中国特色的社会主义广播电视体制,反映了广播电视事业改革与发展的客观要求,为广播电视事业改革与发展奠定了法规基础。

《广播电视管理条例》对广播电台、电视台设立广播电视传输覆盖网的规划、组建、开发和管理以及广播电视节目的制作、播发等方面做了比较详细的规定,它是加强我国广播电视行业管理,促进广播电视事业进一步繁荣、健康、有序发展的有力保障。

一、《广播电视管理条例》的产生背景

中华人民共和国成立以来,我国的广播电视事业从小到大,获得了巨大的发展,尤其是改革开放以来,广播电视事业发展迅速,到《广播电视管理条例》颁布之前的 1996 年底,我国广播、电视的人口覆盖率已经分别达到 84.2% 和 86.2%,有线电视家庭入户数达到 5000 多万户,全国共有广播电台 1200 多座,电视台近千座,行政区域性有线电视台 500 多座,电视发射、转播台 40000 多座,已经基本形成了对内和对外、中央和地方、城市和农村、广播和电视、无线和有线、卫星和微波、光纤和电缆等多种形式、多种技术手段相结合的全国性的广播电视传输覆盖网。

广播电视在大发展的同时,也面临着多方面的考验和挑战。一方面,党中央关于大力加强社会主义精神文明建设的方针,广大群众日益增长的精神文化需求,尤其是对优秀精神食粮的渴求,使广播电视工作坚持正确导向、提高节目质量、多出优秀作品的任务显得更加重要和紧迫;另一方面,社会主义市场经济体制的建立,在为广播电视的发展增添强劲活力的同时,又在坚持方向、深化改革、调整关系、规范行为等方面提出了许多新的课题。同时,从世界范围来看,在各种文化相互激荡,各种国际传媒相互竞争日趋激烈的新形势下,广播电视行业既要坚持扩大开放,发展自己,又要时刻警惕和抵御西化、分化的图谋和不良文化的侵入。事业发展面临的新形势,对广播电视的法制建设提出了更高的要求。

从广播电视法制建设自身的发展来看,也呼唤一部全面规范广播电视活动的行政法规的出台。广播电视法制建设从 20 世纪 80 年代中期起步到 90 年代中期,经过近 10 年的努力,取得了一定的成绩,对广播电视事业的发展和管理工作起到了重要的作用,但广播电视法制建设与新形势发展的要求还有比较大的差距。一是广播电视法制建设的状况与国家整体法制建设发展的步伐相比相对落后,存在着法规效力等级低,法规不健全,法规之间不够协调统一等问题,最突出的问题是没有一部全面规范广播电视各方面工作的纲领性的法律或行政法规;二是在我国从计划经济向社会主义市场经济体制转变的过程中,在广播电视事业快速发展的进程中,广播电视工作面临着新形势,出现了许多新情况、新问题和新矛盾,如广播电视管理工作中的广播电台、电视台数量增长过快、重复建设问题严重,一些单位制作播出的节目格调低下、内容不健康等一些不容忽视的问题,急需运用法律手段来解决处理这些矛盾;三是随着改革的深入,国家在依法行政方面出台了一些新的制度措施,特别是 1996 年国家实施了《中华人民共和国行政处罚法》,在这个时候,如果再没有一部全面的广播电视行政法规,广播电视行政部门就不能运用有力的行政问责手段来进行有效的、强有力的行业管理,管理工作就将处于非常被动的局面,将不利于广播电视事业的健康发展。

《广播电视管理条例》正是在这样的背景下产生的。

二、《广播电视管理条例》的框架及内容

《广播电视管理条例》作为全面规范广播电视活动的行政法规,对广播电视节目的采编、制作、播放、传输、接收等环节做了比较详尽的规定,对广播电视新闻宣传、事业建设和行

业管理工作提出了明确的要求。

《广播电视管理条例》（也称《条例》）的总体结构共有六章。即总则、广播电台和电视台、广播电视传输覆盖网、广播电视节目、罚则、附则，共五十五条。

(1) 第一章，总则

本章共有七条。主要阐述了制定《条例》的目的、指导思想，《条例》的适用对象和使用范围，国家对广播电视发展方针及广播电视的管理体制、广播电视工作奖励、社团管理等内容。

① 适用对象。《条例》规定了其适用对象，凡在我国境内设立广播电台、电视台、广播电视站、广播电视传输覆盖网，采编、制作、播放、传输、接收、交易、进出口广播电视节目的活动，即设台、建网、节目管理，均要受本《条例》的约束，遵守《条例》的相关规定。由于互联网上传播视听作品服务在当时刚刚兴起，有待研究，《条例》对这些新的传播方式未作规定。

② 发展方针。《条例》规定广播电视事业应当坚持为人民服务、为社会主义服务的方向，坚持正确的舆论导向。将"二为"方针写入《条例》，用法规的形式体现了社会主义广播电视事业发展的根本方向和目的，具有重大的指导意义。

③ 管理部门。《条例》明确了广播电视行政部门或机构负责广播电视管理工作，以国家行政法规的方式，授予广播电视行政部门对广播电视行业实行归口管理的行政管理权利。而且，尽管当时有的地方县一级广播电视行政部门在机构改革中被调整为事业单位，但按照《条例》的规定，也被授权负责广播电视行政管理工作。

(2) 第二章，广播电台和电视台

本章共有九条。主要规定了广播电台、电视台的设立主体资格、设立条件、设立审批程序，广播电台、电视台终止和暂停程序，广播电视站的设立审批程序以及广播电台、电视台的保护等问题。

《条例》规定了广播电视播出机构的设立主体，即广播电台、电视台由广播电视行政部门设立，教育电视台可以由教育行政部门设立，其他任何单位和个人不得设立广播电台、电视台。国家禁止设立外资经营、中外合资经营和中外合作的广播电台、电视台。同时明确规定了设立广播电台、电视台必须经过国务院广播电视行政部门的审查批准，并针对非法设台问题规定了相应的行政处罚。

对于广播电台、电视台的台名、台标、节目设置范围和节目套数，《条例》规定必须依照国务院广播电视行政部门发给的许可证中所载明的制作和播放节目。其变更也必须经广播电视行政部门批准，不得擅自决定和变更。

(3) 第三章，广播电视传输覆盖网

本章共有十三条。主要规定了广播电视传输覆盖网的独立地位、广播电视行政部门对广播电视传输覆盖网的规划、组建和管理的归口管理权，节目上星管理，广播电视频率指配，广播电视传输覆盖网的设施保护等问题。

《条例》明确了广播电视行政部门自主建设、管理独立的广播电视传输覆盖网的独立地位。规定国务院广播电视行政部门应当对全国广播电视传输覆盖网按照国家的统一标准统一规划，并实行分级建设和开发。县级以上地方人民政府广播电视行政部门，应当按照国家有关规定组建和管理本行政区域内的广播电视传输覆盖网。在明确了广播电视传输覆盖网的独立地位和归口管理权问题的前提下，在组建广播电视传输覆盖网的方式上，《条例》规定可以充分利用国家现有的公用通信等各种网络资源。

为了保证广播电视传输覆盖网的整体质量，《条例》对广播电视传输覆盖网各个组成部分的设立规定了许可制度。凡设立广播电视发射台、转播台、微波站、卫星上行站点，应当向国务院广播电视行政部门领取专用频率指配证明；广播电视节目上卫星，应当经国务院广播电视行政部门批准；安装和使用卫星地面接收设施，应当申领许可证；区域性有线广播电视传输覆盖网的规划、建设方案，应当经省级以上广播电视行政部门批准后实施；广播电视传输覆盖网工程竣工后，须由广播电视行政部门组织验收合格后，方可以投入使用。

针对有线电视快速发展以后出现的偷接有线电视信号和一些单位和个人擅自解扰、截传广播电视信号，并非法发展有线电视用户的情况，《条例》明确规定任何单位和个人不得擅自截传、干扰、解扰广播电视信号，并规定了相应的处罚措施。

（4）第四章，广播电视节目

本章共有十七条。主要规定了广播电视节目制作单位的设立许可，电视剧制作的许可制度，广播电视节目的标准，节目的进出口，对广播电台、电视台播放界面提出的要求以及广播电视节目版权保护等问题。

《条例》对制作广播电视节目的主体资格进行了规范。一方面，只要是经过批准成立的广播电台、电视台，作为广播电视节目主要制作者，都有资格制作广播电视节目；另一方面，考虑到目前社会上许多单位有能力制作广播电视节目，所以《条例》规定，经过省级以上广播电视行政部门批准设立的广播电视制作单位也有资格制作广播电视节目。

电视剧是广播电视节目的一个重要组成部分，考虑到制作电视剧要求的条件比较高，为了保证电视剧的质量，《条例》专门规定了设立电视剧制作的单位必须经过国务院广播电视行政部门批准，领取电视剧制作许可证。

在播放广播电视节目的标准及审查制度方面，第一确定了制作、播放广播电视节目的标准；第二确定了广播电视节目播前审查和重播重审制度；第三对进口境外广播电视节目确定了审查制度，用于广播电台、电视台播放的境外电影、电视剧，由国务院广播电视行政部门审查，用于广播电台、电视台播放的境外其他广播电视节目由国务院行政部门或其授权的机构审查。对境外提供的广播电视节目应当按照国家规定向省级以上人民政府广播电视行政部门备案。

《条例》还对广播电台、电视台播放广播电视节目提出了一些具体要求。例如，应当使用规范的语言文字，推广普通话；播放广告不得超过一定的比例，应播放一定比例的公益广告；应当按照国务院广播电视行政部门的规定转播节目；应当按照节目预告播放节目等。

《条例》对广播电台、电视台播放境外广播电视节目进行了严格的限制。除了审查制度以外，还规定，播出境外广播电视节目不得超过规定的比例，具体的比例由国务院广播电视行政部门规定；以卫星等传输方式进口境外节目或者转播境外节目，须经国务院广播电视行政部门批准。

（5）第五章，罚则

本章共有七条。主要规定了授予广播电视行政部门行政处罚权、违法行为种类和处罚种类等问题。《条例》在行政处罚权方面，明确授予广播电视行政部门和负责广播电视管理的机构，即各级广播电视行政部门，包括事业单位的广播电视事业局，对于违反《条例》的行为有权予以行政处罚。这既是广播电视行政部门的职权，同时也是其职责。在违法行为及处罚方面，《条例》列举了不同的违规行为，并针对不同的违规行为设定了相应的处罚。规定的行政处罚主要有五种：警告；没收违法所得；没收从事违法活动的设备、专用工具和节目载体；罚款；吊销许可证。

（6）第六章，附则

本章共有两条，主要规定了《条例》的生效日期等问题。

三、《广播电视管理条例》的特点及作用

《广播电视管理条例》的颁布实施，是新闻传播事业法制化进程的重要步骤，在广播电视事业法制建设的发展历程中具有里程碑式的意义，标志着我国广播电视事业在依法行政、依法管理的道路上迈出了可喜的一步。

（1）《广播电视管理条例》的特点

① 权威性。《条例》是目前我国广播电视体制中最高层次的行政法规。鉴于目前《广播电视法》还没有出台，由国务院颁布施行的《广播电视管理条例》在广播电视事业管理中具有最高的法律效力，具有权威性的特点。

② 全面性。《条例》是目前我国广播电视管理工作中覆盖面最宽的法规，其内容涵盖了广播电视管理的各个方面和广播电视活动的各个阶段，具有全面性的特点。

③ 针对性。《条例》是在广播电视系统全面进行治散治乱的情况下出台的，对当时突出存在的多头批台，擅自设台、建网，乱播滥放等干扰广播电视事业健康发展的主要问题进行了明确的规定，具有比较强的针对性。

④ 预见性。《条例》突出了广播电视的高科技特色，明确了广播电视传输覆盖网在国家信息化建设中的地位和作用，为广播电视的发展开辟了新的发展方向，具有预见性。

⑤ 可操作性。《条例》明确规定了各级广播电视行政部门的职责，体现分级负责的行政管理原则，《条例》的规定具体、详细，具有比较强的可操作性。

（2）《广播电视管理条例》的作用

① 《条例》是一部全面规范广播电视新闻宣传、事业建设和行业管理等各方面活动的好的行政法规，对于广播电视事业的健康有序发展起到了积极的规范、引导、保障和促进作用。

② 《条例》是加强广播电视行业管理的法律武器。《条例》对广播电视的管理体制、管理对象、管理内容和管理手段、方式进行了全面的规范，使广播电视管理工作走上了法制轨道，为广播电视事业的健康有序发展提供了保障。《条例》的颁布实施为严格执法提供了明确的法律依据。《条例》颁布实施以后，各级广播电视行政部门依据《条例》严格执法，解决了一些长期存在的问题，使广播电视依法管理得到了进一步加强，广播电视依法管理出现了新的局面。

③ 《条例》是促进广播电视改革发展的重要保障。《条例》确定了广播电视使用发展的方针和政策，提出了多项扶持广播电视发展的措施，提高了对广播电视的保护水平，为广播电视事业的进一步发展创造了良好的环境。

④ 《条例》的颁布实施推动了广播电视法制建设的整体发展，使全行业初步建立了以《条例》为核心，以配套行政规章为依托的广播电视法规体系。《条例》出台以后，很多地方积极开展了广播电视立法工作，出台了本地区的广播电视管理条例或办法，广播电影电视总局的立法步伐也大大加快，法律法规体系不断健全和完善。同时法制宣传教育工作深入开展，广播电视系统依法管理、依法办事、依法行政的意识明显增强，执法力度和执法水平大大提高。

第三节　我国广播电视管理的法制化建设

我国广播电视的法制化建设，是随着广播电视事业的发展而发展起来的。广播电视法制建设是广播电视事业的重要组成部分，加强法制建设是保障广播电视改革、发展、稳定的需

要，是做好广播电视宣传和艺术创作的需要，是建立良好的广播电视管理秩序的需要，是促进广播电视行政部门转变政府职能，全面提高依法管理，依法行政水平的需要。

广播电视系统充分发挥法制建设对广播电视事业发展的保障、规范、引导、促进和服务的作用，在立法、普法、执法监督、知识产权保护、法律服务等方面取得了很大成绩。以《广播电视管理条例》的出台为标志初步建立了广播电视法规架构，基本做到了有法可依；初步建立了一支素质较高、纪律严明、业务熟练的执法队伍；严格规范地开展广播电视执法工作，有力地促进了广播电视管理秩序的形成；在执法监督方面，通过行政复议、行政诉讼和各项执法监督检查工作的开展，有力地提高了广播电视执法水平，使各项法规得到了比较准确、全面的执行。

一、我国广播电视的法制化进程与策略

1. 我国广播电视的法制化进程

我国广播电视的法制化进程起步于20世纪80年代中期。此前政府虽然曾制定和颁布了一些管理广播电视工作的法规性文件，但由于不够系统和全面，法制建设一直是广播电视事业建设的一个薄弱环节。对广播电视各项工作的管理，主要是依据各个时期的方针、政策，通过党组织发布指示、命令等各种行政手段来进行，无法可依、无章可循的现象比较突出。党的十一届三中全会以后，伴随着广播电视事业的不断发展壮大，广播电视法制建设也开始取得比较明显的成效。

1983年，我国确立了四级办广播电视、四级混合覆盖的广播电视发展方针，国务院颁布了《广播电视设施保护条例》。我国的有线电视产生于20世纪70年代末期，在80年代进入高速发展时期。针对有线电视发展初期存在的无序现象和乱播乱放的问题，颁布了《有线电视管理暂行办法》和实施细则。20世纪90年代中期，社会各方面对卫星电视的需求日益增长，国务院发布了《卫星电视广播地面接收设施管理规定》和《卫星电视接收设施接收外国卫星传送的电视节目管理办法》，强调只有持有国务院批准规定的许可证才能接收规定范围内卫星传送的节目。近年来，随着广播电视事业的飞速发展，广播电视系统的立法步伐明显加快。

1998年广播电影电视总局成立以来，相继颁布实施了一批部门规章及大量的规范性文件，在广播电视管理实践中发挥了重要作用。在部门规章方面，国家广电总局令的内容涉及众多方面，如广播电视播出机构，有线广播电视、卫星广播电视、广播电视传输覆盖网，广播电视节目和电视剧的制作、审查、进口、出口、发行后播放，有线电视视频点播，广播电视传输安全，赴国外租买频道和设台，广播电视节目出品人、播音员主持人、电视剧制片人持证上岗，互联网等信息网络传播视听节目，广播电视设备器材入网认定等各个方面。

同时，为了加强管理、规范从业行为、加强新技术条件下的广播电视管理，治散治滥，国家广电总局出台了一系列规范性文件，内容涉及新闻宣传、社会管理、事业建设、科技管理、外事管理、人事财务、纪检监察等各个方面。

通过这些规章、法规性文件的引导规范，有力地促进了广播电视行业的健康有序发展。一些重要的政策性文件对深化我国广播电视业改革、促进我国广播电视业发展有着深远的影响。如1995年中共中央办公厅、国务院办公厅转发了广电部党组《关于进一步加强和改进广播电影电视工作的报告》，对广播电视宣传、事业建设和行业管理等方面提出了一系列新的举措；1996年，中共中央办公厅、国务院办公厅下发了《关于加强新闻出版广播电视业管理的通知》，它是中共中央关于新闻出版广播电视业调整结构治理散滥现象的重要文件；1999年国务院办公厅转发的《信息产业部、国家广播电影电视总局关于加强广播电视有线网络建设管理的意见》，对明确广播电视有线网络的发展体制，确保广播电视节目安全传输，

加快广播电视行业改革步伐意义重大;2001年中共中央办公厅、国务院办公厅转发的《中央宣传部、国家广电总局、新闻出版总署关于深化新闻出版广播影视业改革的若干意见》,明确了广播影视改革发展的指导思想和总的原则方针,并确立了一系列改革发展的重大政策和具体措施。国家广电总局为此专门出台了相关的实施细则,为推动广播影视业深化改革、加快发展发挥了积极作用。

广播电视事业管理的整个系统需要规范管理的方面比较多,而法规制度建设起步得又比较晚,立法工作一度存在着"头痛医头,脚痛医脚"的状况。为了改变这种立法缺乏长远规划和统筹安排的局面,国家广电总局加强了立法的规划预测工作,使广播电视的法规体系进一步完善。

1991年召开的第二次全国广播影视法制工作会议,提出了建立广播电影电视体系的设想,1995年《广播电影电视法规体系框架》以表格的形式确立了广播影视法规制度建设的总体目标和架构,为广播影视立法工作提供了可供遵循的依据,大大增强了立法工作的预见性、规划性。1996年召开的第三次全国广播影视法制工作会议提出了广播影视法制工作15年的总体思路和奋斗目标。即从1996年到2010年的15年间,广播影视法制建设大体分为两步走。

第一步是在"九五"期间,主要的广播影视法规、规章要颁布施行,加大对现行广播影视法规制度的立、改、废的力度,调整广播影视法规规章的内部结构,逐步形成较为科学、统一的法规体系,并着手进行两部大法的调查研究起草工作;大力增强全系统依法管理、依法决策的自觉性,逐步形成全系统学法用法的良好气氛。在有法可依、职责明确的基础上,加大执法力度,完善执法监督制度,努力提高广播影视行政管理和行政执法的水平。

第二步是到2010年,要基本形成以《广播电视法》《电影法》为核心,以配套法规和规章为基础的,符合社会主义市场经济要求、符合现代广播影视发展规律的广播影视法律体系;广播影视行政管理和行政执法水平全面提高,真正实现宣传工作、事业建设和行业管理的科学化、规范化。

2000年,《广播电影电视"十五"法制工作思路》出台;2001年,广电总局颁布了《关于加强广播影视法制建设的实施细则》,明确了新时期广播影视法制工作的指导思想、原则和任务。这两个文件的中心内容是:在新的历史时期,要以与时俱进的创新精神,探索建立广播影视政策法律新体系,紧密围绕广播影视改革与发展的主题,探索和构建以宪法为根本,以广播电视法和电影法为主干,法规、规章、政策相互配套,协调统一,集立法科学、普法广泛、执法从严、违法必究为一体的,符合国家法制建设的总体要求、符合广播影视的基本规律和特点、符合改革发展总体目标的广播影视政策法规新体系;要围绕广播影视集团化发展,传输网络企业化改制,有线、无线、教育电视台合并以及地市县广播电视播出机构转变职能等改革中急需规范化调整的热点、难点、重点问题,及时起草和修订有关理顺关系、建立新机制新体制的法规、规章、规范性文件等,为广播影视改革和发展的重大决策提供法律依据;通过完善法规,在确保坚持对外开放的前提下,切实加强依法管理,维护国家利益,保护我国的民族文化利益;着重加强数字化、网络化等高新技术对广播影视发展带来的新情况、新问题的研究,在借鉴国外广播影视立法和管理的成功经验的基础上,适时制定有关数字网络音视频业务、直播卫星等方面的管理规定。

总之,经过近30年的努力,我国基本形成了以《广播电视管理条例》为龙头,以其他广播电视专项行政法规、规章及规范性文件为主干的广播电视法规体系。从调整的范围看,内容涉及广播电视设施、传输覆盖网、广播电视播出机构、广播电视节目管理、广播电视对外合作、广播电视从业人员、广播电视行政执法等各个领域。从法规的效力等级上看,除了由国务院批准颁布的行政法规、部门规章及规范性文件以外,各省、自治区、直辖市以及省政府所在地的市和经国务院批准的较大城市的人民代表大会，也相继制定出台了一批广播电视方面的地方性法规和地方政府规章。据不完全统计，山西、吉林、江西、山东、广西、四川、贵州、云南、新疆、上海等省、自治区、直辖市都发布了本地区的广播电视管理条例或广播电视设施保护条例。

我国的广播电视行业正在积极稳步实施以发展为主题，以体制改革、结构调整为主线的广播电视的各项改革。当前广播电视法制建设的主要任务是：紧密结合广播电视改革发展进程，在总结长期管理经验的基础上启动《广播电视法》的起草制定工作；根据广播电视业的特点和加强管理的需要，及时将有关政策措施制定为法规、规章；加强依法行政、依法管理、严肃法纪、准确执法；努力增强法制意识，加强广播电视法律服务和法律指导，建立和完善执法队伍和法制工作机构，进一步加强执法人员和法制工作队伍建设。

2. 我国广播电视管理法制化的策略

当前，国际广播电视传媒业正经历着技术革命和全球性兼并与重组浪潮，呈现出传播全球化、规模大型化、市场细分化、传输数字化与网络化的趋势。在日益激烈的竞争中，世界许多国家都加快了对本国广播电视传媒的改革步伐，推进产业结构调整和资源整合，建立超大型传媒集团，进行全球性的市场运作。与此同时，许多国家也都根据新的形势修改或制定了本国的广播电视法律制度。

（1）关于《新闻法》

社会主义法制建设的基本原则是有法可依、有法必依、执法必严、违法必究。这四个方面，有法可依必然是第一位的。广播电视的法制化建设涉及范围很广。一些法规与新闻法、著作权法、无线电管理法、电信法等法规都有着密切的关系，相辅相成。如广播电视新闻工作者必须遵守中华新闻工作者协会颁布的《关于有偿新闻的若干规定》。我国广播电视事业实行的是以宣传为中心的整体管理格局，广播电视部门首先是新闻舆论机关，要把"正确引导舆论"工作放到首位。所以说，作为新闻媒体的广播电视部门，必须要以对国家、公众负责的态度，依据法律、法规、政策，遵守有关的新闻法规及新闻纪律，才能很好地完成广播电视的宣传任务。

新闻立法的呼吁几乎伴随中国改革开放的30年。1980年全国人大五届三次会议期间，来自新闻界的一些人大代表、政协委员，就制定新闻出版法和保障公民言论、出版自由问题公开呼吁，但由于多种因素，新闻立法至今仍然存在较大难度。我国至今还没有一部专门规范新闻传播活动或者规范某一类大众传播媒介的法律，这不能不说是一个缺欠和遗憾。

广播电视部门作为新闻媒体，有着自身的特点。其中很重要的一项职责就是舆论监督。新闻媒介不能像人大、法院等监督机关那样行使权力，而是以《中华人民共和国宪法》规定的新闻自由、出版自由及多项公民权利的公共形式来行使的公共权利。对社会来说，舆论监督是一种宝贵的社会资源，并对整个社会起到积极的正面作用。舆论监督在我国发展的时间虽然不长，但所发挥的作用却越来越大，在针砭时弊、发扬民主、伸张正义、揭露腐败、震慑犯罪等方面得到了很好的效果，受到广大群众的欢迎。然而，舆论监督也是一把双刃剑，稍有不慎，就会产生负面效应，所以必须要以对国家、公众负责的态度，依据法律、法规、政策及新闻纪律做好这方面的工作，最大限度地避免新闻官司的发生。

但目前面临的窘境是缺少必要的法律依据。对新闻媒体的采访权、报道权、评论权、批评权等，至今还没有一部法律做过具体规定。中国目前新闻记者官司不断，其中败诉的大多数是新闻记者，一个重要原因就是舆论监督缺乏法律依据，新闻记者缺乏有力的法律保障。从实际情况来看，由于我国的《新闻法》《广播电视法》尚未制定或出台，使我国新闻事业和广播电视事业法制化管理的体制上，有着很大的漏洞，大大削弱了新闻法制体系的力量。

以管理制度代替法，以某人的讲话代替法的现象屡见不鲜，也源于新闻法制的不健全，一些记者被推上被告席，并大多数以败诉告终，其中也有缺乏《新闻法》保护记者合法权益的因素。中国新闻出版总署2009年颁布的《新闻记者证管理办法》指出：在中华人民共和国境内从事新闻采编活动，须持有经新闻出版总署核发的记者证。管理办法强化了对新闻采访权益的保护的规定，明确新闻记者持新闻记者证依法从事新闻采访活动受法律保护。各级人民政府及其职能部门、工作人员应为合法的新闻采访活动提供必要的便利和保障。同时规定：任何组织或者个人不得干扰、阻挠新闻机构及其新闻记者合法的采访活动。

牵一发而动全身的新闻改革或新闻立法，应当被看作中国政治体制改革皇冠上的一颗明珠。在中国政治体制改革还没有迈出实质性步伐的时候，新闻立法也就被搁置了。应当相信，随着中国政治体制改革进入快车道，新闻立法也必然会提上议事日程，从而进一步推动中国政治体制改革的进程。

(2) 关于《广播电视法》

《广播电视法》是同宪法相衔接、代表国家意志、实现党和政府对广播电视全面领导和管理的要法，是广播电视法规体系的核心。

自1986年，当时广播电影电视部就《广播电视法》的起草，组织专人进行调研，在广泛听取意见的基础上反复修改，至1990年底，已经修改出第五稿，但此后由于广播电影电视部认为制定《广播电视法》的条件还不成熟，如与邮电等部门的工作关系还没有理顺、《新闻法》还没有出台等。由此，《广播电视管理条例》1997年第一次以行政法规的形式颁布，对我国的广播电视活动进行了规范。时间已经过去了20多年，随着形势的发展，尤其是这些年来国务院机构的变化和新技术的应用，使得《广播电视管理条例》的相关规定又面临着修改或重新修订的任务。形势呼唤着层次更高、法律效力更大的《广播电视法》的出台。

①《广播电视法》的内容应当涵盖广播电视的全部活动。这里既包括纵向的各个环节，又包括横向辐射的各个方面；既要规范和调节系统运转的内接触面，又要规范和调节系统运转的外接触面，甚至还要规范纵与横、内与外的结合部。一般来讲，国家应当通过法律对广播电视作出如下多方面的规范和调节：

a. 确定国家发展广播电视的基本方针，明确广播电视在国家政治、经济和文化生活中的地位。

b. 确定各类广播电台、电视台的性质和任务，设立与撤销的条件、占用方式、经营管理方式、财政来源。

c. 确定主管部门及职责，规范和调节国家电台、电视台与其他各类广播电台、电视台之间的关系；规范和调节广播电视系统与社会其他系统的关系；确定广播电视系统内各个方面、各个环节的权利、责任、义务，规范并调节它们之间的关系。

d. 广播电视节目管理；广告管理。

e. 确定各类电台、电视台节目播出和经营规划；公益性和营利性服务。

f. 确定广播电视收费标准及管理方式。

g. 确定广播电视从业者的权利、责任、义务。

h. 确定广播电视的法律责任，广播电视道德规范。

i. 电缆、光缆、微波、卫星广播电视管理；规定各类电台、电视台的功率和覆盖范围，确定频率、频道的分配原则。

j. 确定广播电视系统国际交往的基本原则和权限。

我国的广播电视法制化进程仍然有许多需要完善的地方，而一些国家和地区的广播电视管理及新闻传播法规体系，相对而言，已经形成了比较完整的法规体系。尽管法规体系从本质上属于上层建筑的范畴，广播电视法规也因各国情况而异，不能简单地加以模仿或移植，但"他山之石，可以攻玉"，参考、借鉴异域优秀的传媒法制建设成果，无疑可以缩短我们与他们之间的差距。

② 我国对于广播电视新闻报道，仅在《广播电视管理条例》的第三十四条作出"广播电视新闻应当真实、公正"的原则性规定。在严禁播出的广播电视节目的一般原则中，第三十二条则以正面列表的方式详细列出被禁止播放的广播电视节目内容，共计七条。

  a. 危害国家的统一、主权和领土完整的。
  b. 危害国家的安全、荣誉和利益的。
  c. 煽动民族分裂、破坏民族团结的。
  d. 泄露国家秘密的。
  e. 诽谤、侮辱他人的。
  f. 宣扬淫秽、迷信或者渲染暴力的。
  g. 法律、行政法规规定禁止的其他内容。

其中前六条列举了主要禁止制作、播出的广播电视节目的内容，第七条则以笼统的方式将其余未能穷尽的内容囊括其中。相较于中国香港地区的法规，我国内地对于特定内容的广播电视新闻报道的规范还有所欠缺。

广播电视管理涉及新闻宣传、电影、广告、文化艺术、无线电频率使用、广播电视工程技术、邮电、卫星、经营等多个领域，牵涉到其他很多法律、法规。作为行政法规的《广播电视管理条例》，对法律层级更高的有关法律或与之平级的行政法规，缺少有效的适用性。以行政法规规范本来应由法律调整的各方面权利和义务，从长远来看，这样的法规体系是不完备的。而且，法规与法规之间缺少足够的协调与统一。现行的广播电视管理法规体系大量由部门规章和规范性文件组成，呈散点分布，有些互相之间缺少必要的联系，有的地方甚至出现互相抵触的情况。由于缺少总纲性的法律依据，在部门规章、规范性文件的制定中，不同的规章、规范之间由于缺少兼容和匹配会产生不必要的法规冲突，包括对同类事务的不同规定的积极冲突，以及对某类事务缺少明确规定的消极冲突。这类情况，通过法规的清理、修改，可以逐步得到相应的改善。如1998年初，国家广播电影电视部发出《关于不再执行广播电影电视行政规章和规范性文件中部分行政处罚规定的通知》，对广播电视管理规章、规范性文件中超出有关法规规定和缺少明确法律依据的部分处罚规定予以取消。

广播电视媒体的本质属性是社会主义的文化事业，是中国共产党引导舆论、服务社会的宣传工具，同时还要满足受众的需要，努力提高收听率、收视率，坚持社会效益优先，实现社会效益与经济效益的双丰收。这里广播电视媒体的"社会效益"，从广义上讲，就是在传达党和国家的方针政策、配合思想政治工作、加强社会主义精神文明建设等方面所取得的文化成果。而"经济效益"则是广播电视宣传过程中所创造出来的物质成果。

广播电视媒体通过良性管理激发活力，以优秀的产品满足人民群众日益增长的文化生活需要，追求收听率、收视率，是其自身属性的本质需求。同时，广播电视媒体肩负着党、政府和广大人民群众代言者的职责，又必须把社会效益与经济效益有机地结合起来，努力做到两个效益的统一。然而在具体的广播电视工作中，往往很难平衡两者之间的矛盾。比如正面宣传与舆论监督的矛盾、新闻导向与服务性的矛盾，新闻严肃性与娱乐性的矛盾等。中央电视台的《读书时间》节目，以知识含量高、品味高雅而闻名，却由于收视率低而难以生存，2004年被迫停播。此类现象在广播电视业界并不少见。

目前，广播电视管理法规的制定与广播电视科技的发展呈现立法追赶科技水平的模式，往往是出现了新科技带来的新变化或新问题，才制定或修改有关法规来规范新出现的新情况。广播电视媒体的发展进程与现代传播科技的发展亦步亦趋,尤其是在当代,广播电视技术的发展已经达到令人惊异的程度,卫星技术、数字式通信、计算机技术在广播电视媒体中的应用,使广播电视媒体发生了深刻的变化。到2008年底,广播电视人口覆盖率均超过了95%,收音机、电视机用户超过5亿台。广播已经从短波调幅到调频广播、数字广播、网络广播,电视从黑白电视到彩色电视、数字电视、高清电视、超高清电视、手机电视、网络电视。

在面对新科技发展带来的变化时,有关的广播电视法规明显滞后于现实。通过计算机互联网实现的交互式电视,或通过广播电视传输覆盖网络实现的计算机多媒体,有关法规都还未能在条文中加以表述和规范,广播电视管理的最高法规《广播电视管理条例》及计算机网络管理的最高行政法规《计算机信息网络国际联网管理暂行规定》中也都没有对相应内容作出规定。在广播电视和计算机网络技术的发展日益密不可分的情况下,这不能不说是一种法规的疏漏,或是法规的滞后之处。

应当指出的是,《广播电视管理条例》虽有许多不完善之处,但它实际上已经为最终形成制定《广播电视法》奠定了基础。一个以法制化、规章化为特征,对广播电视进行现代科学管理的时代已为期不远或正在到来。

二、广播电视管理的法制化趋势

2018年3月28日,国家新闻出版广电总局发布《关于2017年度法治政府建设情况的报告》,在2018年工作计划中明确提出:"推进重点立法项目取得新突破,进一步完善中国特色社会主义新闻出版、版权、广播电视、电影领域法律规范体系,如启动《广播电视法》制定工作,建立广播电视领域基本法。"这项工作计划,吸引了诸多广播电视行业人士的目光,它表明相关部门的法治思维和执法能力正在逐步加强,广播电视事业法制化管理之路取得了突破性进展,距离专门《广播电视法》的出台又近了一步。

近年来,我国虽然在广播电视的管理方面已经建立了一系列的管理体制,例如,国务院曾先后颁布了《卫星电视广播地面接收设施管理条例》《广播电视管理条例》《广播电视设施保护条例(修订)》等行政法规,国家广电总局也制定了多项部门规章,但《广播电视法》仍处于缺位状态。事实上,直到今天,对于广播电视领域的规制政策、规制文件多属于暂行办法、管理办法、暂行规定等部门性规章。此外,中宣部、广电总局还经常通过行政指令、红头文件等方式对电视剧产业乃至整个传媒产业的发展进行管理[127]。没有高位阶法对广播电视从业人员的各项权利和事业推进进行保障,是不利于广播电视事业发展的。

法制化管理是我国民主和法制建设的基本要求,是我国广播电视发展的必由之路,是现代社会发展必不可少的趋势。广播电视事业虽然具有意识形态属性,但同时还具有商品属性。在不同国家、不同历史时期,各国对于广播电视的性质属性和社会功能偏重各有不同。我国广播电视媒体是党和国家的宣传喉舌和舆论工具,国家更加注重广播电视媒体在资源配置方面的主导作用。在党和国家的正确领导下,我国广播电视管理的法制化已经取得了可喜的成绩,立法进程日益加快,法律意识逐渐增强、产权保护取得进展。但是从总体来看,我国广播电视事业管理体制在向市场经济转型的过程中出现了弊端,还未能完全适应社会主义和谐社会和民主法治的要求。

① 法律法规不系统,缺乏完整性。目前为止,我国《广播电视法》并未出台,许多规范性的文件存在漏洞。大多数的规制属于限制性的"义务",而缺乏保障性的"权利"[128]。有关广播电视法律关系的规定涉及广播电视运营机构、从业人员、监管机构以及受众相关的权利与义务,而对于从业人员的采访权、批评权、报道权等并未做出详细规定。在现实中造成了广播电视从业人员的实践工作缺乏有效的法律保障,涉及的法律关系和权责主体不明等

缺陷，不利于广播电视事业的发展。

② 管理体制僵化，范围太过宽泛。广播电视运行体制僵化主要表现在试图将原有的管理体制移植到新媒体与广播电视不断融合的发展进程当中，因循守旧，不能满足日新月异的技术变迁和制度本身的发展需求。此外，现有体制的管理范围太过宽泛，缺乏针对性、有效性管理规定[129]，有些规定只涉及大致方向，却没有详细界定，实践中的具体操作要靠执法者去揣测，裁量空间过大，为管理带来了诸多不便和不稳定因素。例如，广播电视节目导向根据1996年《中共中央关于加强社会主义精神文明建设若干重要问题的决议》规定提出要努力提高节目质量，增加国产优秀节目数量，制止格调低下、内容不健康节目的播出。但对于判断"格调低下"的标准并没有明细的界定，这样抽象不明的界定无法为执法者提供可操作化的指引，实现有效的管理。

③ 立法程序不足，处理流程缓慢。在制定政策法规时，新闻出版广电总局等部门在征集相关法律文件、行政法规和规章的立项建议时，只有内部工作的技术性程序，没有立法听证，缺乏公共立法程序。此外，事件审批过程难以实现快速审批，在审批过程中还会受到权力威胁。众所周知，中央的广播电台、电视台由国务院广播电视行政部门设立；地方上，由县级以上人民政府广播电视行政部门提出申请并逐级上报，由国务院广播电视行政部门审查批准。有关广播电台和电视台的台址、功率、频率、频道、天线高度等技术参数和呼号、台标等在批台一并审批。之后运行中若需变动，也必须按照同样的程序获得批准方可更改[130]。假设相关企业在市场化竞争中，需要进行个性化的节目设置，但由于审批需要一级一级地上报，审批速度滞后，导致传播效果差强人意。

在广播电视领域，发达国家和新兴发展中国家都非常重视法制治理，法制治理是最为经济有效的治理手段，法律至上已经成为调控社会、治理国家的基本理念。我国广播电视的发展迫切需要与之相适应的法律法规的出台，使广播电视事业管理真正纳入法制化的轨道。目前我国广播电视管理的主导方向由政策转向法制，要解决法制建设中存在的诸多问题，必须全面清理一些不能满足制度需求的法律法规，废除失效的政策文件，建立法律效力更大、位阶更高的《广播电视法》。把法制建设与改革结合起来，明确权力职责的范围，启动公共立法程序，避免部门利益法制化，用法律严格规范管理，建立一个完整的法律规范体系。

三、融媒体时代广播电视管理的策略

1. 广电融媒体的发展

现如今，互联网在我国已经普遍运用和普及，网络技术已经成为媒体行业发展的重要部分，我国广播电视的运行体制也在不断发生改变。融媒体的发展给广播电视的管理带来了新的挑战。所谓融媒体即融合媒体，指广播、电视、报刊等与基于互联网的新兴媒体有效结合，借助于多样化的传播渠道和形式，将新闻资讯等广泛传播给受众，实现资源通融、内容兼容、宣传互融的新型媒体[131]。

2014年8月18日，中央全面深化改革领导小组第四次会议审议通过了《关于推动传统媒体和新兴媒体融合发展的指导意见》，着力打造一批形态多样、手段先进、具有竞争力的新型主流媒体，建成几家拥有强大实力和传播力、公信力、影响力的新型媒体集团，形成立体多样、融合发展的现代传播体系。自该意见发布以来，各级广播电视媒体普遍加大媒体融合的力度，部分媒体传播力、影响力得到提升，发展空间也有了新的拓展。譬如"猛犸新闻"由大象融媒体集团与《东方今报》联合打造，大象融媒体集团是河南广电组建的全国首个"党"字号的融媒体集团，也是全国首个打出"融媒体"口号和理念的媒体集团，强调"宣传融合、管理融合、经营融合、产业融合、技术融合"五位一体集中发力，力求实现信

息的"一次采集、多种生成、多元传播"。但总体看来,我国各级广播电视融合发展的水平参差不齐,融合层次和质量还有待提高,很多探索还处在广播电视与互联网简单相"加"的阶段,离中央的要求和部署、离人民的需求和愿望,都还有差距。

国家新闻出版广电总局于2015年下半年启动了该意见的研究起草工作。习近平总书记指出,融合发展关键在融为一体、合而为一,要尽快从相"加"阶段迈向相"融"阶段,这是该意见的主旨。2016年7月2日,总局印发《关于进一步加快广播电视媒体与新兴媒体融合发展的意见》,它提出广播电视媒体与新兴媒体融合发展的重点任务:①"一个融合发展理念",即树立深度融合发展理念;②"八个融合型体系建设",即加快融合型节目、制播、传播、服务、技术、经营体系和运行机制、人才队伍建设。《关于进一步加快广播电视媒体与新兴媒体融合发展的意见》从加强组织领导、加大政策扶持力度、加强知识产权保护、完善融合考评体系等方面明确了措施保障。

2018年3月,根据《深化党和国家机构改革方案》,中央广播电视总台组建。中央广播电视总台整合了中央电视台(中国国际电视台)、中央人民广播电台、中国国际广播电台三台资源,高度重视传播手段建设和创新,提高新闻舆论传播力、引导力、影响力、公信力,增强广播电视媒体综合实力与竞争力,推动广播电视媒体、新兴媒体融合发展[132]。

中央广播电视总台自成立以来,按照"台网并重、先网后台"的思路,持续推动"三网三台"加速融合,建立总台新媒体"一键触发"机制,三台移动端共同推送总台重要评论和精品报道,实现1+1+1>3的传播效果。短短数月,总台整合红利凸显,融媒体发展势头强劲,电视收视与网络传播力直线上升。譬如,2018年博鳌亚洲论坛期间,央视时政微视频《习近平的海南情缘》,以习近平总书记视察海南的足迹为线,以音乐、同期、字幕搭建叙事脉络,采用央广节目音频资料和央广播音员配音,以300秒讲述一段碧海蓝天的新海南故事。视频推出不到40个小时,全网推送阅读量近4000万,三台逐渐实现内容、人才、渠道等资源的全方位打通,推动融合深化,在互联网阵地开疆拓土,共奏融合交响乐章[133]。依托融媒体带来的资源重构和技术、人力支撑,中央广播电视总台成为我国广播电视行业媒体融合的龙头企业和排头兵,在国内和国际舆论场中的影响力进一步加强。

2. 融媒时代广播电视管理的策略

媒体融合背景下,广播电视整合多方资源创新发展,更新速度日新月异,为相关部门的法律和政策管理工作带来了新的挑战。目前世界各国对广播电视内容的管理主要包括技术管理(频率资源分配的管理)、广播电视市场管理(市场准入和退出规范)、广播电视媒体行为管理(节目内容规范、服务质量、行业发展规划)、广播电视所有权管理以及跨媒体经营的管理等[134]。所采取的管理方式主要体现为法律管理手段、行业自律和行政政策手段。其中,法律管理手段是广播电视管理的主要手段,通过法律法规对广播电视行为强制性管理,对于一些违反法律相关规定的行为,根据相关管理规定进行处罚;行业自律是指行业机构通过规章制度、行业规定等方式进行约束自身的行为,对权利与义务进行规定。行政政策手段是广播电视管理的传统手段,也是最常用、最直接的手段,主要是对广播电视行业进行约束,保证广播电视行业能公平竞争,维护广播电视市场秩序[135]。

为确保广播电视和网络视听文艺节目健康有序发展,国家新闻出版广电总局进一步完善新媒体政策与法规。目前,我国对数字时代广电媒体的管理内容主要有以下几个方面。

(1) 许可服务制

广电总局于2003年2月10日颁布的《互联网等信息网络传播视听节目管理办法》("15号令")首次明确了对视听节目的网络业务实施许可管理制,只要获得广电总局颁发的"网上传播视听节目许可证",便可通过信息网络向公众传播视听节目。

2004年10月11日，修改过的《互联网等信息网络传播视听节目管理办法》（"39号令"）明确了"广电总局负责全国互联网等信息网络传播视听节目的管理工作，县级以上地方广播电视行政部门负责本辖区内互联网等信息网络传播视听节目的管理工作""从事信息网络传播视听节目业务的，应取得'信息网络传播视听节目许可证'。"同时规定，对以电视机为接收终端的信息网络传播视听节目集成运营服务只能由经广电总局批准设立的省、自治区、直辖市及省市、计划单列市级以上广播电台、电视台、广播影视集团（总台）申请。其他机构和个人不得开办此类业务。这些规定被视为对电信运营商的限制。此外，"39号令"对通过信息网络对公众传播的新闻类视听、影视剧类视听节目和利用信息网络传播视听节目、链接或集成视听节目都有严格的限制条款，而这些条款所指向的视听节目源均掌控于广电总局下属管辖的节目生产、制作、播放机构[136]。

《互联网视听节目服务管理规定》（"56号令"）于2007年12月20日发布，2008年1月31日起施行，发布单位是广电总局和信息产业部。该规定指出，"利用局域网络及利用互联网架设虚拟专网向公众提供网络视听节目服务，须向行业主管部门提出申请，由国务院信息产业主管部门前置审批，国务院广播电影电视主管部门审核批准，按照国家有关规定进行监督管理。"另外，该令提出"从事自办网络剧（片）类服务的，还应当持有'广播电视节目制作经营许可证'"，它是首次针对网络自制剧提出管理，后来提出了自制剧的"自审自播"管理。

2011年的《持有互联网电视牌照机构运营管理要求》（"181号文"）把"39号令"中针对电视机终端的网络视听服务（即互联网电视），抽取出来做了更加细化的管理。"181号文"从互联网电视的集成业务、内容服务、业务运营、互联网电视机顶盒等终端产品四个方面提出了管理要求。明确互联网电视集成平台不能与设立在公共互联网上的网站进行相互链接，不能将公共互联网上的内容直接提供给用户；不开放互联网电视的直播功能；内容服务提供牌照方的新闻点播服务只能来源于广播电视播出机构，且所有内容的审查制度与电视机构一致。

2016年6月1日起施行《专网及定向传播视听节目服务管理规定》（"6号令"），废止"39号令"。"6号令"完善了"新媒体"的监管体系，即此前的"56号令"管理公网的视听服务，"6号令"管理专网以及通过公网提供的互联网电视服务，"定向传播"目前主要指的就是互联网电视，业界俗称OTT TV。"6号令"主要是针对IPTV、专网手机电视以及互联网电视的监管，而通过PC、手机、Pad等终端接收视频网站通过互联网及移动互联网提供的流媒体视听服务不在此管理之列，这部分通过"56号令"进行监管[137]。"6号令"的出台，将对我国视听媒体产业的发展带来重大而深远的影响，国家对视听节目服务的管理逐步加强。

中广联整理了上述5个管理文件的演进对比[138]（表11.1）。

表11.1 视听新媒体监管政策的对比及演进

管理文件	签发部门	签发及实施时间	适用范围	许可证	开办主体	说明
《互联网等信息网络传播视听节目管理办法》（"15号令"）	国家广播电影电视总局	2003年1月7日/2003年2月10日	本办法适用于互联网等信息网络中开办各种视听节目栏目，播方（含点播）影视作品和视音频新闻，转播、直播广播电视节目及以视听节目形式转播、直播体育比赛和文艺演出等各类活动	需要"网上传播视听许可证"。按以下四个类别实行分别管理：①新闻类；②影视剧类；③娱乐类，包括音乐、戏曲、体育、综艺等；④专业类，包括科技、教育、医疗、财经、气象、军事、法制等	未要求国有控股	"广播电视播出机构在广播电视传输覆盖网中开办广播电视频道播放广播电视节目的，由《广播电视条例》规范，不适用本办法。" 2004年10月11日废止

续表

管理文件	签发部门	签发及实施时间	适用范围	许可证	开办主体	说明
《互联网等信息网络传播视听节目管理办法》（"39号令"）	国家广播电影电视总局	2004年7月6日/2004年10月11日	本办法适用于以互联网协议（IP）作为主要技术形态，以计算机、电视机、手机等各类电子设备为接收终端，通过移动通信网、固定通信网、微波通信网、有线电视网、卫星或其他城域网、广域网、局域网等信息网络，从事开办、播放（含点播、转播、直播）、集成、传输、下载视听节目服务等活动	需要"信息网络传播视听节目许可证"。按照信息网络传播视听节目的业务类别、接收终端、传输网络等项目分类核发	外商独资、中外合资、中外合作机构，不得从事信息网络传播视听节目业务。未要求国有控股	"网上传播视听许可证"按新规换为"信息网络传播视听节目许可证"；"39号令"替代"15号令"，"15号令"废止；2016年6月1日，"6号令"实施同时，"39号令"废止
《互联网视听节目服务管理规定》（"56号令"）	国家广播电影电视总局、信息产业部	2007年12月20日/2008年1月31日	本规定所称互联网视听节目服务，是指制作、编辑、集成并通过互联网向公众提供视音频节目，以及为他人提供上载传播视听节目服务的活动	需要"信息网络传播视听节目许可证"	国有独资或国有控股单位	利用局域网络及利用互联网架设虚拟专网向公众提供网络视听节目服务，须向行业主管部门提出申请，由国务院信息产业主管部门前置审批，国务院广播电影电视主管部门审批标准，按照国家有关规定进行监督管理。首次提出"从事自办网络剧（片）类服务的，还应当持有广播电视节目制作经营许可证"
《持有互联网电视牌照机构运营管理要求》（"181号文"）	国家广播电影电视总局办公厅	2011年10月28日	互联网电视集成业务管理要求、互联网电视内容服务管理要求、互联网电视业务经营要求、互联网电视机顶盒等终端产品管理要求	互联网电视集成业务牌照、互联网电视内容服务牌照	—	—

续表

管理文件	签发部门	签发及实施时间	适用范围	许可证	开办主体	说明
《专网及定向传播视听节目服务管理规定》("6号令")	国家新闻出版广电总局	2016年4月25日/2016年6月1日	本规定所称专网及定向传播视听节目服务，是指以电视机、各类手持电子设备等为接收终端，通过局域网络及利用互联网架设虚拟专网或者以互联网等信息网络为定向传输通道，向公众定向提供广播电视节目等视听节目服务活动，包括以交互式网络电视（IPTV）、专网手机电视、互联网电视等形式从事内容提供、集成播控、传输分发等活动	需要"信息网络传播视听节目许可证"；根据业务类别、服务内容、传输网络、覆盖范围等事项分类核发	国有独资或国有控股单位；外商独资、中外合资、中外合作机构禁止	"6号令"为部门规章，高于"181号文"的规范性文件；"39号令"同时废止

（2）节目内容的管理

① 全面落实加强网络剧、微电影的管理。

2018年12月11日，广电总局监管中心发布了《2018网络原创节目发展分析报告》。报告显示：2018年，网络剧上线数量稳中有增，由2017年的206部增加至2018年的218部。全年网络综艺上线数量从2017年的197档增加至2018年的385档，网络电影从2017年的2200部减少至2018年的1526部。注重网络剧、网络电影、网络综艺等节目内容的质量和加强对节目内容的审核，对于弘扬社会主义核心价值观、传播正能量至关重要。

2012年广电总局下发了《进一步完善网络剧、微电影等网络视听节目管理的通知》（广发〔2012〕53号），对规范网络剧、微电影等网络视听节目管理起到了规范作用。但是，也面临着审核标准尺度、广播电视节目制作资质以及节目备案等相关问题。为进一步完善管理，防止内容低俗、格调低下、色情暴力的网络视听节目对社会产生不良影响，2014年总局下发了《进一步完善网络剧、微电影等网络视听节目管理的补充通知》（新广电发〔2014〕2号），督促网络视听节目单位执行"自审自播""先审后播""不审不播"和节目备案制度，积极开展网络视听节目审核员培训，建立完善网络视听节目服务单位节目内容总编辑负责制，逐步规范网络自制视听节目审核管理秩序[139]。

2016年12月16日，为进一步规范互联网视听节目的传播秩序，加强微博、微信等网络社交平台（含微博账号、微信公众号）面向公众传播视听节目的管理，国家新闻出版广电总局下发了《关于加强微博、微信等网络社交平台传播视听节目管理的通知》，规定利用微博、微信等各类社交应用开展互联网视听节目服务的网络平台，应当取得"信息网络传播视听节目许可证"（AVSP）等法律法规规定的相关资质，并严格在许可证载明的业务范围开展业务。

2017年6月30日，中国网络视听服务协会发布了《网络视听节目内容审核通则》，旨在指导各网络视听节目机构开展网络视听内容审核工作，提升网络原创节目内容品质，促进网络视听节目行业健康发展。该通则明确了网络视听节目审核原则、审核标准、导向要求等内容，规定审核员审核节目时应完整审看包括片头片尾在内的全部内容，不得快进和遗漏，每部网络剧、微电影、网络电影、影视类动画片、纪录片应由不少于三人的审核员审核,每期(条)专业类网络视听节目应由不少于两人的审核员审核。

② 加强对网上境外影视剧的管理。

对境外影视剧的管理一直是影视剧管理工作的重点。2004年6月15日国家广播电视总局局务会议通过《境外电视节目引进、播出管理规定》(第42号),2004年10月23日开始实行。规定境外电视节目中不得出现境外频道台标或相关文字的画面,不得出现宣传境外媒体频道的广告等类似内容;各电视频道每天播出的境外影视剧,不得超过该频道当天影视剧总播出时间的百分之二十五;每天播出的其他境外电视节目,不得超过该频道当天总播出时间的百分之十五。

针对网上境外影视剧,2014年9月2日发布的《关于进一步落实网上境外影视剧管理有关规定的通知》(新广电发〔2014〕204号)明确规定了只有依法取得的"信息网络传播视听节目许可证"项目中含有"第二类互联网视听节目服务第五项:电影、电视剧、动画片类视听节目的汇集、播出业务",才可以引进专门用于信息网络传播的境外影视剧。网站引进专门用于信息网络传播的境外影视剧,应当将网站年度引进计划于上一年度年底前经省级新闻出版广电局初核后,向国家新闻出版广电总局申报(中央直属单位所属网站直接向总局申报),审核标准按照电影、电视剧内容审核相关规定执行,同时规定单个网站年度引进播出境外影视剧的总量,不得超过该网站上一年度购买播出国产影视剧总量的30%。

对于网上境外影视剧版权的问题,广电总局也出台了相应的法律法规进行规范。国家新闻出版广电总局发布了《关于进一步落实网上境外影视剧管理有关规定的通知》要求,网上境外影视剧必须取得著作权人授予的信息网络传播权。2010年11月12日,广电总局也发出《广播影视知识产权战略实施意见》的通知,规定了加强对视听节目服务网站播放正版节目的监督工作,严厉打击互联网侵权盗版,重点打击影视剧作品侵权盗版行为。这也就是说,未取得合法版权的境外影视剧不得在网上播放。这促进了广播影视市场环境的进一步发展与完善,对于形成一批拥有知名度品牌的广播影视企事业单位和品牌频道、栏目节目是必不可少的[140]。

2018年9月,国家新闻出版广电总局还起草了《境外视听节目引进、传播管理规定(征求意见稿)》与《境外人员参加广播电视节目制作管理规定(征求稿)》,为未来规范境外视听节目的引进和传播提供法律依据。

③ 加强对移动互联网视听节目服务的管理。

2012年,在广播影视行政部门的推动和指导下,中国网络视听节目服务协会积极发挥视听新媒体行业组织的作用,协会组织制定并发布了《中国网络视听协会节目服务自律公约》,向业界发出《关于抵制色情暴力等有害视听节目的倡议书》,为促进互联网视听节目服务长远发展,营造健康有序的互联网视听节目服务环境提供了保障[141]。

2015年7月14日,国家新闻出版广电总局发出《关于加强真人秀节目管理的通知》(新广电发〔2015〕154号),要求对一些真人秀节目进行引导与调控,坚决抵制此类节目的过度娱乐化和低俗化,引导节目健康发展。该通知强调道德建设、情感婚恋等方面的真人秀节目,不能为吸引眼球故意激化矛盾,突出放大不良现象和非理性情绪,也不要以"考验""测试"的名义人为制造和展示"人性恶"事件;真人秀节目组要对嘉宾加强把关,不允许邀请有丑闻劣迹以及吸毒嫖娼等违法犯罪行为者参与制作节目;不得设置违背核心价值观和公序良俗的节目制作与低俗噱头等。

2016年9月,国家新闻出版广电总局下发《关于加强网络视听节目直播服务管理有关问题的通知》，该通知指出开展网络视听节目直播服务的机构应当持有"信息网络传播视听节目许可证"，开展网络视听节目直播服务的单位应当具有相应的技术、人员、管理条件，以及内容审核把关的能力，确保播出安全与内容安全。同时还对开展网络视听直播节目内容、相关弹幕发布、直播活动中涉及的主持人、嘉宾、直播对象等作出了具体要求，直播节目应坚持健康的格调品味，不得含有国家法律法规规定所禁止的内容，并自觉抵制内容低俗、过度娱乐化、宣扬拜金主义和崇尚奢华等问题。

2017年6月，国家新闻出版广电总局印发《关于进一步加强网络视听节目创作播出管理的通知》，对网络视听节目的创作播出提出了进一步的要求。该通知强调，网络视听节目要坚持与广播电视节目同一标准、同一尺度，把好政治关、价值关、审美关，实行统筹管理。未通过审查的电视剧、电影，不得作为网络剧、网络电影上网播出。导向不正确的电视综艺节目，也不得以网络综艺节目的名义在互联网、IPTV、互联网电视上播出。不允许在广播电视播出的节目，同样不允许在互联网（含移动互联网）上播出。网络视听节目进入广播电台、电视台，要按照相关管理规定重新审核。

2018年11月9日，国家广播电视总局发布了《关于进一步加强广播电视和网络视听文艺节目管理的通知》（广电发〔2018〕60号），对网络视听节目的创作提出了进一步的要求，明确网络视听节目要与广播电视节目统一标准、统一尺度。通知规定广播电视要坚持以优质内容取胜，不断开拓创新人民群众喜闻乐见的节目形式，减少影视明星参与的娱乐游戏、真人秀、歌唱类选拔等节目播出量，扩大新闻、经济、文化、生活服务、对农等公益节目播出量；严格执行已出台的电视剧网络剧（含网络电影）成本配置比例行业自律规定，每部电视剧网络剧（含网络电影）全部演员片酬不超过制作总成本的40%，其中主要演员不超过总片酬的70%。

3. 融媒体时代广播电视管理法制化的建议

融媒体时代，以传统的规章制度去管理广播电视必然是行不通的。要想在融媒体时代让广播电视有更长远的发展，必须打破固有的束缚，采取新的有效广播管理体制，以此来促进广播电视快速健康发展。

（1）制定广播电视专门法

迄今为止，我国1986年已经起草的《广播电视法》至今尚未出台，1997年8月1日国务院颁布的《广播电视管理条例》是目前我国管理广播电视活动的基本依据，也是法律效力最高、最具有权威性的广播电视管理法规。而随着我国广播电视的不断发展，特别是广播电视数字媒体的蓬勃发展，现存的法律法规并不能满足广播电视的发展需求。目前，我国《广播电视管理条例》从1997年到2019年共进行两次修订，但是很多内容仍然不能适应融媒体时代广播电视的发展。2015年8月25日，国务院出台了《三网融合推广方案》，为保障三网融合工作的全面推进，推广方案确立了四项保障措施。一是建立健全法律法规，为电信、广电业务双向进入提供法律保障。二是落实相关扶持政策，为全面推进三网融合营造有利政策环境。三是提高信息网络基础设施建设保障水平，为加强基础网络能力提供必要支持。四是完善安全保障体系，为做好安全管理工作夯实能力基础[142]。但在现如今的融媒体背景下，广播电视管理体制自身还有很多需要完善的地方，比如各种规定五花八门，执法依据混乱。在融媒体时代，制定一部专门的《广播电视法》是至关重要的，国家立法部门应制定符合我国国家体制特点、符合融媒体时代的广播电视法律法规，使广播电视行业做到有法可依，有章可循，各种法律关系清楚明朗。

（2）加强内容监管

长期以来，广播电视行业建立了比较完善的监管机构，在技术监管层面有了可喜的成果，构筑起了全面系统的监管体系，为广播电视的安全播出奠定了坚实的基础。由于广播电视播放内容涉及未成年的保护、著作权的保护、政治节目规范等[143]，我国历来对广播电视节目内容有着严格的审查制度，2010 年国家新闻出版广电总局发布《电视剧内容管理规定》、2011 年国家新闻出版广电总局相继下发《关于进一步加强电视上星综合频道节目管理的意见》和《关于进一步加强广播电视广告播出管理的通知》即是其典型体现[144]。

2010 年国家新闻出版广电总局发布《电视剧内容管理规定》，明确电视剧不得载有以下内容：

① 违反宪法确定的基本原则，煽动抗拒或者破坏宪法、法律、行政法规和规章实施的。
② 危害国家统一、主权和领土完整的。
③ 泄露国家秘密，危害国家安全，损害国家荣誉和利益的。
④ 煽动民族仇恨、民族歧视，侵害民族风俗习惯的，伤害民族感情，破坏民族团结的。
⑤ 违背国家宗教政策，宣扬宗教极端主义和邪教、迷信、歧视、侮辱宗教信仰的。
⑥ 扰乱社会秩序、破坏社会稳定的。
⑦ 宣扬淫秽、赌博、暴力、恐怖、吸毒，教唆犯罪或者传授犯罪方法的。
⑧ 侮辱、诽谤他人的。
⑨ 危害社会公德或者民族优秀传统文化的。
⑩ 侵害未成年人合法权益或者有害未成年人身心健康的。
⑪ 法律、行政法规和规章禁止的其他内容。

在融媒体背景下，广播电视的信息传播实现了网络电视资源的优化配置，信息的传递方式由单一的信息传播转向语音、视频、图片、文字等多方面的信息传递，传播互动机制出现了新特性，对于内容实施监管也更加困难。譬如一些文艺节目出现了影视明星过多、追星炒星、泛娱乐化、高价片酬、收视率（点击率）造假等问题，不仅推高制作成本、破坏行业秩序生态，而且误导青少年盲目追星，滋长拜金主义、一夜成名等错误价值观念。

因此，在对广播电视和新媒体视听节目管理时，需在法律法规的基础上加强对广播电视内容和网络建设的统一监管，实施统一的标准，合理利用广播电视事前审查与事后检查制度，加强知识产权的保护，保证广播电视台的良性竞争；在监管时需要重点审查节目内容质量，确保播放内容符合社会主义核心价值观，对于危害国家安全、青少年身心健康的内容严加管制，引导广播电视行业走上正轨，传播正确的价值观。

（3）发挥技术创新能力

广播电视传输主要依靠的是频率，频率是一种有限的资源。美国沃伦伯格大法官在"基督教联合会通信处诉 FCC 案"中发表的意见，体现了法律制定者对于广播管理的一贯理念："广播寻求并获准自由、排他地使用公共领域有限的、有价值的部分，在接受这种特许的同时也意味着负有强制的公共义务。报纸可以随经营者想法运营，广播却不能[145]。"这就意味着，可用的广播频段是有限的，不可能任意分配，同时广播电视机构也应该履行社会职责，对不同的意见持公正独立的立场[146]，用优质的节目守望社会公共利益。

我国广播电视频率采取行政支配、有偿使用制度。广播电视播出机构许可证制度是确保频道频率规范设立和运行的重要保障。但随着市场经济和无线通信事业的快速发展，仅依靠许可证制度来维护市场秩序是行不通的。2018 年 1 月，国家新闻出版广电总局发布《广播电视台融合媒体互动技术平台白皮书》，具体提出了融合媒体互动技术平台建设思路和总体框架，推进广播电视台融合媒体建设，指导和规范广播电视融合媒体用户互动技术的实施应用。我国广播电视频率频道资源管理应该充分发挥各类创新主体的作用，合理利用无线电频谱资源，将节约出来的频谱资源用于开发新的业务，同时广播电视行业的工作人员需要抓住对无线电频谱资源开发的主动权，促进广播电视行业技术的改革与创新。除此之外，还要对这种广播电视信号和网络覆盖技术进行创新，信号是信息传递的首要支撑，信号在下雨或者下雪等天气极端变化的情况下，信息传播受到局限，需要科技人员利用创新技术去解决这个问题[147]。在媒介融合的进程中，北京人民广播电台是利用技术进行创新的领跑者。通过一系列努力，北京人民广播电台现在可以进行 DAB 数字多媒体广播的正式播出，并且有着多达 15 万用户的 16 套广播节目和 6 套电视节目，此外它还完善了发射点建设，以提高连锁店等销售场所的网络覆盖。在利用 DAB 移动多媒体方面，首次奥运会火炬传递、赛事情况等现场直播都成为北京人民广播电台的广播杰作[148]。

总而言之，融媒体给我国广播电视行业和管理体制带来了新的机遇与挑战。传统的广播电视行业应当抓住这次变革的重大机遇，充分利用现代技术，发挥自身优势，提升竞争力。管理部门要创新广播电视管理体制，加强对管理内容的监管，同时保障其信息传播的权利，推动我国广播电视行业的平稳健康发展。

思考题

1. 怎样认识我国的广播电视宏观管理体制？
2. 《广播电视管理条例》的主要内容是什么？
3. 《广播电视管理条例》具有哪些特点？
4. 在我国广播电视法制化进程中，还有哪些需要解决的主要问题？
5. 融媒体时代广播电视管理策略还有哪些？
6. 融媒体时代广播电视管理体制未来发展趋势是怎样的？

第十二章　广播电视经营管理

【本章要点】　广播电视是新闻事业的重要组成部分。广播电视的经营与管理，有着自己特殊的内涵和要求。本章对新闻事业的经营与管理的概念进行界定和区分，阐述新闻事业的维生功能和新闻产品双向出售的特征，介绍广播电视机构的领导体制和组织机构、广播电视节目生产流程、广播电视广告管理的内容，论述广播电视人力资源管理的原则和内容、广播电视经营的原则和策略、广播电视广告经营的过程和策略。

第一节　广播电视经营管理概述

广播电视是新闻事业的重要组成部分。广播电视的经营与管理，有着自己特殊的内涵和要求。

一、新闻事业的经营与管理

人们通常把管理与经营视作同一个概念。说起经营，常常连带管理；说起管理，也往往包含经营。由此可以看出，经营与管理两者有着密切的关联。这种关联性在企业及经营性事业领域中显得尤其明显。但是，两者之间又有区别，从严格意义上讲，它们是两个不同的概念。

（1）新闻事业管理

新闻事业管理有广义和狭义之分。

广义的管理指的是运用科学的手段安排新闻机构（组织）社会活动，使其有序地进行；狭义的管理指的是为了保证一个具体的新闻单位的全部业务活动正常开展而实施的一系列程序化的计划、组织、指挥、协调和控制活动。广义的管理本身就包含经营；狭义的管理则把经营单独列出，以示对经营的重视。

（2）新闻事业经营

新闻事业经营是指一个新闻机构在经常变化的外部环境中和客观条件下，适时调整自己的目标，调整内部的机构设置，调整人员配备，精心确定业务活动的最佳形式、规模与方法，扬长避短，趋利避害，确保自身的生存与发展。

（3）新闻事业管理与新闻事业经营的区别

新闻事业管理要解决的问题，通常是具体的、日常的、重复出现且有规律可循的问题，属"战术性"范畴。

新闻事业经营要解决的问题，通常是重大的、偶然出现的、无常规可循的问题，属"战略性"范畴。

二、新闻事业的维生功能

持续有效地履行对外输出种种信息以实现其社会功能，是任何新闻事业作为一个社会组织具有价值的外在表现。持续有效地进行管理与经营，则是任何一个新闻单位为自身创造生存、发展条件所必需的内在动力。

在社会组织的诸多功能中，创造维持自身生存、成长、发展的各种必需条件的功能，称为"维生功能"；实现维生功能的组织活动机制则称为"维生机制"。新闻事业作为社会组织之一，自然也有生存、成长和发展的必要，自然也要具备维生功能与维生机制。

有稳定充足的经济收入，这是任何一个新闻单位实现持续生存、成长和发展所必备的条件。只有获得稳定、充足的经济收入，新闻单位才能补偿功能输出过程中的成本耗费，才能不断补充、更新物质技术手段，以更大规模，更高水平实现新的功能输出。只有获得稳定、充足的经济收入，新闻单位才能合理提高从业人员的报酬，改善各个岗位上的劳动、工作条件。

新闻事业的功能输出是社会性（政治性）问题，新闻事业自身的维生功能则是一个经济性问题。在社会主义市场经济体制下，我国的新闻事业不仅是一个从事社会活动、政治活动的社会组织、政治组织，而且也应该是一个从事经营活动的经济组织。"事业单位，企业化管理"就是对我国新闻事业"双重属性"的最明晰的概括。建立、健全维生机制，以实现理想的维生功能，这应该是加强我国新闻事业经营管理工作的基础与核心。

三、新闻产品也是商品

（1）新闻产品

新闻产品是新闻机构从业人员的劳动成果，它以实体样式（报纸）或特定物质形态（广播电视）存在，具有信息传播效用，能满足人们知晓外部世界新近发生或正在发生的事实的精神需要，属于精神性产品范畴。

（2）新闻产品的商品属性

商品是通过交换（买卖）而进入消费过程的满足人们某种需要的劳动产品。劳动产品能否成为商品，必须体现使用价值与价值的统一。根据马克思主义政治经济学的观点，劳动产品是否可认定为商品的条件有四个方面：一是它是否具备使用价值；二是它是否包含劳动（具体或抽象劳动）；三是它是否具备劳动时间所体现的价值量；四是它是否可用价格的形式来表现价值。根据以上四方面条件，新闻产品无一不具备，因而认定新闻产品的商品属性不成问题。这里要强调的是，作为商品形态存在的新闻产品，是任何新闻机构实现社会（政治）功能和维持自身生存发展这两个基本方面的活动的统一产物。新闻事业的社会（政治）功能要通过出售新闻产品来实现。每个新闻机构的生存与发展所需要的经济收入更需要通过出售新闻产品来获得。

（3）新闻产品是特殊的商品

新闻产品的特殊性，主要体现在以下两个方面。

首先，新闻产品价值的实现不能等同于物质性产品，不能单纯追求利润的最大化。新闻产品本身的社会（政治）价值是前提，只有在发挥理想的社会（政治）价值的基础上，才能追求理想的经济价值。这一点尤其在我国社会主义新闻事业中应明确强调。完全按商品规律，把新闻产品商品化，单纯追求新闻产品利润最大化，与我国社会主义的性质是相违背的。

其次，凡物质性商品均需符合"成本原则"才能获得利润。而新闻产品则可部分扭曲"成本原则"（报纸）或完全扭曲"成本原则"（广播电视），通过"双重出售"方式来实现利润的获得。

（4）新闻产品的双重出售方式

新闻产品的双重出售，其核心因素乃是广告。

中国人民大学新闻学院郑兴东主编的《新闻冲击波》一书中，有一段精彩的论述可作为该问题的答案："报纸作为商品，有一种奇特方式，它能够以低于成本的价格出售，而仍不妨碍报社获得丰厚利润。这一'魔术表演'的秘密在于报纸这种商品有一种独特的双重出售方式，对于报业来说，报纸的经营必须涉及两种不同产品的生产和流通：第一种'产品'是报纸内容的信息，即把每日的新闻信息和广告信息集中起来卖给读者；第二种'产品'是读者，即用广告信息吸引和获得读者，再将这些潜在的商品购买者'卖给'广告客户。"这里论述分析的是报纸，但其奥秘则可涵盖广播、电视，其"原理"是相通的。类似内容，美国学者本·巴格迪坎在《传播媒介的垄断》里也有精彩表述："对商人来说，报纸出版者们的举动十分奇怪。他们卖那些'煮熟的松树'的价值要比买进它们时低 1/3。这似乎是一次魔术表演，出版者们卖出他们的原料比买进时更为便宜，而他们却获利数以十亿计的美元。广告主也急切地把数以十亿计的美元投到这个好似无利可图的交易上，而他们也获利数以十亿计的美元。所有这些最后都是为了读者的利益，读者不费什么却有所得。"

就报纸而言，新闻版面的出售对象是读者。一方面，读者愿意购买新闻版面，是因为新闻报面上有其"欲知"的文字和图片。另一方面，报纸的广告版面也可供出售。广告版面的出售对象是广告主，广告主愿意购买广告版面的原因则是有报纸读者的存在，报纸读者可能会成为广告信息的接受者，成为广告商品的购买者，从而给广告主带来丰厚的利润。这样一来，出售广告版面所得的巨额收入，就是能使报纸经营者可以廉价——甚至低于成本——向读者出售报纸，最终却仍能获得巨大利润为奥妙所在。对报纸而言，其商品价格的成本原则被部分扭曲了。

就广播电台、电视台而言，则可把这种双重出售方式推向更高：电台、电视台可以依靠向广告主出售广告时段所获得的收入来维持生存和发展，而把向听众、观众提供新闻和娱乐节目的售价降低到零，即完全免费，最终却仍能获得巨大利润。对广播、电视而言，确定商品价格的成本原则被完全扭曲了。当然，这一情况不能涵盖电视收费频道的运作，电视收费频道通常不向广告主出售广告时段，向观众收取视听费是收费频道唯一的经济来源。

第二节 广播电视管理

一、广播电视机构的领导体制和组织架构

（1）广播电视机构的领导体制

广播电视机构的领导体制，指的是广播电视单位内部领导层的职责分工、权力划分、机构设置等的制度和规定的总称。领导体制是决定机构效率的重要因素。

广播电视单位的领导体制一般可分为三大类别。

①"一长制"。又称独任制、个人专责制，单位的领导权力特别是决策和控制的权力都集中在一个最高领导者手中。

②"委员会制"。又称会议制、集体领导制，单位的领导权力特别是法定决策权和控制权由两个以上的领导者行使，按少数服从多数的原则进行决策。委员会的具体名称有编委会、台委会、董事会等，在我国还有党委会。

③"双轨制"。它是将一长制与委员会制相结合的领导体制。一般性决策由最高行政领导人负责，类似于一长制；重大战略性决策则由作为领导集团的委员会讨论决定，最高行政领导人只是决策活动的组织者和召集人，以及最终决策形成后的执行人，类似于委员会制。

在我国，广播电视单位的领导体制并没有统一的规定，主要有委员会制与双轨制两种。

委员会制的具体形式有以下几种。

① 总编辑负责制。在这种体制下，编委会是单位各项事务的最高决策者，全面领导和监督日常的编辑、经营、行政后勤等工作，总编辑是最高行政首长，负责召集编委会会议，具体组织实施编委会的决策，主持日常工作。总编辑通常由党的各级组织部门委派，在同级党委授权下管理同级广播电视机构的编播业务。

② 台长负责制。又分为编委会领导下的台长负责制与党委领导下的台长负责制。

③ 台长、总编辑双首长制。在这种体制下，党委为广播电视单位的最高决策者。台长、总编辑均为最高行政首长，地位相同，分管经营、行政后勤和编辑工作。台长、总编辑一般由党的各级部门任命。

④ 台长领导下的总编辑、总经理分工负责制。这种领导体制又称"双轨制"。在这种体制下，台长是广播电视单位的最高行政首长。向上，他对上级党委负责；向下，他领导编辑部门、经营部门、行政后勤部门的工作。通常设总编辑兼副台长，主管编辑工作。设总经理兼副台长，主管经营工作。这种体制的优点明显，实现了编辑业务与经营业务相分离，权责分明，可操作性强，有利于媒介产业化的发展，是我国目前普遍认同的领导体制改革的方向。

（2）广播电视单位的组织机构设置

所谓组织机构设置，就是把为实现组织目标而需要完成的工作，不断划分为若干性质不同的业务工作，然后再依据这些各不相同的业务工作设置相应的部门，并同时确定各部门的职责和职权的过程。

组织机构的合理设置，有利于维护组织目标的统一性；有利于组织内部的分工与协调；有利于保证组织机构的权责一致；有利于统一指挥。

在内部组织机构设置上，我国广播电视单位一般划分为三大部门系统：编辑（业务）部门系统、经营（管理）部门系统、行政（党务）部门系统。

① 编辑（业务）部门系统。是负责新闻编采业务的综合性专门机构，是主体机构。根据业务类别，通常可设以下部门：总编室、新闻中心（部）、社教中心（部）、文艺中心（部）、体育中心（部）、国际部、少儿节目部、电视剧制作中心、技术制作中心、广告部、节目销售部。

② 经营（管理）部门系统。是负责经营工作的综合性专门机构。根据业务类别，通常可设以下部门：财务部、广告部、技术部、物资部等。

③ 行政（党务）部门系统。是负责党建后勤工作的组织机构的总称。根据业务类别，通常可设以下部门：办公室、机关党委、纪委、人事部、保卫部等。

二、广播电视的节目制作与播出管理

节目，是广播电视生产过程的最终产品，是构成广播电视的基本单元。

节目生产流程包括：节目计划→节目策划→节目制作→节目播出→节目传播效果研究。

（1）节目计划

节目计划是整个节目生产过程的第一步骤，是节目生产的准备、积累及目标设定阶段。在这个阶段中必须进行信息调查，调查的对象包括传播市场和社会环境。依据信息调查的结果来设定节目目标，确定传播对象、传播规模、传播结构与形式等。

节目计划中最重要的内容是选题计划。所谓节目选题计划，是节目计划部门将节目编辑部门提出的全年节目录摄题目、内容、时间、地点、长度等项目汇集起来，经综合评审后形成的总体节目安排。

节目选题计划包括栏目内、栏目外、单集、多集、自办、合办等多种情况。

节目选题计划，一般有以下几种：

① 年度选题计划，也称为常规栏目选题计划。年度选题计划制定后，还应制定更详细的季度计划、月计划、周计划，以便具体安排制作任务。

② 重要节目和纪念日选题计划。

③ 重大会议和国内、国外重大体育比赛及活动的选题计划。

（2）节目策划

节目策划是节目生产者对节目制作的统一筹划，包括节目整体风格、定位、特定内容及其形式的构想。节目策划工作，在目前我国广播电视界尚欠重视，相关专门人员、专门岗位还不够充足。

（3）节目制作

节目制作是节目计划和节目策划支配下进行的实际生产活动或环节，包括前期摄录和后期制作。在这个环节中，要求生产者不断提高编码能力，不断提高节目系统中的技术含量，用更新的手段制作节目。

节目制作环节中的管理内容包括：节目制作周期管理、节目成本核算和节目制作人员配备。

节目制作周期是指广播电视节目制作所需的总的时间安排，包括从节目的筹划准备到编辑完成的全过程，其中又分为前期准备、摄录及后期编辑三个阶段。

节目成本是指一个节目从开始构思直至完成播出所使用的所有经费的总和，包括物资消耗费用、人员成本及发行、销售成本。

（4）节目播出

节目播出是整个节目生产过程的最后一个阶段，也是将节目产品送入媒介市场的开始。节目的播出方式主要有两类：一是录播，即制作与播出不同步；二是直播，即制作与播出同步进行。

节目播出环节的具体管理内容是：节目审查、节目编排、栏目化播出、播出安全管理。

① 节目审查。广播电视作为重要的传播媒介，对社会有极大的影响力。广播电视节目所传播的内容必须遵守国家政策、法令，为此必须建立节目播出前的审查制度。节目审查的内容包括：节目内容是否符合党的路线、方针、政策；节目内容对敏感话题的处理是否妥当；节目内容是否贴近生活，反映社会热点及社会变化；节目内容是否健康有益；节目的技术标准是否符合有关规定。节目审查的方式有：普审、选审和复审。

② 节目编排。节目编排是指把待播出的节目提前编排组合成一次的节目播出流程。节目编排既是管理活动，又是艺术思维活动。节目编排应符合三项原则：一是适应受众接受媒介的习惯与需要；二是面对日益激烈的媒体竞争，知己知彼；三是力求本台不同频道的协调配合。

③ 栏目化播出。栏目化播出是节目编排的重要方法。它是以栏目段位为基础。节目栏目化播出的最大特点是节目播出的"定期、定时、定量"，形成一定规律，有助于受众把握节目时间。

④ 播出安全管理。广播电视节目一旦发生错播、漏播、停播等播出事故很难补救，因而应重视播出安全的管理。具体包括：播出流程的顺畅与安全，解决好正点播出的问题。

（5）节目传播效果研究

严格地说，它不属于节目生产过程中的环节。它主要是了解和分析关于节目效果的反馈信息，目的的一方面是检验前次节目的效果，更重要的方面则是为了调整和规划未来的节目系统行为。

视听调查是节目传播效果研究的主要途径。其主要方式有：挨户访问、电话访问、日记调查和仪器测量。

三、广播电视广告业务管理

广告是商品经济发展的产物，自从有了商品生产和商品交换，就有了广告的存在。广告从其诞生开始，就与它的载体——广告媒体密不可分地联系在一起。在现代社会中，最主要的广告媒体就是新闻传播媒介，广播电视就是影响巨大的广告媒体，因而就有广告业务管理的必要。

（1）广播电视广告的地位和作用

广告不仅是广播电视承载的信息传播内容，而且是广播电视最重要的经济支柱，是发挥维生功能的最主要动力来源。广播电视广告的作用可概括为三个方面。

① 经济支柱。在市场经济条件下，广播电视业的经济来源大都已由原先政府财政统包变为自收自支、自负盈亏、自我积累、自我发展的模式。广播电视运作中的各种资源越来越依靠市场进行配置。各种设备购置与更新、节目制作与节目购买、从业人员的工资福利等数量庞大的开支，均需依赖广告收入来支撑。可以说，广告就是广播电视单位最主要的出资者。广告主投放广告，既是一项可打入企业生产成本的投资，又能成为广播电视的经济命脉。

② 信息服务。广告是广播电视发布的重要信息内容之一，主要包括商品消费性信息、政府公告性信息和公益性广告信息。由于这些信息往往具有新闻价值，因而又能给人以新知从而吸引大量受众。商品消费性信息对于引导人们的消费心理、改变人们的消费行为和习惯起着不可低估的作用。随着市场经济的进一步发展，广告信息必将成为人们日常生活中不可缺乏的"伴侣"。

③ 市场中介。广告也是社会服务的一种形式，是沟通社会间各种关系的桥梁与纽带。产品生产者与消费者之间，广告的存在能使他们之间的关系变得紧密，且各有利可图。广告主与媒介之间、受众与媒介之间，也是同样道理。

（2）广播电视广告管理的内容

广告管理主要包括广告的经营管理和广告的社会管理。社会管理是指政府、行业、社会对广告活动的指导和监督。广播电视广告管理的内容主要有以下四个方面。

① 通过法律、法规来规范。从20世纪80年代开始，我国加大了对广告活动的管理，制定了一系列的法律、法规和条例。

1982年2月6日国务院发布《广告管理暂行条例》，1987年12月1日施行《广告管理条例》；1994年10月27日全国人大常委会第十次会议审议通过《中华人民共和国广告法》，该法自1995年2月1日起正式施行，成为规范我国广告活动和广告内容的根本大法。

除《中华人民共和国广告法》外，我国目前广告管理的法规依据还有《中华人民共和国宪法》《中华人民共和国经济法》《中华人民共和国民法》《中华人民共和国反不正当竞争法》《关于文化、教育、卫生、社会广告管理的通知》《关于报纸、书刊、电台、电视台经营、刊播广告的有关问题的通知》等。

② 严格执行广告发布前的审查制度。这也是一项广告管理强有力的控制手段。审查内容主要有四个方面：a. 广告主的主体资格是否合法；b. 广告内容是否真实、准确、客观；c. 广告表现形式是否合法；d. 依法规定的各类广告证明。

③ 行业自律。这其实也是一个广告伦理的问题。广告业自律是广告经营者及其行业团

体制定的各种广告规章、公约等,其目的是保证广告经营及广告客户都能够自我约束,自我承担责任,依法进行广告活动,避免因不正当竞争及非法经营而造成经济损失和名誉损失。1983年后,全国许多媒体制定了自律条文。此外,《中国新闻工作者职业道德准则》《关于禁止有偿新闻的若干规定》等也可视作自律。

④ 接受消费者监督。广告是消费者的购买指南,必须忠实地反映商品的信息,不能有欺骗公众的行为,不能为牟利而损害消费者的合法权益。消费者可通过"消协"等组织对不良广告、虚假广告进行检举和投诉。广播电视广告部门应高度重视来自消费者的种种反馈信息,以提高自身的广告经营管理水平。

四、广播电视人力资源管理

人力资源是最宝贵的社会资源,也是能动性最强的生产力因素。人力资源管理就是对人力资源进行规划、组织、利用、开发和调配的过程和方法。人力资源管理是广播电视管理中极其重要的一个组成部分,广播电视从业人员所从事的工作又是创造性很强的工作,因而相比别的行业其意义显得尤为突出。

1. 广播电视人力资源管理的原则

"用合适的人去做合适的事",这是总的原则,带有普遍性意义。人和事相辅相成,应是一种有机的结合,既不可因人废事,也不能因事废人。具体说,广播电视人力资源管理理应遵循贯彻以下原则。

① 能位对应原则。能,指从业人员的能力;位,是指工作岗位。通常来说,人与人之间能力总会有一定差异,如不计实际能力,勉强安排工作岗位,其工作效率就难以得到保证,天长日久,甚至还会磨损能力的强项。量才而用,人尽其才,绝对不是一句套话。当然,在用人之时,也不能求全责备,扬人之长,避人之短,这样才有利于人才的培养和成长,有利于广播电视整体效率的体现。

② 优势互补原则。凡人都有不同的个性特征,不同的人才都有特有的长处。这里所说的优势互补,是指广播电视单位在招聘人才时应突破广电新闻、播音主持的专业限制。通过扩大专业背景等,来实现智能互补、知识互补、个性特质互补,最终有利于面对复杂丰富的现实社会,有利于形成竞争优势和提高整体工作效率。

③ 动态管理原则。人才的成长是一个动态渐变的过程。因此,人力资源管理不可能"一岗定终身",而要用发展的眼光看待人才的成长。要创造宽松的环境,允许人才的合理流动。通过在不同岗位的观察、考核,并提供进修、培训机会,来促进人才的成长,最终适应岗位需要。

④ 奖惩并举原则。奖惩分明是人事管理中的有效手段之一。一方面要关心爱护员工的工作和生活;另一方面也要对他们提出严格的要求。建立一套可量化的、操作性强的奖惩机制,在人力资源管理中有其必要性。只有采取严格、公正、公开、公平的奖惩措施,才能保证员工旺盛的创造力和工作热情。

2. 广播电视人力资源管理的内容

随着市场经济的深入发展,媒体之间的竞争也愈显激烈,其中人才的竞争是关键。这就使得广播电视人力资源管理在整个管理体系中的地位愈显突出。具体来说,包括以下管理内容。

(1) 制订本单位的机构设置和人员定编方案

广播电视单位应根据自身的实际情况,参考其他同类单位的情况,来决定部门设置、业务范围、用人数量,确定各类人员的工资、福利等待遇的各项具体规定。要通过严格的考核逐步配齐各部门的运作骨干和相关岗位的人员，依据采编和经营管理并重的原则，来确保单位整体工作的协调运作。

广播电视单位员工的岗位分工和人员编制，一般可划分为三大部门系统：采访编辑、经营管理、行政与党务。每个部门系统之下再设立若干具体部门。按目前情况，采访编辑部门系统人员最多，经营管理部门系统次之，行政与党务部门系统再次之。

（2）建立健全各种激励机制、约束机制和竞争机制

上述三种机制的直接体现方法是绩效考核。根据不同部门、不同岗位的实际情况，分别编制科学严格的考核指标和考核方法以及奖惩措施。三种机制的建立，就其目的来说，主要是为了提高全体员工的积极性和创造能力。在实际操作中，如果出现不利于员工积极性发挥、甚至影响单位整体工作的运作，则应适时调整。

（3）编制员工培训计划并组织实施

随着现代知识和科技日新月异的变化发展，知识更新速度不断加快，广播电视单位要重视对员工的在职培训，使他们在工作中仍然有机会接受继续教育，积极延长员工的才能生命周期，避免人才的过早老化。

培训的方法可多样化，多层次化。应以在职培训为主，脱产培训为辅。培训的内容既要讲究实用价值，也要具备前瞻性。培训的途径可走出去，参加相关大专院校举办的培训班或学历教育，也可请进来，邀请业内的专家举办讲座。

重视对员工的培训提高，既是对员工才能生命的爱护，也是参与竞争的需要。但也应看到，由于广播电视单位员工日常工作的紧张繁忙，单位相关岗位竞争性的存在，导致该项工作从总体上还是显得不够理想。

（4）对本单位人力资源进行科学的评估、预测和配置

媒体之间的竞争其核心是人才的竞争，因而广播电视单位的领导必须对本单位的发展规模进行科学的、前瞻性的预测，及时招纳补充急需适用的人才。这就要求人力资源管理部门要建立人才信息库，组织好搜寻人才的网络渠道。

目前，广播电视单位选用员工的方式主要有以下四种：

① 社会招聘。根据工作需要面向社会公开招收员工，择优录取，量才使用，并签订合同。这种方式有利于发现和启用社会传播人才，有利于人才的竞争与发展，有利于"任人唯贤"。

② 聘用兼职。根据工作需要，聘请社会上的传播和经营管理人才从事有偿的兼职劳动。这种方式看似管理松散，但有利于减轻用人成本，有利于简化用人程序。

③ 吸纳大学毕业生。包括专科、本科、硕士甚至博士生。尽管这部分人员缺乏实际经验，但可塑性大，应该成为广播电视单位选用员工的主要渠道。千万不可目光短浅，用人观念过于现实。吸纳消化大学生的就业，理应成为社会各行各业的共同职责。

④ 高薪"挖角"。用优厚的待遇和报酬去吸引那些可以挑大梁，可以短期内提升媒体知名度的高级人才，这种做法在鼓励人才合理流动的今天，已为整个新闻传播界所认同。

第三节　广播电视经营

一、广播电视的经营原则

根据我国广播电视业的性质、任务和功能，结合其他社会组织及企业的经营原则，广播电视经营活动应符合以下原则：

(1)"双效"统一原则

我国的广播电视业，是具有中国特色的社会主义广播电视业，是党、政府和人民的耳目喉舌。因此，在广播电视的全部经营活动中，必须处理好社会效益与经济效益的关系，坚持社会效益与经济效益相统一的原则。

社会效益一般是指新闻媒体给全社会带来的正面效果，就广播电视而言，就是广播电视节目对社会所起的正确的、积极的、良好健康的引导作用。其判断的标准，是"三个有利于"的要求，即是否有利于发展社会主义社会的生产力，是否有利于增强社会主义国家的综合国力，是否有利于提高人民的生活水平。

经济效益是经济学中的一个概念，是指经济活动中劳动占有量、劳动消耗量同劳动成果的比较，即生产性活动的投入和产出的关系。经济效益的表示方式是多种多样的，可以采用实物形式比较，也可以采用价值形式比较。讲求经济效益，以较小的劳动所费取得较大的劳动所得，这应该成为广播电视经营活动的主要目标之一。

对广播电视来说，社会效益与经济效益都很重要。但必须明确的是：社会效益始终高于经济效益。在取得良好社会效益的前提下取得良好的经济效益，是最为理想的结果。

(2)整体互动原则

在经济活动中要把每个广播电视单位看作是一个整体，组织内的各个部门要为整体的目标实现而共同协作。广播电视的组织机构一般划分为三大部门系统：编辑（业务）部门系统、经营（管理）部门系统、行政（党务）部门系统。这三大部门系统及人员要共同协作，配合一致，整体互动，才能实现最佳的社会效益和经济效益。

(3)市场决胜原则

市场决胜原则，是现代企业所必须遵循的一项原则。一个企业，如果不能在市场上取得良好信誉，它的产品或服务就不能取得应有的市场份额，也就不可能实现经济利益的最大化。广播电视的经营活动中，也应坚持市场决胜原则，让自己的产品走向市场，面向市场，经过市场的检验，最终取得市场的认可。当然，这里所说的市场决胜是针对广播电视的经营活动而言，而不是说整个广播电视的工作都以市场为导向。

(4)优势发挥原则

所谓优势，一是指各个广播电视机构所拥有的先天优势；二是指经过不断努力，在市场上逐步形成的后天优势。

广播电视业拥有其他社会组织所不及的优势。一是它们有着重要的社会地位；二是它们拥有数以亿计的受众，足以成为党、政府和人民群众之间的桥梁与纽带；三是从市场角度看，广播听众、电视观众是接受广告宣传和消费信息指导的自然对象。广播电视要谋求发展，取得理想的经营效果，就要依托以上优势，不断巩固和强化这种优势。

二、广播电视的经营策略

(1)产品经营策略

广播电视产品虽属无形产品，但与进入市场的一般产品一样，同样包括三个层次，即产品核心、产品形式和产品延伸。

产品核心即产品的内容，它给受众及传播者（经营者）带来效用和利益。产品形式即产品的外形，广播电视产品的外形即各类节目形态。产品延伸指为保证产品使用价值的实现所提供的各种保证和服务。

对于广播电视单位来说，其利益的实现和生命的强弱取决于三个方面：一是所产生的节目的数量、质量和品种；二是所生产的节目在受众心目中的地位，这表现为视听率的高低；

三是节目的更新速度。

因此，广播电视产品经营策略，可以理解为广播电视单位为促进自身的维生功能，在产品经营上所采取的保证其战略目标实现的具体行动方案和对策。具体包括以下几个方面。

① 产品组合策略。任何一个广播电视单位，不论其规模大小、层级高低，都要生产数种产品，并对这数种产品进行组合。一家广播电视单位，在统一台标下分设若干频道；一个频道中，又由各种形态的节目所组成。这样既能显示产品的多种性，以吸引较多的受众群，又能显示产品的组合性，以提高产品本身的传播价值。

② 新产品开发策略。在条件具备的情况下，各广播电视单位应重视新产品（新节目、新栏目）、新的服务项目的开发，这既是对受众的满足，更是应对激烈竞争，实现自身效益的重要策略。即使对目前视听率较高的节目，也不能一劳永逸，应注意对节目的更新。

③ 市场生命周期策略。在市场经济条件下，凡是商品性产品都存在着市场生命周期的问题，即都要经历从进入市场、发展到被淘汰的全过程。这个过程可分为四个阶段，即导入期、成长期、成熟期和衰退期。导入期应采取快速让受众认知的策略，以激发受众对这类新产品的兴趣；成长期应采取不断提高产品质量以寻求新的受众群的策略，以提高该产品在受众心目中的地位；成熟期应采取稳定产品质量的策略，以保证现有受众群的稳定；衰退期则应采取果断的替代策略，即用新产品替代之。

（2）产品价格策略

价格策略是广播电视单位唯一不增加成本的经营策略。根据市场情况、自身优势和竞争者的表现做出价格决策。在开发新产品时，可采取促销价；为了巩固已占有的市场和扩大销售额，可采用优惠价；为了保持产品的高品位和实现利润，可以提高价格；为了对抗竞争者和保住市场份额，可以降低价格；为了对广告大户或老客户有所回馈，可采用打折价格或"买一送一"等措施。

（3）产品流通渠道

一般情况下，广播电视产品流通渠道有两种形式：直接和间接流通。直接流通是指广播电视机构将自己收集、加工、处理的信息通过自身所拥有的传媒提供给受众的流通渠道；间接流通是指节目生产者将其生产的节目产品通过自己选择的传媒提供给用户或受众的流通渠道。

这两种产品流通渠道中，最值得重视、也最符合市场经济规律的是后者。尤其是电视剧产品，它的生产者（影视剧制作公司）更应重视电视节目发行公司的作用。有了节目发行公司这个中介存在，能更有利于电视剧产品走向海内外市场。

（4）产品促销策略

沟通和促销有着直接的联系，因而沟通组合又称为"促销组合"。除节目产品需促销外，广播电视单位自身也需要与社会沟通，需要向社会促销。常用的沟通与促销手段主要是广告与公共关系。所谓广告手段是指利用自身媒介或租用他人媒介进行广告宣传。所谓公共关系是指参与相关社会活动，以此树立自身良好形象。

三、广播电视的广告经营

1. 广播电视广告的传播特征

与其他媒体的广告相比，广播电视广告具有以下几个特征。

① 覆盖面广，视听率高。尤其电视广告，由于具有视听兼备的特点，只需具备视听接收条件即能获得广告信息，而且观众不受年龄、职业、文化程度的限制。电视机社会保有量的不断提高，加之卫星电视技术的运用，使接受电视广告的人数在所有大众传媒受众中首屈

一指。

② 有强烈的艺术感染力。尤其电视广告，以独特的技巧、形象的魅力，集语言、文字、人物、动作、画面、音乐、声音、产品于一体，是一种艺术的综合，能给人以美好享受，并能令人产生强烈印象。

③ 表现形式多样化。目前广播电视广告的表现形式比其他媒体广告形式更能使人产生亲临其境的感觉。常见的表现形式有名人式、引证式、音乐舞蹈式、现场表现式、故事式等。

④ 重复性。这也可理解成广播电视广告的缺陷性。由于广播电视广告信息转瞬即逝，因而为增强传播效果，必须依赖重复播出。只有播出次数多，才能给受众留下深刻印象。

广播电视广告是整个广播电视信息传播中十分重要的组成部分。广义的广播电视经营是指广播电视经营的全过程，包括广告的制作、审核发布和效果研究。狭义的广播电视经营是指专门从事出售广播电视广告播出时间的一种经营性活动。

上述广播电视广告及其特点，能帮助我们理解广播电视广告经营的意义，如下所述。

① 搞好广播电视广告经营是保证整体信息传播的重要组成部分。广告宣传效果的好坏，不仅对经济生活有重大影响，而且还关乎社会主义"两个文明"建设的程度。

② 搞好广播电视广告经营能够保障消费者的利益。每一条广播电视广告都是集思想性、艺术性、知识性和实用性为一体的"产品说明书"。

③ 搞好广播电视广告经营能够有利于广告客户利益的实现。企业进行广告宣传，其目的无非是树立企业形象，宣传企业产品，促进产品销售最终获取利润。因而广播电视广告经营者为广告客户精心制作并选择一个既合理又省钱的时间段播出，其广告效益自然会比较理想。可见，广播电视广告经营与广告客户的利益是紧密相连的。

2. 广播电视广告的制作和发布

（1）广播电视广告的制作

广播电视广告的制作程序，尤其是电视广告与其他媒体广告制作相比较，其流程较为复杂，精度要求高，制作时间长。整个制作程序可分为7个阶段：广告定位、广告创意、广告文案、协调与定案、摄录前准备、摄录和编辑、审定通过。

广告定位可理解为产品定位的继续，其目的是为了广告产品在市场上确定位置，因此，广告定位的准确度将直接影响广告产品在市场上的营销计划和广告目标的实现。定位是广告创意的先导，是广告创意的决定因素和广告表现的基本方针。

广告创意是广播电视广告成败的关键，必须有新颖独特的思维和灵感。创意根据定位来进行，创意是广告主题的新颖构思，是广告节目的内涵和灵魂。

广告文案就是根据广告创意写成的脚本，它是通过文字来表达广告产品的内容。文案的构成包括解说词、画面构成的文字叙述等。

协调与定案就是把广告制作的文案脚本与广告客户进行协商，经过研究讨论和多次修改，最终取得双方共识。当广告客户接受了广告创意的方案后，广告摄录前期工作才能进行。

摄录前准备包括根据广告创意的要求选择导演、摄录师、美工师、灯光师、化妆师、演员和置景、道具、商品等。接着就是摄录和编辑与审核。

（2）广播电视广告的发布

广播电视广告的发布是广播电台、电视台为广告客户提供播出的时间、频道、频率以及所采取的发布形式。为了使广告客户更好选择广告播出的时间，达到理想的广告传播效果，必须正确运用广告时机和策略，选择合适的广告发布形式。

(3) 广播电视广告的定价

广播电视广告的定价目前尚缺乏一个统一标准，各广播电视机构可自行定价，只要报物价部门认可即可执行。但定价也绝非随意，毫无根据，通常有以下基本因素：

① 电台、电视台的发射功率和覆盖面的大小。
② 节目内容的优劣和视听率的高低。
③ 广告时间长短和广告段位。
④ 电台、电视台所处的地理位置和整体经济环境。

3. 广播电视广告的经营策略

(1) 采用生产倒推法，力争使广告形式多样灵活

所谓生产倒推法，是指根据市场的要求，而不是从生产者自我的需求来组织生产。广播电视广告经营者应根据广告客户的需求来设定广告形式。广告形式多样灵活，则能给广告客户更大的选择空间，从而不会流失客户。

(2) 搞好市场定位，抓住广告市场热点

任何一种产品都有一个市场定位问题。不同层级的电台、电视台，其覆盖面有大小之别。比如一家城市台，在广告经营中就应把与城市居民生活息息相关的，如房地产、医疗、服装、家电、餐饮、化妆品等行业作为广告的主要销售对象。而当前公众的消费热点集中在房地产、汽车、旅游、工厂等领域，最能吸引消费者的就是上述产品广告。

(3) 强化服务意识，提高服务水平

以广告客户需求为己任，了解客户需求，把服务意识贯穿于整个广告经营的全过程中，这应该成为一种常识。

(4) 提高节目质量和视听率，增强吸纳广告能力

广播与广播、电视与电视之间的竞争，核心是节目的竞争。广播电视的传播方式具有线性非交互性的特点（缺陷）。在同一时间，受众只能选择一个频道的一个节目，而事实上存在的频道与节目又是如此众多，于是节目的质量就会直接决定广告量的大小。有了高质量的节目，广告才能依托高视听率而获得良好的经济效益。因此，要提高广播电视广告经营收入，就必须提高节目质量（包括广告制作质量），以良好的节目质量和高视听率来增强吸纳广告的能力。

思考题

1. 为什么说新闻产品是一种特殊的商品？
2. 如何理解新闻产品的双重出售方式？
3. 广播电视节目播出中的管理内容是什么？
4. 广播电视广告管理的内容是什么？
5. 如何理解双效统一原则的重要意义？
6. 广播电视广告价格制定的依据是什么？

参 考 文 献

[1] 郭晶晶. 突破人类交流困境的努力——从媒介技术演进看博客的兴起. 新闻记者, 2006, (3).
[2] 莱斯特·瑟罗. 资本主义的未来. 周晓钟译. 北京: 中国社会科学出版社, 1998.
[3] 陆晔, 赵民. 当代广播电视概论. 上海: 复旦大学出版社, 2005.
[4] 让·诺埃尔·让纳内. 西方媒介史. 段慧敏译. 桂林: 广西师范大学出版社, 2005.
[5] 徐志祥. 广播电视概论. 武汉: 武汉大学出版社, 2000.
[6] 欧阳宏生. 广播电视学导论. 成都: 四川大学出版社, 2002.
[7] 郭镇之. 中外广播电视史. 上海: 复旦大学出版社, 2005.
[8] 陈卫平. 中外广播电视简史. 上海: 上海外语教育出版社, 2006.
[9] 刘洪才, 邸世杰. 广播电影电视专业技术发展史(上册). 北京: 中国广播电视出版社, 2007.
[10] 乔治·罗德曼. 认识媒体. 北京: 世界图书出版公司, 2010.
[11] 陆晔, 赵月枝. 美国数字电视: 在权力结构与商业利益之间的曲折发展. 新闻与传播研究, 1999, (3).
[12] 约瑟夫·塔洛. 今日传媒: 大众传播学导论. 北京: 华夏出版社, 2011.
[13] 周小普. 广播电视概论. 北京: 中国人民大学出版社, 2014.
[14] 爱德华·赫尔曼, 罗伯特·麦克切斯尼. 全球媒体: 全球资本主义的新传教士. 甄春亮等译. 天津: 天津人民出版社, 2001.
[15] 李良荣. 新闻学概论. 上海: 复旦大学出版社, 2001.
[16] 张骏德. 当代广播电视新闻学. 上海: 复旦大学出版社, 2001.
[17] 赵玉明, 艾红红. 中国广播电视史教程. 北京: 中国广播电视出版社, 2009.
[18] 赵玉明. 中国广播电视史文集. 北京: 北京广播学院出版社, 2000.
[19] 朱虹. 广电总局新闻发言人朱虹就2009年广播电视发展最新数据答记者问. 北京: 中国国家广播电影电视总局网站, 2010-01-14.
[20] Charles Sanders Peirce. Peirce Oll Signs Writings of Semiotic. North Carolina: University of North Carolina Press, 1991.
[21] 罗兰·巴尔特. 符号学原理. 李幼蒸译. 北京: 中国人民大学出版社, 2008.
[22] 李彬. 符号透视: 传播内容的本体诠释. 上海: 复旦大学出版社, 2003.
[23] 竹内郁郎. 大众传播社会学. 张国良译. 上海: 复旦大学出版社, 1989.
[24] 李彬. 传播符号的分类及功能. 中国青年政治学院学报, 2000, (2).
[25] Wilber Wehramm, William E. Porter Men, Woman, Messages and Midia Understanding Human communication. New York: Happer & Row. Publishers. 1989.
[26] 萨姆瓦等. 跨文化传通. 陈南, 龚光明译. 北京: 生活·读书·新知三联书店出版社, 1998.
[27] 罗希. 语言符号翻译初探. http://www.kaidike.cn/AutoSite/TemplateFile/T65_FullScreen/Cn/InviteInfoShow.aspx? id=32103&InviteInfoID=45895.
[28] 李彬. 全球新闻传播史. 北京: 清华大学出版社, 2005.
[29] 陈敏毅. 2005~2006年度中国国际广播新闻奖获奖作品选(下). 北京: 中国国际广播出版社, 2008.
[30] 冷冶夫. 解说形式的多样化. 人民网, 2004-04-13. http://www.people.com.cn/GB/14677/22100/32915/32917/2444843.html.
[31] 唐建军. 三维关系建构下的电视传播符号意义解读. 上海: 复旦大学, 2004.
[32] 路易斯·贾内梯. 认识电影. 焦雄屏译. 北京: 世界图书出版公司, 2007.
[33] 郭宝新. 中国广播电视新闻奖2003年度社教佳作赏析. 北京: 新华出版社, 2005.
[34] 吴红雨. 节目主持通论. 杭州: 浙江大学出版社, 2008.
[35] 朱羽君等. 中国应用电视学. 北京: 北京师范大学出版社, 1993.
[36] Andrew Boyd. Broadcast Journalism. Techniques of Radio and Television News. Oxford: Focal Press, 2004.
[37] 任远. 论节目主持人, 北京广播学院学报, 1986, (2).
[38] 赵锡初. 节目主持人概论. 北京: 中国广播电视出版社, 1991.
[39] 赵玉明. 中外广播电视百科全书. 北京: 中国广播电视出版社, 1995.
[40] 甘惜分. 新闻学大辞典. 郑州: 河南人民出版社, 1993.
[41] 俞虹. 节目主持人通论. 北京: 中国广播电视出版社, 2004.
[42] 傅成励. 再谈主持人的类型. 北京: 中国广播电视出版社, 1993.
[43] 王兆其, 杨长水. 虚拟主持人的设计与实现, 电视字幕·特技与动画, 2002, (9).

[44] 浙江大学网络多媒体电子教程．主持人概论．http://www.cmic.zju.cn/cmkj/web-zcrgl/3/2/0.html．
[45] 赵淑萍．电视节目主持．北京：北京师范大学出版社，1995．
[46] 赵玉明．中国广播电视通史．北京：北京广播学院出版社，2004．
[47] 庞啸．中国电视新闻节目主持人的来由（录音材料）．
[48] 陈舒平．儿童节目要蕴含忧患意识．电视研究，1994，（3）．
[49] 孙玉胜．十年：从改变电视的语态开始．北京：生活·读书·新知三联书店出版社，2003．
[50] 王眉．电视虚拟主持人挑战传统节目主持人，新闻记者，2001，（10）．
[51] 汪文斌、胡正荣．世界电视前沿Ⅰ．北京：华艺出版社，2001．
[52] 白岩松．我们能走多远，现代传播，1996，（1）．
[53] 孙祖平．忽悠主持：主持能成为一门专业吗？上海：上海文艺出版社，2009．
[54] 吴郁等．电视节目主持人的综合素质研究．北京：中国广播电视出版社，2007．
[55] 国家广播电视总局网．中国广播电视播音员主持人职业道德准则．
[56] 高贵武．解析主持传播．北京：中国传媒大学．2004．
[57] 吉妮·各拉汉姆·斯克特．脱口秀．苗棣译．北京：新华出版社，1999．
[58] 孙灵囡．方言新闻节目的受众分析．青年记者，2006，（24）．
[59] 徐浩然，于毓．我国电视节目主持人的发展方向．人民网，2005-08-05．
[60] 王群，沈慧萍．电视主持传播概论．上海：华东师范大学出版社，2008．
[61] 尼葛洛·庞帝．数字化生存．海口：海南出版社，1997．
[62] 马彩红．对电视节目收视率的思考．青年记者，2009，（11）．
[63] 中国广播电视协会．中国电视收视率调查准则．2009．
[64] 刘燕南．电视收视率解析——调查、分析与应用．北京：北京广播学院出版社，2001．
[65] 王兰柱．聚焦收视率．北京：北京广播学院出版社，2002．
[66] 王琳．浅析收视率对电视节目的影响．新闻天地．2009，（1）．
[67] 左瀚颖．收视率在电视新闻节目编排中的应用．中国编辑．2007（3）．
[68] 王兰柱．收视率调查与应用手册．北京：中国传媒大学出版社，2006．
[69] 王芙蓉．对电视节目收视率的再思考．中国广播电视学刊．2008，（9）．
[70] 王才忠．从"以人为本"看"受众本位"．新闻前哨．2004，（9）．
[71] 邵雯艳．高雅与低俗之争——电视收视率是非谈．中国电视．2006，（1）．
[72] 侯湘．对"绿色收视率"的思考．新闻知识．2006，（12）．
[73] 肖枭．电视节目收视率与"受众本位"的理性兼容．当代电视．2008，（1）．
[74] 黄柘．"绿色收视率"——满意度与收视率的融合．新闻战线．2006，（9）．
[75] 熊澄宇，廖毅文．新媒体——伊拉克战争中的达摩克利斯之剑．中国记者，2003，（5）．
[76] 宫承波．新媒体概论．第二版．北京：中国广播电视出版社．2009．
[77] 马钰．解读互联网发展新阶段：web2.0．新疆财经学院学报，2007，（3）．
[78] 彭兰．中国网络媒体的第一个十年．北京：清华大学出版社．2006．
[79] 陈婉莹．网络时代中国媒体的崛起和机遇．http://news.163.com/09/1212/09/5QASOO5E0001401N.html2009．
[80] 卢长省．4G系统的新技术和特点．中小企业管理与科技，2019，(6)：153-154．
[81] 项立刚．5G的基本特点与关键技术，中国工业和信息化．2018，(5)．
[82] 刘汉俊．手机媒体的发展过程就是一场革命．http://media.ifeng.com/school/xiangligang/200812/1205_5150_909752.shtml2008．
[83] 贾秋阳．网络时代视频新闻传播新变化，东南传播，2018，(10)．
[84] 张露锋．短视频作为新闻传播新方式的发展前景，新闻知识，2016，(7)．
[85] 严小芳．移动短视频的传播特性和媒体机遇，东南传播，2016，(2)．
[86] 张彩凤．我国短视频新闻报道的现状及发展前景，传播与版权，2017，(6)．
[87] 马彧．短视频新闻：改变故事化新闻理念，青年记者，2017，(10)．
[88] 屈波，李阳雪．移动短视频：国内电视媒体融合实践——中外电视媒体的移动短视频对比研究，电视研究，2018，(8)．
[89] 高杨．融媒体时代电视"硬"新闻的短视频研究——以"看看新闻Knews"为例，前沿，2017，(9)．
[90] 韦广学．多手段并举，多渠道发力，提升融媒体产品的传播力．2018，(11)．
[91] 张收鹏．融媒体时代电视新闻如何"活"起来——以中央电视台《改革在哪里？》为例，西部学刊，2018 (5)．

[92] 黄楚新，张露引．报道技术与手段的再升级——2018两会新媒体报道观察．新闻战线，2018，（4）．
[93] 周振华．从《实话实说》看电视谈话节目的中美差异．新闻知识，1999，（3）．
[94] 时间．《实话实说》的实话．上海：上海文化出版社．1999.
[95] 罗杰·菲德勒．媒介形态变化——认识新媒介．明安香译．北京：华夏出版社．2000.
[96] 张凤铸．中国广播文艺学．北京：北京广播学院出版社，2000.
[97] 王雪梅．中国广播文艺广播剧研究．北京：北京广播学院出版社，2003.
[98] 李云丽．广播文艺节目的编排原则与方法分析．西部广播电视，2013.
[99] 王贤波．理解全媒体时代广播文艺的三个维度．金陵科技学院学报：社会科学版，2016，30（4）：45-49.
[100] 王雪梅．广播剧史论．北京：中国传媒大学出版社．2007.
[101] 曹禺．广播剧选．北京：中国戏剧出版社．1981.
[102] 黑格尔．美学．第三卷（下册）．朱光潜译．北京：商务印书馆，1997.
[103] 巴拉兹·贝拉．电影美学．何力译．北京：中国电影出版社．1978.
[104] 周传基．电影电视广播中的声音．北京：中国电影出版社．1992.
[105] 齐格弗里德·克拉考尔．电影的本性——物质现实的复原．邵牧君译．北京：中国电影出版社．1982.
[106] 孙雁彬．纪实——一种达到真实的手段．北京广播学院学报，1994，（6）．
[107] 欧阳宏生．纪录片概论．成都：四川大学出版社．2004.
[108] 吕新雨．纪录中国——当代中国新纪录运动．北京：生活·读书·新知三联书店．2003.
[109] 张君昌．颠覆被颠覆的纪录片《影像中国》后记．北方传媒研究，2009，（6）．
[110] 傅红星、单万里主编．写在胶卷上的历史．中国电影文献．北京：中国广播电视出版社．2001.
[111] 比尔·尼克尔斯．纪录片的人声．纪录电影文献．北京：中国广播电视出版社．2001.
[112] 艾德加·E.威利斯，卡米尔·德·艾利思佐．电视脚本创作．李瑛译．北京：中国广播电视出版社．1991.
[113] 让历史照亮未来：来自《大国崛起》的启示．http://news.enorth.com.cn/system/2006/12/05/001480102.shtml
[114] 万彬彬．新媒体时代网络纪录片浅析．电影评介，2013，（16）．
[115] 徐亚萍．试析互联网语境下我国纪录片的网络形态．电视研究，2016.（1）．
[116] 王之月．新媒体背景下的网络纪录片创作——以澳大利亚SBS广播公司的纪录片节目为例．新闻界，2015，（15）．
[117] 闫伟娜．新媒体纪录片的存在形态与审美取向．艺术百家，2015.（4）．
[118] 吴雨蓉．后全民纪录时代网络微纪录片发展的新动向．传媒广角，2015.（6）．
[119] 纪君．当纪录片遇上互联网——浅析我国网络资质纪录片的发展现状与趋势．当代电视，2017，（8）．
[120] 杨华钢．受众为王——数字时代的电视频道品牌营销战略．北京：中国广播电视出版社，2007.
[121] 骆志伟，网络自制纪录片的美学特征，青年记者，2018，（2）．
[122] 马广军．精品网络纪录片的新型创作思路综述——基于对《了不起的匠人》《百心百匠》等的分析．电视研究，2018（3）．
[123] 王晓红．我国短视频生产的新特征与新问题．新闻战线．2016，（17）．
[124] 焦道利．媒介融合背景下微纪录的生存与发展．现代传播．2015，（7）．
[125] 人民日报．全国上星全国上星频道去年共播出433部 纪录片越来越吸睛．http://news.cnr.cn/native/gd/20180205/t20180205_524124168.shtml.
[126] 曲江影视微信．纪实|中国纪录片：做新时代的记录者．http://www.sohu.com/a/212980294_282393，2017-12-26.
[127] 2018总局重启《广播电视法》：广电领域的基本法呼之欲出？https://www.sohu.com/a/226719387_152615，2019-06-28.
[128] 黄宏．论广播电视事业的法制化管理．新闻与法制，2011，（12）．
[129] 张彩霞．我国广播电视管理体制模式及改革探析．中国报业，2018，（20）．
[130] 国家广播电影电视总局社会管理司．广播电视行业管理手册．北京：中国广播电视出版社，2001.
[131] 国家广播电视总局．中华人民共和国广播电视行业标准．http://www.nrta.gov.cn/module/download/downfile.jsp?classid=0&filename=3226514bc4fd4f2f99b0b57fa5506d7b.pdf，2019-06-28.
[132] 中共中央印发《深化党和国家机构改革方案》．http://www.cidca.gov.cn/2018-03-21/c_129927132.htm，2019-06-28.
[133] 高艺．数说中央广播电视总台媒体融合"增量"．中国广告，2018，（11）．
[134] 傅雪鹏，彭洁颖，任天铮．三网融合下我国广播电视管理体制的发展．广播与电视技术，2010，（8）．

［135］　农富忠．三网融合下我国广播电视管理体制的发展．传媒论坛，2018，（2）.
［136］　新媒体的法律监管范文．https://wenku.baidu.com/view/8e066ace842458fb770bf78a6529647d26283402.html，2019-06-28.
［137］　广电总局出台10年来最重磅新媒体监管政策．https://www.sohu.com/a/164716569_235480，2019-06-28.
［138］　洞见｜6号令深度解读．http://www.sohu.com/a/73768036_381322，2019-06-28.
［139］　袁同楠，杨明品，李岚．广电蓝皮书：中国广播电影电视发展报告．北京：社会科学文献出版社，2015.
［140］　网上境外影视剧传播要遵守那些规则？http://www.sohu.com/a/159392388_674734，2019-06-28.
［141］　中国视听新媒体发展报告．北京：社会科学文献出版社，2013.154.
［142］　国务院办公厅关于印发三网融合推广方案的通知．http://www.miit.gov.cn/n1146290/n1146392/c3882446/content.html，2019-06-28.
［143］　涂昌波，广播电视法律制度概论，北京：中国传媒大学出版社，2011.152.
［144］　段鹏．媒介融合背景下提升我国广播电视舆论引导能力的策略分析．中国广播电视学刊，2015，（4）.
［145］　梁宁，范春燕．媒介法教学参考资料．北京：清华大学出版社，2004.
［146］　孙旭培．新闻传播法学．上海：复旦大学出版社，2008.
［147］　江雪峰．基于三网融合背景下广播电视管理体制的发展探析．科技资讯，2012，（19）.
［148］　段鹏．媒介融合环境下我国广播电视发展的实践路径与建议．中国电视，2018，（3）.
［149］　马歇尔·麦克卢汉．理解媒介——论人的延伸．何道宽译．南京：译林出版社，2019.